国家科学技术学术著作出版基金资助出版

船舶运动自适应建模预报

彭秀艳　著

科学出版社
北京

内 容 简 介

本书系统介绍了基于非水动力学和水动力学的船舶运动自适应建模预报(滤波)理论和方法，主要内容包括基于Wiener滤波理论、Kalman滤波理论、智能建模理论和混沌相空间重构理论等的船舶运动自适应建模预报原理和方法，以及解决实际工程问题的推理过程和应用中的具体算法。对于每种自适应建模预报方法均有详细的理论推导和算法改进过程，并提供根据科研工作整理出的应用实例，通过应用实例分析给出各种方法的特点。本书既阐述船舶运动自适应建模原理知识，也介绍预报算法、步骤及实例，强调理论分析、建模方法、工程应用三者之间的协调发展。

本书可供自动控制、惯性导航、无线电通信、船舶运动控制、信号与信号处理等专业的科技工作者参考，亦可作为高等院校船舶工程、电子信息等专业教师、研究生的参考用书。

图书在版编目(CIP)数据

船舶运动自适应建模预报 / 彭秀艳著. —北京：科学出版社，2023.6

ISBN 978-7-03-071883-9

Ⅰ. ①船… Ⅱ. ①彭… Ⅲ. ①船舶运动-自适应性-研究 Ⅳ. ①U661.3

中国版本图书馆CIP数据核字(2022)第042380号

责任编辑：朱英彪 赵微微 / 责任校对：王萌萌
责任印制：吴兆东 / 封面设计：陈 敬

科学出版社 出版
北京东黄城根北街16号
邮政编码：100717
http://www.sciencep.com
北京建宏印刷有限公司 印刷
科学出版社发行 各地新华书店经销
*
2023年6月第 一 版 开本：720×1000 1/16
2023年6月第一次印刷 印张：14 3/4
字数：297 000

定价：108.00元

(如有印装质量问题，我社负责调换)

前　言

自适应建模预报、滤波理论和方法已广泛应用于科学技术的各个领域，并且发挥着越来越重要的作用。近年来，对于船舶运动建模预报的理论分析及实船试验，许多国家都投入大量的人力和物力展开研究，解决船舶运动预报问题已变得非常重要。作者一直从事随机估计、鲁棒滤波与控制理论的研究，并长期活跃在船舶运动控制、预报等科研工作第一线。在多年研究成果的基础上撰写了本书，系统总结船舶运动自适应建模预报(滤波)理论和算法及仿真实例，希望能对相关领域的研究起到推动作用。

本书涵盖了近几年船舶运动自适应建模预报(滤波)的最新动态和研究成果。书中涉及许多基础理论和工程实际应用方法，所介绍的每个应用都是从实际工程中的问题出发，通过解决实际问题，使得理论进一步丰富和完善。本书既阐述船舶运动自适应建模原理知识，同时又介绍预报算法、步骤及应用实例，强调理论分析、建模方法、工程应用三者之间的协调发展。

全书共 10 章。第 1 章介绍自适应建模研究现状和基础知识；第 2 章应用 Wiener 滤波理论，阐述基于最小均方误差准则的自回归(AR)建模与预报；第 3 章在递归最小二乘算法的基础上介绍格型递归最小二乘算法，并基于此算法进行船舶运动自适应建模与预报；第 4 章介绍基于 Kalman 滤波算法的船舶运动自适应建模与预报；第 5 章介绍最小二乘支持向量机算法在船舶运动中的应用；第 6 章阐述基于改进周期图法的船舶运动自适应建模与预报；第 7 章介绍基于改进长短期记忆神经网络算法的船舶运动自适应建模与预报；第 8 章分析船舶运动序列的混沌特性，介绍基于变步长最小均方算法的船舶运动序列相空间重构原理和建模方法；第 9 章系统介绍 Volterra 级数理论，重点研究基于 Volterra 级数模型的船舶运动自适应建模与预报；第 10 章介绍基于扩展 Kalman 滤波算法的船舶运动自适应建模与预报。

感谢作者多年从教的哈尔滨工程大学智能科学与工程学院，为作者的科研和教学提供了很大的支持。还要感谢曾经参与本书相关研究工作的博士和硕士研究生，感谢提供过帮助和支持以及与作者有过合作的单位和同仁。感谢国防基础科研计划项目“船舶运动预报技术研究”、“甲板运动在线测量与预报研究”等提供资金支持和试验条件。

由于作者水平有限，书中难免存在不妥之处，希望广大读者批评和指正。

目　　录

第1章 绪　论

1.1 概　述

随着我国海洋事业的壮大，舰船运动预报问题的解决已变得非常重要，船舶运动姿态预报对于舰载机起降指导与补偿、减摇控制、舰载导弹发射等都具有重大意义，因此国内外对船舶运动姿态建模预报非常重视并展开了许多研究[1,2]。从总体来看，所采用的研究方法可分为基于水动力学的分析方法和基于非水动力学的分析方法。

由于基于水动力学的预报方法存在计算的复杂性和实现的困难性，国内外学者现在更多地采用基于非水动力学的方法，主要包括周期图法、统计预报方法、神经网络法、投影寻踪法等[1-5]。周期图法把船舶运动姿态用一系列的周期序列和一个平稳随机序列来描述，用采集的船舶运动姿态的先验数据估计出它的周期序列项，进行近似预报。统计预报方法是以积分方程为分析工具并且使预报的均方误差最小的线性预报，该方法需要把预报与滤波结合起来使数据无外来噪声干扰，通过对输入信号的历史数据进行数学运算得到未来时刻的短期预报，但需要对测量数据进行长时间的处理以便得到预报信号的功率谱，所以统计预报方法难以适用于船舶实际应用需要。神经网络法把船舶运动姿态数据作为神经网络的输入，在反复学习训练中调整神经元连接权和神经元阈值，使给定输入数据经过学习训练后得到的网络输出接近于期望，利用建好的神经网络再在新的输入条件下得到预报值。投影寻踪法把数据投影到低维空间，通过极大化某个指标，发现数据的聚类结构，逼近多维非线性时间序列。

基于非水动力学的方法还有时间序列分析法，这也是人们最感兴趣的方法，这种方法的最大优点是无须知道海浪的任何先验信息和船舶航行姿态的状态方程，仅仅利用历史数据寻求规律进行预报。对于船舶运动预报，可基于船舶运动一段时间的数据利用时间序列分析法来寻求对应规律，把船舶运动看成一个平稳的窄带随机过程，通过线性模型或非线性模型拟合这一过程。根据统计分析船舶运动时间序列的规律性，拟合船舶运动的最佳数学模型，并利用模型对未来时刻的状态进行预报，计算量小且容易实现，关键问题是模型的参数估计。其中，可利用的模型包括自回归(autoregressive, AR)模型、自回归滑动平均(autoregressive moving average, ARMA)模型、门限自回归(threshold autoregressive, TAR)模型等[6,7]。但是高海况下船舶在海浪中的运动是一个非线性随机过程，其预报精度和时间长度会受很大影响，因此有待进一步探讨更有效的预报方法。本书采用多种自适应算法结合线性模型与非线性模型对船舶运动姿态时间序列预报展开进一步的研究。

本书在传统最小均方(least-mean-square, LMS)算法的基础上，寻找能够提高性能的改进 LMS 算法；在递归最小二乘(recursive least squares, RLS)算法的基础上，研究格型递归最小二乘(lattice recursive least squares, LRLS)算法；基于 Kalman 滤波理论，提出基于 Kalman 滤波算法的自适应 AR 建模与预报方法；针对支持向量机(support vector machine, SVM)的统计学理论和最小二乘支持向量机(least squares-support vector machine, LS-SVM)基本原理，建立基于 LS-SVM 的预报模型；针对周期图法预报效果差的原因，进行有针对性的改进研究；将长短期记忆(long shot-term memory, LSTM)神经网络应用到船舶运动预报中，并针对 LSTM 神经网络的不足之处进行有针对性的改进；由于船舶运动姿态的不确定性与混沌是紧密相连的，针对船舶运动姿态的非平稳、不确定性和非线性，引入混沌相空间重构理论，利用混沌系统短期预测的特性应用多种自适应算法结合多种模型对船舶运动姿态时间序列预报展开进一步的研究；根据回声状态网络的非线性逼近能力、强容错能力、网络训练过程简单的特点，结合相空间重构理论研究建立回声状态网络预报模型；针对船舶运动姿态在随机海浪作用下的非线性以及混沌特性，利用 Volterra 级数的非线性表征能力，给出船舶运动姿态混沌时间序列的二阶 Volterra 自适应预报模型；研究组合预报方法、基于扩展 Kalman 滤波算法的船舶运动自适应建模预报方法等。

1.2　基于时间序列分析法的船舶运动自适应建模与预报

时间序列是指存在于自然科学或社会科学中的某一变量或指标的数值或观测值。由复杂性理论可知，时间序列中不仅包含了系统所有变量过去的信息，而且包含了参与系统演化的所有变量的大量信息。因此，时间序列分析有着广泛的实际应用，主要包括：

(1)分析时间序列的统计规律性，推断产生时间序列的物理系统的性质，找出它的规律性。

(2)根据对时间序列统计规律性的分析，构造拟合它的最佳数学模型，浓缩时间序列的信息，简化对时间序列的表示。

(3)利用拟合的数学模型预报时间序列未来的可能值，给出预报结果的分析。

(4)根据拟合的数学模型模拟出时间序列，用于分析和优化处理。

传统的时间序列分析法是在时域上估计观测数据$\{x(i),\ i=1,2,\cdots,N\}$的自相关函数，或在频域上估计它的自谱函数(或称功率谱)。但实际上，所获得的时间序列往往是有限长度的，因此不可能通过观察数据计算出自协方差函数与自谱函数的真值。自谱函数会发生谱线泄露现象，即观测数据中所包含的谐波成分与幅值出现歪曲，这一缺点在分析处理较短的观测数据时尤为突出。虽然目前已提出了不少克服以上缺陷的方法，但其效果只是减少谱线泄露而不能消除。

现代时间序列分析方法是通过另一种途径，即模型法来实现的。主要思路是把时间序列看成随机系统对于不相关的或独立的“白噪声”输入的一个实现，即将时间序列看成动态系统的输出，而系统的输入是白噪声。这样，动态系统的数学模型就可以将不独立或相关的时间序列输出转化为独立的或不相关的输入。所以现代时间序列分析方法就归结为寻求这样一种模型，它能实现将不独立数据转化成独立数据，然后利用独立观测值进行估计、预测和控制[8]。

现代时间序列分析方法是处理动态数据的参数化时域分析方法，通过对观测数据拟合一个参数模型，利用所得模型进行未来值预测。在实际应用中，尤其是在极短期预报当中，实时预报是我们比较关心的问题。自适应模型在某种程度上能够实时地根据测量数据和期望输出自行调整模型参数，并随着数据的陆续到来，通过递推算法自动地对模型参数加以修正，使其接近某种最佳值，即便在尚不完全掌握序列特性的情况下也能得到满意的模型[9]。

由于应用递推算法，自适应模型的参数在每次迭代中要加以修正，参数和输入数据是有关的，这意味着自适应模型是非线性的，但习惯上将其称为线性自适应模型，这是因为被估计的参数向量是由一组观察数据的线性组合进行自适应计算得出的。

常用的时间序列线性预报模型即 AR 模型、ARMA 模型分别如下。

AR 模型：其表达式为

$$x(t)=\varphi_1 x(t-1)+\varphi_2 x(t-2)+\cdots+\varphi_p x(t-p)+\varepsilon_t$$

式中，p 为自回归阶数；$\varphi_1,\varphi_2,\cdots,\varphi_p$ 为自回归系数；ε_t 为均值为零、方差为 σ^2 的正态分布噪声。该模型简记为 AR(p)。

ARMA 模型：为了使模型在拟合实际数据时有更大的灵活性，有时在模型中既包含自回归部分也包含滑动平均部分，这就是 ARMA 模型。其表达式为

$$x(t)-\varphi_1 x(t-1)-\varphi_2 x(t-2)-\cdots-\varphi_p x(t-p)=\varepsilon_t-\theta_1 a_{t-1}-\theta_2 a_{t-2}-\cdots-\theta_q a_{t-q}$$

式中，p 和 q 分别是自回归部分和滑动平均部分的阶数；$\varphi_i(i=1,2,\cdots,p)$ 和 $\theta_i(i=1,2,\cdots,q)$ 分别是自回归和滑动平均系数。该模型简记为 ARMA(p,q)。

近年来，针对现实生活中大量的非线性问题，Volterra 级数模型被广泛采用，特别地，这种模型对于非线性自适应滤波是非常有用的。Volterra 级数可以描述一

大类非线性系统，利用这个特点，可以将其与自适应算法相结合对时间序列进行预测[10]。

自适应模型递推算法种类很多，具体采用何种方法要考虑如下几个因素。

(1)收敛速度：在平稳情况下要经过多少次迭代才能在均方意义下充分快地收敛到最优解。算法收敛得快，就能很快地使模型符合未知的平稳统计特性，而且在非平稳情况下也能跟踪统计特性的变化。

(2)稳态进度：某种算法所得参数的均方误差在迭代次数充分大时的值。通常这个均方误差要和某种最优结果的最小均方差作比较。

(3)算法的鲁棒性：对于输入病态数据具有有效的处理能力。

1.3 混沌时间序列预测

混沌时间序列预测可以用来确定动力学系统模型，检测和识别混沌，目前已被广泛应用于自然科学和社会科学的各个领域，具有很重要的实际应用价值和意义。

20 世纪 80 年代以来，混沌时间序列分析的理论与方法得到不断发展。1980 年，Packard 等[11]提出时间序列的相空间技术，Takens[12]提出并证明了用延迟坐标重构相空间的方法。相空间的延迟时间重构保留了原来系统的几何结构，和原有的系统是拓扑等价的。相空间重构理论将混沌理论与非线性时间序列结合分析，为混沌时间序列的预测和分析奠定了坚实的理论分析基础。

经过四十多年的发展，在混沌时间序列预测领域已经获得了很多重要的研究成果，其中的预测方法包括全局预测法、局域预测法和非线性自适应预测法等。

全局预测法即全局多项式建模预测法，它与非线性表达能力相关，在理论上是可行的，但由于其建模过程是离线的，当嵌入维数很高时该方法很难做出准确的预测。全局神经网络因其强大的非线性逼近能力已被很多学者用来研究混沌时间序列的预测问题，如反向传播(back progation，BP)神经网络、径向基神经网络、自适应线性神经网络、感知机神经网络、竞争学习神经网络、学习向量量化(learning vector quantization，LVQ)神经网络、Elman 神经网络、Hopfield 神经网络和 Boltzmann 神经网络等，但对于不同的算法，神经网络预测法的预测性能会有很大差别，同时存在局部最小点的问题，给实际工程实现带来了很大的困难。相对于静态神经网络，动态递归神经网络由于普遍适用于非线性复杂系统的建模和预测成为近年来研究的热点[13,14]。

局域预测法是一种针对混沌时间序列的基本预测方法，具有柔韧性好、拟合速度快和运算精度高等优点。该方法把相空间数据最终点附近的若干数据点作为相关点，通过拟合这些相关点来估计数据的走向，最后从预测出的数据点中得出所需要的预测值。目前局域预测法在大多数实际情况下都是可以实现的，比全局预测法应用的范围更广。但是，由于目前一阶以上的局域预测法所求参数比较多，而且一旦一阶局域预测法参数矩阵为病态矩阵，通过最小二乘法确定的待定系数会出现预测精度降低的现象，成为局域预测法广泛应用的重要瓶颈[15,16]。

非线性自适应预测法在某种程度上能够实时地根据测量数据和期望输出的差值自行调整参数，并随着新数据到来通过递推算法自动地对参数进行修正使其接近目标值。非线性自适应预测法由于具有自动跟踪、实时性好等优点也受到广泛的关注，成为研究热点。

混沌的英文为“chaos”，其含义是混乱无序。然而究竟什么是混沌，目前尚无明确的定义。混沌可理解为确定系统产生的对初值极端敏感的非周期行为。混沌一般具备两个主要特征：①对于某些参量值在几乎所有的初始条件下都将产生非周期动力学过程；②随着时间的推移，将表现出各自独立的时间演化，即存在对初始条件的敏感依赖性。对这两个特征的描述或判别有四个基本尺度：①存在正的李雅普诺夫(Lyapunov)指数；②刻画系统在相空间的运动或结构复杂性的维数为分数维；③用来反映动力学系统非线性状况复杂性程度和运动不稳定的拓扑熵非负；④功率谱连续[17]。

按照不同的标准将混沌划分如下：①时间混沌和空间混沌。时间混沌即系统状态具有初始条件的敏感性，空间混沌即系统状态具有边界条件的敏感性。②完全混沌和有限混沌。如果在该系统中大多数轨道显示出敏感依赖性，即为完全混沌；如果在该系统中只有某些轨道是非周期性的而大多数轨道是周期性的或准周期性的，即为有限混沌[18]。③强混沌和弱混沌。这是按照是否有一个时间尺度可以对系统的演化行为做出预测来划分的，强混沌中存在一个时间尺度，一旦超越这一尺度，系统演化就是不可预测的，而弱混沌不存在这样的一个尺度，它可以进行长期预测。科学家已经发现，目前找到的自组织临界现象都是弱混沌，自然界存在着大量的弱混沌现象，而弱混沌是可以长期预测的。

传统的混沌预报模型通常分为运动方程预报模型和数理统计模型两大类。

(1)运动方程预报模型。运动方程预报模型是建立在人们对事物较为精确的把握与理解之上的。精确把握就是建立以时间为动力学变量的数学方程(微分差分或代数方程)，来描述事物的运动状态。当然，在求解方程的过程中，可以作各种近似以简化求解，解出以时间为动力学变量的状态方程，自然可以预示事物以后的状态。

(2)数理统计模型。如果人们对事物暂时还没有精确把握，或者因事物周围的随机因素太多而无法精确把握，则通常采用在概率意义下建立的统计模型，来说明事物在以后某时刻出现某状态的概率。这种方法不免有些粗糙，但有时模型不需要很精确，或者是不得已而为之。

随着混沌动力学的发展，人们对时间序列预测的复杂性有了更为深刻的认识，即使是一个完全确定的模型，经过充分精确的数值求解，所获得长时间的演化结果也可能是类似随机性的。动力系统长时间预测不准确，不仅仅是受到外在随机因素的影响，更重要的是由系统内在的动力学特性决定。混沌时间序列的预测，以重构相空间理论为基础，可以理解为动力系统研究的逆问题。它是在给定相空间中的一串迭代序列的基础上构造一个非线性映射来表示这一动力系统，这样的非线性映射就可作为预报模型[19-21]。

随着计算机技术和网络技术等的快速发展，混沌时间序列分析越来越受到重视。20 世纪 70 年代是混沌这一学科诞生的时期，20 世纪 80 年代是混沌学科定量分析的发展阶段。分数维、Lyapunov 指数等特征量被发现，促使混沌理论开始应用于实际。1980 年，Takens[12]提出了根据时间序列重构系统动力学结构的延迟坐标法，为混沌时间序列的建模预测奠定了理论基础。20 世纪 90 年代至今是混沌理论的广泛应用阶段。这一时期，混沌研究的特点是与其他学科相互渗透。混沌理论现已在保密通信、混沌优化、非线性时间序列的分析和预测、弱信号检测等方面有着较为广泛的应用。近年来，国内有些学者已初步将混沌理论应用于船舶运动预报领域的研究。

1.4　基于水动力学方法的建模与预报

基于时间序列的预报算法除了在预报数据与真实数据之间的相位差方面还有待提高，模型结构的物理意义方面也缺乏有力的解释。基于水动力学方法的模型结构和物理意义明确，适用于预报控制。水动力学方法主要有 Kalman[22]提出的卷积法以及 Sidar 等[23]提出的线性 Kalman 滤波法。卷积法将可测量的艏前某处波高作为输入信号，并将其与舰船响应核函数作卷积，得到舰船运动预报，但这种方法需要精确的舰船响应核函数和波高测量函数，无法解决建模精度问题，实际应用受到限制。线性 Kalman 滤波法把船舶运动姿态分解为用一阶线性模型表示的确定分量和用状态变量表示的随机分量，推导出舰船运动的状态方程，以此获得 Kalman 滤波的多步预报器，但由于该方法需提前知道舰船的状态方程，当水动力参数和环境发生变化时，很难给出准确状态方程，因此该预报方法应用受到制约。如果能解决建模问题，水动力方法具有很好的前景。20 世纪 70 年代，由于控制科学、计算机以及系统理论等的发展，一种新的建模方法即过程辨识建模方法被提出。过程辨识建模方法不考虑船舶的运动模型，通过在一定的操纵下测量船舶的运动数据，经过滤波处理后作为辨识的先验数据，建立模型，用这种方法建立的模型称为黑箱模型。因为此类建模方法是在确定船舶操纵状态下，确定船舶的舵角、螺旋桨转速等，通过测量出的船舶运动数据再结合辨识算法，直接辨识出船舶运动模型，所以也可称为测试法，这样辨识出的模型在控制科学领域相当于辨识系统的传递函数。由于黑箱模型的辨识难度大，可将白箱模型和黑箱模型结合，提出一种灰色建模方法。灰色建模方法是借助机理建模法的模型，将船舶的输入输出测量数据作为辨识数据，基于一定的辨识算法和规则来辨识模型中的参数，这种模型辨识参数的方法既确定了船舶运动模型的结构，又能通过辨识计算出模型的参数。辨识算法及准则常用的有扩展 Kalman 滤波算法、极大似然(maximum likelihood，ML)法和递推预报误差算法。

分离型模型和整体型模型是船舶运动数学模型的两种形式，在机理建模法中分离型模型因其各项具有实际物理意义而应用较为广泛。尽管众多学者对模型进行了不断的完善，但是在建立船舶运动数学模型过程中，根据船型数据或船模实验计算模型参数依然复杂且偏差较大。为简单、准确地获得模型参数，过程辨识建模法的应用越来越重要。应用灰色建模方法进行预报，实际系统模型结构和水动力系数物理意义清楚，但在模型参数辨识准确度、收敛速度、参数漂移以及随环境的自适应修正方面还有待提高。

第 2 章　基于最小均方误差准则的 AR 建模与预报

LMS 算法是一种以期望响应和滤波输出信号之间误差的最小均方值为目标函数，依据输入信号在迭代过程中估计梯度向量，并更新权系数以达到最优的自适应迭代算法。其主要特征包括低计算复杂度、在平稳环境中的收敛性、其均值无偏差地收敛到 Wiener 解以及利用有限精度算法实现稳定性等。这种算法不需要计算相应的相关函数，也不需要进行矩阵运算。由于其具有计算简单性，LMS 算法广泛应用于自适应滤波的各种应用中[24]。

2.1　最小均方误差准则和 Wiener 最优滤波器

考虑如下线性滤波问题，设 $\{x(t), t=1,2,\cdots,N\}$ 为一时间序列，由长度为 n 的相邻输入数据构成的向量为

$$\boldsymbol{X}(t)=[x(t) \quad x(t-1) \quad \cdots \quad x(t-n+1)]^{\mathrm{T}} \tag{2.1}$$

将其与 n 维加权向量

$$\boldsymbol{w}=[w_1 \quad w_2 \quad \cdots \quad w_n]^{\mathrm{T}} \tag{2.2}$$

进行卷积，得到输出标量

$$y(t)=\boldsymbol{w}^{\mathrm{T}}\boldsymbol{X}(t)=\boldsymbol{X}^{\mathrm{T}}(t)\boldsymbol{w} \tag{2.3}$$

以 $y(t)$ 作为期望输出量 $d(t)$ 的估计。

定义误差为

$$e(t)=d(t)-y(t)=d(t)-\boldsymbol{w}^{\mathrm{T}}\boldsymbol{X}(t) \tag{2.4}$$

则均方误差(mean square error, MSE)为

$$\begin{aligned} F(e(t)) &= E[e^2(t)] = E[(d(t)-\boldsymbol{w}^{\mathrm{T}}\boldsymbol{X}(t))^2] \\ &= E[d^2(t)] - 2\boldsymbol{w}^{\mathrm{T}}E[d(t)\boldsymbol{X}(t)] + \boldsymbol{w}^{\mathrm{T}}E[\boldsymbol{X}(t)\boldsymbol{X}^{\mathrm{T}}(t)] \\ &= \sigma_d^2 - 2\boldsymbol{w}^{\mathrm{T}}\boldsymbol{p} + \boldsymbol{w}^{\mathrm{T}}\boldsymbol{R}\boldsymbol{w} \end{aligned} \tag{2.5}$$

式中，σ_d^2 为期望输出的方差；$E[\cdot]$为求均值运算；

$$\boldsymbol{p}=E[d(t)\boldsymbol{X}(t)]=\begin{bmatrix}E[d(t)x(t)]\\E[d(t)x(t-1)]\\\vdots\\E[d(t)x(t-n+1)]\end{bmatrix}=\begin{bmatrix}p(0)\\p(-1)\\\vdots\\p(1-n)\end{bmatrix}$$

$$\boldsymbol{R}=E[\boldsymbol{X}(t)\boldsymbol{X}^{\mathrm{T}}(t)]=\begin{bmatrix}\rho(0)&\rho(1)&\cdots&\rho(n-1)\\\rho(-1)&\rho(0)&\cdots&\rho(n-2)\\\vdots&\vdots&&\vdots\\\rho(-n+1)&\rho(-n+2)&\cdots&\rho(0)\end{bmatrix}\tag{2.6}$$

这里，相关阵 $\boldsymbol{R}$ 中的第 i 行第 j 列元素定义为

$$\rho(j-i)=E[x(t-i+1)x(t-j+1)],\quad i,j=1,2,\cdots,n$$

且 $\rho(j-i)=\rho(i-j)$ 。那么，由式(2.5)可见，对于平稳过程，均方误差 $F(e(t))$ 是加权向量 $\boldsymbol{w}$ 的二次函数，如果向量 $\boldsymbol{p}$ 和矩阵 $\boldsymbol{R}$ 已知，则该函数可以允许直接求解 $\boldsymbol{w}$ 。

将 $F(e(t))$ 对向量 $\boldsymbol{w}$ 求导，可得与加权向量相关的 MSE 函数的梯度向量为

$$\boldsymbol{g}_w=\frac{\partial F}{\partial \boldsymbol{w}}=-2\boldsymbol{p}+2\boldsymbol{R}\boldsymbol{w}\tag{2.7}$$

令梯度向量等于零，并假设 $\boldsymbol{R}$ 是非奇异矩阵，则使目标函数最小的最优加权向量可以通过式(2.8)计算：

$$\boldsymbol{w}_0=\boldsymbol{R}^{-1}\boldsymbol{p}\tag{2.8}$$

式(2.8)中的解称为 Wiener 最优解，它是离散情况下的 Wiener-Hopf 方程。但是，实际上并不能得到 $\boldsymbol{R}$ 和 $\boldsymbol{p}$ 的精确估计，当输入和期望信号都是均方遍历性过程时，能够利用时间平均估计 $\boldsymbol{R}$ 和 $\boldsymbol{p}$ 。式(2.4)可以用图 2.1 表示，结构是分支延迟形式，也称横向滤波器，当向量 $\boldsymbol{w}$ 满足式(2.8)时，称其为 Wiener 滤波器。

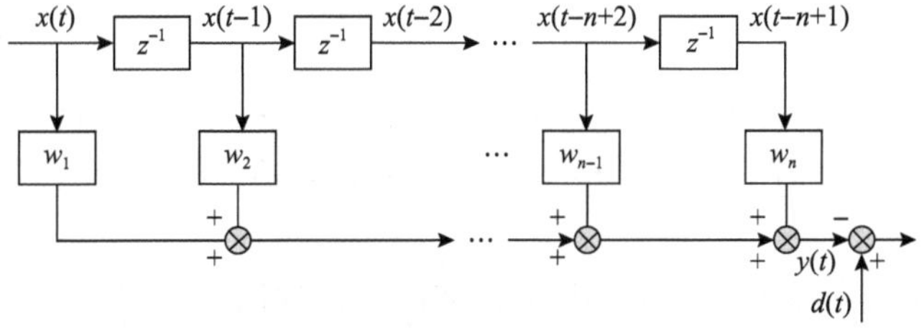

图 2.1　横向滤波器

将 $\boldsymbol{R}$ 和 $\boldsymbol{p}$ 的定义式(2.6)代入式(2.8)，可得

$$E[\boldsymbol{X}(t)\boldsymbol{X}^{\mathrm{T}}(t)]\boldsymbol{w}_0 = E[\boldsymbol{X}(t)d(t)]$$

根据式(2.4)可得

$$E[\boldsymbol{X}(t)e_0(t)] = E[e_0(t)\boldsymbol{X}(t)] = 0 \tag{2.9}$$

式中，$e_0(t)$是均方误差为最小情况下的估计误差。由式(2.9)可见，输入向量$\boldsymbol{X}(t)$和最优估计误差$e_0(t)$是正交的。

当$\boldsymbol{w}$取最优向量$\boldsymbol{w}_0$时，输出信号$y_0(t)$与误差信号$e_0(t)$之间的关系仍然适合正交原理。将$\boldsymbol{w}_0^{\mathrm{T}}$左乘式(2.9)，可以得到期望结果：

$$E[e_0(t)\boldsymbol{w}_0^{\mathrm{T}}\boldsymbol{X}(t)] = E[e_0(t)y_0(t)] = 0$$

同时可得由 Wiener 解提供的最小均方误差：

$$F_{\min} = \sigma_{\mathrm{d}}^2 - \boldsymbol{p}^{\mathrm{T}}\boldsymbol{w}_0 = \sigma_{\mathrm{d}}^2 - \boldsymbol{p}^{\mathrm{T}}\boldsymbol{R}^{-1}\boldsymbol{p} \tag{2.10}$$

估计的最小均方误差$F_{\min}$也可以用$\boldsymbol{w}$和$\boldsymbol{w}_0$的差表示，将式(2.5)和式(2.10)相减并利用式(2.8)可得

$$F(e(t)) = F_{\min} + (\boldsymbol{w}-\boldsymbol{w}_0)^{\mathrm{T}}\boldsymbol{R}(\boldsymbol{w}-\boldsymbol{w}_0)$$

可以将$\boldsymbol{R}$表示成如下关系：

$$\boldsymbol{R} = \boldsymbol{Q}\boldsymbol{\Lambda}\boldsymbol{Q}^{\mathrm{T}} \tag{2.11}$$

式中，$\boldsymbol{\Lambda}$是由$\boldsymbol{R}$的特征值$\lambda_1,\lambda_2,\cdots,\lambda_n$组成的对角阵；矩阵$\boldsymbol{Q}$的列由相应的特征向量$\boldsymbol{q}_1,\cdots,\boldsymbol{q}_n$组成。

2.2 基于 LMS 算法的自适应 AR 建模

2.2.1 LMS 算法

LMS 算法是一种搜索算法，它通过对目标函数进行适当的调整，简化了对梯度向量的计算。由于计算的简单性，LMS 算法在自适应模型参数辨识中得到了广泛应用[25,26]。

2.1 节利用横向滤波器与最小均方误差准则推导出了滤波器参数的最优解，如果可以得到矩阵$\boldsymbol{R}$和向量$\boldsymbol{p}$的较好估计，分别记为$\hat{\boldsymbol{R}}(t)$和$\hat{\boldsymbol{p}}(t)$，则可以利用最陡下降法搜索式(2.8)的 Wiener 解：

$$\begin{aligned}\boldsymbol{w}(t+1) &= \boldsymbol{w}(t) - \mu\hat{\boldsymbol{g}}_w(t) \\ &= \boldsymbol{w}(t) + 2\mu(\hat{\boldsymbol{p}}(t) - \hat{\boldsymbol{R}}(t)\boldsymbol{w}(t))\end{aligned} \tag{2.12}$$

式中，$t=1,2,\cdots$；$\hat{\boldsymbol{g}}_w(t)$ 表示目标函数相对于滤波器系数的梯度估计值；μ 为收敛因子。

如果在每次迭代中都能准确得到所需要的梯度向量，那么可利用最陡下降法，选取适当的收敛因子 μ，使滤波器系数收敛到最优解。然而实际上 $\hat{\boldsymbol{g}}_w(t)$ 的准确值无法获得，只能根据输入的动态数据实现所要求的自适应算法。

一种可能的解是利用矩阵 $\boldsymbol{R}$ 和向量 $\boldsymbol{p}$ 的瞬时估计值来估计梯度向量，即

$$\begin{aligned}\hat{\boldsymbol{R}}(t) &= \boldsymbol{X}(t)\boldsymbol{X}^{\mathrm{T}}(t) \\ \hat{\boldsymbol{p}}(t) &= d(t)\boldsymbol{X}(t)\end{aligned} \tag{2.13}$$

则得到的梯度估计值为

$$\hat{\boldsymbol{g}}_w(t) = -2d(t)\boldsymbol{X}(t) + 2\boldsymbol{X}(t)\boldsymbol{X}^{\mathrm{T}}(t)\boldsymbol{w}(t) \tag{2.14}$$

如果目标函数用瞬时平方误差 $e^2(t)$ 代替均方误差，则上面的梯度估计值代表了真实梯度向量，因为

$$\begin{aligned}\frac{\partial e^2(t)}{\partial \boldsymbol{w}} &= \begin{bmatrix} 2e(t)\dfrac{\partial e(t)}{\partial w_1(t)} & 2e(t)\dfrac{\partial e(t)}{\partial w_2(t)} & \cdots & 2e(t)\dfrac{\partial e(t)}{\partial w_n(t)} \end{bmatrix} \\ &= -2e(t)\boldsymbol{X}(t) \\ &= \hat{\boldsymbol{g}}_w(t)\end{aligned}$$

得到的梯度算法使平方误差的均值最小化，所以它被称为 LMS 算法，其更新方程为

$$\boldsymbol{w}(t+1) = \boldsymbol{w}(t) + 2\mu e(t)\boldsymbol{X}(t) \tag{2.15}$$

收敛因子 μ 应在一个范围内取值，以保证收敛性。

2.2.2　LMS 算法的梯度特性

式(2.7)表明，在 MSE 曲面上完成搜索最优系数向量解的理想梯度方向为

$$\begin{aligned}\boldsymbol{g}_w(t) &= 2\,\{E[\boldsymbol{X}(t)\boldsymbol{X}^{\mathrm{T}}(t)]\boldsymbol{w}(t) - E[d(t)\boldsymbol{X}(t)]\} \\ &= 2\,[\boldsymbol{R}\boldsymbol{w}(t) - \boldsymbol{p}]\end{aligned} \tag{2.16}$$

在 LMS 算法中，利用 $\boldsymbol{R}$ 和 $\boldsymbol{p}$ 的瞬时估计值确定搜索方向，即

$$\hat{\boldsymbol{g}}_w(t) = 2[\boldsymbol{X}(t)\boldsymbol{X}^{\mathrm{T}}(t)\boldsymbol{w}(t) - d(t)\boldsymbol{X}(t)] \tag{2.17}$$

正如所期望的，式(2.16)与式(2.17)所确定的方向有很大不同。

从平均意义上讲，LMS 梯度方向具有接近理想梯度方向的趋势，因为对于固定的系数向量 $\boldsymbol{w}$，有

$$E[\hat{\boldsymbol{g}}_w(t)] = 2\{E[\boldsymbol{X}(t)\boldsymbol{X}^{\mathrm{T}}(t)]\boldsymbol{w}(t) - E[d(t)\boldsymbol{X}(t)]\} = \boldsymbol{g}_w$$

所以，向量 $\hat{\boldsymbol{g}}_w(t)$ 可以解释为 $\boldsymbol{g}_w$ 的无偏瞬时估计值。在具有遍历性的环境中，如果对于固定的 $\boldsymbol{w}$，利用大量的输入和参考信号来计算向量 $\hat{\boldsymbol{g}}_w(t)$，则平均方向趋近于 $\boldsymbol{g}_w$，即

$$\lim_{N\to\infty}\frac{1}{M}\sum_{i=1}^{M}\hat{\boldsymbol{g}}_w(t+i) \to \boldsymbol{g}_w$$

2.2.3 系数向量的收敛特性

假设一个系数向量为 $\boldsymbol{w}_0$ 的横向滤波器，利用 LMS 算法去辨识一个具有相同阶数的自适应滤波器。在未知系统中附加了测量白噪声 $n(t)$，其均值为零，方差为 σ_n^2。

在每一次迭代中，自适应滤波器相对于理想系数向量 $\boldsymbol{w}_0$ 的误差由 N+1 维向量描述：

$$\Delta\boldsymbol{w}(t) = \boldsymbol{w}(t) - \boldsymbol{w}_0 \tag{2.18}$$

利用这种定义，LMS 算法也可以另外描述为

$$\begin{aligned}\Delta\boldsymbol{w}(t+1) &= \Delta\boldsymbol{w}(t) + 2\mu e(t)\boldsymbol{X}(t)\\ &= \Delta\boldsymbol{w}(t) + 2\mu\boldsymbol{X}(t)[e_0(t) + \boldsymbol{X}^{\mathrm{T}}(t)\boldsymbol{w}_0 - \boldsymbol{X}^{\mathrm{T}}(t)\boldsymbol{w}(t)]\\ &= [\boldsymbol{I} - 2\mu\boldsymbol{X}(t)\boldsymbol{X}^{\mathrm{T}}(t)]\Delta\boldsymbol{w}(t) + 2\mu e_0(t)\boldsymbol{X}(t)\end{aligned} \tag{2.19}$$

式中，$\boldsymbol{I}$ 为单位阵；$e_0(t)$ 为最优输出误差，表达式为

$$\begin{aligned}e_0(t) &= d(t) - \boldsymbol{w}_0^{\mathrm{T}}\boldsymbol{X}(t)\\ &= \boldsymbol{w}_0^{\mathrm{T}}\boldsymbol{X}(t) + n(t) - \boldsymbol{w}_0^{\mathrm{T}}\boldsymbol{X}(t)\\ &= n(t)\end{aligned}$$

于是，系数向量中的误差期望为

$$E[\Delta \boldsymbol{w}(t+1)]=E\{\boldsymbol{I}-2\mu E[\boldsymbol{X}(t)\boldsymbol{X}^{\mathrm{T}}(t)]\}E[\Delta \boldsymbol{w}(t)]+2\mu E[e_0(t)\boldsymbol{X}(t)] \tag{2.20}$$

假设 $\boldsymbol{X}(t)$ 的元素与 $\Delta\boldsymbol{w}(t)$ 和 $e_0(t)$ 的元素独立，则式(2.20)可以简化为

$$\begin{aligned}E[\Delta \boldsymbol{w}(t+1)]&=\{\boldsymbol{I}-2\mu E[\boldsymbol{X}(t)\boldsymbol{X}^{\mathrm{T}}(t)]\}E[\Delta \boldsymbol{w}(t)]\\&=(\boldsymbol{I}-2\mu\boldsymbol{R})E[\Delta \boldsymbol{w}(t)]\end{aligned} \tag{2.21}$$

将式(2.21)左乘 $\boldsymbol{Q}^{\mathrm{T}}$（$\boldsymbol{Q}$ 为通过一个相似变换使 $\boldsymbol{R}$ 对角化的酉矩阵)，可得

$$\begin{aligned}E[\boldsymbol{Q}^{\mathrm{T}}\Delta \boldsymbol{w}(t+1)]&=(\boldsymbol{I}-2\mu\boldsymbol{Q}^{\mathrm{T}}\boldsymbol{R}\boldsymbol{Q})E[\boldsymbol{Q}^{\mathrm{T}}\Delta \boldsymbol{w}(t)]\\&=E[\Delta \boldsymbol{w}'(t+1)]\\&=(\boldsymbol{I}-2\mu\boldsymbol{\Lambda})E[\Delta \boldsymbol{w}'(t)]\\&=\begin{bmatrix}1-2\mu\lambda_1 & 0 & \cdots & 0\\ 0 & 1-2\mu\lambda_2 & \cdots & 0\\ \vdots & \vdots & & \vdots\\ 0 & 0 & \cdots & 1-2\mu\lambda_n\end{bmatrix}E[\Delta \boldsymbol{w}'(t)]\end{aligned}$$

式中，$\Delta\boldsymbol{w}'(t+1)=\boldsymbol{Q}^{\mathrm{T}}\Delta\boldsymbol{w}(t+1)$，为旋转系数误差向量。通过旋转可以得到一个产生对角矩阵的方程，从而更加易于分析方程的动态特性。此外，由式(2.21)可得

$$\begin{aligned}E[\Delta \boldsymbol{w}'(t+1)]&=(\boldsymbol{I}-2\mu\boldsymbol{\Lambda})^{t+1}E[\Delta \boldsymbol{w}'(0)]\\&=\begin{bmatrix}(1-2\mu\lambda_1)^{t+1} & 0 & \cdots & 0\\ 0 & (1-2\mu\lambda_2)^{t+1} & \cdots & 0\\ \vdots & \vdots & & \vdots\\ 0 & 0 & \cdots & (1-2\mu\lambda_n)^{t+1}\end{bmatrix}E[\Delta \boldsymbol{w}'(0)]\end{aligned} \tag{2.22}$$

该方程说明，为了保证系数在平均意义上收敛，LMS 算法的收敛因子必须在如下范围内选取：

$$0<\mu<\frac{1}{\lambda_{\max}}$$

式中，$\lambda_{\max}$ 为 $\boldsymbol{R}$ 的最大特征值。由上述方法选取的 μ 值保证了系数向量的平均值接近于最优系数向量 $\boldsymbol{w}_0$。如果矩阵 $\boldsymbol{R}$ 具有较大的特征值扩展，则 μ 的选取值要远小于上界的 μ 值。在该范围内的 μ 值保证了当 $t\to\infty$ 时，式(2.22)对角矩阵的所有元素趋近于零，因为对于 $i=1,2,\cdots,N$，有 $-1<1-2\mu\lambda_i<1$。因此，对于较大

的 t 值，$E[\Delta \boldsymbol{w}'(t+1)]$ 趋近于零。

2.2.4　LMS 算法与 AR 模型

2.2.3 节已讨论了 Wiener 最优滤波器的基本原理，如果把 AR 模型看成一步线性最小方差预报，已知的输入变量由 $x(t-1),\cdots,x(t-n)$ 构成，由这些量的加权和作为对 $x(t)$ 的估计，则期望输出为 $x(t)$，即

$$d(t)=x(t)$$

一步预报输出 $y(t)$ 和其误差 $\varepsilon_n(t)$ 分别为

$$y(t)=\sum_{k=1}^{n} w_k x(t-k)$$

$$\varepsilon_n(t)=x(t)-\sum_{k=1}^{n} w_k x(t-k)$$

因此，只要把 Wiener 滤波器中相应的量按表 2.1 所列加以替代，便可利用正规方程式(2.8)求解 AR 模型的最优参数 $\boldsymbol{w}_0$。

表 2.1　Wiener 滤波器参数与 AR 模型参数对照表

参数名称	Wiener 滤波器	AR 模型
输入	$\boldsymbol{X}(t)$	$\boldsymbol{X}(t-1)$
期望输出	$d(t)$	$x(t)$
加权向量	$\boldsymbol{w}_0$	$\boldsymbol{w}_0$
估计误差	$e(t)$	$\varepsilon_n(t)$
输入量相关阵	$\boldsymbol{R}$	$\boldsymbol{R}$
输入与期望输出的互相关向量	$\boldsymbol{p}$	$\boldsymbol{r}$
最小均方误差	$F_{\min}$	P_n

表 2.1 中，$\boldsymbol{r}=E[\boldsymbol{X}(t-1)x(t)]=[\rho(-1),\rho(-2),\cdots,\rho(-n)]^{\mathrm{T}}$。显然相应的正规方程为 $\boldsymbol{R}\boldsymbol{w}_0=\boldsymbol{r}$，最小均方误差为 $P_n=\rho(0)-\boldsymbol{r}^{\mathrm{T}}\boldsymbol{w}_0$。

2.3　基于 LMS 的改进算法

许多自适应滤波算法都是根据 LMS 算法导出的，目标在于降低复杂度或者减少收敛时间，提高精度。本节将介绍几种基于 LMS 的改进算法，如 LMS-Newton

算法、归一化 LMS(normalized LMS, NLMS)算法和仿射投影算法等。

LMS-Newton 算法的收敛速度是与输入信号相关矩阵的特征值扩展相独立的。利用输入信号相关矩阵逆的估计值将使得算法的计算复杂度大大降低。NLMS 算法利用一个可变收敛因子，使瞬时误差极小化。该收敛因子通常会缩短收敛时间，但同时会增加失调。若输入信号高度相关，可使用仿射投影算法，该算法重新利用过去的数据，能够获得更快的收敛速度，这样就可以得到一类在计算复杂度和收敛速度之间获得折中的算法。

2.3.1　LMS-Newton 算法

LMS-Newton 算法是一种结合了环境信号的二阶统计量的估计算法，目的在于避免当输入信号相关性很高时 LMS 算法收敛速度慢的问题。其中，收敛速度的提高是以增加计算复杂度为代价而得到的。

自适应滤波器的非递归实现导致 MSE 曲面是滤波器系数的二次函数形式。对于直接形式非递归型滤波器结构，其 MSE 可以描述为[27]

$$\xi(t+1)=\xi(t)+\hat{\boldsymbol{g}}_w^{\mathrm{T}}[\boldsymbol{w}(t+1)-\boldsymbol{w}(t)]+[\boldsymbol{w}(t+1)-\boldsymbol{w}(t)]^{\mathrm{T}}\boldsymbol{R}[\boldsymbol{w}(t+1)-\boldsymbol{w}(t)]$$

式中，$\xi(t)$ 表示当自适应滤波器系数固定为 $\boldsymbol{w}(t)$ 时的 MSE；$\boldsymbol{g}_w=-2\boldsymbol{p}+2\boldsymbol{R}\boldsymbol{w}(t)$ 是 MSE 曲面相对于滤波器系数 $\boldsymbol{w}(t)$ 的梯度向量，如果满足式(2.23)，则 MSE 在 t+1 时刻达到最小：

$$\boldsymbol{w}(t+1)=\boldsymbol{w}(t)-\frac{1}{2}\boldsymbol{R}^{-1}\boldsymbol{g}_w \tag{2.23}$$

这个方程是 Newton 算法的更新公式。在理想情况下(矩阵 $\boldsymbol{R}$ 和梯度向量 $\boldsymbol{g}_w$ 是精确已知的)，$\boldsymbol{w}(t+1)=\boldsymbol{R}^{-1}\boldsymbol{p}=\boldsymbol{w}_0$。因此，Newton 算法在单次迭代以后收敛到最优解，这与采用二次目标函数所期望的一致。

实际上，若只得到矩阵 $\boldsymbol{R}$ 和梯度向量的估计值，可以将这些估计值应用到 Newton 算法更新公式中，则可导出如下 Newton 算法的公式：

$$\boldsymbol{w}(t+1)=\boldsymbol{w}(t)-\mu\boldsymbol{w}\hat{\boldsymbol{R}}^{-1}(t)\hat{\boldsymbol{g}}_w(t) \tag{2.24}$$

这里引入了收敛因子 μ，以避免 $\hat{\boldsymbol{R}}(t)$ 和 $\hat{\boldsymbol{g}}_w(t)$ 的有噪估计值导致的算法发散问题。

对于平稳输入，$\boldsymbol{R}$ 的无偏估计为

$$\hat{\boldsymbol{R}}(t)=\frac{1}{t}\sum_{i=1}^{t}\boldsymbol{X}(i)\boldsymbol{X}^{\mathrm{T}}(i)=\frac{t-1}{t}\hat{\boldsymbol{R}}(t-1)+\frac{1}{t}\boldsymbol{X}(t)\boldsymbol{X}^{\mathrm{T}}(t)$$

这里也引入了收敛因子 μ，以避免 $\hat{\boldsymbol{R}}(t)$ 和 $\hat{\boldsymbol{g}}_w(t)$ 的有噪估计值导致的算法发散问题。

$\boldsymbol{R}$ 的无偏估计期望值为

$$E[\hat{\boldsymbol{R}}(t)] = \frac{1}{t}\sum_{i=1}^{t}\boldsymbol{X}(i)\boldsymbol{X}^{\mathrm{T}}(i) = \boldsymbol{R} \tag{2.25}$$

由于样本数不足，无法保证 $\boldsymbol{R}$ 的估计值准确性。当 t 很大时，由于该算法的无限记忆性，输入信号统计量的任何变化将被忽略。因此，本节采取如下加权求和方法得到自相关矩阵 $\boldsymbol{R}$ 的另一种估计形式：

$$\begin{aligned}\hat{\boldsymbol{R}}(t) &= \alpha\boldsymbol{X}(t)\boldsymbol{X}^{\mathrm{T}}(t) + (1-\alpha)\hat{\boldsymbol{R}}(t-1)\\ &= \alpha\boldsymbol{X}(t)\boldsymbol{X}^{\mathrm{T}}(t) + \alpha\sum_{i=1}^{t-1}(1-\alpha)^{t-i}\boldsymbol{X}(i)\boldsymbol{X}^{\mathrm{T}}(i)\end{aligned}$$

式中，α 为一个很小的因子，通常选取范围为 $0<\alpha\leqslant 0.1$。α 的取值范围允许在当前和过去输入信号之间进行较好的平衡。通过对上式两端同时取期望值，并假设 $t\to\infty$，可得

$$E[\hat{\boldsymbol{R}}(t)] = \alpha E[\boldsymbol{X}(t)\boldsymbol{X}^{\mathrm{T}}(t)] + \alpha\sum_{i=1}^{t-1}(1-\alpha)^{t-i}E[\boldsymbol{X}(i)\boldsymbol{X}^{\mathrm{T}}(i)] = \boldsymbol{R}$$

因此，$\boldsymbol{R}$ 的估计值是无偏的。

为了避免求 $\hat{\boldsymbol{R}}(t)$ 的逆矩阵，利用如下矩阵求逆引理。

引理 2.1　矩阵求逆[28]。设 $\boldsymbol{A}$、$\boldsymbol{B}$、$\boldsymbol{C}$、$\boldsymbol{D}$ 分别为 $n\times n$、$n\times m$、$m\times m$、$m\times n$ 矩阵，且 $\boldsymbol{A}$ 和 $\boldsymbol{C}$ 是非奇异阵，$2\mu=\alpha=1-\lambda$ 存在，则有

$$(\boldsymbol{A}+\boldsymbol{BCD})^{-1} = \boldsymbol{A}^{-1} - \boldsymbol{A}^{-1}\boldsymbol{B}(\boldsymbol{DA}^{-1}\boldsymbol{B}+\boldsymbol{C}^{-1})^{-1}\boldsymbol{DA}^{-1}$$

利用上面的矩阵求逆公式，令 $\boldsymbol{A}=(1-\alpha)\hat{\boldsymbol{R}}^{-1}(t), \boldsymbol{B}=\boldsymbol{D}^{\mathrm{T}}=\boldsymbol{X}(t), \boldsymbol{C}=\alpha$，可得

$$\hat{\boldsymbol{R}}^{-1}(t) = \frac{1}{1-\alpha}\left[\hat{\boldsymbol{R}}^{-1}(t-1) - \frac{\hat{\boldsymbol{R}}^{-1}(t-1)\boldsymbol{X}(t)\boldsymbol{X}^{\mathrm{T}}(t)\hat{\boldsymbol{R}}^{-1}(t-1)}{\dfrac{1-\alpha}{\alpha}+\boldsymbol{X}^{\mathrm{T}}(t)\hat{\boldsymbol{R}}^{-1}(t-1)\boldsymbol{X}^{\mathrm{T}}(t)}\right]$$

利用上式计算 $\hat{\boldsymbol{R}}^{-1}(t)$，与每次迭代过程中直接计算 $\hat{\boldsymbol{R}}(t)$ 的逆矩阵（乘法次数在 N^3 量级）相比，其更新方程的计算复杂度更低（乘法次数在 N^2 量级）。

将 LMS 算法中采用的梯度向量估计值用于式(2.24)，可以得到如下的 LMS-Newton 算法的系数更新公式：

$$\boldsymbol{w}(t+1) = \boldsymbol{w}(t) + 2\mu e(t)\hat{\boldsymbol{R}}^{-1}(t)\boldsymbol{X}(t) \tag{2.26}$$

LMS 梯度方向具有接近理想梯度方向的趋势。类似地，将 $\hat{\boldsymbol{R}}^{-1}(t)$ 与 LMS 梯度方向相乘，得到的向量也趋于接近 Newton 方向。因此，可以推断 LMS-Newton 算法以更加直接的路径收敛到 MSE 曲面上的极小值点，还可证明该算法的收敛特征与 $\boldsymbol{R}$ 的特征值扩展相独立。

LMS-Newton 算法与 RLS 算法在数学上是等价的，后者选取的遗忘因子 λ 满足 $2\mu=\alpha=1-\lambda$ 。

2.3.2 NLMS 算法

要提高 LMS 算法的收敛速度，但不采用输入信号相关阵的估计值，可变收敛因子就是一种自然的选择。NLMS 算法由于在使瞬时输出误差最小化时采用了可变收敛因子，其收敛速度比传统 LMS 算法更快[29,30]。

为了提高 LMS 算法的收敛速度，在 LMS 算法的更新方程中加入一个变化的收敛因子 μ_k 。此时，更新公式可以表示为

$$\boldsymbol{w}(t+1)=\boldsymbol{w}(t)+2\mu_k e(t)\boldsymbol{X}(t)=\boldsymbol{w}(t)+\Delta\tilde{\boldsymbol{w}}(t) \tag{2.27}$$

μ_k 的选取必须以实现更快的收敛为目标。一种可能的策略是尽可能地减少瞬时平方误差。采用这种策略的出发点在于，瞬时平方误差是 MSE 的一种好的简单估计。

瞬时平方误差如下：

$$e^2(t)=d^2(t)+\boldsymbol{w}^{\mathrm{T}}(t)\boldsymbol{X}(t)\boldsymbol{X}^{\mathrm{T}}(t)\boldsymbol{w}(t)-2d(t)\boldsymbol{w}^{\mathrm{T}}(t)\boldsymbol{X}(t)$$

如果加权向量的变化由 $\tilde{\boldsymbol{w}}(t)=\boldsymbol{w}(t)+\Delta\tilde{\boldsymbol{w}}(t)$ 给定，则对应的平方误差为

$$\begin{aligned}\tilde{e}^2(t)=&e^2(t)+2\Delta\tilde{\boldsymbol{w}}^{\mathrm{T}}(t)\boldsymbol{X}(t)\boldsymbol{X}^{\mathrm{T}}(t)\boldsymbol{w}(t)\\&+\Delta\tilde{\boldsymbol{w}}^{\mathrm{T}}(t)\boldsymbol{X}(t)\boldsymbol{X}^{\mathrm{T}}(t)\Delta\tilde{\boldsymbol{w}}(t)-2d(t)\Delta\tilde{\boldsymbol{w}}^{\mathrm{T}}(t)\boldsymbol{X}(t)\end{aligned}$$

于是有

$$\begin{aligned}\Delta e^2(t)&\stackrel{\text{def}}{=\!=}\tilde{e}^2(t)-e^2(t)\\&=-2\Delta\tilde{\boldsymbol{w}}^{\mathrm{T}}(t)\boldsymbol{X}(t)e(t)+\Delta\tilde{\boldsymbol{w}}^{\mathrm{T}}(t)\boldsymbol{X}(t)\boldsymbol{X}^{\mathrm{T}}(t)\Delta\tilde{\boldsymbol{w}}(t)\end{aligned}$$

为了提高收敛速度，需要选择合适的 μ_k ，使得 $\Delta e^2(t)$ 为负值，并且达到最小化。

将 $\Delta\tilde{\boldsymbol{w}}(t)=2\mu_k e(t)\boldsymbol{X}(t)$ 代入上式，得到

$$\Delta e^2(t)=-4\mu_k e^2(t)\boldsymbol{X}^{\mathrm{T}}(t)\boldsymbol{X}(t)+4\mu_k^2 e^2(t)\boldsymbol{X}^{\mathrm{T}}(t)\boldsymbol{X}(t)$$

对上式取关于 μ_k 的导数，使得 $\dfrac{\partial\Delta e^2(t)}{\partial\mu_k}=0$ 的 μ_k 值为

$$\mu_k = \frac{1}{2\boldsymbol{X}^{\mathrm{T}}(t)\boldsymbol{X}(t)} \tag{2.28}$$

μ_k 取上述值时可使得 $\Delta e^2(t)$ 为负值，它对应于 $\Delta e^2(t)$ 的极小值点。

采用这种可变的收敛因子，NLMS 算法的更新方程为

$$\boldsymbol{w}(t+1) = \boldsymbol{w}(t) + \frac{e(t)\boldsymbol{X}(t)}{\boldsymbol{X}^{\mathrm{T}}(t)\boldsymbol{X}(t)}$$

因为上述的所有导数都是基于瞬时平方误差而不是 MSE 得到的，所以为了控制失调，在更新公式中需要引入一个固定的收敛因子 μ_n。此外，为了避免在 $\boldsymbol{X}^{\mathrm{T}}(t)\boldsymbol{X}(t)$ 很小时出现很大的步长，还应包括一个参数 γ。于是，系数的更新方程变为

$$\boldsymbol{w}(t+1) = \boldsymbol{w}(t) + \frac{\mu_n e(t)\boldsymbol{X}(t)}{\gamma + \boldsymbol{X}^{\mathrm{T}}(t)\boldsymbol{X}(t)} \tag{2.29}$$

考虑到 $E[\boldsymbol{X}^{\mathrm{T}}(k)\boldsymbol{X}(k)] = \mathrm{tr}[\boldsymbol{R}]$ 及

$$E\left[\frac{e(t)\boldsymbol{X}(t)}{\boldsymbol{X}^{\mathrm{T}}(t)\boldsymbol{X}(t)}\right] \approx \frac{E[e(t)\boldsymbol{X}(t)]}{E[\boldsymbol{X}^{\mathrm{T}}(t)\boldsymbol{X}(t)]}$$

以及实际应用中 $2e(t)\boldsymbol{X}(t)$ 的收敛因子的平均值为 $\dfrac{\mu_n}{2\mathrm{tr}[\boldsymbol{R}]}$，将传统 LMS 算法的更新公式与 NLMS 算法的更新公式进行比较，得到能够保证稳定的 μ_n 的取值范围为

$$0 < \mu = \frac{\mu_n}{2\mathrm{tr}[\boldsymbol{R}]} < \frac{1}{\mathrm{tr}[\boldsymbol{R}]} \text{ 或者 } 0 < \mu_n < 2$$

式中，$\mathrm{tr}[\cdot]$ 代表求迹。

2.3.3　仿射投影算法

在有些情况下，可以重复利用过去的数据信号，以便提高自适应滤波算法的收敛速度。仿射投影算法中的数据重用被认为是在输入信号具有相关性情况下的另一种提高 LMS 算法收敛速度的方法[31,32]。与传统 LMS 算法一样，需要引入步长来实现最终的失调和收敛速度之间的平衡。

将最后 L+1 个输入信号向量写为如下矩阵形式：

$$
\begin{aligned}
\boldsymbol{X}_a(t) &= \begin{bmatrix} x(t) & x(t-1) & \cdots & x(t-L+1) & x(t-L) \\ x(t-1) & x(t-2) & \cdots & x(t-L) & x(t-L-1) \\ \vdots & \vdots & & \vdots & \vdots \\ x(t-n+1) & x(t-n) & \cdots & x(t-L-n+2) & x(t-L-n+1) \end{bmatrix} \\
&= [\boldsymbol{X}(t) \quad \boldsymbol{X}(t-1) \quad \cdots \quad \boldsymbol{X}(t-L)]
\end{aligned}
\tag{2.30}
$$

定义 $\boldsymbol{y}_a(t)$、$\boldsymbol{d}_a(t)$、$\boldsymbol{e}_a(t)$ 为第 t 次迭代过程中的自适应滤波器输出信号、期望信号、误差向量等，则有

$$
\boldsymbol{y}_a(t) = \boldsymbol{X}_a^{\mathrm{T}}(t)\boldsymbol{w}(t) = \begin{bmatrix} y_0(t) \\ y_1(t) \\ \vdots \\ y_L(t) \end{bmatrix}, \quad \boldsymbol{d}_a(t) = \begin{bmatrix} d(t) \\ d(t-1) \\ \vdots \\ d(t-L) \end{bmatrix}
$$

$$
\boldsymbol{e}_a(t) = \begin{bmatrix} e_0(t) \\ e_1(t) \\ \vdots \\ e_L(t) \end{bmatrix} = \begin{bmatrix} d(t) - y_0(t) \\ d(t-1) - y_1(t) \\ \vdots \\ d(t-L) - y_L(t) \end{bmatrix} = \boldsymbol{d}_a(t) - \boldsymbol{y}_a(t)
$$

仿射投影算法的目标是使下式最小化：

$$
\min \frac{1}{2} \| \boldsymbol{w}(t+1) - \boldsymbol{w}(t) \|^2
$$

约束条件为

$$
\boldsymbol{d}_a(t) - \boldsymbol{X}_a^{\mathrm{T}}(t)\boldsymbol{w}(t+1) = \boldsymbol{0} \tag{2.31}
$$

仿射投影算法使下一个系数向量 $\boldsymbol{w}(t+1)$ 尽可能地与 $\boldsymbol{w}(t)$ 保持接近，而强迫后验误差(利用已经更新的系数向量 $\boldsymbol{w}(t+1)$ 和当前的可用数据(到 t 时刻为止)计算得到)等于零。

利用拉格朗日乘子算法将约束条件转化为无约束最优化问题，最小化的无约束函数为

$$
F[\boldsymbol{w}(t+1)] = \frac{1}{2} \| \boldsymbol{w}(t+1) - \boldsymbol{w}(t) \|^2 + \boldsymbol{\lambda}_a^{\mathrm{T}}(t)[\boldsymbol{d}_a(t) - \boldsymbol{X}_a^{\mathrm{T}}(t)\boldsymbol{w}(t+1)]
$$

式中，$\boldsymbol{\lambda}_a(t)$ 是一个 $(L+1)\times 1$ 维的拉格朗日乘子向量。

令 $F[\boldsymbol{w}(t+1)]$ 相对于 $\boldsymbol{w}(t+1)$ 的梯度为零，得到

$$\boldsymbol{w}(t+1)=\boldsymbol{w}(t)+\boldsymbol{X}_a(t)\boldsymbol{\lambda}_a(t) \tag{2.32}$$

将式(2.31)代入式(2.30)，可以得到

$$\boldsymbol{X}_a^{\mathrm{T}}(t)\boldsymbol{X}_a(t)\boldsymbol{\lambda}_a(t)=\boldsymbol{d}_a(t)-\boldsymbol{X}_a^{\mathrm{T}}(t)\boldsymbol{w}(t)=\boldsymbol{e}_a(t) \tag{2.33}$$

由式(2.31)、式(2.32)可得仿射投影算法的更新方程为

$$\boldsymbol{w}(t+1)=\boldsymbol{w}(t)+\boldsymbol{X}_a(t)[\boldsymbol{X}_a^{\mathrm{T}}(t)\boldsymbol{X}_a(t)]^{-1}\boldsymbol{e}_a(t) \tag{2.34}$$

上面的算法对应于具有单步长的传统仿射投影算法。通过引入步长 μ，可以取得最终失调与收敛速度之间的折中，即

$$\boldsymbol{w}(t+1)=\boldsymbol{w}(t)+\mu\boldsymbol{X}_a(t)[\boldsymbol{X}_a^{\mathrm{T}}(t)\boldsymbol{X}_a(t)]^{-1}\boldsymbol{e}_a(t) \tag{2.35}$$

可以看到，采用收敛因子后，后验误差不再等于零。实际上，当存在环境测量噪声时，使后验误差等于零并不是理想的方法，因为这将迫使自适应滤波器对与自适应滤波器输入信号不相关的噪声信号的影响进行补偿。当收敛因子等于 1 时，得到的结果存在很大失调。求逆矩阵的阶数取决于重复利用的数据向量的个数。在文献[33]中，通过考虑由离散角度方向组成的输入信号向量的简化模型以及独立性假设，可以导出仿射投影算法的失调表达式，即

$$M=\frac{\mu}{2-\mu}E\left[\frac{1}{\|\boldsymbol{X}(t)\|^2}\right]\mathrm{tr}[\boldsymbol{R}]$$

它是与 L 独立的。

将超平面 $S(t)$ 定义为

$$S(t)=\{\boldsymbol{w}(t+1)\in\mathbf{R}^{N+1}:d(t)-\boldsymbol{w}^{\mathrm{T}}(t+1)\boldsymbol{X}(t)=0\}$$

可以看出，这个超平面上的后验误差等于零。这种定义可以对仿射投影算法进行深刻的几何解释。

在 $L=0$ 和 $L=1$ 两种特殊情况下，仿射投影算法分别对应于 NLMS 算法和双 NLMS 算法[24]。对于双归一化(即 L=1)情形，矩阵求逆具有闭合解的形式。图 2.2 分别给出了四种算法(LMS 算法、NLMS 算法、只重复利用单个数据的 NLMS 算法、双 NLMS 算法)的二维问题的系数向量的更新。传统 LMS 算法的步长在超平面 $S(t)$ 上得到的解 $\boldsymbol{w}(t+1)$ 位于图 2.2 中点 1 与点 2 之间的任何位置，它比 $\boldsymbol{w}(t)$ 更接近于 $S(t)$。NLMS 算法沿着 $\boldsymbol{X}(t)$ 的方向进行直线搜索，经过单步搜索得到解 $\boldsymbol{w}(t+1)$，这个解由图中的点 2 表示，它属于 $S(t)$。NLMS 算法只重复利用单个以

前的数据，将得到点 3。

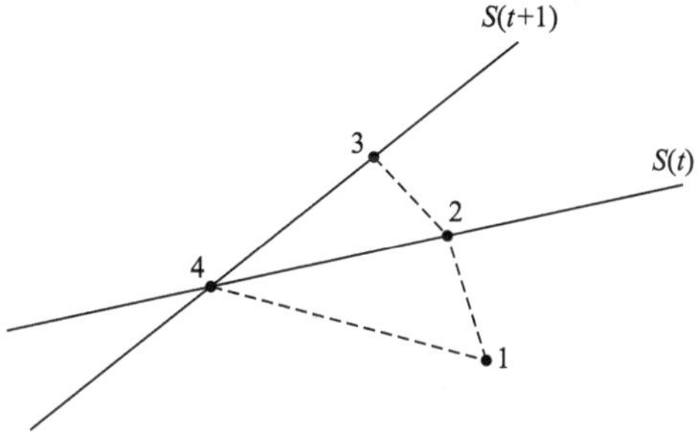

图 2.2　NLMS 算法和双 NLMS 算法的系数向量更新

对于无噪声环境和阶数充分的辨识问题，最优解 $\boldsymbol{w}_0$ 是由线性独立的输入信号向量构成的 L+1 个超平面的交集。将收敛因子为 1 的仿射投影算法系数更新到这个交集上，可以证明 $\boldsymbol{g}_w[e^2(t)]$ 与超平面 $S(t)$ 是正交的。双 NLMS 算法对应于具有两个投影的仿射投影算法，得到的解属于图 2.2 中点 4 表示的 $S(t)$ 和 $S(t+1)$。为了实现比其他 LMS 算法更快的收敛速度，仿射投影算法结合了数据重复利用 L 个连续梯度方向的正交投影和归一化处理。在每次迭代过程中，仿射投影算法产生的解 $\boldsymbol{w}(t+1)$ 是超平面 $S(t), S(t-1), \cdots, S(t-L)$ 的交集，并且尽可能地与 $\boldsymbol{w}(t)$ 接近。

仿射投影算法的计算复杂度与重复利用的数据向量的个数有关，它最终决定了求逆矩阵的阶数。

2.4　基于 LMS 算法的船舶运动预报

2.4.1　基于 LMS 算法的自适应 AR 建模预报模型

表 2.1 给出了 Wiener 滤波器参数与 AR 模型参数之间的关系，下面归纳基于 LMS 算法的自适应 AR 模型在船舶运动姿态预报中的具体步骤。

(1) 对于时间序列 $\{x(t), t=1,2,\cdots,N\}$，对应的输入向量为 $\boldsymbol{X}(t-1)$，其中，$\boldsymbol{X}(t-1)=[x(t-1), x(t-2), \cdots, x(t-n)]^{\mathrm{T}}$，期望输出为 $x(t)$。

(2) 选取适当的收敛因子 μ，依次令 $n=1,2,\cdots,N/3$，计算

$$\begin{aligned} e(t) &= x(t)-\hat{\boldsymbol{w}}^{\mathrm{T}}(t)\boldsymbol{X}(t-1) \\ \hat{\boldsymbol{w}}^{\mathrm{T}}(t+1) &= \hat{\boldsymbol{w}}^{\mathrm{T}}(t)+\mu\boldsymbol{X}(t-1)e(t) \end{aligned} \tag{2.36}$$

直到 $t=N$。对于基于 LMS 的改进算法，如 LMS-Newton 算法、NLMS 算法和仿

射投影算法，只需将式(2.35)分别换成相应的迭代式。

(3)利用赤池信息量准则(Akaike information criterion, AIC)[8]得出 AR 模型的阶数 r，并求出阶数为 r 时的系数向量。

(4)利用步骤(3)中所得结果对船舶运动姿态进行多步预报，多步预报公式如下：设 $\hat{\boldsymbol{w}}(t)=[\hat{w}_1,\hat{w}_2,\cdots,\hat{w}_p]$，其中 $\hat{w}_i(i=1,2,\cdots,p)$ 为利用 N 个数据建模所得的模型系数估计值。

基于自适应算法的 AR 建模过程如图 2.3 所示。

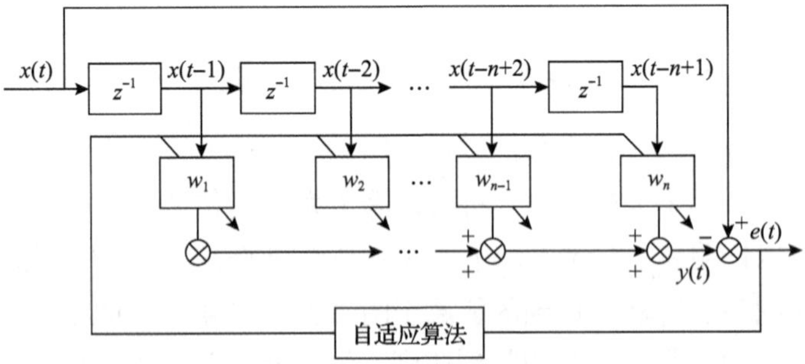

图 2.3　基于自适应算法的 AR 建模

那么，未来 l 步的预报值如下。

(1)当 $l=1$ 时，有

$$\hat{x}(t+l)=\sum_{i=1}^{p}\hat{w}_i x(t+l-i) \tag{2.37}$$

(2)当 $1<l\leqslant p$ 时，有

$$\hat{x}(t+l)=\sum_{i=1}^{l-1}\hat{w}_i\hat{x}(t+l-i)+\sum_{i=l}^{p}\hat{w}_i x(t+l-i) \tag{2.38}$$

(3)当 $l>p$ 时，有

$$\hat{x}(t+l)=\sum_{i=1}^{p}\hat{w}_i\hat{x}(t+l-i) \tag{2.39}$$

式中，$l=1,2,\cdots$ 为预报步数。当阶数 r 确定且 $\hat{\boldsymbol{w}}(t)$ 已知时，便可利用式(2.37)～式(2.39)对船舶运动姿态进行多步预报。

2.4.2　仿真实例与分析

利用以上给出的基于LMS算法的自适应AR模型对船舶运动姿态进行多步预

报时，需要预先做好以下两步。

(1)数据的归一化处理。目的是使时间序列变为零均值平稳序列，具体公式如下：

$$y(t) = (x(t) - \bar{x}) / (\max\{x(t)\} - \min\{x(t)\})$$

式中，$\bar{x}$ 为样本时间序列 $\{x(t), t = 1, 2, \cdots, N\}$ 的均值。

(2)样本数据个数的确定。在利用自适应算法对 AR 模型参数进行估计时，样本数据个数的选取并没有统一的规范，样本数据过少，则不能体现信息的完整性，势必会降低预报精度；样本数据太多，预报精度并不会得到提高，反而会在定阶与参数估计过程中增加计算量。为了取得好的预报效果，同时避免不必要的计算，本节根据算法收敛的迭代次数来确定数据样本个数。

下面利用 AR(r) 模型参数向量的范数 $\|\boldsymbol{w}(t)\|_2$ 来说明 LMS 算法的收敛速度(因为参数各分量趋于平稳时，参数向量的范数 $\|\boldsymbol{w}(t)\|_2$ 也达到平稳状态)。预报性能指标用相对均方根误差 η 表示：

$$\eta = \frac{\sqrt{\dfrac{1}{n}\sum_{t=N+1}^{N+n}[\hat{x}(t+l) - x(t+l)]^2}}{\max\{|x(i)|\}} \times 100\%, \quad i = N+1, \cdots, N+n$$

式中，n 为预报样本数据个数，$n = 10, 20, 30, 40$；l 为预报步数，$l = 1, 2, \cdots, n$。

仿真所用数据为某型号舰船在 90°横浪、135°斜浪、180°顶浪航行姿态下的横摇角时间序列数据，给定实船数据的采样周期为 0.5s，对未来 15s(即预报步数为 30 步)进行预报。

首先利用 LMS 算法、LMS-Newton 算法、NLMS 算法对某型号舰船在 90°横浪下的横摇角时间序列数据进行预报，预报曲线如图 2.4 所示(收敛速度曲线图中纵坐标为参数向量 $\boldsymbol{w}(t)$ 的 2 范数)。

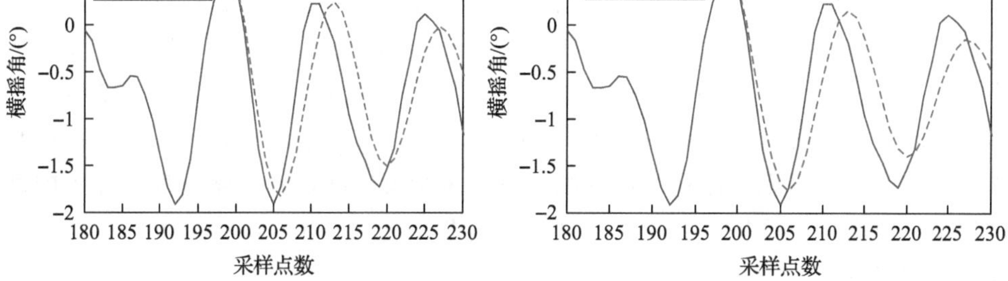

(a) LMS算法　　(b) LMS-Newton算法

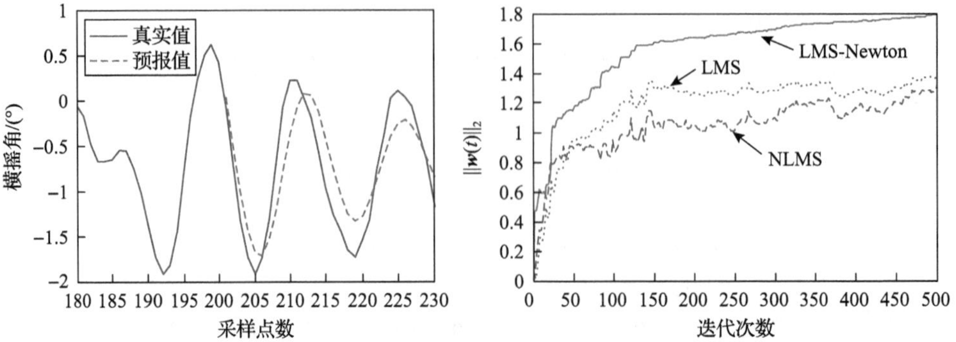

(c) NLMS算法　　(d) 收敛速度

图 2.4　LMS 算法、LMS-Newton 算法、NLMS 算法的预报曲线与收敛速度(横浪)

从图 2.4 中可以看出，LMS-Newton 算法由于降低了求 $\boldsymbol{R}$ 估计值的逆矩阵的计算量，其收敛速度要好于传统 LMS 算法。由表 2.2 可以看出，NLMS 算法在预报精度方面相对于传统 LMS 算法有所提高。

表 2.2　基于 LMS 算法预报结果的相对均方根误差(横浪)

算法		不同预报时间的相对均方根误差			
		5s	10s	15s	20s
LMS		0.2397	0.2556	0.2428	0.3027
LMS-Newton		0.2597	0.2637	0.2559	0.3249
NLMS		0.2005	0.2002	0.1801	0.2544
仿射投影	L=1	0.2381	0.2477	0.2302	0.2895
	L=2	0.1784	0.1723	0.1461	0.2061
	L=3	0.1306	0.1264	0.1372	0.193
	L=4	0.133	0.1251	0.1316	0.2132
	L=5	0.0954	0.1084	0.1768	0.2558

利用仿射投影算法对某型号舰船在 90°横浪下的横摇角时间序列数据进行预报，其中输入信号向量个数 L 与该算法收敛速度的关系如图 2.5 所示。可以看出随着 L 的增加，收敛速度也相应加快，但当 L 增加到一定程度时，收敛速度几乎不再发生变化，这时，如果进一步增加 L，只会增加计算量。同时由表 2.2 可以看出，L 大于 3 后其预报结果的性能误差改善效果越来越差，当 L=5 时基本不再改善。因此，通过对该算法在收敛速度和计算复杂度之间以及预报性能误差方面进行权衡可以得出 L=3 时为最优，且其预报精度相对于 LMS-Newton 算法和 NLMS 算法有明显提高。

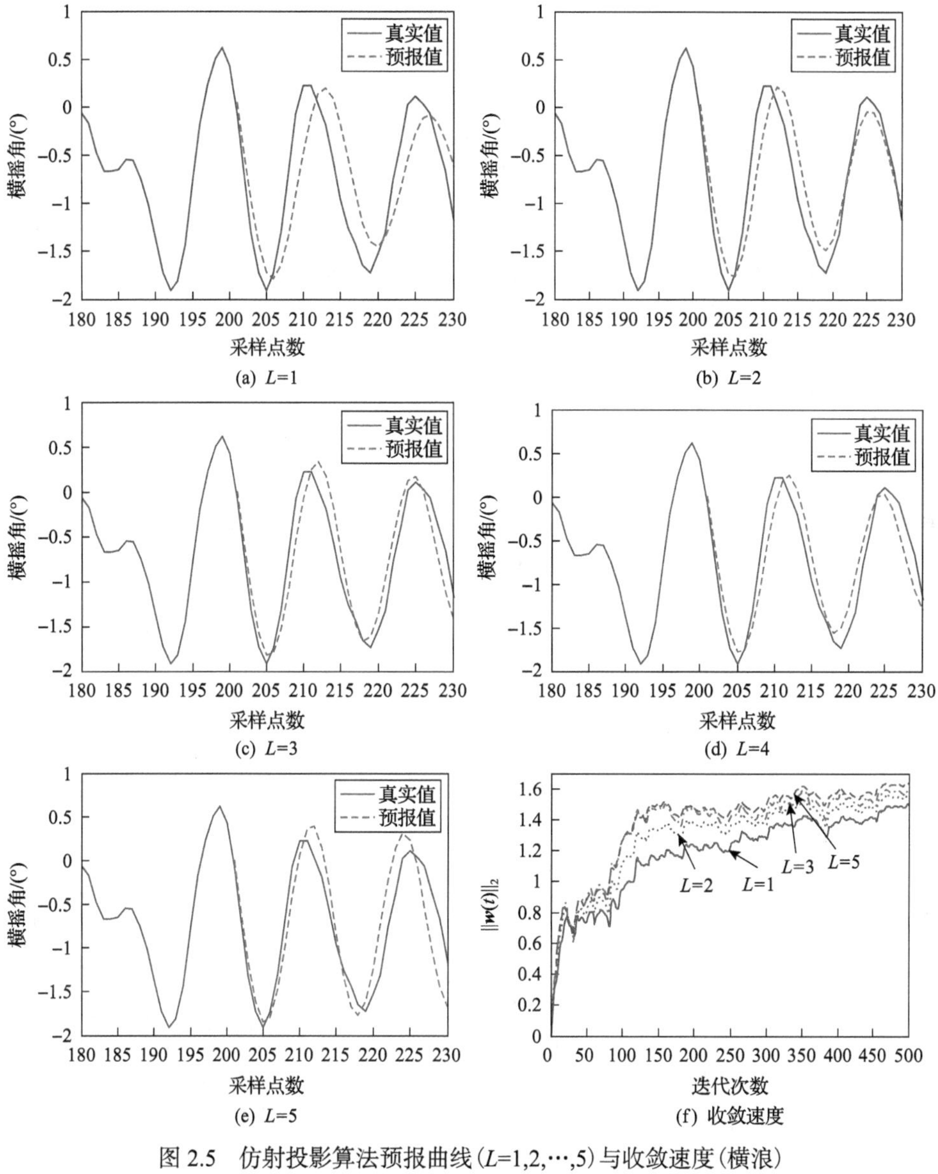

图 2.5　仿射投影算法预报曲线(L=1,2,⋯,5)与收敛速度(横浪)

为进一步验证以上几种基于 LMS 算法的性能，下面对某型号舰船在 135°斜浪、180°顶浪航行姿态下的横摇角时间序列数据进行预报，预报曲线与收敛速度分别如图 2.6～图 2.9 所示，其预报结果的相对均方根误差可见表 2.3 和表 2.4。

由预报曲线与收敛速度(图 2.6～图 2.9)及预报结果的相对均方根误差(表 2.3 和表 2.4)可以得出，利用以上几种算法对某型号舰船在 135°斜浪、180°顶浪航行姿态下的横摇角时间序列数据进行预报，得到的结论进一步验证了以上各种

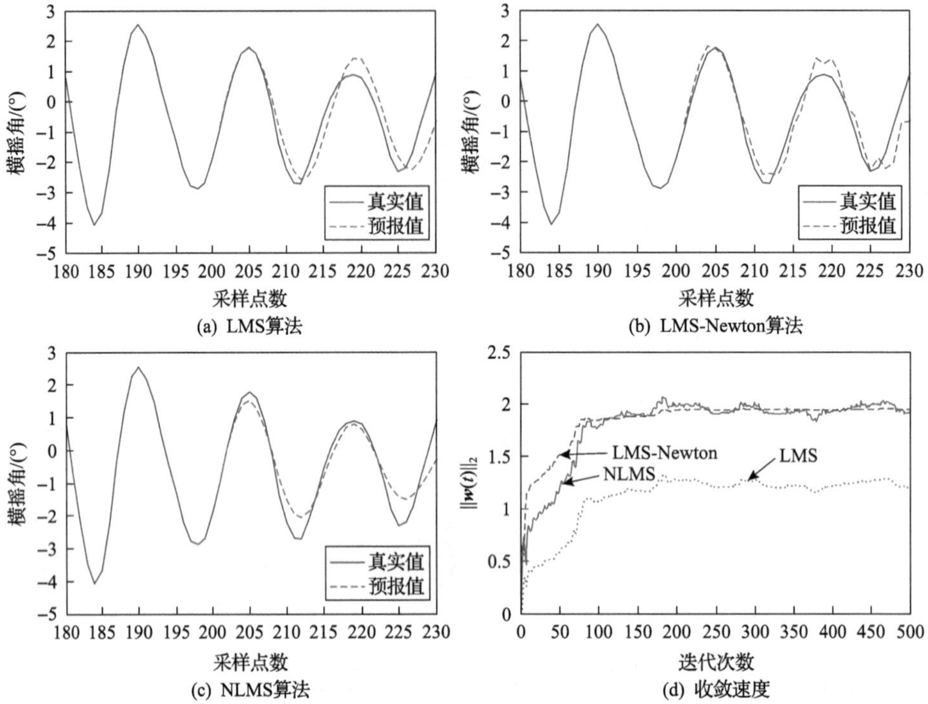

图 2.6　LMS 算法、LMS-Newton 算法、NLMS 算法预报曲线与收敛速度(斜浪)

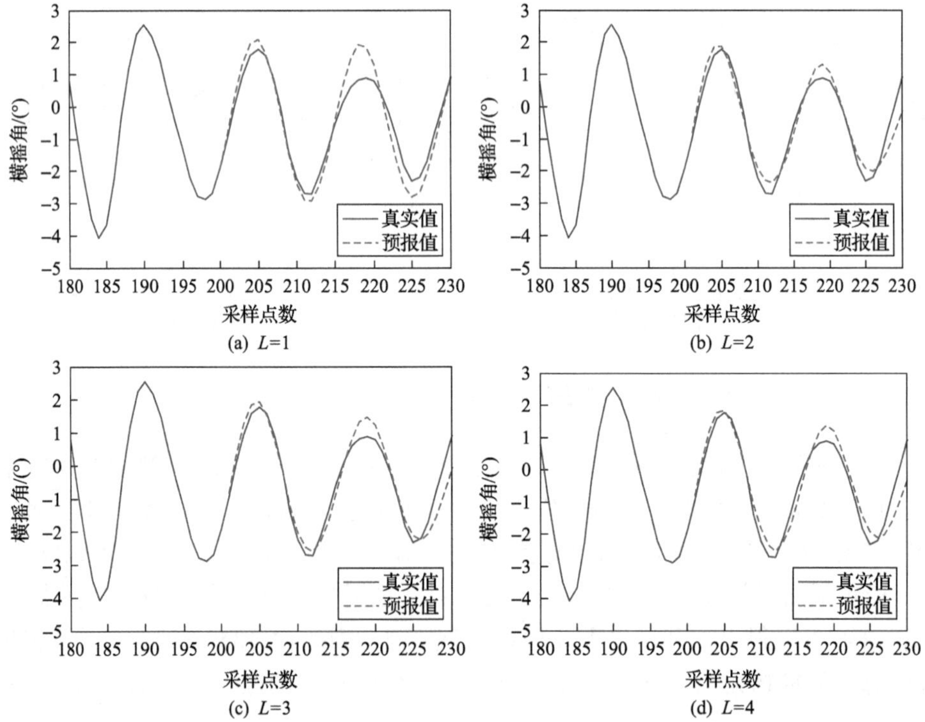

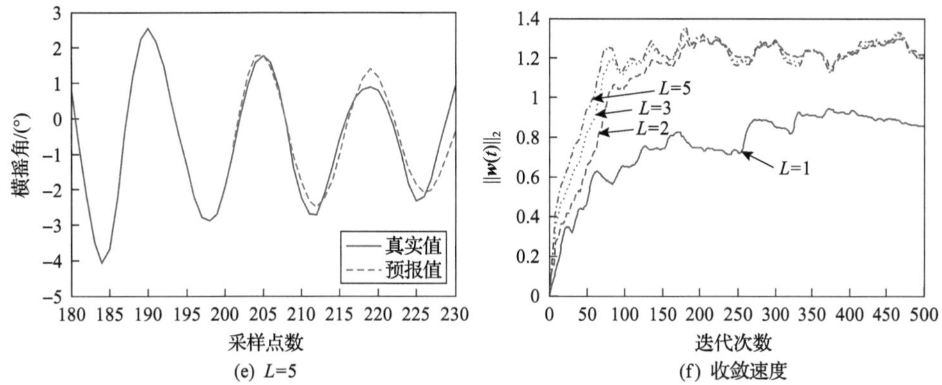

图 2.7　仿射投影算法预报曲线(L=1,2,…,5)与收敛速度(斜浪)

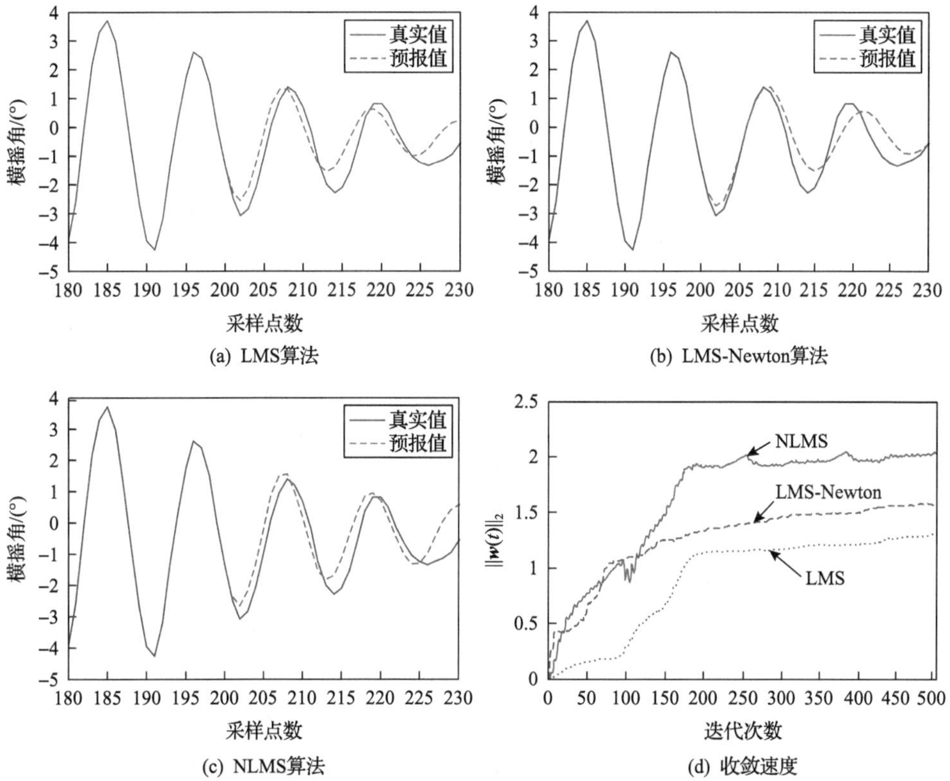

图 2.8　LMS 算法、LMS-Newton 算法、NLMS 算法预报曲线与收敛速度(顶浪)

算法的收敛性和预报精度，同时验证了在基于 LMS 算法对船舶在不同航行姿态下的横摇角时间序列数据进行预报时，综合考虑，仿射投影算法具有一定的优势。

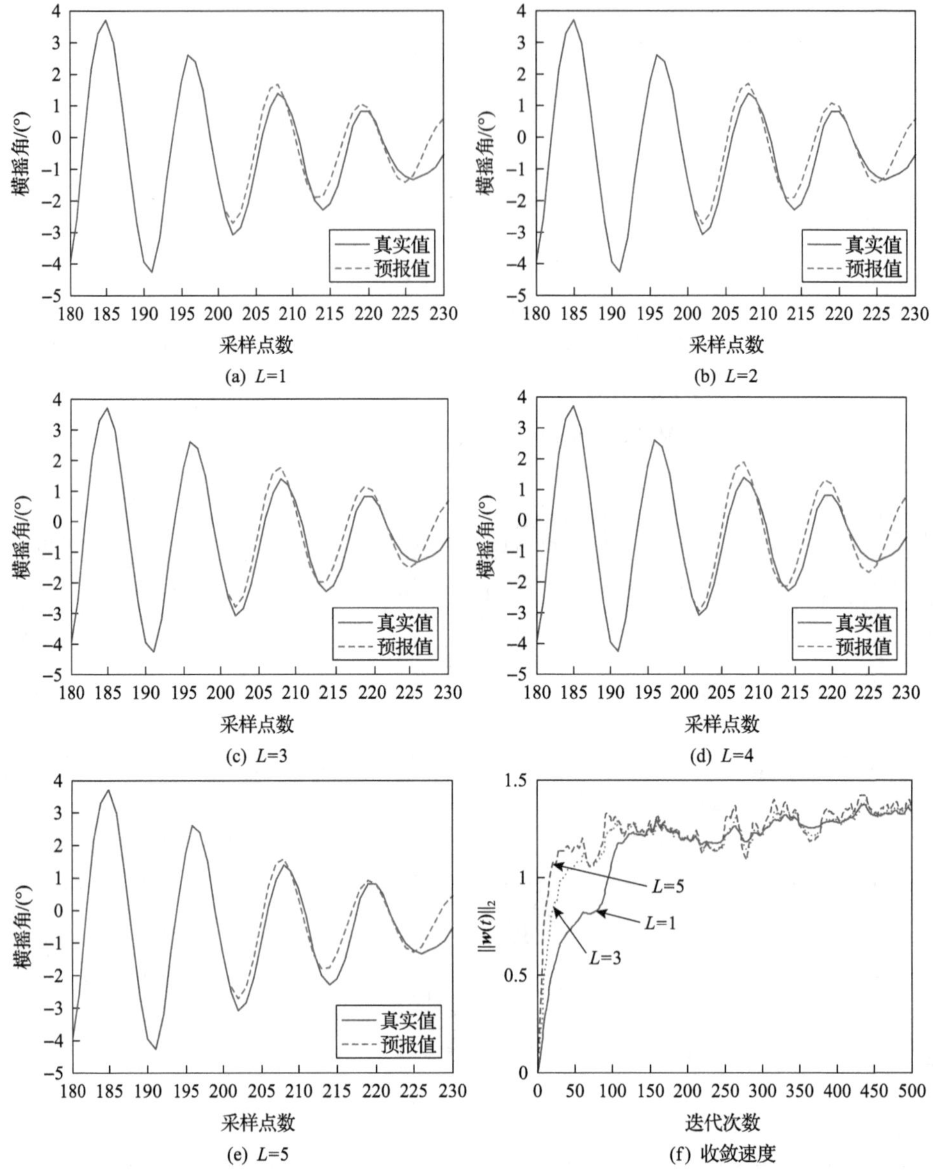

图 2.9　仿射投影算法预报曲线(L=1,2,…,5)与收敛速度(顶浪)

表 2.3　基于 LMS 算法预报结果的相对均方根误差(斜浪)

算法	不同预报时间的相对均方根误差			
	5s	10s	15s	20s
LMS	0.1253	0.1413	0.2242	0.3317
LMS-Newton	0.1148	0.1272	0.1909	0.3021
NLMS	0.0993	0.1085	0.1201	0.2001

续表

算法		不同预报时间的相对均方根误差			
		5s	10s	15s	20s
仿射投影	L=1	0.1008	0.1674	0.1652	0.2607
	L=2	0.1081	0.0959	0.1310	0.2290
	L=3	0.0865	0.1001	0.1377	0.2481
	L=4	0.0954	0.1019	0.1575	0.2628
	L=5	0.0999	0.1034	0.1617	0.2646

表 2.4　基于 LMS 算法预报结果的相对均方根误差(顶浪)

算法		不同预报时间的相对均方根误差			
		5s	10s	15s	20s
LMS		0.1870	0.2076	0.2102	0.1924
LMS-Newton		0.1780	0.1941	0.2125	0.2067
NLMS		0.0758	0.1707	0.1794	0.1572
仿射投影	L=1	0.1537	0.1588	0.1768	0.1765
	L=2	0.1495	0.1518	0.1699	0.1716
	L=3	0.1498	0.1514	0.1720	0.1765
	L=4	0.1548	0.1581	0.1850	0.1954
	L=5	0.1407	0.1490	0.1625	0.1583

2.5　本 章 小 结

本章主要介绍了基于 LMS 算法的船舶运动建模预报方法，分析了根据 LMS 算法导出的几种自适应滤波算法及应用结果。LMS-Newton 算法与 RLS 算法相关，主要特点是减少了求 $\boldsymbol{R}$ 估计值的逆矩阵的计算量，能够降低复杂度，而 NLMS 算法可寻找使瞬时输出误差最小化的步长，在有些情况下，这些算法对于跟踪非平稳环境是非常有效的；若能选择好拉格朗日乘子向量的维数，仿射投影算法则是一种计算有效的算法，且具有较高的收敛速度和精度。最后将以上几种算法结合自适应 AR 模型应用于船舶运动姿态预报中，通过仿真结果阐述了以上几种算法的性能。

第3章　基于LRLS算法的船舶运动自适应建模与预报

本章所要介绍的格型递归估计算法是从最小二乘准则出发，利用矩阵求逆引理而得出的。LRLS 算法是 RLS 算法问题的快速实现，当工作于时变环境中时，这类算法的鲁棒性和收敛性都比较好。

3.1　加权最小二乘准则及 RLS 算法

最小二乘法的基本思想是对于一组等间隔时间序列 $x(1),x(2),\cdots,x(n)$ 建立目标函数，通过使目标函数达到一定性能指标来求解能够拟合系统的曲线，拟合曲线以均方差最小为最优，即输出值和真实值之间差值的平方和最小，则该拟合曲线即为最优。

最小二乘法的原理简单，在许多最优估计中，都达到了很好的应用效果；但是在进行实时预报时，往往会出现一些问题：首先，随着数据的不断更新，系统的性能指标不断变化，每一次更新数据，都要对模型进行重新估计，计算量明显增大，影响系统的效率，在实时预报时影响整个系统的反应速度；其次，采用最小二乘法进行估计时，必须利用所有的数据，这样会影响预报工作的实时性；为了估计未来值，需要不停地对数据进行存储，既影响速度又占用空间。基于以上一系列的不足，提出 RLS 算法，不断对历史数据进行更新和替换，既保证了速度又能实时进行预报工作。

设 t 时刻模型的输入为 $x(t),x(t-1),\cdots,x(t-n+1)$，$\varepsilon(t)$ 是期望输出 $y(t)$ 与估计值 $\hat{y}(t)$ 之差，这里

$$\hat{y}(t)=\boldsymbol{\varphi}^{\mathrm{T}}(t)\boldsymbol{X}(t)=\boldsymbol{X}^{\mathrm{T}}(t)\boldsymbol{\varphi}(t) \tag{3.1}$$

式中，$\boldsymbol{\varphi}(t)=[\varphi_1(t),\varphi_2(t),\cdots,\varphi_n(t)]^{\mathrm{T}}$；$\boldsymbol{X}(t)=[x(t-1),x(t-2),\cdots,x(t-n)]^{\mathrm{T}}$。

预报误差为

$$\varepsilon(t)=y(t)-\hat{y}(t)=y(t)-\boldsymbol{X}^{\mathrm{T}}(t)\boldsymbol{\varphi}(t) \tag{3.2}$$

最小二乘法的性能指标是使 $J(t)=\sum_{i=1}^{t}\beta(t,i)\varepsilon^2(i)$ 为最小，式中 $\beta(t,i)$ 为遗忘因子，$0<\beta(t,i)\leqslant 1$，可以使建模过程更好地适应非平稳情况下数据统计特性的变动。

$\beta(t,i)$ 通常取为指数因子，即

$$\beta(t,i)=\lambda^{t-i}\,,\quad i=1,2,\cdots,t$$

λ 为接近 1 的正常数（$\lambda=1$ 为无限记忆，即通常的最小二乘法），在指数加权遗忘因子情况下：

$$J(t)=\sum_{i=1}^{t}\lambda^{t-i}\varepsilon^2(i)=\sum_{i=1}^{t}\lambda^{t-i}[y(i)-\boldsymbol{X}^{\mathrm{T}}(i)\boldsymbol{\varphi}(t)]^2 \tag{3.3}$$

求取使目标函数极小的估计值 $\hat{\boldsymbol{\varphi}}(t)$。

将式(3.2)表示为矩阵形式，即

$$\varepsilon=\boldsymbol{Y}_t-\boldsymbol{X}_t^{\mathrm{T}}\hat{\boldsymbol{\varphi}}(t) \tag{3.4}$$

式中，

$$\boldsymbol{Y}_t=\begin{bmatrix} y(1)\\ y(2)\\ \vdots\\ y(n)\end{bmatrix},\quad \hat{\boldsymbol{\varphi}}(t)=\begin{bmatrix} \hat{\varphi}_1(t)\\ \hat{\varphi}_2(t)\\ \vdots\\ \hat{\varphi}_n(t)\end{bmatrix}$$

$$\boldsymbol{X}_t=\begin{bmatrix} \boldsymbol{X}^{\mathrm{T}}(1)\\ \boldsymbol{X}^{\mathrm{T}}(2)\\ \vdots\\ \boldsymbol{X}^{\mathrm{T}}(n)\end{bmatrix}=\begin{bmatrix} x(0) & x(-1) & \cdots & x(1-n)\\ x(1) & x(0) & \cdots & x(2-n)\\ \vdots & \vdots & & \vdots\\ x(n-1) & x(n-2) & \cdots & x(0)\end{bmatrix}$$

则式(3.3)可以改写成如下形式：

$$J(t)=[\boldsymbol{Y}_t-\boldsymbol{X}_t^{\mathrm{T}}\hat{\boldsymbol{\varphi}}(t)]^{\mathrm{T}}[\boldsymbol{Y}_t-\boldsymbol{X}_t^{\mathrm{T}}\hat{\boldsymbol{\varphi}}(t)] \tag{3.5}$$

由 $\partial J(t)/\partial\boldsymbol{\varphi}(t)=0$ 可以确定最小二乘意义下最优解 $\hat{\boldsymbol{\varphi}}(t)$ 的正规方程：

$$\boldsymbol{N}(t)\hat{\boldsymbol{\varphi}}(t)=\boldsymbol{M}(t) \tag{3.6}$$

设 $t=n$，其中 $n\times n$ 相关阵 $\boldsymbol{N}(t)$ 为

$$\boldsymbol{N}(t)=\sum_{i=1}^{t}\lambda^{t-i}\boldsymbol{X}(i)\boldsymbol{X}^{\mathrm{T}}(i)$$

$$M(t)=\sum_{i=1}^{t}\lambda^{t-i}X(i)y(i)$$

则有

$$\begin{aligned}N(t)&=\sum_{i=1}^{t-1}\lambda^{t-1-i}X(i)X^{\mathrm{T}}(i)+X(t)X^{\mathrm{T}}(t)\\&=N(t-1)+X(t)X^{\mathrm{T}}(t)\end{aligned}\tag{3.7}$$

类似地，有 $n\times 1$ 互相关阵 $\boldsymbol{M}(t)$ 为

$$M(t)=M(t-1)+X(t)y(t)\tag{3.8}$$

为了计算式(3.4)中的 $\hat{\boldsymbol{\varphi}}(t)$，需要求相关矩阵 $\boldsymbol{N}(t)$ 的逆，利用下述矩阵求逆引理可以使计算简化。

引理 3.1[28]　若 $\boldsymbol{A}$、$\boldsymbol{B}$ 为两个 $n\times n$ 的正定阵，且存在如下关系：

$$A=B^{-1}+CD^{-1}C^{\mathrm{T}}$$

式中，$\boldsymbol{D}$ 为另一个 $m\times m$ 的正定阵，$\boldsymbol{C}$ 为 $n\times m$ 阵，则有

$$A^{-1}=B-BC(D+C^{\mathrm{T}}BC)^{-1}C^{\mathrm{T}}B$$

令 $\boldsymbol{N}(t)=\boldsymbol{A}$，$\boldsymbol{N}(t-1)=\boldsymbol{B}^{-1}$，$\boldsymbol{X}(t)=\boldsymbol{C}$，$\boldsymbol{D}=\boldsymbol{I}$，则有

$$N^{-1}(t)=N^{-1}(t-1)-\frac{N^{-1}(t-1)X(t)X^{\mathrm{T}}(t)N^{-1}(t-1)}{1+X^{\mathrm{T}}(t)N^{-1}(t-1)X(t)}$$

令

$$\begin{aligned}P(t)&=N^{-1}(t)\\K(t)&=P(t-1)X(t)-K(t)X^{\mathrm{T}}(t)P(t-1)X(t)\\&=P(t)X(t)\end{aligned}\tag{3.9}$$

则有

$$P(t)=P(t-1)-K(t)X^{\mathrm{T}}(t)P(t-1)\tag{3.10}$$

由式(3.6)、式(3.8)、式(3.10)可得

$$\begin{aligned}\hat{\varphi}(t)&=N^{-1}(t)M(t)=P(t)M(t)\\&=\hat{\varphi}(t-1)+K(t)[y(t)-X^{\mathrm{T}}(t)\hat{\varphi}(t-1)]\\&=\hat{\varphi}(t-1)+K(t)\alpha(t)\end{aligned}\tag{3.11}$$

式中，$\alpha(t)$ 称为新息，定义为

$$\alpha(t)=y(t)-\boldsymbol{X}^{\mathrm{T}}(t)\hat{\boldsymbol{\varphi}}(t-1) \tag{3.12}$$

式(3.12)等号右侧第二项为根据 $t-1$ 时刻 $\hat{\boldsymbol{\varphi}}(t-1)$ 对 $y(t)$ 所做的“旧的”最小二乘估计，所以 $\alpha(t)$ 也称为先验估计误差，定义 $\varepsilon(t)=y(t)-\hat{\boldsymbol{\varphi}}^{\mathrm{T}}(t)\boldsymbol{X}(t)$ 为后验估计误差。

式(3.9)～式(3.12)依次为 RLS 算法的递推算式，它的一个重要技巧就是把 $\boldsymbol{N}(t)$ 的矩阵求逆转化成在每一步中进行简单的加乘运算，避免了求逆的复杂计算。

初始设定如下：一般情况下，$\hat{\boldsymbol{\varphi}}(0)$ 的初值是 $n\times1$ 的零向量，即 $\hat{\boldsymbol{\varphi}}(0)=\boldsymbol{0}$，有

$$\boldsymbol{P}(0)=\delta^{-1}\boldsymbol{I}$$

式中，δ 为小的正常数。

RLS 算法递推初始的 $\boldsymbol{P}(0)$ 应当保证 $\boldsymbol{N}(t)$ 是非奇异的。当然可以计算

$$\left[\sum_{i=-t_0}^{0}\lambda^{-i}\boldsymbol{X}(i)\boldsymbol{X}^{\mathrm{T}}(i)\right]^{-1}$$

其中 $\boldsymbol{X}(i)$ 取自数据的起始段（$-t_0\leqslant i\leqslant 0$），简单的做法是对 $\boldsymbol{N}(t)$ 进行修正，即

$$\boldsymbol{N}(t)=\sum_{i=1}^{t}\lambda^{t-i}\boldsymbol{X}(i)\boldsymbol{X}^{\mathrm{T}}(i)+\delta\lambda^{t}\boldsymbol{I}$$

式中，$\boldsymbol{I}$ 为 $n\times n$ 的单位阵。这种修正只在开始起作用，不影响以后的递推。那么，当 $t=1,2,\cdots,t$ 时，应用以下公式计算出最小二乘解 $\hat{\boldsymbol{\varphi}}(t)$：

$$\begin{aligned}
&\boldsymbol{K}(t)=\boldsymbol{P}(t)\boldsymbol{X}(t)\\
&\alpha(t)=y(t)-\boldsymbol{X}^{\mathrm{T}}(t)\hat{\boldsymbol{\varphi}}(t-1)\\
&\hat{\boldsymbol{\varphi}}(t)=\hat{\boldsymbol{\varphi}}(t-1)+\boldsymbol{K}(t)\alpha(t)\\
&\boldsymbol{P}(t)=\boldsymbol{P}(t-1)-\boldsymbol{K}(t)\boldsymbol{X}^{\mathrm{T}}(t)\boldsymbol{P}(t-1)
\end{aligned}$$

则通过 RLS 算法得到的估计值为

$$\hat{y}(t)=\boldsymbol{\varphi}^{\mathrm{T}}(t)\boldsymbol{X}(t)$$

最小二乘估计的加权误差平方和为

$$J_{\min}(t) = J_y(t) - \boldsymbol{M}^{\mathrm{T}}(t)\hat{\boldsymbol{\varphi}}(t)$$

式中，$J_y(t) = \sum_{i=1}^{t} \lambda^{t-i} y^2(i) = \lambda J_y(t-1) + y(t)$。

由上式及式(3.11)可得

$$\begin{aligned} J_{\min}(t) &= \lambda J_{\min}(t-1) + \alpha(t)[y(t) - \hat{\boldsymbol{\varphi}}^{\mathrm{T}}(t)\boldsymbol{X}(t)] \\ &= \lambda J_{\min}(t-1) + \alpha(t)\varepsilon(t) \end{aligned}$$

3.2 RLS 算法的收敛性

本节讨论 $\hat{\boldsymbol{\varphi}}(t)$ 的收敛性和 RLS 算法的均方收敛性，在分析中取 $y(t)$ 和 $\boldsymbol{X}(t)$ 的关系为线性回归模型，即

$$y(t) = \boldsymbol{\varphi}_0^{\mathrm{T}} \boldsymbol{X}(t) + \varepsilon_0(t) \tag{3.13}$$

式中，$\varepsilon_0(t)$ 为零均值、方差为 σ^2 的白噪声的测量误差；$\boldsymbol{\varphi}_0$ 为常值参数向量。此时为平稳情况，取 $\lambda = 1$ 可达到最佳稳态。

3.2.1 参数估计的收敛性

在初始设定 $\boldsymbol{N}(t)$ 时，引入的 $\delta \boldsymbol{I}$ 项使 RLS 算法得到的参数估计向量 $\hat{\boldsymbol{\varphi}}(t)$ 有偏，$\hat{\boldsymbol{\varphi}}(t)$ 的期望为

$$E[\hat{\boldsymbol{\varphi}}(t)] = \boldsymbol{\varphi}_0 + \boldsymbol{b}(t)$$

式中，$\boldsymbol{b}(t)$ 为偏度误差，可以求出

$$\boldsymbol{b}(t) = -\delta \boldsymbol{N}^{-1}(t)\boldsymbol{\varphi}_0$$

当 $\lambda = 1$ 时，用时间平均代替总体平均来求 $\boldsymbol{R}$：

$$\boldsymbol{R} \cong \frac{1}{t}\sum_{i=1}^{t} \boldsymbol{X}(i)\boldsymbol{X}^{\mathrm{T}}(i) = \frac{1}{t}\boldsymbol{N}(t), \quad t \to \infty$$

于是有

$$\boldsymbol{b}(t) = -\frac{\delta}{t}\boldsymbol{R}^{-1}\boldsymbol{\varphi}_0, \quad t \to \infty$$

该式表明当迭代次数 $t \to \infty$ 时，有 $\boldsymbol{b}(t) \to 0$，即由 RLS 算法可以得到 $\boldsymbol{\varphi}_0$ 的渐近无

偏估计，或者说它是均值收敛的。$\hat{\boldsymbol{\varphi}}(t)$ 对 $\boldsymbol{\varphi}_0$ 的误差向量为

$$\boldsymbol{\varepsilon}(t)_{\varphi} = \hat{\boldsymbol{\varphi}}(t) - \boldsymbol{\varphi}_0$$

可以证明其相关阵[34]

$$\boldsymbol{q}(t) = E[\boldsymbol{\varepsilon}_{\varphi}(t)\boldsymbol{\varepsilon}_{\varphi}^{\mathrm{T}}(t)] = \sigma^2 \boldsymbol{N}^{-1}(t)$$

且其模 $|\boldsymbol{q}(t)| \cong \dfrac{\sigma^2}{t\lambda_{\min}}\ (t \to \infty)$。其中，$\sigma^2$ 是 $\{\varepsilon_0(t)\}$ 的方差，$\lambda_{\min}$ 是 $\boldsymbol{R}$ 的最小特征值。

由于参数误差相关阵的模随时间近乎呈线性衰减，RLS 算法得到的参数估计向量 $\hat{\boldsymbol{\varphi}}(t)$ 依模按时间线性地收敛到多维线性回归模型的参数向量 $\boldsymbol{\varphi}_0$。

3.2.2　RLS 算法的均方收敛性

这里考察先验估计误差 $\alpha(t)$ 均方值随 t 的变化情况。由式(3.12)和式(3.13)可得

$$\begin{aligned}\alpha(t) &= \varepsilon_0(t) + [\hat{\boldsymbol{\varphi}}(t-1) - \boldsymbol{\varphi}_0]^{\mathrm{T}} \boldsymbol{X}(t) \\ &= \varepsilon_0(t) + \boldsymbol{\varepsilon}_{\varphi}^{\mathrm{T}}(t-1)\boldsymbol{X}(t)\end{aligned}$$

假定 $\varepsilon_0(t)$ 和 $\boldsymbol{\varepsilon}_{\varphi}(t-1)$ 无关，把输入 $\boldsymbol{X}(t)$ 看成已知，可将均方误差表示成

$$\begin{aligned}J_{\alpha}(t) = E[\alpha^2(t)] &= E[\varepsilon_0^2(t)] + \boldsymbol{X}^{\mathrm{T}}(t)E[\boldsymbol{\varepsilon}_{\varphi}(t-1)\boldsymbol{\varepsilon}_{\varphi}^{\mathrm{T}}(t-1)]\boldsymbol{X}(t) \\ &= \sigma^2 + \boldsymbol{X}^{\mathrm{T}}(t)\boldsymbol{q}(t-1)\boldsymbol{X}(t) \\ &= \sigma^2 + \sigma^2\boldsymbol{X}^{\mathrm{T}}(t)\boldsymbol{N}^{-1}(t-1)\boldsymbol{X}(t)\end{aligned}$$

与 LMS 算法中的分析类似，对 $J_{\alpha}(t)$ 进行总体平均：

$$\begin{aligned}E[J_{\alpha}(t)] &= \sigma^2 + \sigma^2\,\mathrm{tr}\{E[\boldsymbol{X}^{\mathrm{T}}(t)\boldsymbol{N}^{-1}(t-1)\boldsymbol{X}(t)]\} \\ &= \sigma^2 + \sigma^2 E\{\mathrm{tr}[\boldsymbol{X}^{\mathrm{T}}(t)\boldsymbol{N}^{-1}(t-1)\boldsymbol{X}(t)]\} \\ &= \sigma^2 + \sigma^2 E\{\mathrm{tr}[\boldsymbol{N}^{-1}(t-1)\boldsymbol{X}(t)\boldsymbol{X}^{\mathrm{T}}(t)]\} \\ &= \sigma^2 + \sigma^2\,\mathrm{tr}\{E[\boldsymbol{N}^{-1}(t-1)\boldsymbol{X}(t)\boldsymbol{X}^{\mathrm{T}}(t)]\}\end{aligned}$$

当 t 较大时，以 $(t-1)^{-1}\boldsymbol{R}^{-1}$ 近似 $\boldsymbol{N}^{-1}(t-1)$，可得

$$\begin{aligned}E[J_{\alpha}(t)] &\cong \sigma^2 + \frac{\sigma^2}{t-1}\mathrm{tr}\{\boldsymbol{R}^{-1}E[\boldsymbol{X}(t)\boldsymbol{X}^{\mathrm{T}}(t)]\} \\ &= \sigma^2 + \frac{\sigma^2}{t-1}\mathrm{tr}[\boldsymbol{R}^{-1}\boldsymbol{R}] = \sigma^2 + \frac{n\sigma^2}{t-1}\end{aligned}$$

当 t 很大时，有

$$E[J_\alpha(t)] \cong \sigma^2 + \frac{n\sigma^2}{t}$$

由此可得，RLS 算法的均方误差在大约 $2n$ 次递推后就收敛了，其收敛速度对相关阵特征值分布不是很敏感，这些都不同于 LMS 算法，即 RLS 算法比 LMS 算法收敛得快。此外，当 $t \to \infty$ 时，RLS 算法的 $E[J_\alpha(t)]$ 趋于 $\varepsilon_0(t)$ 的方差 σ^2，这也是最小均方误差，因此 RLS 算法从理论上说没有失调量，这一性质是在 $\lambda = 1$ 即无限记忆情况下得出的。

3.3　线 性 预 报

3.3.1　前向预报

考虑一个 n 阶线性预报器，它的参数向量 $\hat{\boldsymbol{\varphi}}(t)$ 是在观察时间 $1 \leqslant i \leqslant t$ 内最小二乘意义下的最优解。设系统输入为 $x(i), x(i-1), \cdots, x(i-n)$，在 i 时刻的预报误差为

$$f_n(i) = x(i) - \hat{\boldsymbol{\varphi}}^{\mathrm{T}}(t)\boldsymbol{X}_n(i-1), \quad 1 \leqslant i \leqslant t \tag{3.14}$$

式中，$x(i)$ 为期望值；$\boldsymbol{X}_n(i-1) = [x(i-1), x(i-2), \cdots, x(i-n)]^{\mathrm{T}}$。

若记 $(n+1)\times 1$ 参数向量 $\boldsymbol{a}_n(t)$ 和 $(n+1)\times 1$ 向量 $\boldsymbol{X}_{n+1}(i)$ 分别为

$$\boldsymbol{a}_n(t) = \begin{bmatrix} 1 \\ -\hat{\boldsymbol{\varphi}}(t) \end{bmatrix} \tag{3.15}$$

$$\boldsymbol{X}_{n+1}(i) = \begin{bmatrix} x(i) \\ \boldsymbol{X}_n(i-1) \end{bmatrix} \tag{3.16}$$

则有

$$f_n(i) = \boldsymbol{a}_n^{\mathrm{T}}(t)\boldsymbol{X}_{n+1}(i) \tag{3.17}$$

$\boldsymbol{a}_n(t)$ 显然是在第一元素为 1 的条件下的最优解，其正规方程为

$$\boldsymbol{N}_{n+1}(t)\boldsymbol{a}_n(t) = \begin{bmatrix} \Gamma_n(t) \\ \boldsymbol{0}_n \end{bmatrix} \tag{3.18}$$

式中，$\boldsymbol{0}_n$ 为 $n\times 1$ 的零向量；标量 $\Gamma_n(t)$ 是后验预报误差权平方和的最小值，即

$$\Gamma_n(t)=\sum_{i=1}^{t}\lambda^{t-i}f_n^2(i) \tag{3.19}$$

$\boldsymbol{N}_{n+1}(t)$ 是 $\boldsymbol{X}_{n+1}(i)$ 的 $(n+1)\times(n+1)$ 的相关阵，即

$$\boldsymbol{N}_{n+1}(t)=\sum_{i=1}^{t}\lambda^{t-i}\boldsymbol{X}_{n+1}(i)\boldsymbol{X}_{n+1}^{\mathrm{T}}(i) \tag{3.20}$$

若将 $\boldsymbol{X}_{n+1}(i)$ 按式(3.16)形式进行分解，也可将 $\boldsymbol{N}_{n+1}(t)$ 写成

$$\boldsymbol{N}_{n+1}(t)=\begin{bmatrix}\chi(t) & \boldsymbol{M}_1(t)\\ \boldsymbol{M}_1(t) & \boldsymbol{N}_n(t-1)\end{bmatrix} \tag{3.21}$$

式中，

$$\chi(t)=\sum_{i=1}^{t}\lambda^{t-i}x^2(i)$$

$$\boldsymbol{M}_1(t)=\sum_{i=1}^{t}\lambda^{t-i}\boldsymbol{X}_n(i-1)x(i)$$

$$\boldsymbol{N}_n(t-1)=\sum_{i=1}^{t-1}\lambda^{t-1-i}\boldsymbol{X}_n(i)\boldsymbol{X}_n^{\mathrm{T}}(i)$$

考虑到 RLS 算法，表 3.1 给出了一般情况线性估计与 n 阶前向线性预报、n 阶反向线性预报的 RLS 算法各种参数之间的对应关系。

表 3.1　一般情况线性估计与 n 阶前向线性预报、n 阶反向线性预报各种参数对照表

参数名称	一般情况线性估计的 RLS 算法	n 阶前向线性预报的 RLS 算法	n 阶反向线性预报的 RLS 算法
输入向量	$\boldsymbol{X}(t)$	$\boldsymbol{X}_n(t-1)$	$\boldsymbol{X}_n(t)$
期望输出	$y(t)$	$x(t)$	$x(t-n)$
参数向量	$\hat{\boldsymbol{\varphi}}(t)$	$\hat{\boldsymbol{\varphi}}(t)$	$\boldsymbol{\Psi}(t)$
后验估计误差	$\varepsilon(t)$	$f_n(t)$	$b_n(t)$
先验估计误差	$\alpha(t)$	$\eta_n(t)$	$\zeta_n(t)$
增益向量	$\boldsymbol{K}(t)$	$\boldsymbol{K}_n(t-1)$	$\boldsymbol{K}_n(t)$
最小加权误差平方和	$J_{\min}(t)$	$F_n(t)$	$B_n(t)$

根据表 3.1 中的对应关系，把前面导出的 RLS 算法公式稍加修改便可得出线

性预报问题的 RLS 递推公式。由式(3.9)、式(3.11)、式(3.12)可得预报器的参数递推公式：

$$\hat{\boldsymbol{\varphi}}(t)=\hat{\boldsymbol{\varphi}}(t-1)-\boldsymbol{K}_n(t-1)\eta_n(t) \tag{3.22}$$

式中，$\eta_n(t)$ 是先验估计误差：

$$\eta_n(t)=x(t)-\boldsymbol{\varphi}^{\mathrm{T}}(t-1)\boldsymbol{X}_n(t-1) \tag{3.23}$$

$\boldsymbol{K}_n(t-1)$ 为 n 阶预报的增益向量：

$$\boldsymbol{K}_n(t-1)=\boldsymbol{N}_n^{-1}(t-1)\boldsymbol{X}_n(t-1) \tag{3.24}$$

将式(3.22)代入式(3.15)，可得

$$\boldsymbol{a}_n(t)=\boldsymbol{a}_{n-1}(t)-\begin{bmatrix} x(t) \\ \boldsymbol{K}_n(t-1) \end{bmatrix}\eta_n(t) \tag{3.25}$$

由表 3.1 中的对应关系可得

$$F_n(t)=\lambda F_n(t-1)+\eta_n(t)f_n(t) \tag{3.26}$$

由于 AR(n)模型类似于 n 阶线性预报器，上述参数估计公式可应用于 AR 模型。

3.3.2 反向预报

3.3.1 节提到的线性预报是根据 $i-1,i-2,\cdots,i-n$ 时刻的数据预报 i 时刻的值，因此可称为正向预报或前向预报。如果由 $i,i-1,\cdots,i-n+1$ 时刻的数据预报 $i-n$ 时刻的值，则可称为反向预报。

设有 n 阶反向线性预报器，其参数向量 $\boldsymbol{\Psi}(t)$ 是在观察时间 $1\leqslant i\leqslant t$ 内最小二乘意义下的最优解，在 i 时刻反向预报误差为

$$b_n(i)=x(i-n)-\boldsymbol{X}_n^{\mathrm{T}}(i)\boldsymbol{\Psi}(t) \tag{3.27}$$

式中，$x(i-n)$ 起期望输出的作用；$b_n(i)$ 是反向后验预报误差；

$$\boldsymbol{X}_n(i)=[x(i)\ x(i-1)\cdots x(i-n+1)]^{\mathrm{T}}$$

根据表 3.1 给出的一般情况线性估计与 n 阶前向线性预报、n 阶反向线性预报的 RLS 算法各种参数之间的对应关系，反向预报器参数的递推公式为

$$\boldsymbol{\Psi}(t)=\boldsymbol{\Psi}(t-1)+\boldsymbol{K}_n(t)\zeta_n(t) \tag{3.28}$$

式中，$\boldsymbol{K}_n(t)=\boldsymbol{N}_n^{-1}(t)\boldsymbol{X}_n(t)$；

$$\zeta_n(t)=x(t-n)-\boldsymbol{\varPsi}^{\mathrm{T}}(t-1)\boldsymbol{X}_n(t) \tag{3.29}$$

与前向预报器类似，下面推导反向预测误差滤波器。

若令

$$\boldsymbol{c}_n(t)=\begin{bmatrix}-\boldsymbol{\varPsi}(t)\\ 1\end{bmatrix} \tag{3.30}$$

$$\boldsymbol{X}_{n+1}(i)=\begin{bmatrix}\boldsymbol{X}_n(i)\\ x(i-n)\end{bmatrix} \tag{3.31}$$

可将 $b_n(i)$ 表示成另一种形式：

$$b_n(i)=\boldsymbol{c}_n^{\mathrm{T}}(t)\boldsymbol{X}_{n+1}(i) \tag{3.32}$$

显然，$\boldsymbol{c}_n(t)$ 是在最后一个元素为 1 的限制条件下的最优解，其正规方程为

$$\boldsymbol{N}_{n+1}(t)\boldsymbol{c}_n(t)=\begin{bmatrix}\boldsymbol{0}_n\\ B_n(t)\end{bmatrix} \tag{3.33}$$

式中，$\boldsymbol{0}_n$ 是 $n\times 1$ 的零向量；$B_n(t)$ 是反向后验预报误差加权平方和的最小值，即

$$\begin{aligned}B_n(t)&=\sum_{i=1}^{t}\lambda^{t-i}b_n^2(i)\\ \boldsymbol{N}_{n+1}(t)&=\begin{bmatrix}\boldsymbol{N}_n(t) & \boldsymbol{M}_2(t)\\ \boldsymbol{M}_2^{\mathrm{T}}(t) & \chi(t-n)\end{bmatrix}\end{aligned} \tag{3.34}$$

式中，

$$\chi(t-n)=\sum_{i=1}^{t}\lambda^{t-i}x^2(i-n)=\sum_{i=1}^{t-n}\lambda^{(t-n)-i}x^2(i)$$

$$\boldsymbol{M}_2(t)=\sum_{i=1}^{t}\lambda^{t-i}\boldsymbol{X}_n(i)x(i-n)$$

$$\boldsymbol{N}_n(t)=\sum_{i=1}^{t}\lambda^{t-i}\boldsymbol{X}_n(i)\boldsymbol{X}_n^{\mathrm{T}}(i)$$

将式(3.28)代入式(3.30)，可得

$$\boldsymbol{c}_n(t)=\boldsymbol{c}_n(t-1)-\begin{bmatrix}\boldsymbol{K}_n(t)\\0\end{bmatrix}\zeta_n(t) \tag{3.35}$$

式中，

$$\zeta_n(t)=\begin{bmatrix}-\boldsymbol{\Psi}(t-1) & 1\end{bmatrix}\begin{bmatrix}\boldsymbol{X}_n(t)\\x(t-n)\end{bmatrix}=\boldsymbol{c}_n^{\mathrm{T}}(t-1)\boldsymbol{X}_{n+1}(t) \tag{3.36}$$

反向后验预报误差加权平方和最小值的递推公式为

$$B_n(t)=\lambda B_n(t-1)+\zeta_n(t)b_n(t) \tag{3.37}$$

式(3.32)、式(3.35)、式(3.36)构成后验预报误差、先验预报误差滤波器，$\boldsymbol{c}_n(t)$为误差滤波器参数的最优估计。

注意，在反向预报递推计算$\boldsymbol{\Psi}(t)$和$\boldsymbol{c}_n(t)$时需要知道当前的$\boldsymbol{K}_n(t)$，而在正向预报递推计算$\hat{\boldsymbol{\varphi}}(t)$和$\boldsymbol{a}_n(t)$时需要知道的是旧的增益向量$\boldsymbol{K}_n(t-1)$。

3.3.3 变换因子

$n\times 1$增益向量$\boldsymbol{K}_n(t)=\boldsymbol{N}_n^{-1}(t)\boldsymbol{X}_n(t)$可以看成一个特殊的正规方程的解。具体说，$\boldsymbol{K}_n(t)$可以定义为由$n$个参数组成的向量，它和输入数据$x(1),x(2),\cdots,x(n)$的内积产生对一个特定期望输出的最小二乘估计。

由于$\boldsymbol{M}_n(t)$等于$\boldsymbol{X}_n(t)$，可得出上述关于$\boldsymbol{K}_n(t)$的结论，图 3.1 用结构图显示出$\boldsymbol{K}_n(t)$的这种含义。显然，误差可定义为

$$\begin{aligned}\gamma_n(t)&=1-\boldsymbol{K}_n^{\mathrm{T}}(t)\boldsymbol{X}_n(t)\\&=1-\boldsymbol{X}_n^{\mathrm{T}}(t)\boldsymbol{N}_n^{-1}(t)\boldsymbol{X}_n(t)\end{aligned} \tag{3.38}$$

式中，$\gamma_n(t)$是实数且$0\leqslant\gamma_n(t)\leqslant 1$。

证明　将$\boldsymbol{N}_n^{-1}(t)$的递推式代入式(3.38)，经化简可得

$$\gamma_n(t)=\frac{1}{1+\lambda^{-1}\boldsymbol{X}_n^{\mathrm{T}}(t)\boldsymbol{N}_n^{-1}(t-1)\boldsymbol{X}_n(t)}$$

由于二次型$\boldsymbol{X}_n^{\mathrm{T}}(t)\boldsymbol{N}_n^{-1}(t-1)\boldsymbol{X}_n(t)\geqslant 0$，有$0\leqslant\gamma_n(t)\leqslant 1$。

关于新的变量$\gamma_n(t)$还有如下三种关系。

(1)对于 RLS 估计，有

$$\gamma_n(t)=\varepsilon_n(t)/\alpha_n(t) \tag{3.39}$$

式中，$\varepsilon_n(t)$ 是后验估计误差；$\alpha_n(t)$ 是先验估计误差。这个关系表明，在 RLS 算法中，给出先验估计误差 $\alpha_n(t)$，乘以 $\gamma_n(t)$ 便可得出相应的后验估计误差 $\varepsilon_n(t)$。

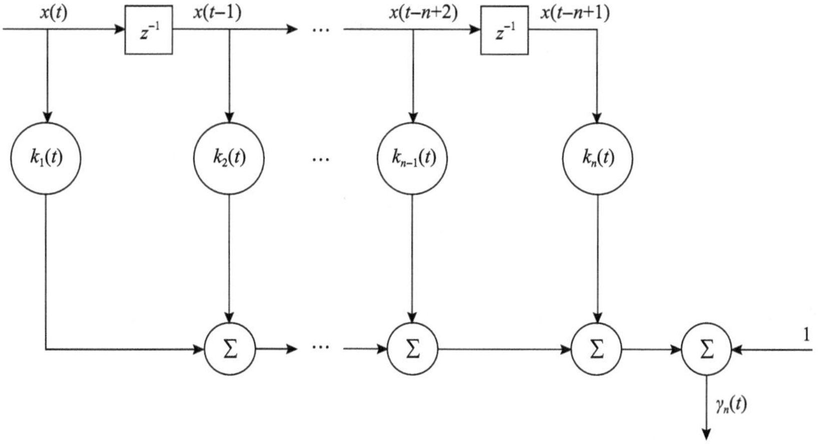

图 3.1　$\boldsymbol{K}_n(t)$ 的另一种含义

(2) 对于正向线性自适应预报，有

$$\gamma_n(t-1) = f_n(t) / \eta_n(t) \tag{3.40}$$

表明给定正向先验预报误差 $\eta_n(t)$，乘以延迟的估计误差 $\gamma_n(t-1)$ 可求得正向后验预报误差 $f_n(t)$。

(3) 对于反向线性自适应预报，有

$$\gamma_n(t) = b_n(t) / \zeta_n(t) \tag{3.41}$$

表明给定反向先验预报误差 $\zeta_n(t)$，乘以 $\gamma_n(t)$ 可得出反向后验预报误差 $b_n(t)$。

在以上三种关系中，$\gamma_n(t)$ 在一般线性估计或正、反向线性预报中都起着把先验估计误差变换为后验估计误差的作用，故可称之为"变换因子"，利用它可以在 t 时刻的参数 $\left[\hat{\boldsymbol{\varphi}}_n(t), \boldsymbol{a}_n(t), \boldsymbol{c}_n(t)\right]$ 尚未算出之前就能求出后验预报误差 $\varepsilon_n(t)$、$f_n(t)$、$b_n(t)$。

下面不加证明得出 $\gamma_n(t)$ 的三种递推式[26]。

第一种既含时间递推又含阶数递推：

$$\gamma_{n+1}(t) = \gamma_n(t-1) - f_n^2(t) / F_n(t) \tag{3.42}$$

第二种只含阶数递推：

$$\gamma_{n+1}(t)=\gamma_n(t)-b_n^2(t)/B_n(t) \tag{3.43}$$

第三种是另外一对递推关系：

$$\gamma_{n+1}(t)=\lambda\frac{F_n(t-1)}{F_n(t)}\gamma_n(t-1) \tag{3.44}$$

类似地，利用式(3.37)、式(3.41)来估计式(3.43)中的$b_n^2(t)$，可得

$$\gamma_{n+1}(t)=\lambda\frac{B_n(t-1)}{B_n(t)}\gamma_n(t) \tag{3.45}$$

对于式(3.42)中的$\gamma_n(t-1)$，当输入向量为$\boldsymbol{X}_n(t-1)$时，由扩充增益向量的递推公式可得

$$\boldsymbol{K}_n(t-1)=\begin{bmatrix}\boldsymbol{K}_{n-1}(t-1)\\0\end{bmatrix}+\frac{b_{n-1}(t-1)}{B_{n-1}(t-1)}\boldsymbol{c}_{n-1}(t-1) \tag{3.46}$$

将式(3.46)转置并乘以$\boldsymbol{X}_n(t-1)$，可得

$$\boldsymbol{K}_n^{\mathrm{T}}(t-1)\boldsymbol{X}_n(t-1)=\begin{bmatrix}\boldsymbol{K}_{n-1}(t-1)\\0\end{bmatrix}^{\mathrm{T}}\boldsymbol{X}_n(t-1)+\frac{b_{n-1}(t-1)}{B_{n-1}(t-1)}\boldsymbol{c}_{n-1}(t-1)\boldsymbol{X}_n(t-1) \tag{3.47}$$

由$\gamma_n(t-1)$的定义可知

$$\boldsymbol{K}_n^{\mathrm{T}}(t-1)\boldsymbol{X}_n(t-1)=1-\gamma_n(t-1) \tag{3.48}$$

故有

$$\begin{aligned}\begin{bmatrix}\boldsymbol{K}_n^{\mathrm{T}}(t-1) & 0\end{bmatrix}\boldsymbol{X}_n(t-1)&=\begin{bmatrix}\boldsymbol{K}_n^{\mathrm{T}}(t-1) & 0\end{bmatrix}\begin{bmatrix}\boldsymbol{X}_{n-1}(t-1)\\x(t-n)\end{bmatrix}\\&=\boldsymbol{K}_n^{\mathrm{T}}(t-1)\boldsymbol{X}_n(t-1)\\&=1-\gamma_{n-1}(t-1)\end{aligned} \tag{3.49}$$

由于

$$\boldsymbol{c}_{n-1}^{\mathrm{T}}(t-1)\boldsymbol{X}_n(t-1)=b_{n-1}(t-1) \tag{3.50}$$

将式(3.48)～式(3.50)代入式(3.47)，便可得如下递推关系：

$$\gamma_n(t-1)=\gamma_{n-1}(t-1)-b_{n-1}^2(t-1)/B_{n-1}(t-1) \tag{3.51}$$

3.4　LRLS 算法

3.4.1　阶数更新方程

为了将 $\boldsymbol{a}_n(t)$ 与 $\boldsymbol{a}_{n-1}(t)$ 联系起来，在式(3.34)两边右乘一个 $(n+1)\times 1$ 的向量，该向量前 n 个元素为 $\boldsymbol{a}_{n-1}(t)$，最后 1 个元素为零，可得

$$\begin{aligned}\boldsymbol{N}_{n+1}(t)\begin{bmatrix}\boldsymbol{a}_{n-1}(t)\\0\end{bmatrix}&=\begin{bmatrix}\boldsymbol{N}_n(t)&\boldsymbol{M}_2(t)\\\boldsymbol{M}_2^{\mathrm{T}}(t)&\chi(t-n)\end{bmatrix}\begin{bmatrix}\boldsymbol{a}_{n-1}(t)\\0\end{bmatrix}\\&=\begin{bmatrix}\boldsymbol{N}_n(t)\boldsymbol{a}_{n-1}(t)\\\boldsymbol{M}_2^{\mathrm{T}}(t)\boldsymbol{a}_{n-1}(t)\end{bmatrix}\end{aligned}\tag{3.52}$$

由于 t 时刻 $n-1$ 阶正向预报的增广正规方程为

$$\boldsymbol{N}_n(t)\boldsymbol{a}_{n-1}(t)=\begin{bmatrix}F_{n-1}(t)\\\boldsymbol{0}_{n-1}\end{bmatrix}$$

若令标量 $\Delta_{n-1}(t)=\boldsymbol{M}_2^{\mathrm{T}}(t)\boldsymbol{a}_{n-1}(t)$，则式(3.52)可写成

$$\boldsymbol{N}_{n+1}(t)\begin{bmatrix}\boldsymbol{a}_{n-1}(t)\\0\end{bmatrix}=\begin{bmatrix}F_{n-1}(t)&\boldsymbol{0}_{n-1}&\Delta_{n-1}(t)\end{bmatrix}^{\mathrm{T}}\tag{3.53}$$

同理，利用式(3.21)、式(3.33)可得

$$\boldsymbol{N}_{n+1}(t)\begin{bmatrix}0\\\boldsymbol{c}_{n-1}(t)\end{bmatrix}=\begin{bmatrix}\Delta'_{n-1}(t)&\boldsymbol{0}_{n-1}&B_{n-1}(t)\end{bmatrix}^{\mathrm{T}}\tag{3.54}$$

式中，$\Delta'_{n-1}(t)=\boldsymbol{M}_1^{\mathrm{T}}(t)\boldsymbol{c}_{n-1}(t)$。

将式(3.54)乘以 $\Delta_{n-1}(t)/B_{n-1}(t)$，再与式(3.53)相减，可得

$$\boldsymbol{N}_{n+1}(t)\left[\begin{bmatrix}\boldsymbol{a}_{n-1}(t)\\0\end{bmatrix}-\frac{\Delta_{n-1}(t)}{B_{n-1}(t)}\begin{bmatrix}0\\\boldsymbol{c}_{n-1}(t)\end{bmatrix}\right]=\begin{bmatrix}F_{n-1}(t)-\dfrac{\Delta_{n-1}(t)\Delta'_{n-1}(t)}{B_{n-1}(t-1)}&\boldsymbol{0}_n\end{bmatrix}^{\mathrm{T}}$$

将上式与式(3.18)比较可得两个按阶数递推关系式：

$$\boldsymbol{a}_n(t)=\begin{bmatrix}\boldsymbol{a}_{n-1}(t)\\0\end{bmatrix}-\frac{\Delta_{n-1}(t)}{B_{n-1}(t-1)}\begin{bmatrix}0\\\boldsymbol{c}_{n-1}(t-1)\end{bmatrix}\tag{3.55}$$

$$F_n(t) = F_{n-1}(t) - \frac{\Delta_{n-1}(t)\Delta'_{n-1}(t)}{B_{n-1}(t-1)} \tag{3.56}$$

同理，将式(3.53)乘以 $\Delta'_{n-1}(t)/F_{n-1}(t)$，再与式(3.54)相减，可得

$$\boldsymbol{N}_{n+1}(t)\left[\begin{bmatrix} 0 \\ \boldsymbol{c}_{n-1}(t-1) \end{bmatrix} - \frac{\Delta_{n-1}(t)}{B_{n-1}(t)}\begin{bmatrix} \boldsymbol{a}_{n-1}(t) \\ 0 \end{bmatrix}\right] = \begin{bmatrix} \boldsymbol{0}_n & B_{n-1}(t-1) - \dfrac{\Delta_{n-1}(t)\Delta'_{n-1}(t)}{F_{n-1}(t)} \end{bmatrix}^{\mathrm{T}}$$

将上式与式(3.33)对比，可得另外两个按阶数递推关系式：

$$\boldsymbol{c}_n(t) = \begin{bmatrix} 0 \\ \boldsymbol{c}_{n-1}(t-1) \end{bmatrix} - \frac{\Delta'_{n-1}(t)}{F_{n-1}(t)}\begin{bmatrix} \boldsymbol{a}_{n-1}(t) \\ 0 \end{bmatrix} \tag{3.57}$$

$$B_n(t) = B_{n-1}(t-1) - \frac{\Delta_{n-1}(t)\Delta'_{n-1}(t)}{F_{n-1}(t)} \tag{3.58}$$

下面可以证明，实际上有 $\Delta_{n-1}(t) = \Delta'_{n-1}(t)$。

证明　将式(3.53)两边左乘 $[0, \boldsymbol{c}_{n-1}^{\mathrm{T}}(t-1)]$，根据 $\boldsymbol{c}_{n-1}(t-1)$ 的最后元素为 1 这一事实可得

$$\begin{aligned}[0 \quad \boldsymbol{c}_{n-1}^{\mathrm{T}}(t-1)]\boldsymbol{N}_{n+1}(t)\begin{bmatrix} \boldsymbol{a}_{n-1}(t) \\ 0 \end{bmatrix} &= [0 \quad \boldsymbol{c}_{n-1}^{\mathrm{T}}(t-1)]\begin{bmatrix} F_{n-1}(t) & \boldsymbol{0}_{n-1} & \Delta_{n-1}(t) \end{bmatrix}^{\mathrm{T}} \\ &= \Delta_{n-1}(t)\end{aligned}$$

同理对式(3.54)取转置，利用 $\boldsymbol{N}_{n+1}(t)$ 的对称性，可得

$$[0 \quad \boldsymbol{c}_{n-1}^{\mathrm{T}}(t-1)]\boldsymbol{N}_{n+1}(t) = \begin{bmatrix} \Delta'_{n-1}(t) & \boldsymbol{0}_{n-1}^{\mathrm{T}} & B_{n-1}(t) \end{bmatrix}$$

将此式两边右乘 $\begin{bmatrix} \boldsymbol{a}_{n-1}(t) \\ 0 \end{bmatrix}$ 可得

$$\begin{aligned}[0 \quad \boldsymbol{c}_{n-1}^{\mathrm{T}}(t-1)]\boldsymbol{N}_{n+1}(t)\begin{bmatrix} \boldsymbol{a}_{n-1}(t) \\ 0 \end{bmatrix} &= \begin{bmatrix} \Delta'_{n-1}(t) & \boldsymbol{0}_{n-1}^{\mathrm{T}} & B_{n-1}(t) \end{bmatrix}\begin{bmatrix} \boldsymbol{a}_{n-1}(t) \\ 0 \end{bmatrix} \\ &= \Delta'_{n-1}(t)\end{aligned} \tag{3.59}$$

由此可得

$$\Delta_{n-1}(t) = \Delta'_{n-1}(t) \tag{3.60}$$

因此式(3.56)、式(3.58)可以写成

$$F_n(t) = F_{n-1}(t) - \frac{\varDelta_{n-1}^2(t)}{B_{n-1}(t-1)} \tag{3.61}$$

$$B_n(t) = B_{n-1}(t-1) - \frac{\varDelta_{n-1}^2(t)}{F_{n-1}(t)} \tag{3.62}$$

定义

$$\varGamma_{f,n}(t) = -\varDelta_{n-1}(t) / B_{n-1}(t-1) \tag{3.63}$$

$$\varGamma_{b,n}(t) = -\varDelta_{n-1}(t) / F_{n-1}(t-1) \tag{3.64}$$

则式(3.55)、式(3.57)可以改写为

$$\boldsymbol{a}_n(t) = \begin{bmatrix} \boldsymbol{a}_{n-1}(t) \\ 0 \end{bmatrix} + \varGamma_{f,n}(t) \begin{bmatrix} 0 \\ \boldsymbol{c}_{n-1}(t-1) \end{bmatrix} \tag{3.65}$$

$$\boldsymbol{c}_n(t) = \begin{bmatrix} 0 \\ \boldsymbol{c}_{n-1}(t-1) \end{bmatrix} + \varGamma_{b,n}(t) \begin{bmatrix} \boldsymbol{a}_{n-1}(t) \\ 0 \end{bmatrix} \tag{3.66}$$

$\varGamma_{f,n}(t)$ 和 $\varGamma_{b,n}(t)$ 分别称为正向反射系数和反向反射系数。

利用式(3.16)、式(3.31)、式(3.65)、式(3.66)可以将正向和反向后验预报误差写成如下按阶数递推的公式:

$$f_n(t) = \boldsymbol{a}_n^{\mathrm{T}}(t)\boldsymbol{X}_{n+1}(t) = f_{n-1}(t) + \varGamma_{f,n}(t) b_{n-1}(t-1) \tag{3.67}$$

$$b_n(t) = \boldsymbol{c}_n^{\mathrm{T}}(t)\boldsymbol{X}_{n+1}(t) = b_{n-1}(t) + \varGamma_{b,n}(t) f_{n-1}(t-1) \tag{3.68}$$

式(3.67)和式(3.68)可用 LRLS 预报误差递推结构图 3.2 表示。

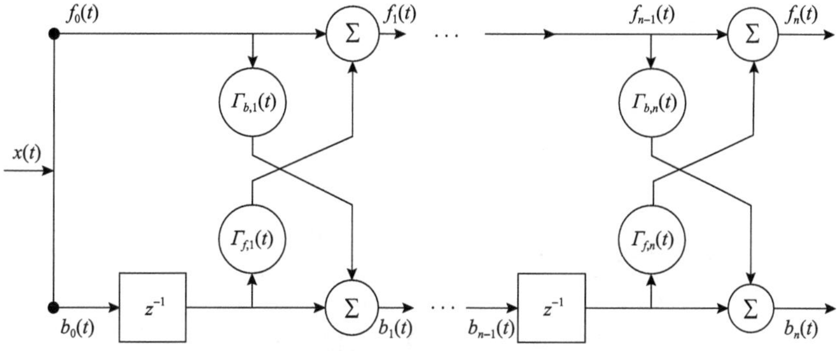

图 3.2　LRLS 预报误差递推结构图

阶数 n 是可变的，它取为 $0,1,\cdots,N$（N 是预报阶数的最高值）。当 n=0 时没有对输入数据进行任何预报，这相当于初始值

$$f_0(t)=b_0(t)=x(t)$$

当阶数由零变到 N 可得多级格型最小二乘滤波器如图 3.2 所示，所含格型结构的级数即为滤波器的阶数。式(3.65)～式(3.68)连同反射系数的定义式(3.63)、式(3.64)构成了格型最小二乘预报器按阶数递推的基本公式。递推产生了两个预报误差序列：正向后验预报误差 $f_0(t),f_1(t),\cdots,f_N(t)$ 和反向后验预报误差 $b_0(t),b_1(t),\cdots,b_N(t)$，这两个序列在线性 RLS 求解中起着重要作用。

3.4.2　时间递推公式

前面给出的公式是从 n=0 开始，按照阶数递推而推算出的正向和反向的后验预报误差以及它们的加权平方和。为了使得上述递推依时间进行自适应调整，必须导出前面计算中所需的 $\varDelta_{n-1}(t)$ 参数按时间递推的公式。

对于 $n-1$ 阶正向预报在 $t-1$ 时刻的 $n\times 1$ 参数向量 $\boldsymbol{a}_{n-1}(t-1)$，由于它的第一元素为 1，由式(3.59)、式(3.60)可将 $\varDelta_{n-1}(t)$ 表示成

$$\varDelta_{n-1}(t)=\begin{bmatrix}\varDelta_{n-1}(t) & \boldsymbol{0}_{n-1}^{\mathrm{T}} & B_{n-1}(t-1)\end{bmatrix}\begin{bmatrix}\boldsymbol{a}_{n-1}(t-1)\\ 0\end{bmatrix} \tag{3.69}$$

对式(3.54)两边取转置，根据 $\boldsymbol{N}_{n+1}(t)$ 的对称性，由式(3.60)可得

$$\begin{bmatrix}0 & \boldsymbol{c}_{n-1}^{\mathrm{T}}(t-1)\end{bmatrix}\boldsymbol{N}_{n+1}(t)=\begin{bmatrix}\varDelta_{n-1}(t) & \boldsymbol{0}_{n-1}^{\mathrm{T}} & B_{n-1}(t)\end{bmatrix}$$

将上式代入式(3.69)，可得

$$\varDelta_{n-1}(t)=\begin{bmatrix}0 & \boldsymbol{c}_{n-1}^{\mathrm{T}}(t-1)\end{bmatrix}\boldsymbol{N}_{n+1}(t)\begin{bmatrix}\boldsymbol{a}_{n-1}(t-1)\\ 0\end{bmatrix} \tag{3.70}$$

由式(3.7)可知 $\boldsymbol{N}_{n+1}(t)$ 按时间的递推关系为

$$\boldsymbol{N}_{n+1}(t)=\lambda\boldsymbol{N}_{n+1}(t-1)+\boldsymbol{X}_{n+1}(t)\boldsymbol{X}_{n+1}^{\mathrm{T}}(t)$$

因此式(3.70)可改写为

$$\begin{aligned}\varDelta_{n-1}(t)=&\lambda\begin{bmatrix}0 & \boldsymbol{c}_{n-1}^{\mathrm{T}}(t-1)\end{bmatrix}\boldsymbol{N}_{n+1}(t)\begin{bmatrix}\boldsymbol{a}_{n-1}(t-1)\\ 0\end{bmatrix}\\ &+\begin{bmatrix}0 & \boldsymbol{c}_{n-1}^{\mathrm{T}}(t-1)\end{bmatrix}\boldsymbol{X}_{n+1}(t)\boldsymbol{X}_{n+1}^{\mathrm{T}}(t)\begin{bmatrix}\boldsymbol{a}_{n-1}(t-1)\\ 0\end{bmatrix}\end{aligned} \tag{3.71}$$

由正向先验预报误差的定义可知

$$\begin{aligned}\boldsymbol{X}_{n+1}^{\mathrm{T}}(t)\begin{bmatrix}\boldsymbol{a}_{n-1}(t-1)\\0\end{bmatrix}&=\begin{bmatrix}\boldsymbol{X}_{n}^{\mathrm{T}}(t) & x(t-n)\end{bmatrix}\begin{bmatrix}\boldsymbol{a}_{n-1}(t-1)\\0\end{bmatrix}\\&=\boldsymbol{X}_{n+1}^{\mathrm{T}}(t)\boldsymbol{a}_{n-1}(t-1)=\eta_{n-1}(t)\end{aligned}\tag{3.72}$$

由反向后验预报误差的定义可知

$$\begin{aligned}\begin{bmatrix}0 & \boldsymbol{c}_{n-1}^{\mathrm{T}}(t-1)\end{bmatrix}\boldsymbol{X}_{n+1}(t)&=\begin{bmatrix}0 & \boldsymbol{c}_{n-1}^{\mathrm{T}}(t-1)\end{bmatrix}\begin{bmatrix}x(t)\\\boldsymbol{X}_{n}(t-1)\end{bmatrix}\\&=\boldsymbol{c}_{n-1}^{\mathrm{T}}(t-1)\boldsymbol{X}_{n}(t-1)=b_{n-1}(t-1)\end{aligned}\tag{3.73}$$

在式(3.53)中以 $t-1$ 替代 t，可得

$$\boldsymbol{N}_{n+1}(t-1)\begin{bmatrix}\boldsymbol{a}_{n-1}(t-1)\\0\end{bmatrix}=\begin{bmatrix}F_{n-1}(t-1) & \boldsymbol{0}_{n-1} & \varDelta_{n-1}(t-1)\end{bmatrix}^{\mathrm{T}}\tag{3.74}$$

由于 $\boldsymbol{c}_{n-1}(t-1)$ 的最后元素为 1，可将式(3.71)写为

$$\begin{aligned}&\lambda\begin{bmatrix}0 & \boldsymbol{c}_{n-1}^{\mathrm{T}}(t-1)\end{bmatrix}\boldsymbol{N}_{n+1}(t)\begin{bmatrix}\boldsymbol{a}_{n-1}(t-1)\\0\end{bmatrix}\\&=\lambda\begin{bmatrix}0 & \boldsymbol{c}_{n-1}^{\mathrm{T}}(t-1)\end{bmatrix}\begin{bmatrix}F_{n-1}(t-1)\\\boldsymbol{0}_{n-1}\\\varDelta_{n-1}(t-1)\end{bmatrix}\\&=\lambda\varDelta_{n-1}(t-1)\end{aligned}\tag{3.75}$$

将式(3.72)、式(3.73)、式(3.75)代入式(3.71)，可得 $\varDelta_{n-1}(t)$ 按时间递推的关系：

$$\varDelta_{n-1}(t)=\lambda\varDelta_{n-1}(t-1)+b_{n-1}(t)\eta_{n-1}(t)\tag{3.76}$$

由式(3.40)中正向先验预报误差与正向后验预报误差的关系，也可将式(3.76)写为

$$\varDelta_{n-1}(t)=\lambda\varDelta_{n-1}(t-1)+\frac{b_{n-1}(t)f_{n-1}(t)}{\gamma_{n-1}(t)}\tag{3.77}$$

3.5　基于 LRLS 算法的船舶运动预报

3.5.1　基于 LRLS 算法的 AR 建模预报模型

从 $t=1$ 开始，按阶数 $n=1,2,\cdots,N$ 顺序计算，N 是格型最小二乘滤波器的最

高阶数，有

$$\varDelta_{n-1}(t)=\lambda\varDelta_{n-1}(t-1)+\frac{b_{n-1}(t-1)f_{n-1}(t)}{\gamma_{n-1}(t-1)}$$

$$\varGamma_{f,n}(t)=-\frac{\varDelta_{n-1}(t)}{B_{n-1}(t-1)}$$

$$\varGamma_{b,n}(t)=-\frac{\varDelta_{n-1}(t)}{\varGamma_{n-1}(t)}$$

$$f_n(t)=f_{n-1}(t)+\varGamma_{f,n}(t)b_{n-1}(t-1)$$

$$b_n(t)=b_{n-1}(t-1)+\varGamma_{b,n}(t)f_{n-1}(t)$$

$$\varGamma_n(t)=\varGamma_{n-1}(t)-\frac{\varDelta_{n-1}^2(t)}{B_{n-1}(t-1)}$$

$$B_n(t)=B_{n-1}(t-1)-\frac{\varDelta_{n-1}^2(t)}{\varGamma_{n-1}(t)}$$

$$\gamma_n(t-1)=\gamma_{n-1}(t-1)-\frac{b_{n-1}^2(t-1)}{B_{n-1}(t-1)}$$

关于 LRLS 算法的初始化，当 $n=0$ 时，$f_0(t)=b_0(t)=x(t)$，有

$$\begin{aligned}\varGamma_0(t)&=\lambda\varGamma_0(t-1)+f_0(t)\eta_0(t)\\&=\lambda\varGamma_0(t-1)+x^2(t)\end{aligned}$$

类似地，有 $B_0(t)=\lambda B_0(t-1)+x^2(t)$。

关于 $\gamma_n(t-1)$，由于它在 0 和 1 之间，故可取

$$\gamma_0(t-1)=1$$

当 $t=0$ 时，算法中取

$$\varDelta_{n-1}(0)=0$$

$$\varGamma_0(0)=B_0(0)=\delta$$

δ 为小的正数，这样可使 $\boldsymbol{N}_{n+1}(t)$ 非奇异。

下面归纳 LRLS 算法的初始化。

(1) 在 $t=0$ 时，算法的初始化取

$$\Delta_{n-1}(0)=0$$
$$\Gamma_{n-1}(0)=\delta$$
$$B_{n-1}(0)=\delta$$

(2) 对每个 $t\geqslant 1$ 的零阶变量取

$$f_0(t)=b_0(t)=x(t)$$
$$\Gamma_0(t)=B_0(t)=\lambda\Gamma_0(t-1)+x^2(t)$$
$$\gamma_0(t-1)=1$$

RLS 算法的结构形式是横向滤波器，而 LRLS 算法具有模块式结构，其特点是可以根据需要简单地增加一级或多级格型结构而不影响原来的计算。LRLS 算法计算量的增加和阶数 n 呈线性关系，而 RLS 算法的计算量随 n^2 增加而增加。

由于 LRLS 算法是把输入量的内在信息通过反射系数的瞬时值表现出来，描述 $x(t)$ 的 AR 模型参数可由反射系数求得[34]，即

$$x(t)+a_1^{(n)}x(t)+a_2^{(n)}(t)+\cdots+a_n^{(n)}(t-n)=\varepsilon(t)$$

式中，$a_j^{(n)}=\sum_{i=j}^{n}\Gamma_{f,i}(t)\Gamma_{b,i-j}(t)$，$\Gamma_{b,0}(t)=1$，$n$ 为滤波器的阶数。进而可利用 2.4.1 节中的多步预报模型对船舶运动姿态进行多步预测。

3.5.2　仿真实例与分析

仿真所用数据为某型号舰船在 90°横浪、135°斜浪、180°顶浪航行姿态下的横摇角时间序列数据，实船测量数据的采样周期为 0.5s，并对未来 15s(即预报步数为 30 步)进行预报，LRLS 算法的预报曲线与收敛速度如图 3.3～图 3.6 所示(其中图 3.6 中纵坐标为参数向量 $\boldsymbol{\varphi}(t)$ 的 2 范数)。

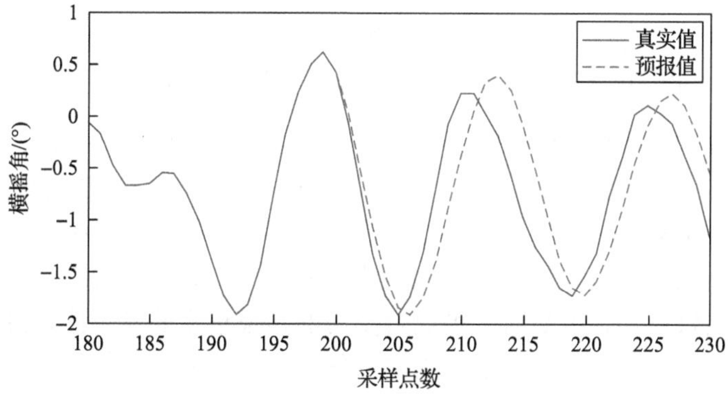

图 3.3　LRLS 算法预报曲线(横浪)

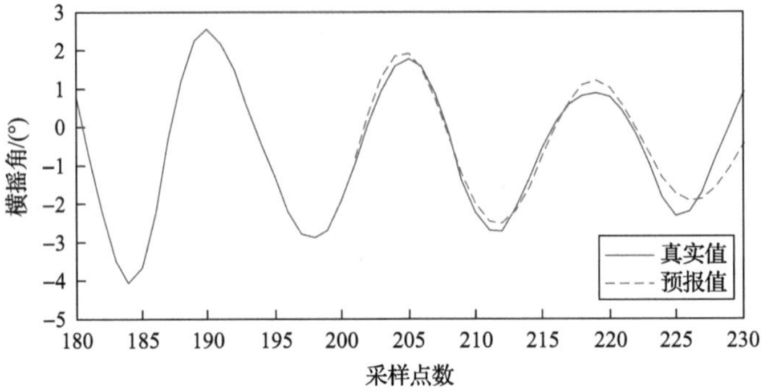

图 3.4　LRLS 算法预报曲线(斜浪)

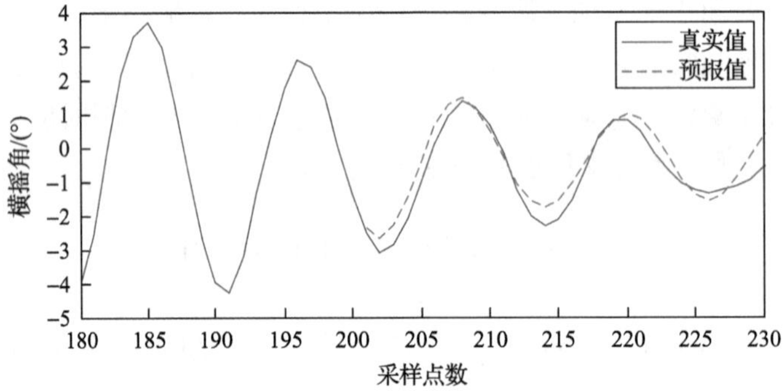

图 3.5　LRLS 算法预报曲线(顶浪)

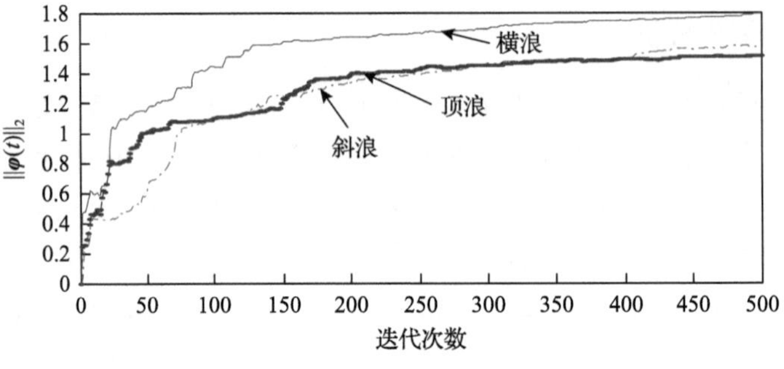

图 3.6　LRLS 算法在横浪、斜浪、顶浪下参数的收敛速度

由图 3.6 可以看出，当迭代次数为 200 时，模型参数趋于平稳，此时认定参数已经收敛，因此选择建模数据样本个数为 200，并对未来 15s 进行预测。由表 3.2 可以得出，利用基于 LRLS 算法的 AR 模型，对顶浪的预报效果相对要好于横浪与斜浪，尤其是当预报时间到 20s 时效果仍然较好。通过表 2.2～表 2.4、表 3.2 预报结果的比较可知，虽然对三种航行姿态的预报精度要逊于仿射投影算法，但对于实时在线预报，由于收敛速度受输入信号相关阵的特征值扩展影响较小，该算法具有较好的性能。

表 3.2　基于 LRLS 算法的 AR 模型预报结果的相对均方根误差与 AIC 下的阶数

航行姿态	模型阶数	不同预报时间的相对均方根误差			
		5s	10s	15s	20s
90°横浪	8	0.2308	0.2484	0.2451	0.2832
135°斜浪	12	0.0906	0.1265	0.1556	0.2667
180°顶浪	12	0.1331	0.1232	0.1322	0.1583

3.6　本 章 小 结

本章主要介绍了 LRLS 算法，该算法是通过同时求解前向和反向线性预测问题而导出的。格型描述方式能同时给出从 1 到 N 的所有中间级的预测解和普通自适应滤波器的解。这一特性允许我们按照性能的要求，实时地激活或停止格型实现中的某一部分。该算法的鲁棒性和收敛性都比较好，计算量和参数估计的数目呈线性关系。格型结构和前面讨论的分支-延迟结构(横向滤波器)的基本不同在于，它是把过程的信息反映在“反射系数”上而不是加权系数(在 AR 模型中是自回归系数)上。本章还给出了 LRLS 算法的仿真例子，并对性能进行了比较。

第4章　基于 Kalman 滤波算法的船舶运动自适应建模与预报

4.1　线性最小方差估计和射影理论

4.1.1　射影理论

Kalman 滤波器是线性最小方差估值器，也称最优滤波器，在几何上 Kalman 滤波估值可看成是状态向量在观测向量生成的线性空间上的投影。因此，射影理论是 Kalman 滤波推导的基本工具。

设有 $m\times 1$ 的观测向量 $\boldsymbol{y}\in\mathbf{R}^m$，其线性函数估计 $n\times 1$ 的随机变量 $\boldsymbol{x}\in\mathbf{R}^n$，记估值为

$$\hat{\boldsymbol{x}}=\boldsymbol{b}+\boldsymbol{A}\boldsymbol{y},\quad \boldsymbol{b}\in\mathbf{R}^n,\quad \boldsymbol{A}\in\mathbf{R}^{n\times m} \tag{4.1}$$

若估值 $\hat{\boldsymbol{x}}$ 极小化性能指标为 J，有

$$J=E\left[(\boldsymbol{x}-\hat{\boldsymbol{x}})^{\mathrm{T}}(\boldsymbol{x}-\hat{\boldsymbol{x}})\right] \tag{4.2}$$

则称 $\hat{\boldsymbol{x}}$ 为随机变量 $\boldsymbol{x}$ 的线性最小方差估计。

下面对 $n\times 1$ 的向量 $\boldsymbol{b}$ 和 $n\times m$ 的矩阵 $\boldsymbol{A}$ 进行求解。将式(4.1)代入式(4.2)，有

$$J=E\left[(\boldsymbol{x}-\boldsymbol{b}-\boldsymbol{A}\boldsymbol{y})^{\mathrm{T}}(\boldsymbol{x}-\boldsymbol{b}-\boldsymbol{A}\boldsymbol{y})\right] \tag{4.3}$$

为使 J 极小化，置 $\partial J/\partial\boldsymbol{b}=0$，则有

$$\frac{\partial J}{\partial\boldsymbol{b}}=-2E[\boldsymbol{x}-\boldsymbol{b}-\boldsymbol{A}\boldsymbol{y}] \tag{4.4}$$

由式(4.4)进一步可得

$$\boldsymbol{b}=E[\boldsymbol{x}]-\boldsymbol{A}E[\boldsymbol{y}] \tag{4.5}$$

将式(4.5)代入式(4.3)，并定义方差阵和协方差阵分别为

$$\boldsymbol{P}_{xx}=E[(\boldsymbol{x}-E[\boldsymbol{x}])(\boldsymbol{x}-E[\boldsymbol{x}])^{\mathrm{T}}] \tag{4.6}$$

$$\boldsymbol{P}_{xy} = E[(\boldsymbol{x} - E[\boldsymbol{x}])(\boldsymbol{y} - E[\boldsymbol{y}])^{\mathrm{T}}] \tag{4.7}$$

由式(4.7)易知

$$\boldsymbol{P}_{xy} = \boldsymbol{P}_{yx}^{\mathrm{T}} \tag{4.8}$$

$$\begin{aligned} J &= E[((\boldsymbol{x} - E[\boldsymbol{x}]) - \boldsymbol{A}(\boldsymbol{y} - E[\boldsymbol{y}]))^{\mathrm{T}}((\boldsymbol{x} - E[\boldsymbol{x}]) - \boldsymbol{A}(\boldsymbol{y} - E[\boldsymbol{y}]))] \\ &= \mathrm{tr}\{E[((\boldsymbol{x} - E[\boldsymbol{x}]) - \boldsymbol{A}(\boldsymbol{y} - E[\boldsymbol{y}]))((\boldsymbol{x} - E[\boldsymbol{x}]) - \boldsymbol{A}(\boldsymbol{y} - E[\boldsymbol{y}]))^{\mathrm{T}}]\} \\ &= \mathrm{tr}[\boldsymbol{P}_{xx} - \boldsymbol{A}\boldsymbol{P}_{yx} - \boldsymbol{P}_{xy}\boldsymbol{A}^{\mathrm{T}} + \boldsymbol{A}\boldsymbol{P}_{yy}\boldsymbol{A}^{\mathrm{T}}] \\ &= \mathrm{tr}[\boldsymbol{P}_{xx}] - \mathrm{tr}[\boldsymbol{A}\boldsymbol{P}_{yx}] - \mathrm{tr}[\boldsymbol{P}_{xy}\boldsymbol{A}^{\mathrm{T}}] + \mathrm{tr}[\boldsymbol{A}\boldsymbol{P}_{yy}\boldsymbol{A}^{\mathrm{T}}] \end{aligned} \tag{4.9}$$

置$\partial J / \partial \boldsymbol{A} = 0$，应用矩阵迹的求导公式，有

$$\frac{\partial J}{\partial \boldsymbol{A}} = -\boldsymbol{P}_{yx}^{\mathrm{T}} - \boldsymbol{P}_{xy} + 2\boldsymbol{A}\boldsymbol{P}_{yy} \tag{4.10}$$

上述结果可概括为如下定理。

定理 4.1[34]　由随机变量$\boldsymbol{y} \in \mathbf{R}^m$对随机变量$\boldsymbol{x} \in \mathbf{R}^n$的线性最小方差估值公式为

$$\hat{\boldsymbol{x}} = E[\boldsymbol{x}] + \boldsymbol{P}_{xy}\boldsymbol{P}_{yy}^{-1}(\boldsymbol{y} - E[\boldsymbol{y}]) \tag{4.11}$$

假设$E[\boldsymbol{x}]$、$E[\boldsymbol{y}]$、$\boldsymbol{P}_{xy}$、$\boldsymbol{P}_{yy}$均存在，且满足如下性质。

性质 4.1　无偏性：$E[\hat{\boldsymbol{x}}] = E[\boldsymbol{x}]$。

性质 4.2　正交性：$E[(\boldsymbol{x} - \hat{\boldsymbol{x}})\boldsymbol{y}^{\mathrm{T}}]=0$。

性质 4.3　$\tilde{\boldsymbol{x}} = \boldsymbol{x} - \hat{\boldsymbol{x}}$与$\boldsymbol{y}$不相关。

定义 4.1　$\boldsymbol{x} - \hat{\boldsymbol{x}}$与$\boldsymbol{y}$不相关为$\boldsymbol{x} - \hat{\boldsymbol{x}}$与$\boldsymbol{y}$正交(垂直)，记为$(\boldsymbol{x} - \hat{\boldsymbol{x}}) \perp \boldsymbol{y}$，并称$\hat{\boldsymbol{x}}$为$\boldsymbol{x}$在$\boldsymbol{y}$上的投影，记为$\hat{\boldsymbol{x}} = \mathrm{proj}(\boldsymbol{x}|\boldsymbol{y})$。其几何意义如图 4.1 所示。

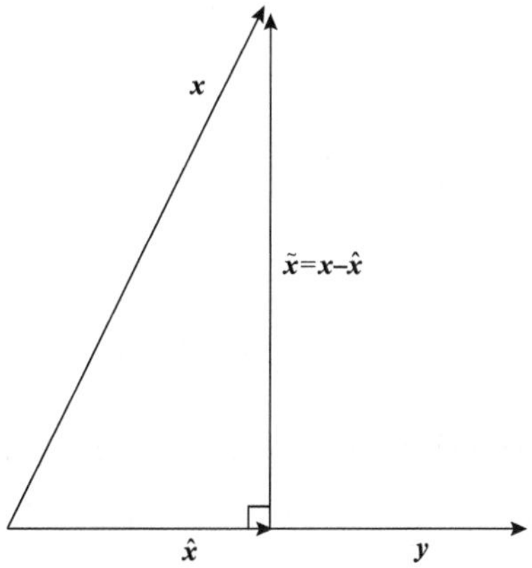

图 4.1　线性最小方差估计(射影)几何意义

定义 4.2 设由随机变量 $\boldsymbol{y}\in\mathbf{R}^m$ 张成的线性空间定义为如下形式随机变量 $\boldsymbol{z}\in\mathbf{R}^n$ 的集：

$$\boldsymbol{L}(\boldsymbol{y})=\left\{\boldsymbol{z}\mid\boldsymbol{z}=\boldsymbol{A}\boldsymbol{y}+\boldsymbol{b},\forall\boldsymbol{b}\in\mathbf{R}^n,\forall\boldsymbol{A}\in\mathbf{R}^{n\times m}\right\} \tag{4.12}$$

同时由性质 4.1 和性质 4.2 可得

$$(\boldsymbol{x}-\hat{\boldsymbol{x}})\perp\boldsymbol{y},\quad\forall\boldsymbol{z}\in\boldsymbol{L}(\boldsymbol{y})$$

记为 $(\boldsymbol{x}-\hat{\boldsymbol{x}})\perp\boldsymbol{L}(\boldsymbol{y})$。

设随机变量 $\boldsymbol{x}\in\mathbf{R}^n$，随机变量 $\boldsymbol{y}(1),\boldsymbol{y}(2),\cdots,\boldsymbol{y}(k)\in\mathbf{R}^m$，引入随机向量

$$\boldsymbol{w}=[\boldsymbol{y}^{\mathrm{T}}(1)\quad\boldsymbol{y}^{\mathrm{T}}(2)\quad\cdots\quad\boldsymbol{y}^{\mathrm{T}}(k)]^{\mathrm{T}}\in\mathbf{R}^{k\times m}$$

则由 $\boldsymbol{y}(1),\boldsymbol{y}(2),\cdots,\boldsymbol{y}(k)\in\mathbf{R}^m$ 张成的线性空间 $\boldsymbol{L}(\boldsymbol{y}(1),\boldsymbol{y}(2),\cdots,\boldsymbol{y}(k))$ 为

$$\boldsymbol{L}(\boldsymbol{y}(1),\boldsymbol{y}(2),\cdots,\boldsymbol{y}(k))\overset{\text{def}}{=\!=}\boldsymbol{L}(\boldsymbol{w})$$

$$\boldsymbol{L}(\boldsymbol{w})=\left\{\boldsymbol{y}\mid\boldsymbol{y}=\boldsymbol{A}\boldsymbol{w}+\boldsymbol{b},\forall\boldsymbol{b}\in\mathbf{R}^n,\forall\boldsymbol{A}\in\mathbf{R}^{n\times m}\right\}$$

引入分块矩阵

$$\boldsymbol{A}=[\boldsymbol{A}_1\quad\boldsymbol{A}_2\quad\cdots\quad\boldsymbol{A}_k],\quad\boldsymbol{A}_i(i=1,2,\cdots,k)\in\mathbf{R}^{n\times m}$$

则有

$$\begin{aligned}\boldsymbol{L}(\boldsymbol{w})&=\left\{\boldsymbol{y}\mid\boldsymbol{y}=\sum_{i=1}^{k}\boldsymbol{A}_i\boldsymbol{y}(i)+\boldsymbol{b},\forall\boldsymbol{A}_i\in\mathbf{R}^{n\times m},\forall\boldsymbol{b}\in\mathbf{R}^n\right\}\\&=\boldsymbol{L}(\boldsymbol{y}(1),\boldsymbol{y}(2),\cdots,\boldsymbol{y}(k))\end{aligned}$$

基于随机变量 $\boldsymbol{y}(1),\boldsymbol{y}(2),\cdots,\boldsymbol{y}(k)\in\mathbf{R}^m$ 对随机变量 $\boldsymbol{x}\in\mathbf{R}^n$ 的线性最小方差 $\hat{\boldsymbol{x}}$ 估计为

$$\hat{\boldsymbol{x}}=\operatorname{proj}(\boldsymbol{x}\mid\boldsymbol{w})\overset{\text{def}}{=\!=}\operatorname{proj}(\boldsymbol{x}\mid\boldsymbol{y}(1),\boldsymbol{y}(2),\cdots,\boldsymbol{y}(k)) \tag{4.13}$$

也称 $\hat{\boldsymbol{x}}$ 为 $\boldsymbol{x}$ 在线性空间 $\boldsymbol{L}(\boldsymbol{w})$ 或 $\boldsymbol{L}(\boldsymbol{y}(1),\boldsymbol{y}(2),\cdots,\boldsymbol{y}(k))$ 上的射影。

设 $\boldsymbol{x}\in\mathbf{R}^n$ 为零均值随机向量，$\boldsymbol{y}(1),\boldsymbol{y}(2),\cdots,\boldsymbol{y}(k)\in\mathbf{R}^m$ 为零均值、互不相关的随机向量，则有

$$
\begin{aligned}
&\operatorname{proj}(\boldsymbol{x}\mid \boldsymbol{y}(1),\boldsymbol{y}(2),\cdots,\boldsymbol{y}(k))\\
&=\operatorname{proj}(\boldsymbol{x}\mid \boldsymbol{w})=\boldsymbol{P}_{xw}\boldsymbol{P}_{ww}^{-1}\boldsymbol{w}\\
&=E[\boldsymbol{x}(\boldsymbol{y}^{\mathrm{T}}(1),\cdots,\boldsymbol{y}^{\mathrm{T}}(k))]\begin{bmatrix}\boldsymbol{P}_{y(1)y(1)}^{-1} & \cdots & 0\\ \vdots & & \vdots\\ 0 & \cdots & \boldsymbol{P}_{y(k)y(k)}^{-1}\end{bmatrix}\begin{bmatrix}\boldsymbol{y}(1)\\ \vdots\\ \boldsymbol{y}(k)\end{bmatrix}\\
&=\sum_{i=1}^{k}\boldsymbol{P}_{xy(i)}\boldsymbol{P}_{y(i)y(i)}^{-1}\boldsymbol{y}(i)=\sum_{i=1}^{k}\operatorname{proj}(\boldsymbol{x}\mid \boldsymbol{y}(i))
\end{aligned} \tag{4.14}
$$

即 $\boldsymbol{x}$ 在 $\boldsymbol{y}(1),\boldsymbol{y}(2),\cdots,\boldsymbol{y}(k)$ 张成的线性空间 $\boldsymbol{L}(\boldsymbol{y}(1),\boldsymbol{y}(2),\cdots,\boldsymbol{y}(k))$ 上的射影等于它在由每一个 $\boldsymbol{y}(i)$ 张成的线性空间上的射影之和，即 $\boldsymbol{x}$ 在全空间上的射影等于它在相互正交的子空间上的射影之和，这大大简化了射影的计算。因此，若 $\boldsymbol{y}(1),\boldsymbol{y}(2),\cdots,\boldsymbol{y}(k)$ 是相关的，则需要引入新息概念使它们正交化。

4.1.2　新息序列

设 $\boldsymbol{y}(1),\boldsymbol{y}(2),\cdots,\boldsymbol{y}(k)\in\mathbf{R}^m$ 是存在二阶矩的随机序列，它的新息序列定义为

$$
\boldsymbol{\alpha}(k)=\boldsymbol{y}(k)-\operatorname{proj}(\boldsymbol{y}(k)\mid \boldsymbol{y}(1),\boldsymbol{y}(2),\cdots,\boldsymbol{y}(k)),\quad k=1,2,\cdots \tag{4.15}
$$

并定义 $\boldsymbol{y}(k)$ 的一步最优预报估值为

$$
\hat{\boldsymbol{y}}(k\mid k-1)=\operatorname{proj}(\boldsymbol{y}(k)\mid \boldsymbol{y}(1),\boldsymbol{y}(2),\cdots,\boldsymbol{y}(k)) \tag{4.16}
$$

因而新息序列可定义为

$$
\boldsymbol{\alpha}(k)=\boldsymbol{y}(k)-\hat{\boldsymbol{y}}(k\mid k-1) \tag{4.17}
$$

其中，$\hat{\boldsymbol{y}}(1\mid 0)=E[\boldsymbol{y}(1)]$，从而保证 $E[\boldsymbol{\alpha}(1)]=0$。

新息的几何意义如图 4.2 所示，可以看到 $\boldsymbol{\alpha}(k)\perp \boldsymbol{L}(\boldsymbol{y}(1),\boldsymbol{y}(2),\cdots,\boldsymbol{y}(k-1))$。

定理 4.2　新息序列 $\boldsymbol{\alpha}(k)$ 是零均值白噪声。

证明　由射影公式(4.12)的性质 4.1 可得

$$
\begin{aligned}
E[\boldsymbol{\alpha}(k)]&=E[\boldsymbol{y}(k)]-E[\hat{\boldsymbol{y}}(k\mid k-1)]\\
&=E[\boldsymbol{y}(k)]-E[\boldsymbol{y}(k)]=0,\quad k\geqslant 1
\end{aligned}
$$

设 $i\neq j$，不妨设 $i>j$，因 $\boldsymbol{\alpha}(i)\perp \boldsymbol{L}(\boldsymbol{y}(1),\boldsymbol{y}(2),\cdots,\boldsymbol{y}(i-1))$，且 $\boldsymbol{L}(\boldsymbol{y}(1),\boldsymbol{y}(2),\cdots,\boldsymbol{y}(j))\subset \boldsymbol{L}(\boldsymbol{y}(1),\boldsymbol{y}(2),\cdots,\boldsymbol{y}(i-1))$，故有 $\boldsymbol{\alpha}(i)\perp L(\boldsymbol{y}(1),\boldsymbol{y}(2),\cdots,\boldsymbol{y}(j))$，$\boldsymbol{\alpha}(j)=\boldsymbol{y}(j)-\hat{\boldsymbol{y}}(j\mid j-1)\in(\boldsymbol{y}(1),\boldsymbol{y}(2),\cdots,\ \boldsymbol{y}(j))$，因而 $\boldsymbol{\alpha}(i)\perp\boldsymbol{\alpha}(j)$，即 $E[\boldsymbol{\alpha}(i)\boldsymbol{\alpha}^{\mathrm{T}}(j)]=0$，故 $\boldsymbol{\alpha}(i)$ 是白噪声。证毕。

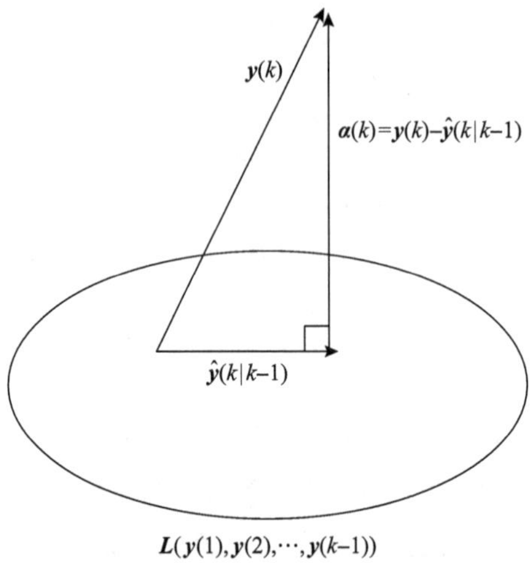

图 4.2　新息 $\boldsymbol{\alpha}(k)$ 的几何意义

定理 4.3　新息序列 $\boldsymbol{\alpha}(k)$ 与原序列 $\boldsymbol{y}(k)$ 含有相同的统计信息，即 $(\boldsymbol{y}(1), \boldsymbol{y}(2),\cdots,\boldsymbol{y}(k))$ 与 $(\boldsymbol{\alpha}(1),\boldsymbol{\alpha}(2),\cdots,\boldsymbol{\alpha}(k))$ 张成相同的线性空间，即

$$\boldsymbol{L}(\boldsymbol{y}(1),\boldsymbol{y}(2),\cdots,\boldsymbol{y}(k)) = L(\boldsymbol{\alpha}(1),\boldsymbol{\alpha}(2),\cdots,\boldsymbol{\alpha}(k)),\quad k=1,2,\cdots$$

证明　由式(4.12)和式(4.16)可得，每个 $\boldsymbol{\alpha}(k)$ 是 $\boldsymbol{y}(1),\boldsymbol{y}(2),\cdots,\boldsymbol{y}(k)$ 的线性组合，这引出 $\boldsymbol{\alpha}(k)\subset \boldsymbol{L}(\boldsymbol{y}(1),\boldsymbol{y}(2),\cdots,\boldsymbol{y}(k))$，从而 $\boldsymbol{L}(\boldsymbol{\alpha}(1),\boldsymbol{\alpha}(2),\cdots,\boldsymbol{\alpha}(k))\in \boldsymbol{L}(\boldsymbol{y}(1),\boldsymbol{y}(2),\cdots,\boldsymbol{y}(k))$。下面证明 $\boldsymbol{y}(k)\in \boldsymbol{L}(\boldsymbol{\alpha}(1),\boldsymbol{\alpha}(2),\cdots,\boldsymbol{\alpha}(k))$。

由式(4.16)和式(4.17)，用归纳法可得

$$\boldsymbol{y}(1)=\boldsymbol{\alpha}(1)+E[\boldsymbol{y}(1)]\in \boldsymbol{L}(\boldsymbol{\alpha}(1))$$

$$\boldsymbol{y}(2)=\boldsymbol{\alpha}(2)+\mathrm{proj}(\boldsymbol{y}(2)\mid \boldsymbol{y}(1))\in \boldsymbol{L}(\boldsymbol{\alpha}(1),\boldsymbol{\alpha}(2))$$

$$\vdots$$

$$\boldsymbol{y}(k)=\boldsymbol{\alpha}(k)+\mathrm{proj}(\boldsymbol{y}(k)\mid \boldsymbol{y}(1),\boldsymbol{y}(2),\cdots,\boldsymbol{y}(k))\in \boldsymbol{L}(\boldsymbol{\alpha}(1),\boldsymbol{\alpha}(2),\cdots,\boldsymbol{\alpha}(k))$$

由此引出 $\boldsymbol{L}(\boldsymbol{y}(1),\boldsymbol{y}(2),\cdots,\boldsymbol{y}(k))=\boldsymbol{y}(k)\in \boldsymbol{L}(\boldsymbol{\alpha}(1),\boldsymbol{\alpha}(2),\cdots,\boldsymbol{\alpha}(k))$。证毕。

推论 4.1　设随机变量 $\boldsymbol{x}\in\mathbf{R}^n$，则有

$$\mathrm{proj}(\boldsymbol{x}\mid \boldsymbol{y}(1),\boldsymbol{y}(2),\cdots,\boldsymbol{y}(k))=\mathrm{proj}(\boldsymbol{x}\mid \boldsymbol{\alpha}(1),\boldsymbol{\alpha}(2),\cdots,\boldsymbol{\alpha}(k)) \tag{4.18}$$

由于新息序列的正交性，这一推论将大大简化射影的计算。

定理 4.4(递推射影公式)　设随机变量 $\boldsymbol{x}\in\mathbf{R}^n$，随机序列 $\boldsymbol{y}(1),\boldsymbol{y}(2),\cdots,\boldsymbol{y}(k)\in \mathbf{R}^m$ 且存在二阶矩，则有递推射影公式：

$$\begin{aligned}\mathrm{proj}(\boldsymbol{x}\mid \boldsymbol{y}(1),\boldsymbol{y}(2),\cdots,\boldsymbol{y}(k)) &= \mathrm{proj}(\boldsymbol{x}\mid \boldsymbol{y}(1),\boldsymbol{y}(2),\cdots,\boldsymbol{y}(k))\\ &\quad + E[\boldsymbol{x}\boldsymbol{\alpha}^{\mathrm{T}}(k)]\{E[\boldsymbol{\alpha}(k)\boldsymbol{\alpha}^{\mathrm{T}}(k)]\}^{-1}\boldsymbol{\alpha}(k)\end{aligned}$$

证明　引入合成向量 $\boldsymbol{\alpha}=[\boldsymbol{\alpha}(1),\boldsymbol{\alpha}(2),\cdots,\boldsymbol{\alpha}(k)]^{\mathrm{T}}$，应用式(4.18)和射影公式(4.11)，且 $E[\boldsymbol{\alpha}(i)]=0$，则有

$$\begin{aligned}\mathrm{proj}(\boldsymbol{x}\mid \boldsymbol{y}(1),\boldsymbol{y}(2),\cdots,\boldsymbol{y}(k)) &= \mathrm{proj}(\boldsymbol{x}\mid \boldsymbol{\alpha}(1),\boldsymbol{\alpha}(2),\cdots,\boldsymbol{\alpha}(k-1))\\ &= \mathrm{proj}(\boldsymbol{x}\mid \boldsymbol{\alpha}) = E[\boldsymbol{x}]+\boldsymbol{P}_{x\alpha}\boldsymbol{P}_{\alpha\alpha}^{-1}\boldsymbol{\alpha}\\ &= E[\boldsymbol{x}]+E[(\boldsymbol{x}-E[\boldsymbol{x}])(\boldsymbol{\alpha}^{\mathrm{T}}(1),\boldsymbol{\alpha}(2),\cdots,\boldsymbol{\alpha}^{\mathrm{T}}(k))]\\ &\quad\times\begin{bmatrix}E[\boldsymbol{\alpha}(1)\boldsymbol{\alpha}^{\mathrm{T}}(1)] & \cdots & 0\\ \vdots & & \vdots\\ 0 & \cdots & E[\boldsymbol{\alpha}(k)\boldsymbol{\alpha}^{\mathrm{T}}(k)]\end{bmatrix}\\ &= E[\boldsymbol{x}]+\sum_{i=1}^{k}E[\boldsymbol{x}\boldsymbol{\alpha}^{\mathrm{T}}(i)][E[\boldsymbol{\alpha}(i)\boldsymbol{\alpha}^{\mathrm{T}}(i)]]^{-1}\\ &\quad + E[\boldsymbol{x}\boldsymbol{\alpha}^{\mathrm{T}}(k)][E[\boldsymbol{\alpha}(k)\boldsymbol{\alpha}^{\mathrm{T}}(k)]]^{-1}\boldsymbol{\alpha}(k)\\ &= \mathrm{proj}(\boldsymbol{x}\mid \boldsymbol{\alpha}(1),\boldsymbol{\alpha}(2),\cdots,\boldsymbol{\alpha}(k-1))\\ &\quad + E[\boldsymbol{x}\boldsymbol{\alpha}^{\mathrm{T}}(k)]\{E[\boldsymbol{\alpha}(k)\boldsymbol{\alpha}^{\mathrm{T}}(k)]\}^{-1}\boldsymbol{\alpha}(k)\\ &= \mathrm{proj}(\boldsymbol{x}\mid \boldsymbol{y}(1),\boldsymbol{y}(2),\cdots,\boldsymbol{y}(k-1))\\ &\quad + E[\boldsymbol{x}\boldsymbol{\alpha}^{\mathrm{T}}(k)]\{E[\boldsymbol{\alpha}(k)\boldsymbol{\alpha}^{\mathrm{T}}(k)]\}^{-1}\boldsymbol{\alpha}(k)\end{aligned}\tag{4.19}$$

递推射影公式(4.19)是推导 Kalman 滤波器递推算法的出发点。

4.2　Kalman 滤波原理及状态估计

LMS 算法的一个不足之处在于迭代中没有充分利用已有的全部信息，以致收敛速度较低。克服这个缺点的一种方法是利用 Kalman 滤波原理，它可以解决一类递推最小方差估计问题。Kalman 滤波公式使用的是状态空间方法，该方法是用一组“状态”变量来描述动态系统，状态中包含了有关系统行为的全部必要的信息，只要给定现在和未来的输入，就可以求出系统未来的状态和输出。

在第 2 章中可以看出，Wiener 滤波原理求解最优参数时得到的是相关阵的逆，而 Kalman 滤波原理得到的是一组差分方程，它的解可以递推求取。特别是每一个估计量的更新值可以根据前一次的估计值和输入的数据计算，因此只需要存储原来的估计值而不必存储所有的既往数据。此外，在计算效率上 Kalman 滤波算法比每次都按全部既往数据估计要高得多，它更适合于在计算机上实现。

设 $\boldsymbol{X}(t)$ 表示 t 时刻离散线性系统状态的 m 维向量，$\boldsymbol{y}(t)$ 表示 t 时刻系统的 n 维测量数据向量，则系统的状态空间模型有如下两个方程。

(1)过程方程：

$$\boldsymbol{X}(t+1)=\boldsymbol{\Phi}(t+1,t)\boldsymbol{X}(t)+\boldsymbol{v}_1(t) \tag{4.20}$$

式中，$\boldsymbol{\Phi}(t+1,t)$ 是联系 $t+1$ 时刻和 t 时刻系统状态的 $m\times m$ 的状态转移阵；$\boldsymbol{v}_1(t)$ 为 $m\times 1$ 的过程噪声向量，它是零均值白噪声过程，相关阵为

$$E[\boldsymbol{v}_1(t)\boldsymbol{v}_1^{\mathrm{T}}(t)]=\begin{cases}\boldsymbol{Q}_1(t), & t=k\\ 0, & t\neq k\end{cases} \tag{4.21}$$

(2)测量方程：

$$\boldsymbol{y}(t)=\boldsymbol{c}(t)\boldsymbol{X}(t)+\boldsymbol{v}_2(t) \tag{4.22}$$

式中，$\boldsymbol{c}(t)$ 为已知的 $n\times m$ 的测量矩阵；$\boldsymbol{v}_2(t)$ 为 $n\times 1$ 的测量噪声向量，它是零均值白噪声，相关阵为

$$E[\boldsymbol{v}_2(t)\boldsymbol{v}_2^{\mathrm{T}}(t)]=\begin{cases}\boldsymbol{Q}_2(t), & t=k\\ 0, & t\neq k\end{cases} \tag{4.23}$$

此外，噪声向量 $\boldsymbol{v}_1(t)$ 和 $\boldsymbol{v}_2(t)$ 是统计独立的，即

$$E[\boldsymbol{v}_1(t)\boldsymbol{v}_1^{\mathrm{T}}t)]=0 \tag{4.24}$$

且此时的状态转移阵 $\boldsymbol{\Phi}(t+1,t)$ 和测量矩阵 $\boldsymbol{c}(t)$ 都认为是已知的，问题是利用测量数据 $\boldsymbol{y}(1),\boldsymbol{y}(2),\cdots,\boldsymbol{y}(t)$ 诸向量寻求 $t\geqslant 1$ 时状态 $\boldsymbol{X}(i)$ 诸分量的最小方差估计。当 $i=t$ 时称为滤波，$i>t$ 时称为预报，$1\leqslant i<t$ 时称为平滑。本节只讨论滤波和预报两个密切相关的问题。

如果以 $\hat{\boldsymbol{y}}(t\,|\,\boldsymbol{Y}_{t-1})$ 表示根据从 1 到 $t-1$ 时刻所有既往测量数据对 t 时刻数据 $\boldsymbol{y}(t)$ 所作的最小方差预报，其中 $\boldsymbol{Y}_{t-1}$ 是由既往的数据向量 $\boldsymbol{y}(1),\boldsymbol{y}(2),\cdots,\boldsymbol{y}(t-1)$ 所张成的空间。记 $m\times 1$ 向量 $\boldsymbol{\alpha}(t)$ 为

$$\boldsymbol{\alpha}(t)\equiv\boldsymbol{y}(t)-\hat{\boldsymbol{y}}(t\,|\,\boldsymbol{Y}_{t-1}),\ \ t=1,2,\cdots \tag{4.25}$$

由射影公式(4.11)的性质 4.3 可得，随机向量 $\boldsymbol{\alpha}(t)$ 和既往的 $\boldsymbol{y}(1),\boldsymbol{y}(2),\cdots,\boldsymbol{y}(t-1)$ 正交，而且一系列 $\boldsymbol{\alpha}(t)$ 本身也是互相正交的，即

$$E[\boldsymbol{\alpha}(t)\boldsymbol{y}^{\mathrm{T}}(t)]=0\,,\ \ 1\leqslant t\leqslant k-1$$

$$E[\boldsymbol{\alpha}(t)\boldsymbol{\alpha}^{\mathrm{T}}(t)]=0\,,\ \ 1\leqslant t\leqslant k-1$$

在处理预报和滤波问题中要经常用到 $\boldsymbol{\alpha}(t)$，而它给出了 $\boldsymbol{y}(t)$ 中所含的真正全新的信息，后面把 $\boldsymbol{\alpha}(t)$ 称为新息序列。表示新息的 $\{\boldsymbol{\alpha}(1), \boldsymbol{\alpha}(2), \cdots, \boldsymbol{\alpha}(t)\}$ 和表示测量的 $\{\boldsymbol{y}(1), \boldsymbol{y}(2), \cdots, \boldsymbol{y}(t)\}$ 这两个随机向量序列是一一对应的。

Kalman 滤波问题使用了新息方法，在介绍利用新息过程进行状态估计之前，先讨论新息过程 $\boldsymbol{\alpha}(t)$ 的相关阵。

若初始状态向量为 $\boldsymbol{X}(0)$，假定 $t \leqslant 0$ 时的测量数据和 $\boldsymbol{v}_1(t)$ 均为零，则由状态转移矩阵的性质有

$$\boldsymbol{\Phi}(k, k-1)\boldsymbol{\Phi}(k-1, k-2)\cdots\boldsymbol{\Phi}(i+1, i) = \boldsymbol{\Phi}(k, i) \tag{4.26}$$

且 $\boldsymbol{\Phi}(k, k) = \boldsymbol{I}$。可以得到状态方程的递推解：

$$\boldsymbol{X}(k) = \boldsymbol{\Phi}(k,0)\boldsymbol{X}(0) + \sum_{i=1}^{k-1}\boldsymbol{\Phi}(k,i+1)\boldsymbol{v}_1(i) \tag{4.27}$$

由于假定 $\boldsymbol{v}_2(t)$ 和 $\boldsymbol{z}(0)$ 及 $\boldsymbol{v}_1(t)$ 均无关，在式(4.27)两边右乘 $\boldsymbol{v}_2^{\mathrm{T}}(t)$ 后取期望，可得

$$E[\boldsymbol{X}(k)\boldsymbol{v}_2^{\mathrm{T}}(t)] = 0, \quad k,t \geqslant 0 \tag{4.28}$$

另外还考虑到

$$E[\boldsymbol{y}(k)\boldsymbol{v}_2^{\mathrm{T}}(t)] = 0, \quad 0 \leqslant k \leqslant t-1$$
$$E[\boldsymbol{y}(k)\boldsymbol{v}_1^{\mathrm{T}}(t)] = 0, \quad 0 \leqslant k \leqslant t$$

在给定 $\boldsymbol{y}(1), \boldsymbol{y}(2), \cdots, \boldsymbol{y}(t-1)$ 时，由式(4.22)可知 $\boldsymbol{y}(t)$ 的最小方差预报为

$$\hat{\boldsymbol{y}}(t \mid \boldsymbol{Y}_{t-1}) = \boldsymbol{c}(t)\hat{\boldsymbol{X}}(t \mid \boldsymbol{Y}_{t-1}) + \hat{\boldsymbol{v}}_2(t \mid \boldsymbol{Y}_{t-1}) \tag{4.29}$$

而 $\hat{\boldsymbol{v}}_2(t \mid \boldsymbol{Y}_{t-1})$ 显然为零，因此有

$$\hat{\boldsymbol{y}}(t \mid \boldsymbol{Y}_{t-1}) = \boldsymbol{c}(t)\hat{\boldsymbol{X}}(t \mid \boldsymbol{Y}_{t-1}) \tag{4.30}$$

$$\boldsymbol{\alpha}(t) = \boldsymbol{y}(t) - \boldsymbol{c}(t)\hat{\boldsymbol{X}}(t \mid \boldsymbol{Y}_{t-1}) \tag{4.31}$$

由式(4.25)可得

$$\begin{aligned}\boldsymbol{\alpha}(t) &= \boldsymbol{c}(t)\boldsymbol{X}(t) + \boldsymbol{v}_2(t) - \boldsymbol{c}(t)\hat{\boldsymbol{X}}(t \mid \boldsymbol{Y}_{t-1}) \\ &= \boldsymbol{c}(t)\boldsymbol{e}(t,t-1) + \boldsymbol{v}_2(t)\end{aligned} \tag{4.32}$$

式中，$\boldsymbol{e}(t,t-1)=\boldsymbol{X}(t)-\hat{\boldsymbol{X}}(t\mid\boldsymbol{Y}_{t-1})$，表示$t$时刻状态预报误差向量(利用 1～$t-1$的既往数据)，并可证明它和$\boldsymbol{v}_1(t)$及$\boldsymbol{v}_2(t)$都是正交的。

利用式(4.32)及$\boldsymbol{e}(t,t-1)$和$\boldsymbol{v}_2(t)$正交性质，可以求出新息过程$\boldsymbol{\alpha}(t)$的相关阵$\boldsymbol{\Omega}(t)$为

$$\begin{aligned}\boldsymbol{\Omega}(t)&\equiv E[\boldsymbol{\alpha}(t)\boldsymbol{\alpha}^{\mathrm{T}}(t)]\\&=\boldsymbol{c}(t)\boldsymbol{K}(t,t-1)\boldsymbol{c}^{\mathrm{T}}(t)+\boldsymbol{Q}_2(t)\end{aligned}\tag{4.33}$$

式中，$m\times m$的矩阵$\boldsymbol{K}(t,t-1)\equiv E[\boldsymbol{e}(t,t-1)\,\boldsymbol{e}^{\mathrm{T}}(t,t-1)]$称为状态预报误差相关阵。

下面介绍如何利用新息过程进行状态估计。

如果根据新息过程对$\boldsymbol{X}(i)$进行线性最小方差估计：

$$\hat{\boldsymbol{X}}(i\mid\boldsymbol{Y}_t)=\sum_{k=1}^{t}\boldsymbol{B}_i(k)\boldsymbol{\alpha}(k)\tag{4.34}$$

这里$\boldsymbol{B}_i(k)$是一组待定的$m\times n$矩阵，根据正交原理，状态预报误差和新息过程正交，即

$$E[\boldsymbol{e}(i,t)\boldsymbol{\alpha}^{\mathrm{T}}(l)]=E\{[\boldsymbol{X}(i)-\hat{\boldsymbol{X}}(i\mid\boldsymbol{Y}_t)]\boldsymbol{\alpha}^{\mathrm{T}}(l)\}=0,\ \ l=1,2,\cdots,t\tag{4.35}$$

将式(4.34)代入式(4.35)，并利用新息过程的正交性质，可得

$$E[\boldsymbol{X}(i)\boldsymbol{\alpha}^{\mathrm{T}}(l)]=\boldsymbol{B}_i(l)E[\boldsymbol{\alpha}(l)\boldsymbol{\alpha}^{\mathrm{T}}(l)]=\boldsymbol{B}_i(l)\boldsymbol{\Omega}(l)$$
$$\boldsymbol{B}_i(l)=E[\boldsymbol{X}(i)\boldsymbol{\alpha}^{\mathrm{T}}(l)]\boldsymbol{\Omega}^{-1}(l)$$

将上式代入式(4.34)，可得

$$\begin{aligned}\hat{\boldsymbol{X}}(i\mid\boldsymbol{Y}_t)&=\sum_{k=1}^{t}E[\boldsymbol{X}(i)\boldsymbol{\alpha}^{\mathrm{T}}(k)]\boldsymbol{\Omega}^{-1}(k)\boldsymbol{\alpha}(k)\\&=\sum_{k=1}^{i-1}E[\boldsymbol{X}(i)\boldsymbol{\alpha}^{\mathrm{T}}(k)]\boldsymbol{\Omega}^{-1}(k)\boldsymbol{\alpha}(k)\\&\quad+E[\boldsymbol{X}(i)\boldsymbol{\alpha}^{\mathrm{T}}(t)]\boldsymbol{\Omega}^{-1}(t)\boldsymbol{\alpha}(t)\end{aligned}$$

对于$i=t+1$，有

$$\begin{aligned}\hat{\boldsymbol{X}}(t+1\mid\boldsymbol{Y}_t)&=\sum_{k=1}^{t-1}E[\boldsymbol{X}(t+1)\boldsymbol{\alpha}^{\mathrm{T}}(k)]\boldsymbol{\Omega}^{-1}(k)\boldsymbol{\alpha}(k)\\&\quad+E[\boldsymbol{X}(t+1)\boldsymbol{\alpha}^{\mathrm{T}}(t)]\boldsymbol{\Omega}^{-1}(t)\boldsymbol{\alpha}(t)\end{aligned}\tag{4.36}$$

该式右侧第一项中

$$\begin{aligned} E[\boldsymbol{X}(t+1)\boldsymbol{\alpha}^{\mathrm{T}}(k)] &= E\{[\boldsymbol{\Phi}(t+1,t)\boldsymbol{X}(t)+\boldsymbol{v}_1(t)]\boldsymbol{\alpha}^{\mathrm{T}}(k)\} \\ &= \boldsymbol{\Phi}(t+1,t)E[\boldsymbol{z}(t)\boldsymbol{\alpha}^{\mathrm{T}}(k)] \end{aligned} \tag{4.37}$$

考虑到 $\boldsymbol{\alpha}(k)$ 只和 $\boldsymbol{y}(1),\boldsymbol{y}(2),\cdots,\boldsymbol{y}(k)$ 有关，$\boldsymbol{v}_1(t)$ 和 $\boldsymbol{\alpha}(k)$ 是正交的，式(4.36)右侧第一项可改写为

$$\boldsymbol{\Phi}(t+1,t)\sum_{k=1}^{t-1}E[\boldsymbol{X}(t)\boldsymbol{\alpha}^{\mathrm{T}}(k)]\boldsymbol{\Omega}^{-1}(k)\boldsymbol{\alpha}(k)=\boldsymbol{\Phi}(t+1,t)\hat{\boldsymbol{X}}(t\mid\boldsymbol{Y}_{t-1})$$

再在式(4.36)中定义 $m\times n$ 矩阵

$$\boldsymbol{g}(t)=E[\boldsymbol{X}(t+1)\boldsymbol{\alpha}^{\mathrm{T}}(t)]\boldsymbol{\Omega}^{-1}(t) \tag{4.38}$$

由式(4.36)、式(4.38)可得

$$\hat{\boldsymbol{X}}(t+1\mid\boldsymbol{Y}_t)=\boldsymbol{\Phi}(t+1,t)\hat{\boldsymbol{X}}(t\mid\boldsymbol{Y}_{t-1})+\boldsymbol{g}(t)\boldsymbol{\alpha}(t) \tag{4.39}$$

式(4.39)表明，线性动态系统状态的最小方差估计 $\hat{\boldsymbol{X}}(t+1\mid\boldsymbol{Y}_t)$ 的计算是在原有估计 $\hat{\boldsymbol{X}}(t\mid\boldsymbol{Y}_{t-1})$ 左乘状态转移矩阵 $\boldsymbol{\Phi}(t+1,t)$ 之后再加上一个修正项 $\boldsymbol{g}(t)\boldsymbol{\alpha}(t)$，$\boldsymbol{g}(t)$ 称为 Kalman 增益。

利用式(4.31)、式(4.37)将 $\boldsymbol{X}(t+1)$ 和 $\boldsymbol{\alpha}^{\mathrm{T}}(t)$ 乘积的期望改写成

$$\begin{aligned} E[\boldsymbol{X}(t+1)\boldsymbol{\alpha}^{\mathrm{T}}(t)] &= \boldsymbol{\Phi}(t+1,t)E[\boldsymbol{X}(t)\boldsymbol{\alpha}^{\mathrm{T}}(t)] \\ &= \boldsymbol{\Phi}(t+1,t)E[\boldsymbol{X}(t)\boldsymbol{c}(t)\boldsymbol{e}(t,t-1)] \\ &= \boldsymbol{\Phi}(t+1,t)E[\boldsymbol{X}(t)\boldsymbol{e}^{\mathrm{T}}(t,t-1)]\boldsymbol{c}^{\mathrm{T}}(t) \end{aligned}$$

利用 $\boldsymbol{X}(t)$ 与 $\boldsymbol{v}_2(t)$ 无关这一假定，考虑到 $\boldsymbol{e}^{\mathrm{T}}(t,t-1)$ 和 $\hat{\boldsymbol{X}}(t\mid\boldsymbol{Y}_{t-1})$ 正交，上式中的 $\boldsymbol{X}(t)$ 可以用 $\boldsymbol{e}(t,t-1)$ 代替，再利用状态预报误差相关阵的定义，可得

$$\begin{aligned} E[\boldsymbol{X}(t+1)\boldsymbol{\alpha}^{\mathrm{T}}(t)] &= \boldsymbol{\Phi}(t+1,t)E[\boldsymbol{e}(t,t-1)\boldsymbol{e}^{\mathrm{T}}(t,t-1)]\boldsymbol{c}^{\mathrm{T}}(t) \\ &= \boldsymbol{\Phi}(t+1,t)\boldsymbol{K}(t,t-1)\boldsymbol{c}^{\mathrm{T}}(t) \end{aligned} \tag{4.40}$$

将式(4.40)代入式(4.38)，可得 Kalman 增益为

$$\boldsymbol{g}(t)=\boldsymbol{\Phi}(t+1,t)\boldsymbol{K}(t,t-1)\boldsymbol{c}^{\mathrm{T}}(t)\boldsymbol{\Omega}^{-1}(t) \tag{4.41}$$

式中，

$$\begin{cases}\boldsymbol{K}(t,t-1)=E[\boldsymbol{e}(t,t-1)\boldsymbol{e}^{\mathrm{T}}(t,t-1)] \\ \boldsymbol{e}(t+1,t)=\boldsymbol{X}(t+1)-\hat{\boldsymbol{X}}(t+1\mid \boldsymbol{Y}_t)\end{cases} \tag{4.42}$$

将式(4.20)和式(4.39)代入式(4.42)，再利用式(4.31)和式(4.23)可得

$$\begin{aligned}\boldsymbol{e}(t+1,t)&=\boldsymbol{\Phi}(t+1,t)[\boldsymbol{X}(t)-\hat{\boldsymbol{X}}(t\mid \boldsymbol{Y}_{t-1})] \\ &\quad -\boldsymbol{g}(t)[\boldsymbol{y}(t)-\boldsymbol{c}(t)\hat{\boldsymbol{X}}(t\mid \boldsymbol{Y}_{t-1})+\boldsymbol{v}_1(t)] \\ &=[\boldsymbol{\Phi}(t+1,t)-\boldsymbol{g}(t)\boldsymbol{c}(t)]\boldsymbol{e}(t,t-1)+\boldsymbol{v}_1(t)-\boldsymbol{g}(t)\boldsymbol{v}_2(t)\end{aligned}$$

将上式代入式(4.42)，并考虑到$\boldsymbol{e}(t,t-1)$、$\boldsymbol{v}_1(t)$、$\boldsymbol{v}_2(t)$相互无关，可得

$$\begin{aligned}\boldsymbol{K}(t+1,t)&=[\boldsymbol{\Phi}(t+1,t)-\boldsymbol{g}(t)\boldsymbol{c}(t)]\boldsymbol{K}(t,t-1) \\ &\quad \times[\boldsymbol{\Phi}(t+1,t)-\boldsymbol{g}(t)\boldsymbol{c}(t)]^{\mathrm{T}}+\boldsymbol{Q}_1(t) \\ &\quad +\boldsymbol{g}(t)\boldsymbol{Q}_2(t)\boldsymbol{g}^{\mathrm{T}}(t)\end{aligned}$$

利用式(4.33)和式(4.41)，可得递推计算状态预报误差相关阵的 Riccati 差分方程：

$$\boldsymbol{K}(t+1,t)=\boldsymbol{\Phi}(t+1,t)\boldsymbol{K}(t)\boldsymbol{\Phi}^{\mathrm{T}}(t+1,t)+\boldsymbol{Q}_1(t) \tag{4.43}$$

式中，$m\times m$ 阵 $\boldsymbol{K}(t)$ 可以表示为

$$\boldsymbol{K}(t)=\boldsymbol{K}(t,t-1)-\boldsymbol{\Phi}(t,t+1)\boldsymbol{g}(t)\boldsymbol{c}(t)\boldsymbol{K}(t,t-1) \tag{4.44}$$

式(4.31)、式(4.38)、式(4.39)、式(4.41)、式(4.33)、式(4.44)一起构成了 Kalman 一步预报算法。

在进行上述一步预报算法时，需要确定有关的一组初始条件。考虑到状态 $\boldsymbol{X}(t)$ 和噪声向量 $\boldsymbol{v}_1(t)$ 彼此独立，由式(4.20)可知，在已知观测数据 $\boldsymbol{y}(1), \boldsymbol{y}(2), \cdots, \boldsymbol{y}(t)$ 时，对 $t+1$ 时刻状态 $\boldsymbol{X}(t+1)$ 的最小方差估计等于

$$\boldsymbol{X}(t+1\mid \boldsymbol{Y}_t)=\boldsymbol{\Phi}(t+1,t)\boldsymbol{X}(t\mid \boldsymbol{Y}_{t-1})+\hat{\boldsymbol{v}}_1(t\mid \boldsymbol{Y}_t)$$

由于 $\boldsymbol{v}_1(t)$ 与 $\boldsymbol{y}(1), \boldsymbol{y}(2), \cdots, \boldsymbol{y}(t)$ 独立，$\hat{\boldsymbol{v}}_1(t\mid \boldsymbol{Y}_t)$ 为零，上式可简化为

$$\hat{\boldsymbol{X}}(t+1\mid \boldsymbol{Y}_t)=\boldsymbol{\Phi}(t+1,t)\hat{\boldsymbol{X}}(t\mid \boldsymbol{Y}_t) \tag{4.45}$$

令 $t=0$，可得要求的初始条件：

$$\hat{\boldsymbol{X}}(1\mid \boldsymbol{Y}_0)=\boldsymbol{\Phi}(1,0)\hat{\boldsymbol{X}}(0\mid \boldsymbol{Y}_0)$$

然而，由于观测数据是从 $t=1$ 开始的，没有数据用来求 $\boldsymbol{X}(0)$ 的估计 $\hat{\boldsymbol{X}}(0\mid \boldsymbol{Y}_0)$，有

$$\hat{\boldsymbol{X}}(1|\boldsymbol{Y}_0)=\boldsymbol{0} \tag{4.46}$$

相应地，在式(4.42)中令 $t=0$，可求得状态预报误差相关阵的初值为

$$\begin{aligned}\boldsymbol{K}(1,0)&=E[\boldsymbol{e}(1,0)\boldsymbol{e}^{\mathrm{T}}(1,0)]\\&=E[(\boldsymbol{X}(1)-\hat{\boldsymbol{X}}(1|\boldsymbol{Y}_0))(\boldsymbol{X}(1)-\hat{\boldsymbol{X}}(1|\boldsymbol{Y}_0))^{\mathrm{T}}]\\&=E[\boldsymbol{X}(1)\boldsymbol{X}^{\mathrm{T}}(1)]\end{aligned} \tag{4.47}$$

式(4.46)和式(4.47)确定了需要的初始条件。

4.3　基于一步预报的 Kalman 滤波公式

下面利用一步预报算法来进行滤波估计 $\hat{\boldsymbol{X}}(t|\boldsymbol{Y}_t)$。在式(4.45)两边乘以 $\boldsymbol{\Phi}(t+1,t)$ 的逆，可得

$$\begin{aligned}\hat{\boldsymbol{X}}(t|\boldsymbol{Y}_t)&=\boldsymbol{\Phi}^{-1}(t+1,t)\hat{\boldsymbol{X}}(t+1|\boldsymbol{Y}_t)\\&=\boldsymbol{\Phi}(t,t+1)\hat{\boldsymbol{X}}(t+1|\boldsymbol{Y}_t)\end{aligned} \tag{4.48}$$

式(4.48)表明，知道一步预报的最小方差估计 $\hat{\boldsymbol{X}}(t+1|\boldsymbol{Y}_t)$，只要再乘以状态转移阵 $\boldsymbol{\Phi}(t+1,t)$，便可以得出相应的滤波估计 $\hat{\boldsymbol{X}}(t|\boldsymbol{Y}_t)$。因此，可以把式(4.31)改为用 $t-1$ 时刻状态向量的滤波估计来表示新息过程 $\boldsymbol{\alpha}(t)$：

$$\boldsymbol{\alpha}(t)=\boldsymbol{y}(t)-\boldsymbol{c}(t)\boldsymbol{\Phi}(t,t-1)\hat{\boldsymbol{X}}(t-1|\boldsymbol{Y}_{t-1}) \tag{4.49}$$

同理可将式(4.39)改写成状态向量滤波估计按时间递推的公式：

$$\hat{\boldsymbol{X}}(t|\boldsymbol{Y}_t)=\boldsymbol{\Phi}(t,t-1)\hat{\boldsymbol{X}}(t-1|\boldsymbol{Y}_t)+\boldsymbol{\Phi}(t,t+1)\boldsymbol{g}(t)\boldsymbol{\alpha}(t) \tag{4.50}$$

式(4.41)、式(4.43)、式(4.44)、式(4.49)、式(4.50)依顺序构成了状态向量的滤波估计公式。由式(4.46)、式(4.48)可以得出滤波估计 $\hat{\boldsymbol{X}}(t|\boldsymbol{Y}_t)$ 的初值为

$$\hat{\boldsymbol{X}}(0|\boldsymbol{Y}_0)=\boldsymbol{\Phi}(0,1)\hat{\boldsymbol{X}}(1|\boldsymbol{Y}_0)=\boldsymbol{0}$$

而状态预报误差相关阵 $\boldsymbol{K}(t+1,t)$ 的初始条件仍同式(4.47)。

最后要指出的是关于滤波估计 $\hat{\boldsymbol{X}}(t|\boldsymbol{Y}_t)$ 误差的相关阵。下面将要证明它就是 Riccati 差分方程(4.43)中的 $m\times m$ 阵 $\boldsymbol{K}(t)$。

状态滤波误差定义为

$$\boldsymbol{e}(t)=\boldsymbol{X}(t)-\hat{\boldsymbol{X}}(t|\boldsymbol{Y}_t)$$

将式(4.39)和式(4.48)代入上式，可得

$$\begin{aligned}\boldsymbol{e}(t)&=\boldsymbol{X}(t)-\hat{\boldsymbol{X}}(t\mid\boldsymbol{Y}_{t-1})-\boldsymbol{\Phi}(t,t+1)\boldsymbol{g}(t)\boldsymbol{\alpha}(t)\\&=\boldsymbol{e}(t,t-1)-\boldsymbol{\Phi}(t,t+1)\boldsymbol{g}(t)\boldsymbol{\alpha}(t)\end{aligned}\tag{4.51}$$

于是有

$$\begin{aligned}E[\boldsymbol{e}(t)\boldsymbol{e}^{\mathrm{T}}(t)]=&E[\boldsymbol{e}(t,t-1)\boldsymbol{e}^{\mathrm{T}}(t,t-1)]\\&+\boldsymbol{\Phi}(t,t+1)\boldsymbol{g}(t)E[\boldsymbol{\alpha}(t)\boldsymbol{\alpha}^{\mathrm{T}}(t)]\boldsymbol{g}^{\mathrm{T}}(t)\boldsymbol{\Phi}^{\mathrm{T}}(t,t+1)\\&-2E[\boldsymbol{e}(t,t-1)\boldsymbol{\alpha}^{\mathrm{T}}(t)]\boldsymbol{g}^{\mathrm{T}}(t)\boldsymbol{\Phi}^{\mathrm{T}}(t,t+1)\\&-2E[(\boldsymbol{X}(t)-\hat{\boldsymbol{X}}(t\mid\boldsymbol{Y}_{t-1}))\boldsymbol{\alpha}^{\mathrm{T}}(t)]\boldsymbol{g}^{\mathrm{T}}(t)\boldsymbol{\Phi}^{\mathrm{T}}(t,t+1)\end{aligned}\tag{4.52}$$

考虑到 $\hat{\boldsymbol{X}}(t\mid\boldsymbol{Y}_{t-1})$ 和 $\boldsymbol{\alpha}(t)$ 正交，利用式(4.36)和式(4.37)，可以将式(4.52)最后一行中的期望改写为

$$\begin{aligned}E[(\boldsymbol{X}(t)-\hat{\boldsymbol{X}}(t\mid\boldsymbol{Y}_{t-1}))\boldsymbol{\alpha}^{\mathrm{T}}(t)]&=E[\boldsymbol{X}(t)\boldsymbol{\alpha}^{\mathrm{T}}(t)]\\&=\boldsymbol{\Phi}(t,t+1)E[\boldsymbol{X}(t+1)\boldsymbol{\alpha}^{\mathrm{T}}(t)]\\&=\boldsymbol{\Phi}(t,t+1)\boldsymbol{g}(t)\boldsymbol{\Omega}(t)\end{aligned}$$

代入式(4.52)，再利用式(4.41)可得

$$\begin{aligned}E[\boldsymbol{e}(t)\boldsymbol{e}^{\mathrm{T}}(t)]&=\boldsymbol{K}(t,t-1)-\boldsymbol{\Phi}(t,t+1)\boldsymbol{g}(t)\boldsymbol{\Omega}(t)\boldsymbol{g}^{\mathrm{T}}(t)\boldsymbol{\Phi}^{\mathrm{T}}(t,t+1)\\&=\boldsymbol{K}(t,t-1)-\boldsymbol{K}(t,t-1)\boldsymbol{c}^{\mathrm{T}}(t)\boldsymbol{g}^{\mathrm{T}}(t)\boldsymbol{\Phi}^{\mathrm{T}}(t,t+1)\end{aligned}$$

利用 $E[\boldsymbol{e}(t)\boldsymbol{e}^{\mathrm{T}}(t)]$ 和 $\boldsymbol{K}(t,t-1)$ 的对称性，上式亦可等效地表示成

$$E[\boldsymbol{e}(t)\boldsymbol{e}^{\mathrm{T}}(t)]=\boldsymbol{K}(t,t-1)-\boldsymbol{\Phi}(t,t+1)\boldsymbol{g}(t)\boldsymbol{c}(t)\boldsymbol{K}(t,t-1)$$

与式(4.44)比较，不难看出有

$$E[\boldsymbol{e}(t)\boldsymbol{e}^{\mathrm{T}}(t)]=\boldsymbol{K}(t)$$

利用计算机编程可以方便地实现 Kalman 滤波，下面列出基于一步预报算法的 Kalman 滤波算法公式(包括初始条件)。

输入向量过程：

　　观测值 $\{\boldsymbol{y}(1),\boldsymbol{y}(2),\cdots,\boldsymbol{y}(t)\}$

已知参数：

　　状态转移阵 $\boldsymbol{\Phi}(t,t+1)$

　　测量矩阵 $\boldsymbol{c}(t)$

过程噪声向量的相关阵 $\boldsymbol{Q}_1(t)$

测量噪声向量的相关阵 $\boldsymbol{Q}_2(t)$

计算 $t=1,2,3,\cdots$ 时：

$$\boldsymbol{g}(t)=\boldsymbol{\Phi}(t,t+1)\boldsymbol{K}(t,t-1)\boldsymbol{c}^{\mathrm{T}}(t)[\boldsymbol{c}(t)\boldsymbol{K}(t,t-1)\boldsymbol{c}^{\mathrm{T}}(t)+\boldsymbol{Q}_2(t)]^{-1}$$
$$\boldsymbol{\alpha}(t)=\boldsymbol{y}(t)-\boldsymbol{c}(t)\hat{\boldsymbol{X}}(t\mid\boldsymbol{Y}_{t-1})$$
$$\hat{\boldsymbol{X}}(t+1\mid\boldsymbol{Y}_t)=\boldsymbol{\Phi}(t+1,t)\hat{\boldsymbol{X}}(t\mid\boldsymbol{Y}_{t-1})+\boldsymbol{g}(t)\boldsymbol{\alpha}(t)$$
$$\hat{\boldsymbol{X}}(t\mid\boldsymbol{Y}_t)=\boldsymbol{\Phi}(t,t+1)\hat{\boldsymbol{X}}(t+1\mid\boldsymbol{Y}_t)$$
$$\boldsymbol{K}(t)=\boldsymbol{K}(t,t-1)-\boldsymbol{\Phi}(t,t+1)\boldsymbol{g}(t)\boldsymbol{c}(t)\boldsymbol{K}(t,t-1)$$
$$\boldsymbol{K}(t+1,t)=\boldsymbol{\Phi}(t+1,t)\boldsymbol{K}(t)\boldsymbol{\Phi}^{\mathrm{T}}(t+1,t)+\boldsymbol{Q}_1(t)$$

初始条件为

$$\hat{\boldsymbol{X}}(1\mid\boldsymbol{Y}_0)=\boldsymbol{0}$$

$$\boldsymbol{K}(1,0)=E[\boldsymbol{X}(1)\boldsymbol{X}^{\mathrm{T}}(1)]$$

图 4.3 是把 $\boldsymbol{y}(t)$ 作为滤波器输入的 Kalman 滤波算法预测结构图。

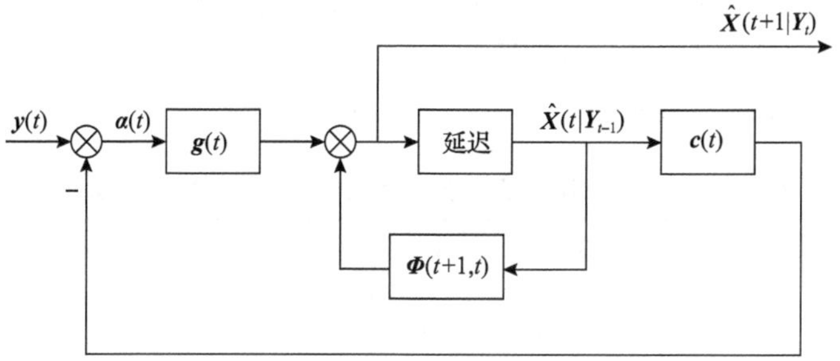

图 4.3　离散系统 Kalman 滤波算法预测结构图

4.4　基于 Kalman 滤波算法的船舶运动自适应建模

目前，Kalman 滤波已经成功地应用于解决控制系统中的许多实际问题。Godard 提出了平稳和非平稳两种情况下的算法[34]，他把求取自适应滤波器参数的问题转化为在高斯噪声下状态向量的估计问题，当所有有关的随机变量为正态分布时(大部分情况实际如此)，这种算法的收敛速度最快，比 LMS 算法快得多，但是算法较为复杂。

4.4.1 平稳输入下的自适应横向滤波器

设在平稳情况下工作的横向滤波器，其参数向量在t时刻设定在 Wiener 最优解$\boldsymbol{w}_0(t)$，因是平稳情况，应有

$$\boldsymbol{w}_0(t+1)=\boldsymbol{w}_0(t) \tag{4.53}$$

令$\boldsymbol{X}(t)$为t时刻加入滤波器的输入向量，从而可得到滤波器的响应为内积$\boldsymbol{X}^{\mathrm{T}}(t)\boldsymbol{w}_0(t)$，如果对理想值$y(t)$而言最优估计误差为$\varepsilon_0(t)$，则有

$$y(t)=\boldsymbol{X}^{\mathrm{T}}(t)\boldsymbol{w}_0(t)+\varepsilon_0(t) \tag{4.54}$$

式(4.53)和式(4.54)是平稳情况下工作在 Wiener 最优条件下的横向滤波器方程。可将式(4.53)看成过程方程，状态向量等于最优参数向量$\boldsymbol{w}_0(t)$，状态转移阵$\boldsymbol{\Phi}(t+1,t)$为单位阵，而过程噪声$\boldsymbol{v}_1(t)$为零。可将式(4.54)看成测量方程，这里$\boldsymbol{c}(t)$等于$\boldsymbol{X}^{\mathrm{T}}(t)$。在 Kalman 滤波中测量矩阵是已知的，$\boldsymbol{X}^{\mathrm{T}}(t)$是随机的，只要利用式(4.39)和式(4.43)来估计状态向量和计算状态预报误差相关阵，依然可以应用 Kalman 滤波理论，不过由于$\boldsymbol{c}(t)$和输入向量$\boldsymbol{X}(t)$有关，Kalman 增益$\boldsymbol{g}(t)$和$\boldsymbol{K}(t+1,t)$不能预先计算好。此外，$\varepsilon_0(t)$可看成测量噪声$\boldsymbol{v}_2(t)$，假定$\{\varepsilon(t)\}$为零均值、方差为$J_{\min}$的白噪声。由上所述，可将式(4.53)和式(4.54)两个方程分别看成过程方程和测量方程，把非线性近似为线性 Kalman 滤波。表 4.1 给出了 Kalman 滤波器状态变量和最优横向滤波器状态变量对照关系。

表 4.1 Kalman 滤波器状态变量和最优横向滤波器状态变量对照表

Kalman 滤波器的状态模型	$\boldsymbol{X}(t)$	$\boldsymbol{\Phi}(t+1,t)$	$\boldsymbol{v}_1(t)$	$\boldsymbol{Q}_1(t)$	$\boldsymbol{y}(t)$	$\boldsymbol{c}(t)$	$\boldsymbol{v}_2(t)$	$\boldsymbol{Q}_2(t)$
最优横向滤波器的状态模型	$\boldsymbol{w}_0(t)$	$\boldsymbol{I}$	$\mathbf{0}$	$\mathbf{0}$	$y(t)$	$\boldsymbol{X}^{\mathrm{T}}(t)$	$\varepsilon_0(t)$	$J_{\min}$

利用对照关系，可以导出横向滤波器在非平稳情况下参数的自适应算法。

(1) 令$\hat{\boldsymbol{w}}(t)=\hat{\boldsymbol{w}}(t\,|\,\boldsymbol{Y}_t)$表示在$t$时刻根据$\boldsymbol{y}(1),\boldsymbol{y}(2),\cdots,\boldsymbol{y}(t)$所作的$m\times 1$参数向量的估计，应用式(4.49)、式(4.50)可得按时间的递推公式：

$$\hat{\boldsymbol{w}}(t)=\hat{\boldsymbol{w}}(t-1)+\boldsymbol{g}(t)\alpha(t) \tag{4.55}$$

式中，

$$\alpha(t)=y(t)-\boldsymbol{X}^{\mathrm{T}}(t)\hat{\boldsymbol{w}}(t-1) \tag{4.56}$$

Kalman 增益$\boldsymbol{g}(t)$是$m\times 1$的向量，新息过程$\alpha(t)$是标量。

(2) 利用式 (4.41) 可得增益向量的递推公式：

$$\boldsymbol{g}(t)=\boldsymbol{K}(t-1)\boldsymbol{X}(t)[\boldsymbol{X}^{\mathrm{T}}(t)\boldsymbol{K}(t-1)\boldsymbol{X}(t)-J_{\min}]^{-1} \tag{4.57}$$

式中，

$$\begin{aligned}\boldsymbol{K}(t-1)&=E[\boldsymbol{e}(t-1)\boldsymbol{e}^{\mathrm{T}}(t-1)]\\ \boldsymbol{e}(t-1)&=\hat{\boldsymbol{w}}(t-1)-\boldsymbol{w}_0\end{aligned} \tag{4.58}$$

由式 (4.57) 可以看出，计算 Kalman 增益 $\boldsymbol{g}(t)$ 要事先知道最小均方误差 $J_{\min}$，显然这通常是做不到的，但在多数情况下，经过自适应处理后在滤波器输出的信噪比通常相当高，因此在计算 $\boldsymbol{g}(t)$ 时可用 0.01～0.001 乘以 $y(t)$ 的方差作为 $J_{\min}$。后面的仿真实例可看到这样处理后的 $J_{\min}$ 对算法结果影响很小。

(3) 应用式 (4.44) 的参数误差向量相关阵的递推式：

$$\boldsymbol{K}(t)=\boldsymbol{K}(t-1)-\boldsymbol{g}(t)\boldsymbol{X}^{\mathrm{T}}(t)\boldsymbol{K}(t-1) \tag{4.59}$$

(4) 设定初始值，通常取 $\hat{\boldsymbol{w}}(0)=\boldsymbol{0}$，而

$$\boldsymbol{K}(0)=E[\boldsymbol{w}_0\boldsymbol{w}_0^{\mathrm{T}}]=c\boldsymbol{I}$$

c 为小的正数，这里 $\boldsymbol{K}(0)$ 取为对角阵是假定 $\boldsymbol{w}_0$ 的元素统计独立。

下面归纳了平稳情况下自适应横向滤波器 Kalman 滤波算法的输入量。

输入向量：$\boldsymbol{X}(1),\boldsymbol{X}(2),\cdots,\boldsymbol{X}(t)$

期望输出：$y(1),y(2),\cdots,y(t)$

计算 $t=1,2,3,\cdots$ 时：

$$\begin{aligned}&\boldsymbol{g}(t)=\boldsymbol{K}(t-1)\boldsymbol{X}(t)[\boldsymbol{X}^{\mathrm{T}}(t)\boldsymbol{K}(t-1)\boldsymbol{X}(t)+J_{\min}]^{-1}\\ &\alpha(t)=y(t)-\hat{\boldsymbol{w}}^{\mathrm{T}}(t-1)\boldsymbol{X}(t)\\ &\hat{\boldsymbol{w}}^{\mathrm{T}}(t)=\hat{\boldsymbol{w}}^{\mathrm{T}}(t-1)+\boldsymbol{g}(t)\alpha(t)\\ &\boldsymbol{K}(t)=\boldsymbol{K}(t-1)-\boldsymbol{g}(t)\boldsymbol{X}^{\mathrm{T}}(t)\boldsymbol{K}(t-1)\end{aligned}$$

假定 $J_{\min}=(0.001\sim0.1)\times(\,y(t)$ 的方差)，初始条件为 $\hat{\boldsymbol{w}}(0)=\boldsymbol{0},\boldsymbol{K}(0)=c\boldsymbol{I}$，$c>0$。

自适应 Kalman 滤波算法由于在递推过程中利用了从开始到当前全部提供的信息，其收敛速度快于只利用当前信息的 LMS 算法。当迭代次数趋于无限大时，由自适应 Kalman 滤波算法得到的参数向量的估计趋于最优的 Wiener 值。此外，Kalman 滤波算法也没有失调量问题。当然，Kalman 滤波算法的这些优点是以增加计算上的复杂性为代价的。

4.4.2 非平稳输入下的自适应横向滤波器

考虑到最优参数随时间的变化，引入如下过程噪声向量：

$$\boldsymbol{w}_0(t+1)=\boldsymbol{w}_0(t)+\boldsymbol{v}(t) \tag{4.60}$$

式中，$\boldsymbol{v}(t)$ 是零均值的噪声向量。测量方程仍和平稳情况相同，即

$$y(t)=\boldsymbol{X}^{\mathrm{T}}(t)\boldsymbol{w}_0(t)+\varepsilon_0(t) \tag{4.61}$$

式中，$\varepsilon_0(t)$ 均值为零，方差为 $J_{\min}$。

将式(4.60)、式(4.61)、式(4.20)和式(4.22)的变量加以对照，如表 4.2 所示。

表 4.2　Kalman 滤波器状态变量和最优横向滤波器的随机游动变量对照表

Kalman 滤波器的状态模型	$\boldsymbol{X}(t)$	$\boldsymbol{\Phi}(t+1,t)$	$v_1(t)$	$\boldsymbol{Q}_1(t)$	$y(t)$	$c(t)$	$v_2(t)$	$\boldsymbol{Q}_2(t)$
最优横向滤波器的随机游动模型	$w_0(t)$	$\boldsymbol{I}$	$v(t)$	$\boldsymbol{Q}(t)$	$y(t)$	$\boldsymbol{X}^{\mathrm{T}}(t)$	$\varepsilon_0(t)$	$J_{\min}$

由于这里有过程噪声向量 $\boldsymbol{v}(t)$，参数预报误差相关阵 $\boldsymbol{K}(t,t-1)$ 和参数滤波误差相关阵 $\boldsymbol{K}(t)$ 的值不同，有

$$\begin{aligned}
\boldsymbol{K}(t,t-1)&=E[\boldsymbol{e}(t,t-1)\boldsymbol{e}^{\mathrm{T}}(t,t-1)]\\
\boldsymbol{e}(t,t-1)&=\hat{\boldsymbol{w}}(t-1)-\boldsymbol{w}_0(t)\\
\boldsymbol{K}(t)&=E[\boldsymbol{e}(t)\boldsymbol{e}^{\mathrm{T}}(t)]\\
\boldsymbol{e}(t)&=\hat{\boldsymbol{w}}(t)-\boldsymbol{w}_0(t)
\end{aligned}$$

在非平稳情况下，自适应参数估计的 Kalman 滤波算法的具体公式如下：

$$\boldsymbol{g}(t)=\boldsymbol{K}(t,t-1)\boldsymbol{X}(t)[\boldsymbol{X}^{\mathrm{T}}(t)\boldsymbol{K}(t,t-1)\boldsymbol{X}(t)+J_{\min}]^{-1} \tag{4.62}$$

$$\alpha(t)=y(t)-\boldsymbol{X}^{\mathrm{T}}(t)\hat{\boldsymbol{w}}(t-1) \tag{4.63}$$

$$\hat{\boldsymbol{w}}(t)=\hat{\boldsymbol{w}}(t-1)+\boldsymbol{g}(t)\alpha(t) \tag{4.64}$$

$$\boldsymbol{K}(t)=\boldsymbol{K}(t,t-1)-\boldsymbol{g}(t)\boldsymbol{X}^{\mathrm{T}}(t)\boldsymbol{K}(t,t-1) \tag{4.65}$$

$$\boldsymbol{K}(t+1,t)=\boldsymbol{K}(t)+\boldsymbol{Q}(t) \tag{4.66}$$

平稳情况下可以看成 $\boldsymbol{Q}(t)=\boldsymbol{0}$ 的特殊情况，要实现式(4.62)～式(4.66)所示的算法，需要知道相关阵 $\boldsymbol{Q}(t)$。下面介绍 Kalman 滤波算法在 m 阶自适应 AR 模型参数估计中的应用。设过程满足的差分方程为

$$\sum_{k=0}^{m} a_k(t)x(t-k)=\varepsilon(t)$$

式中，$a_0(t),a_1(t),\cdots,a_m(t)$ 是时变 AR 参数，$a_0(t)=1$；$\{\varepsilon(t)\}$ 是零均值、方差为 σ^2 的平稳白噪声。把上式改写为

$$x(t)=\boldsymbol{X}^{\mathrm{T}}(t-1)\boldsymbol{w}(t)+\varepsilon(t) \tag{4.67}$$

式中，$m\times 1$ 向量 $\boldsymbol{X}(t-1)$ 的元素为 $x(t-1),\cdots,x(t-m)$；$m\times 1$ 向量 $\boldsymbol{w}(t)$ 的第 k 个元素 $w_k(t)=-a_k(t),\ k=1,2,\cdots,m$。式(4.67)可以看成 AR 模型的测量方程。

假定 AR 模型的过程方程是随机游动模型：

$$\boldsymbol{w}(t+1)=\boldsymbol{w}(t)+\boldsymbol{v}(t) \tag{4.68}$$

$\{\boldsymbol{v}(t)\}$ 是零均值平稳随机过程，相关阵 $\boldsymbol{Q}(t)=q\boldsymbol{I}$（$q$ 为标量，是 $\boldsymbol{v}(t)$ 的方差），过程 $\{\varepsilon(t)\}$ 和 $\{\boldsymbol{v}(t)\}$ 统计独立。

由式(4.67)可得，过程测量矩阵 $\boldsymbol{c}(t)$ 等于 $\boldsymbol{X}^{\mathrm{T}}(t-1)$，将式(4.62)～式(4.66)中的 $\boldsymbol{X}(t)$ 改为 $\boldsymbol{X}(t-1)$，以 $x(t)$ 代替 $y(t)$，可得以下公式：

$$\boldsymbol{g}(t)=\boldsymbol{K}(t,t-1)\boldsymbol{X}(t-1)[\boldsymbol{X}^{\mathrm{T}}(t-1)\boldsymbol{K}(t,t-1)\boldsymbol{X}(t-1)+\sigma^2]^{-1} \tag{4.69}$$

$$\alpha(t)=x(t)-\boldsymbol{X}^{\mathrm{T}}(t-1)\hat{\boldsymbol{w}}(t-1) \tag{4.70}$$

$$\hat{\boldsymbol{w}}(t)=\boldsymbol{w}(t-1)+\boldsymbol{g}(t)\alpha(t) \tag{4.71}$$

$$\boldsymbol{K}(t)=\boldsymbol{K}(t,t-1)-\boldsymbol{g}(t)\boldsymbol{X}^{\mathrm{T}}(t-1)\boldsymbol{K}(t,t-1) \tag{4.72}$$

$$\boldsymbol{K}(t+1,t)=\boldsymbol{K}(t)+q\boldsymbol{I} \tag{4.73}$$

初始条件为 $\hat{\boldsymbol{w}}(0)=\boldsymbol{0}$，$\boldsymbol{K}(1,0)=c\boldsymbol{I}$。

利用式(4.69)～式(4.73)可以对非平稳过程 $\{x(t)\}$ 建立自适应 AR 模型，它的参数在某均值附近随机变动。实现上述算法需要预先假定 $\varepsilon(t)$ 的方差 σ^2 以及 $v(t)$ 的方差 q。

如果知道转移矩阵 $\boldsymbol{\Phi}(t+1,t)$，那么利用状态空间方法本来是可以描述非平稳情况的，但实际无法预知转移矩阵，因此在非平稳情况下采用随机游动状态模型给出了一种简单而适用的描述(尤其是慢时变情况)。非平稳状况对算法的影响基本上体现在相关阵 $\boldsymbol{Q}(t)$ 中，而它决定了 $\boldsymbol{K}(t+1,t)$ 的递推修正。除了采用上面的形式，即 $\boldsymbol{Q}(t)=E[\boldsymbol{v}(t)\boldsymbol{v}^{\mathrm{T}}(t)]=q\boldsymbol{I}$ 以外，也可取

$$\boldsymbol{Q}(t)=q\boldsymbol{K}(t)$$

在这种情况下，Kalman 滤波算法公式(4.69)～式(4.72)化为如下形式：

$$\boldsymbol{g}(t)=\boldsymbol{K}(t-1)\boldsymbol{X}(t)[\boldsymbol{X}^{\mathrm{T}}(t)\boldsymbol{K}(t-1)\boldsymbol{X}(t)+\xi_{\min}]^{-1} \tag{4.74}$$

$$\alpha(t)=y(t)-\boldsymbol{X}^{\mathrm{T}}(t)\hat{\boldsymbol{w}}(t-1) \tag{4.75}$$

$$\hat{\boldsymbol{w}}(t)=\hat{\boldsymbol{w}}(t-1)+\boldsymbol{g}(t)\alpha(t) \tag{4.76}$$

$$\boldsymbol{K}(t)=(1+q)[\boldsymbol{K}(t-1)-\boldsymbol{g}(t)\boldsymbol{X}^{\mathrm{T}}(t)\boldsymbol{K}(t-1)] \tag{4.77}$$

$$\xi_{\min}=\frac{J_{\min}}{1+q} \tag{4.78}$$

式(4.74)和平稳情况下的式(4.62)形式相同，只是用$\xi_{\min}$代替$J_{\min}$。此外，式(4.77)除系数$1+q$外，和平稳情况下的式(4.65)形式也相同。由式(4.74)～式(4.77)给出的算法的收敛速度由参数$\xi_{\min}$决定：$\xi_{\min}$越大(q值越小)，则算法收敛速度越慢；$\xi_{\min}$越小，则算法收敛速度越快，但估计误差的方差增大[34]。

上述两种描述$\boldsymbol{Q}(t)$的模型虽然不能准确反映真实情况，但在实际建模或辨识上都取得了较好的效果。

4.5 基于 Kalman 滤波算法的船舶运动预报

本节基于Kalman滤波算法的自适应AR模型对船舶运动姿态预报展开了进一步的研究，预报所用数据与 2.4.2 节和 3.5.2 节中的相同，其预报曲线、参数收敛速度曲线如图 4.4～图 4.7 所示，预报结果的相对均方根误差如表 4.3 所示。

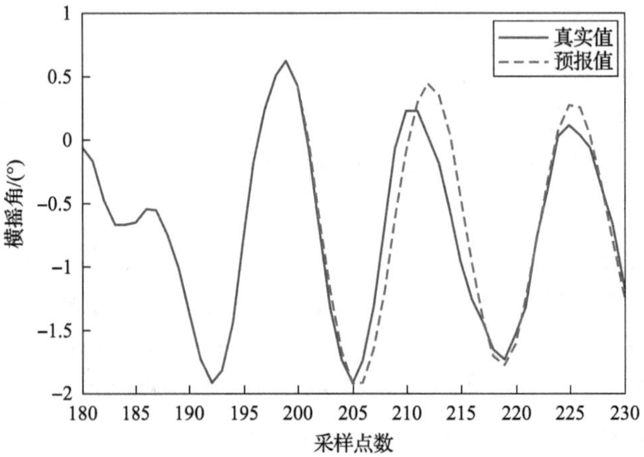

图 4.4 基于 Kalman 滤波算法的预报曲线(横浪)

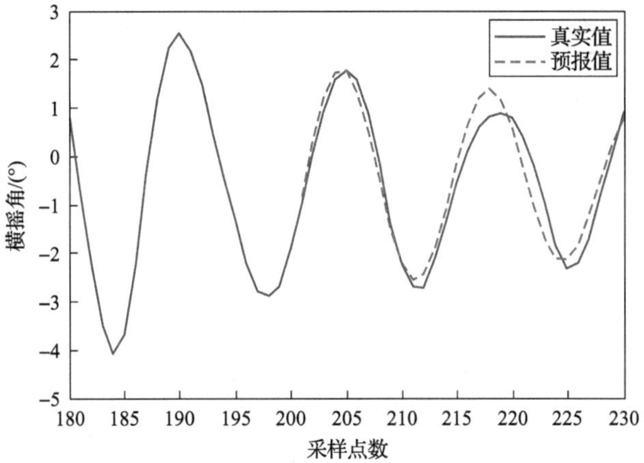

图 4.5　基于 Kalman 滤波算法的预报曲线(斜浪)

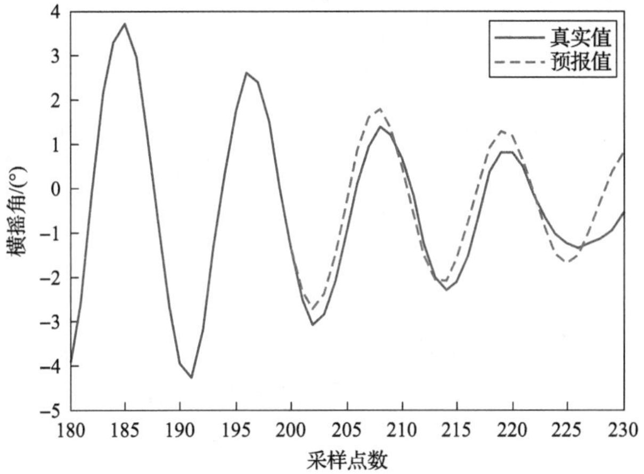

图 4.6　基于 Kalman 滤波算法的预报曲线(顶浪)

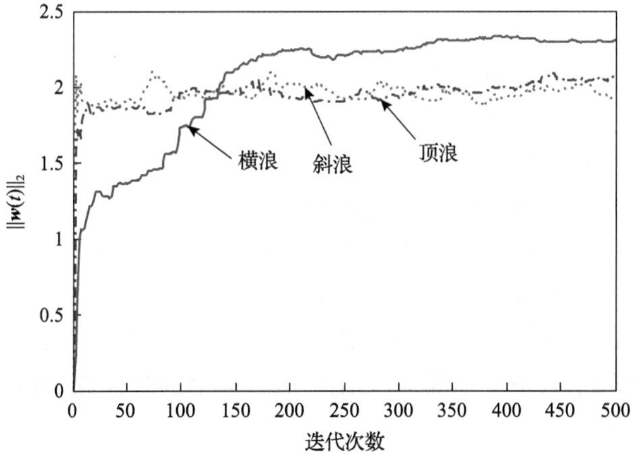

图 4.7　Kalman 滤波算法在横浪、斜浪、顶浪下参数的收敛速度

表 4.3 基于 Kalman 滤波算法的自适应 AR 模型预报结果的相对均方根误差

航行姿态	模型阶数	不同预报时间的相对均方根误差			
		5s	10s	15s	20s
90°横浪	3	0.1516	0.1666	0.1401	0.1532
135°斜浪	2	0.1007	0.1166	0.1378	0.1475
180°顶浪	2	0.1399	0.1339	0.1436	0.1440

利用 Kalman 滤波算法对自适应 AR 模型参数进行估计，在对斜浪、顶浪的数据处理过程中，参数收敛速度明显好于基于 LMS 的算法(图 2.4～图 2.9)和 LRLS 算法(图 3.6)。为了与 2.4.2 节和 3.5.2 节中的结果进行比较，本节仍选取 200 个用于建模的样本数据，实际上对于斜浪与顶浪下的数据，当取样本数据大于 10 时，模型参数已经收敛，因此该方法适合小数据量的情况。

同时由表 4.3 可以看出，基于 Kalman 滤波算法的自适应 AR 模型的阶数明显小于 LRLS 算法，这样在定阶过程中计算量将会大大减少，从而降低了 Kalman 滤波算法的复杂性。通过与表 2.2～表 2.4、表 3.2 中的预报精度进行比较可以看出，Kalman 滤波算法在预报精度上效果也比较理想，尤其是在预报时间 20s 时的效果要优于其他方法，因此其预报时间相比其他算法会更长。

利用基于 Kalman 滤波算法的自适应 AR 模型对船舶航行姿态进行预测时，由于其良好的预报效果，可以允许观测值(时间序列)不等间隔或等间隔缺失，对于缺失的观测值可以用该时刻的预报值代替，而不影响预报的效果，说明该算法具有较强的鲁棒性，降低了实时在线预报时通信故障所引起的数据缺失对预报精度的影响。

4.6 本 章 小 结

本章介绍了应用 Kalman 滤波算法对 AR 模型进行自适应建模的原理，在建模过程中，把 AR 参数向量作为状态向量，在平稳情况下用常值状态模型，而在非平稳情况下用噪声状态模型，应用 Kalman 滤波算法建立自适应 AR 预报模型。

通过仿真实例说明 Kalman 滤波算法虽然复杂，但由于在递推过程中利用了从开始到当前提供的全部信息，其收敛速度和预报精度有所提高，对数据相关阵的特征值分布具有鲁棒性。特别是每一个估计量的更新值可以根据前一次的估计值和输入的数据计算，因此只需要存储原来的估计值而不必存储所有的既往数据。此外，Kalman 滤波算法在计算效率上比每次都按全部既往数据估计要高得多，它更适合于计算机实现。

第 5 章　基于 LS-SVM 的船舶运动自适应建模与预报

统计学习理论(statistical learning theory, SLT)是一种专门研究小样本统计估计和预测的理论，系统研究了在有限样本下期望风险与经验风险之间的关系以及如何利用这些理论找到新的学习方法和原则。该理论不仅要求尽可能地利用有限的信息来获得结果，而且考虑了对渐近性能的要求，在其基础上发展了支持向量机(support vector machine, SVM)理论。SVM 最早是由 Vapnik 等提出的，是基于核的学习算法且服从结构风险最小化原理，具有较好的泛化能力，能够解决复杂的计算问题，有效地解决了维数灾难及局部极小点问题[35]。SLT 和 SVM 是现在针对小样本估计的最佳理论，将有力地推动机器学习理论的发展。

5.1　SVM 介绍

5.1.1　SVM 基本原理

VC 维(Vapnik-Chervonenkis dimension)是 SLT 的核心概念，描述了组成学习模型的函数集合的容量，即刻化了此函数集合的学习能力。VC 维的直观定义：对于一个指示函数集，如果存在 h 个样本点，把函数集中的函数按全部可能的 2^h 种形式分离开，称函数集能够把 h 个样本点打散，函数集的 VC 维就是它能打散的最大样本数。

若对于任意数目的样本都有函数能将它们分离开，则称函数集的 VC 维无穷大。目前，对于任意的 VC 维还没有通用的相关理论可以计算。

SLT 系统地研究了对于各种类型的函数集，经验风险和实际风险二者之间的关系，即推广性的界。假设根据 l 个独立同分布的观测样本 $T=\{(\boldsymbol{x}(i), y(i)), i=1, 2,\cdots,l\}$，学习到了一个假设 $H=f(\boldsymbol{x},\boldsymbol{w})$ 作为预测函数，$\boldsymbol{w}$ 为函数的广义参数，对于联合概率分布 $P(\boldsymbol{x},y)$，期望的风险 $R(\boldsymbol{w})$ 是

$$R(\boldsymbol{w})=\int\frac{1}{2}|y-f(\boldsymbol{x},\boldsymbol{w})|\,\mathrm{d}P(\boldsymbol{x},y)$$

然而在实际问题中，联合概率分布 $P(\boldsymbol{x},y)$ 是未知的，而 $R(\boldsymbol{w})$ 是用已知的训练样本(即经验数据)得到的，故称为经验风险：

$$R_{\text{em}}(\boldsymbol{w})=\frac{1}{2T_n}\sum_{i=1}^{T_n}\left|y(i)-f(\boldsymbol{x}(i),\boldsymbol{w})\right|$$

式中，T_n 为样本数。

对于指示函数集 $f(\boldsymbol{x},\boldsymbol{w})$ 的函数有如下结论：经验风险 $R_{\text{em}}(\boldsymbol{w})$ 和实际风险 $R(\boldsymbol{w})$ 满足

$$R(\boldsymbol{w})\leqslant R_{\text{em}}(\boldsymbol{w})+\phi(h/T_n)$$

$$\phi(h/T_n)=\sqrt{[h(\ln(2T_n/h)+1)-\ln(\eta/4)]/T_n}$$

式中，h 为函数集的 VC 维，$0\leqslant\eta\leqslant 1$，置信范围为 $\phi(h/T_n)$。

由以上两式可以看出，学习机器的实际风险由训练样本的置信范围 $\phi(h/T_n)$ 和经验风险 $R_{\text{em}}(\boldsymbol{w})$ 两部分组成。当学习机器的 VC 维固定时，样本容量与泛化能力成正比。学习机器的 VC 维越高，则置信范围 $\phi(h/T_n)$ 越大，导致真实风险 $R(\boldsymbol{w})$ 和经验风险 $R_{\text{em}}(\boldsymbol{w})$ 之间差值越大，这样在小样本情况下会出现过拟合的问题。所以机器学习要控制经验风险 $R_{\text{em}}(\boldsymbol{w})$ 和 VC 维最小，才能取得较小的实际风险 $R(\boldsymbol{w})$，得到较好的推广能力。

为了在实际学习过程中使学习机器能够有较好的推广能力，在学习过程中不但要控制维，而且要控制最小化经验风险，这可用统计学习理论的结构风险最小化(structural risk minimization, SRM)准则实现。SRM 准则[35]的基本思想是：把函数集合构造为一个函数的子集序列，按照 VC 维的大小排序，在每个子集折中考虑经验风险和置信范围的前提下寻找最小经验风险，从而获得最小的实际风险。

可见，按照 SRM 的思想就可以解决传统机器学习中的过学习问题，支持向量机就是这种思想的具体实现。

支持向量机的基本原理就是寻找一个最优分类线，最优分类线不但将两类样本无错误地分开，而且保证分类间隙最大。推广到高维空间，最优分类线就成为最优超平面。如图 5.1 所示，图中白圈和黑圈分别代表两类不同的样本，H 为分

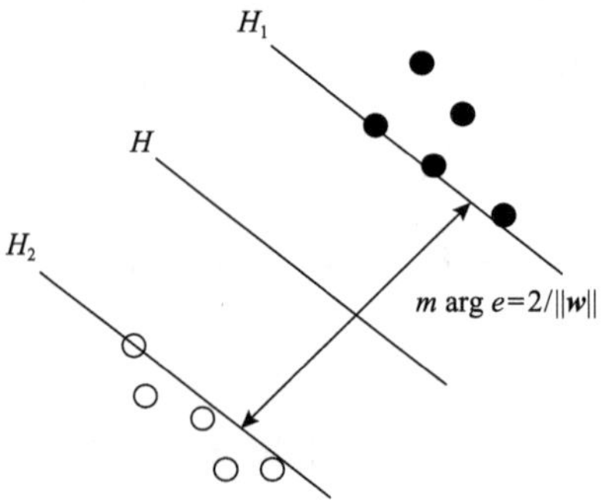

图 5.1　最优超平面示意图

类线，能够把两类样本没有错误地分开，H_1、H_2 分别代表在两类样本中离分类线最近且平行于 H 的直线，分类间隙就是 H_1 与 H_2 之间的距离。

假设对于训练样本集 $T=\{(\boldsymbol{x}(i),y(i)),i=1,2,\cdots,l\}$，输入 $\boldsymbol{x}(i)\in\mathbf{R}^N$，输出 $y(i)\in\{-1,+1\}$，l 为样本容量。在空间中，将两类样本无错误分开的分类超平面 H 满足

$$\langle \boldsymbol{w}\cdot\boldsymbol{x}\rangle+b=0 \tag{5.1}$$

式中，$\langle\cdot\rangle$ 表示向量点积；$\boldsymbol{w}$ 为权重向量；b 为阈值。

当两类样本线性可分时，设两个超平面 H_1、H_2 为

$$H_1:\langle \boldsymbol{w}\cdot\boldsymbol{x}\rangle+b=1,\ \ H_2:\langle \boldsymbol{w}\cdot\boldsymbol{x}\rangle+b=-1 \tag{5.2}$$

H_1 和 H_2 之间的距离为 $2/\|\boldsymbol{w}\|$，也就是分类间隙，使分类间隙最大就是使 $\|\boldsymbol{w}\|$ 最小，所以最优分类超平面可以通过下面的二次规划来求解：

$$\min\frac{1}{2}\|\boldsymbol{w}\|^2 \tag{5.3}$$

约束为

$$y(i)\left(\langle \boldsymbol{w}\cdot\boldsymbol{x}(i)\rangle+b\right)-1\geqslant 0 \tag{5.4}$$

式中，i=1,2,$\cdots$,l。当两类样本线性不可分时为非线性问题，可以通过非线性变换转化为高维空间的线性问题，采用非线性映射将输入数据映射到一个高维特征空间，然后在高维特征空间中进行线性分类。

求极值可以建立拉格朗日函数，即

$$\boldsymbol{L}(\boldsymbol{w},b,\boldsymbol{a})=\frac{1}{2}\|\boldsymbol{w}\|^2-\sum_{i=1}^{l}a(i)\left[y(i)\left(\langle \boldsymbol{w}\cdot\boldsymbol{x}(i)\rangle+b\right)-1\right] \tag{5.5}$$

式中，$a(i)$ 为拉格朗日乘子。约束最优问题的解由拉格朗日函数的鞍点决定，于是可以对拉格朗日函数的 $\boldsymbol{w}$ 和 b 求微分方程并使结果为零，可得

$$\boldsymbol{w}=\sum_{i=1}^{l}a(i)y(i)\boldsymbol{x}(i) \tag{5.6}$$

$$\sum_{i=1}^{l}a(i)y(i)=0 \tag{5.7}$$

根据最优解 KKT (Karush-Kuhn-Tucker) 条件[36]，有

$$a(i)[y(i)(\boldsymbol{w}\cdot\boldsymbol{x}(i)+b)-1]=0 \tag{5.8}$$

因此，对于多数样本 $a(i)$ 将为零，如果样本的 $a(i)$ 取值不为零，则称为支持向量，也就是通过超平面 H_1、H_2 的训练样本。

对于某些样本不能被正确分类的情况，可以引入松弛量 $\xi(i)$，$\xi(i)\geqslant 0$，$i=1,2,\cdots,l$，于是优化问题变为

$$\min\left[\frac{1}{2}\|\boldsymbol{w}\|^2+r\sum_{i=1}^{l}\xi(i)\right] \tag{5.9}$$

约束为

$$y(i)\left(\langle\boldsymbol{w}\cdot\boldsymbol{x}(i)\rangle+b\right)\geqslant 1-\xi(i) \tag{5.10}$$

$$\xi(i)\geqslant 0 \tag{5.11}$$

式中，i=1,2,⋯,l，正则化参数 $r>0$，r 越大，对错误的惩罚越重。可得最后的判别函数为

$$f(\boldsymbol{x})=\operatorname{sgn}(a(i)y(i)K(\boldsymbol{x}(i),\boldsymbol{x})+b)) \tag{5.12}$$

式中，$K(\boldsymbol{x}(i),\boldsymbol{x})=\langle\boldsymbol{x}(i)\cdot\boldsymbol{x}\rangle$ 为核函数。

SVM 模型的判别函数形式如图 5.2 所示。

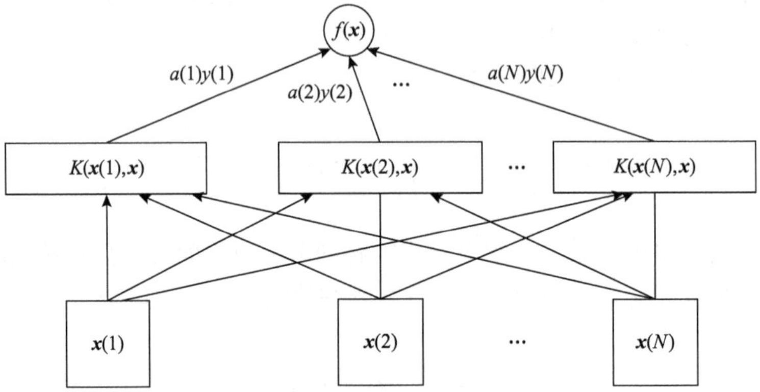

图 5.2　SVM 模型的判别函数形式

5.1.2　核函数

核方法的实质是将原始空间的问题通过某种非线性转换映射到特征空间，从而可在特征空间进行计算。在通过核函数产生隐含的特征空间中，利用线性技术

可以设计出非线性的信息处理方法。实际上，在特征空间只要使用内积操作即可完成大部分工作，利用核函数的原因在于特征空间可以通过核函数直接求取，也就是说并不需要实际求取内积。

核函数定义：设 X 是 $\mathbf{R}^n$ 中的一个子集，如果存在从 X 到某一个 Hilbert 空间 F 的映射，即

$$F:\boldsymbol{x}\to\Phi(\boldsymbol{x}) \tag{5.13}$$

使得 $K(\boldsymbol{x},\boldsymbol{y})=\Phi(\boldsymbol{x})\cdot\Phi(\boldsymbol{y})$，则称定义在 $X\times X$ 上的函数 $K(\boldsymbol{x},\boldsymbol{y})$ 是核函数(正定核或核)。其中，“·”表示内积。

在实际支持向量机训练过程中，样本中支持向量的数目决定了算法的复杂度，故对于线性不可分情况，通过加入核函数把输入空间变换到高维特征空间，避开了高维空间计算样本内积非常复杂的问题。

定理 5.1(Mercer 条件)[35]　如果存在任意的对称函数 $K(\boldsymbol{x},\boldsymbol{y})$，它是某个特征空间中内积运算的充要条件是，对于任意的 $\varphi(\boldsymbol{x})\neq 0$ 且 $\int\varphi^2(\boldsymbol{x})\mathrm{d}\boldsymbol{x}<\infty$，存在

$$\iint K(\boldsymbol{x},\boldsymbol{y})\varphi(\boldsymbol{x})\varphi'(\boldsymbol{x})\mathrm{d}\boldsymbol{x}\mathrm{d}\boldsymbol{x}'>0 \tag{5.14}$$

定理 5.1 提供了判断和构建核函数的方法。

常用的核函数 $K(\boldsymbol{x},\boldsymbol{x}(i))$ 有线性核函数 $\langle\boldsymbol{x}\cdot\boldsymbol{x}(i)\rangle$、多项式核函数 $(\langle\boldsymbol{x}\cdot\boldsymbol{x}(i)\rangle+1)^d$、径向基核函数 $\exp\left(-\|\boldsymbol{x}-\boldsymbol{x}(i)\|^2/2\sigma\right)$、Sigmoid 核函数 $\tanh\left(b\langle\boldsymbol{x}\cdot\boldsymbol{x}(i)\rangle+c\right)$ 等。其中，径向基核函数有如下优点：

(1) 表示简单且解析性好，容易分析；

(2) 形式简单，多输入复杂性还是很低；

(3) 径向对称，光滑性好，任意阶导数均存在。

故实际中都会首先选择径向基核函数作为核函数，本书也是采用径向基作为核函数。

5.2　LS-SVM 介绍

为了提高 SVM 的计算速度，Suykens 等[37]提出了最小二乘支持向量机(LS-SVM)。标准 SVM 和 LS-SVM 在利用结构风险原则时，在优化目标中选取了不同的损失函数，LS-SVM 比标准 SVM 收敛速度要快但准确率有所下降。LS-SVM 求解的是一个线性方程，求解速度快，且所需计算资源少；标准 SVM 求解的是一个凸二次规划，准确率高，但计算复杂，需要很多时间。

5.2.1 LS-SVM 基本原理

设给定样本数据为 $\{(\boldsymbol{x}(i), y(i)), i=1,2,\cdots,T_n\}$，其中 $\boldsymbol{x}(i)\in\mathbf{R}^k$ 为输入向量，$y(i)\in\mathbf{R}$ 为输出变量，则线性回归函数 $f(\boldsymbol{x})$ 有如下形式：

$$f(\boldsymbol{x})=\boldsymbol{w}^{\mathrm{T}}\boldsymbol{x}+b \tag{5.15}$$

式中，$\boldsymbol{w}$ 为权向量；$b\in\mathbf{R}$ 为偏置。

根据结构风险最小化原理，综合考虑函数复杂度和拟合误差，回归问题可以表示为约束优化问题：

$$\min J(\boldsymbol{w},\xi)=\frac{1}{2}\|\boldsymbol{w}\|^2+\frac{1}{2}r\sum_{i=1}^{T_n}\xi(i)^2 \tag{5.16}$$

约束为

$$y(i)=\boldsymbol{w}^{\mathrm{T}}\boldsymbol{x}(i)+b+\xi(i) \tag{5.17}$$

式中，$\xi(i)$ 为松弛变量；$i=1,2,\cdots,T_n$；r 是正则化参数，能够在训练误差和模型复杂度之间取折中，以便使所求得的函数有较好的泛化能力。r 值越大，则模型的回归误差越小，但为了避免过学习，常将 r 设为较小的值。

设拉格朗日函数为

$$L(\boldsymbol{w},b,\xi,\boldsymbol{a})=J(\boldsymbol{w},\xi)-\sum_{i=1}^{T_n}a(i)[\boldsymbol{w}^{\mathrm{T}}\varphi(\boldsymbol{x}(i))+b+e(i)-y(i)] \tag{5.18}$$

式中，$a(i)\in\mathbf{R}$ 为拉格朗日乘子。可以利用 KKT 最优条件优化，求 L 对 $\boldsymbol{w}$、b、$\xi(i)$、$a(i)$ 的偏导数等于 0：

$$\begin{cases}\dfrac{\partial L}{\partial \boldsymbol{w}}=0\Rightarrow \boldsymbol{w}=\displaystyle\sum_{i=1}^{T_n}a(i)\boldsymbol{x}(i)\\ \dfrac{\partial L}{\partial b}=0\Rightarrow \displaystyle\sum_{i=1}^{T_n}a(i)=0\\ \dfrac{\partial L}{\partial \xi(i)}=0\Rightarrow a(i)=r\xi(i),\quad i=1,2,\cdots,T_n\\ \dfrac{\partial L}{\partial a(i)}=0\Rightarrow y(i)=\boldsymbol{w}^{\mathrm{T}}\boldsymbol{x}(i)+b+\xi(i),\quad i=1,2,\cdots,T_n\end{cases} \tag{5.19}$$

除了 $a(i)=r\xi(i)$ 使得 LS-SVM 不具有稀疏性，其他与 SVM 的最优条件很类似。利用式(5.19)消去 $\boldsymbol{w}$ 与 $\xi(i)$ 得到式(5.16)的解：

$$\begin{bmatrix} 0 & \mathbf{1}_{T_n}^{\mathrm{T}} \\ \mathbf{1}_{T_n} & \boldsymbol{\Omega}+\dfrac{1}{r}\boldsymbol{I} \end{bmatrix}\begin{bmatrix} b \\ \boldsymbol{a} \end{bmatrix}=\begin{bmatrix} 0 \\ \boldsymbol{Y} \end{bmatrix} \tag{5.20}$$

式中，T_n 为训练样本个数；$\boldsymbol{\Omega}=\boldsymbol{x}^{\mathrm{T}}(i)\boldsymbol{x}(j)=K(\boldsymbol{x}(i),\boldsymbol{x}(j))$；$\mathbf{1}_{T_n}=[1,1,\cdots,1]^{\mathrm{T}}$；$\boldsymbol{a}=[a(1),a(2),\cdots,a(T_n)]^{\mathrm{T}}$；$\boldsymbol{Y}=[y(1),y(2),\cdots,y(T_n)]^{\mathrm{T}}$。

如果式(5.20)左侧 $\boldsymbol{\Phi}=\begin{bmatrix} 0 & \mathbf{1}_{T_n}^{\mathrm{T}} \\ \mathbf{1}_{T_n} & \boldsymbol{\Omega}+\dfrac{1}{r}\boldsymbol{I} \end{bmatrix}$ 是可逆的，通过式(5.20)就可以求出 $\boldsymbol{a}$ 与 b 的值，得到被估计函数的表达式，即式(5.15)可化为

$$f(\boldsymbol{x})=\sum_{i=1}^{T_n}a(i)K(\boldsymbol{x},\boldsymbol{x}(i))+b \tag{5.21}$$

式中，T_n 为训练样本个数；$K(\boldsymbol{x},\boldsymbol{x}(i))=\varphi^{\mathrm{T}}(\boldsymbol{x})\varphi(\boldsymbol{x}(i))$ 为核函数，且满足 Mercer 条件。

因此，LS-SVM 与 SVM 相比把凸二次规划问题转变为线性方程求解问题，降低了计算过程中的复杂性。对于一个大小为 l 的训练样本，LS-SVM 与 SVM 的系数分别为 $(l+1)\times(l+1)$ 和 $l^2\times l^2$ 的矩阵，所以 LS-SVM 不但降低了计算过程中的复杂性，还减少了存储空间的要求，进而降低了成本。

LS-SVM 作为 SVM 的一个重要变形算法，具有以下主要特性。

(1) 解是全局最优的。LS-SVM 就是要求解线性 KKT 系统(5.20)，如果矩阵 $\boldsymbol{\Phi}$ 是满秩的，则 KKT 系统就是一个平方项系统，具有全局唯一最优解。

(2) 不具有普通 SVM 的稀疏特性。缺乏稀疏性是 LS-SVM 的一个缺点，这可以从优化条件 $a(i)=r\xi(i)$ 得到，拉格朗日乘子 $a(i)$ 的值正比于其对应点的误差值，所有 $a(i)$ 的值都不会等于零。这样，所有的训练点都是支持向量的，即所有的训练点都对模型的建立有贡献，从而导致了稀疏性的缺失。

(3) 计算复杂性比标准 SVM 低。LS-SVM 将标准 SVM 的一个凸二次规划问题转变为一组线性方程的求解问题，大大简化了计算过程中的复杂度。

(4) 能够扩展为自回归的形式来处理动态问题，即便于在线计算。

5.2.2　参数 r 和核函数参数 σ 的确定

正则化参数 r 用于经验风险与正则化部分之间的平衡。当 r 偏小时，偏差惩罚

偏小曲线过于平坦，产生欠学习问题，导致模型回归误差大；当 r 偏大时，偏差惩罚偏大曲线尽力包含各数据点，产生过学习问题，导致泛化能力差。

参数 σ 是径向基核函数的参数，控制了最终解的复杂度。当 σ 偏小时，核更容易局部化，曲线容易出现过训练问题；当 σ 偏大时，曲线容易出现欠训练问题[38]。

因此，有必要对这些参数进行适当的优化使泛化误差最小，从而使 LS-SVM 具有更好的预测精度。目前还没有一种统一的方法来决定核参数的最佳取值，常用的建模参数选择方法有两种，即经验的方法和程序寻优确定的方法。前者有利于理解整个建模过程，但是由于选择的经验性强，建模效果常常不是很好；后者由程序自动确定，得到一个简便准确的最优结果。因此，参数选择通常采用程序寻优确定的方法，主要有留一交叉确认法(Loo-CV)、k 折交叉验证法、网格搜索法等[38]。

1)留一交叉确认法

留一交叉确认法又称留一法，常常用于数据量较少的情况，具体的方法如下所述。

取迭代次数 k 与数据数量长度 l 相等，其相应的第 i 次迭代如下：测试集为数据 $(\boldsymbol{x}(i), y(i))$，其余的数据为训练集，第 i 次预测值与实际值之间的误差为 $|f(\boldsymbol{x}(i)) - y(i)|$。这样，对于整个训练数据 $(\boldsymbol{x}(i), y(i))$，$i = 1,2,\cdots,l$，用 Loo-CV 得到的误差估计就是

$$\mathrm{Loo_e} = \frac{1}{l}\sum_{i=1}^{l}|f(\boldsymbol{x}(i)) - y(i)| \tag{5.22}$$

2) k 折交叉验证法

k 折交叉验证法多用于数据比较多的情况，具体的方法如下所述。

(1)将数据 $(\boldsymbol{x}(i), y(i)), i = 1,2,\cdots,l$ 分为相等且互不相交的 k 份，即 k 折，得到 $S_1, S_2, \cdots, S_k$。

(2)对数据进行 k 次迭代训练测试，第 i 次迭代如下：选择某一个 S_i 作为测试集，剩下的合集作为训练集；通过建模训练得到相应的回归模型，再对保留的测试集 S_i 进行测试。这样，S_i 中的误差为

$$e(i) = \sum_{j \in S_i}|f(\boldsymbol{x}(i)) - y(i)| \tag{5.23}$$

(3)完成 k 次迭代后就可以得到平均误差：

$$k_\mathrm{e} = \frac{1}{k}\sum_{i=1}^{k} e(i)$$

3)网格搜索法

网格搜索法事实上是一种穷举法，具体的方法如下所述。

在模型选择以后，首先测试正规则化参数 r 和核参数 σ 的大致范围，然后在最大取值范围内选取参数值，构建参数对 $(r(i),\sigma(j))$ 的二维网格平面，$i=1,2,\cdots,k$，$j=1,2,\cdots,l$。输入每个网格节点的参数对 $(r(i),\sigma(j))$ 到 LS-SVM 模型中，输出学习误差，取最小误差对应的节点 $(r(i),\sigma(j))_{\min}$ 为最优参数对。

选择网格搜索法作为参数选择方法的优点如下所述。

(1) 要对网格上的每一个网格点进行计算，因此是在参数给定区间内的全局寻优。

(2) 对于 LS-SVM，最多只有 2 个要确定的参数，特别是选用径向基核函数，每一组参数都是相互独立的，实现并行计算比较容易，运行效率高。

5.2.3　移动时间窗

在实际应用中，由于系统是时变的，模型应随系统的变化而更新和变化，旧的数据要不断丢弃，新的数据要不断加入。为了使模型能够准确地反映系统的当前状态，需要使用新的数据描述模型，而与当前时刻相关性小的旧数据就可以忽略。因此，建模数据区间应该是随时间移动的，并保持该区间长度不变。当有新数据加入时，最早的一个旧数据相应地从区间移出。随着系统的运行，数据区间不断地移动更新，模型也相应地由新区间的数据不断更新。由于这个数据区间随时间移动变化，故称为移动时间窗。

为了提高 LS-SVM 的训练速度和模型的准确性，可以采用移动时间窗训练数据，即对于 k 时刻，训练集为 $\{\boldsymbol{x}(i), y(i),\ i=1,2,\cdots,N\}$，在任意时间保证训练集窗口的长度为 N，无论时间如何变化，只要有一个新数据加入，就得删除一个旧数据。这样，式(5.20)和式(5.21)就变为

$$\begin{bmatrix} 0 & \mathbf{1}_{T_n}^{\mathrm{T}} \\ \mathbf{1}_{T_n} & \boldsymbol{\Omega}_k + \dfrac{1}{r}\boldsymbol{I} \end{bmatrix} \begin{bmatrix} b_k \\ \boldsymbol{a}_k \end{bmatrix} = \begin{bmatrix} 0 \\ \boldsymbol{Y} \end{bmatrix} \tag{5.24}$$

$$f(\boldsymbol{x}) = \sum_{i=1}^{T_n} \boldsymbol{a}_{k-1}(i) K(\boldsymbol{x}(i), \boldsymbol{x}(k)) + b_{k-1} \tag{5.25}$$

式中，$\boldsymbol{a}_k = [a_k(1), a_k(2), \cdots, a_k(T_n)]^{\mathrm{T}}$；$\boldsymbol{Y} = [y(1), y(2), \cdots, y(T_n)]^{\mathrm{T}}$。

5.3　基于 LS-SVM 的船舶运动自适应建模

下面归纳了基于 LS-SVM 的船舶运动姿态序列预报的建模步骤。

⑴对样本数据进行归一化处理，使时间序列变为零均值序列，减小预测误差，具体公式如下：

$$y(t)=[x(t)-\overline{x}]/[x(t)_{\max}-x(t)_{\min}]$$

式中，$\overline{x}$ 为样本时间序列 $\{x(t),t=1,2,\cdots,N\}$ 的均值；$x(t)_{\max}$ 为样本时间序列的最大值；$x(t)_{\min}$ 为样本时间序列的最小值。

⑵选择径向基核函数 $\exp(-\|\boldsymbol{x}-\boldsymbol{x}(i)\|^2/2\sigma)$ 作为核函数，利用网格搜索法寻找最优正规则化参数 r 和核参数 σ，如果对范围内所有的参数值进行验证，其运算代价是不可接受的，因此本节结合移动时间窗采用改进的网格搜索法。

①设定各参数的初始值、搜索范围和搜索步长，对各参数在最大取值范围内以大间隔选定参与计算的点，输入每个网格节点的参数对 $(r(i),\sigma(j))$ 到 LS-SVM 模型中，依据参数求出大间隔范围的 b_k 和 $a_k(i)$，按照移动时间窗，不断舍去旧样本加入新样本，保持样本的长度不变，输出学习误差，找出使误差较小的区域。为了能够得到较大的搜索范围，正则化参数 r 和核参数 σ 用指数函数的形式表达。

②在该区域内以较小步长为间隔选择计算点，输入每个网格节点的参数对 $(r(i),\sigma(j))$ 到 LS-SVM 模型中，依据参数求出小间隔范围的 b_k 和 $a_k(i)$，继续按照移动时间窗，不断舍去旧样本加入新样本，输出学习误差，找到取值达到一定精度的最优参数点。

③利用以上建立的模型对船舶运动姿态进行多步预报，多步预报公式如下：

当 $l=1$ 时，有

$$\hat{\boldsymbol{x}}(t+l)=\sum_{i=1}^{n}\hat{a}_{t+l-1}(i)K(\boldsymbol{x}(i),\boldsymbol{x}(t+l-1))+\hat{b}_{t+l-1} \tag{5.26}$$

当 $l>1$ 时，有

$$\hat{\boldsymbol{x}}(t+l)=\sum_{i=l}^{t}\hat{a}_{t+l-1}(i)K(\boldsymbol{x}(i),\hat{\boldsymbol{x}}(t+l-1))+\sum_{i=t+1}^{n}\hat{a}_{t+l-1}(i)K(\hat{\boldsymbol{x}}(i),\hat{\boldsymbol{x}}(t+l-1))+\hat{b}_{t+l-1} \tag{5.27}$$

式中，l=1,2,$\cdots$ 为预报步数；n 为数据长度。

具体步骤通过流程图简要表示，如图 5.3 所示。

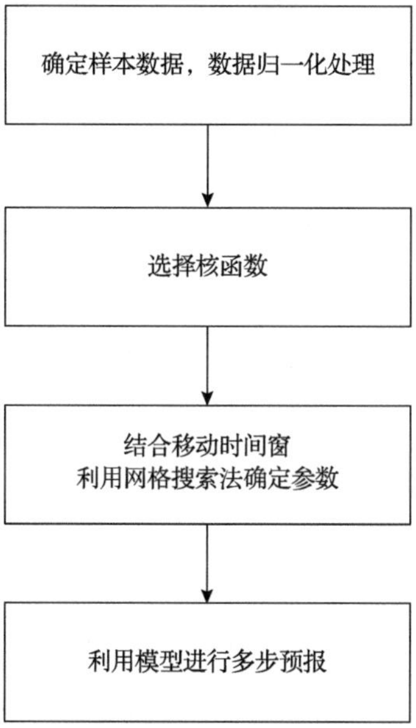

图 5.3　LS-SVM 模型预报流程

基于相空间重构，结合 LS-SVM 模型(称为重构 LS-SVM 模型)，选择在 90°横浪航行姿态下某型号舰船的横摇角时间序列数据作为仿真所用数据，采样频率为 2Hz，预报未来 6s、10s(预测步数为 12 步、20 步)的情况，如图 5.4 所示。作为对比，本节同时给出了基于 LMS 算法和 RLS 算法的自适应 AR 模型(即 AR-LMS 和 AR-RLS)的多步预测结果，如图 5.5 和图 5.6 所示。

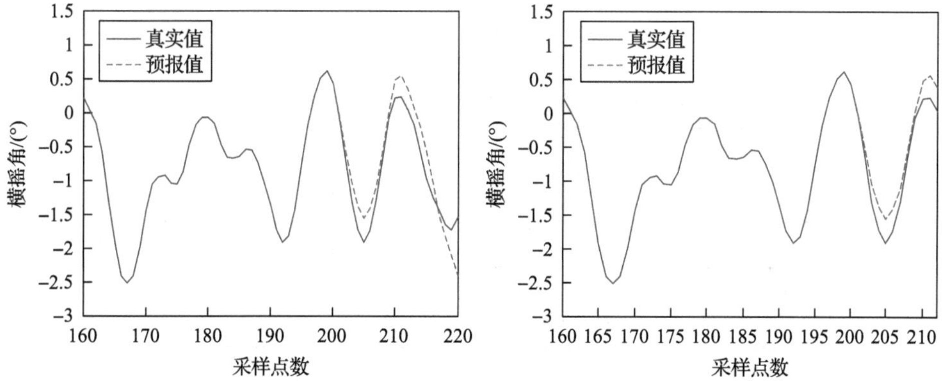

(a) 未来6s　　(b) 未来10s

图 5.4　重构 LS-SVM 未来 6s、10s 的预报曲线

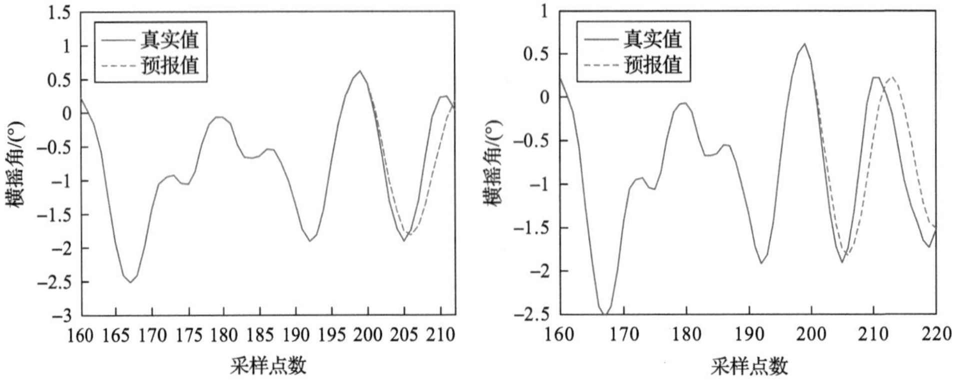

(a) 未来6s　　(b) 未来10s

图 5.5　AR-LMS 未来 6s、10s 的预报曲线

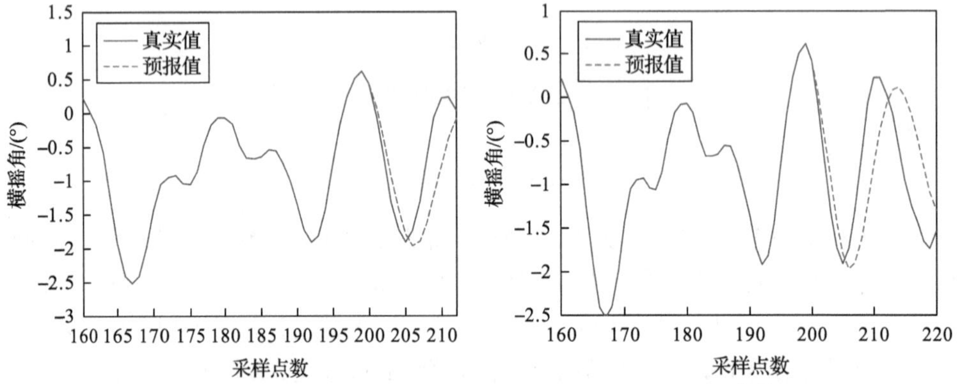

(a) 未来6s　　(b) 未来10s

图 5.6　AR-RLS 未来 6s、10s 的预报曲线

预报误差性能指标用相对均方根误差表示，预报结果如表 5.1 所示。

表 5.1　预报结果的相对均方根误差(航行姿态 90°)

算法	不同预测步长下的相对均方根误差			
	8 步	12 步	16 步	20 步
重构 LS-SVM	0.1055	0.1356	0.1439	0.1703
AR-LMS	0.1729	0.2248	0.2672	0.2556
AR-RLS	0.2392	0.3143	0.3443	0.3517

通过对比图 5.5、图 5.6 和表 5.1 预报的相对均方根误差可以看出，相空间重构 LS-SVM 模型比基于 LMS 算法和 RLS 算法的自适应 AR 模型的预测精度要高。为了进一步验证以上模型的性能，下面对某型号舰船在 135°斜浪、180°顶浪航行姿态下的横摇角时间序列数据进行预报，预报结果如表 5.2 所示。

表 5.2　预报结果的相对均方根误差

航行姿态	算法	不同预测步长下的相对均方根误差			
		6 步	8 步	10 步	12 步
135°斜浪	重构 LS-SVM	0.0879	0.1284	0.1504	0.2092
	AR-LMS	0.1502	0.1604	0.1531	0.2265
	AR-RLS	0.1389	0.1359	0.1614	0.2688
180°顶浪	重构 LS-SVM	0.0843	0.1135	0.1532	0.1469
	AR-LMS	0.1739	0.2302	0.2145	0.2325
	AR-RLS	0.2054	0.3062	0.3268	0.3111

5.4　本 章 小 结

本章介绍了统计学习理论的 VC 维、结构风险最小化原理、SVM 算法原理和核函数理论。在 SVM 的基础上，介绍了 LS-SVM 算法和核函数的选取方法。针对船舶运动姿态在随机海浪作用下的非线性以及混沌特性，给出了船舶运动姿态混沌时间序列的 LS-SVM 相空间重构预报模型，对于 LS-SVM 参数提出了通过移动时间窗改进模型精度的方法。最后将 LS-SVM 相空间重构模型应用于船舶运动姿态预报中，并与基于 LMS 算法和 RLS 算法的 AR 预报方法进行了对比分析。

第 6 章　基于改进周期图法的船舶运动自适应建模与预报

6.1　周 期 图 法

6.1.1　基于周期图法的船舶运动自适应建模

实际环境中的船舶运动过程可看作典型的平稳随机序列，且具有较强的相关性和周期性，基于此可以用一系列的周期序列项和一个平稳随机序列项来描述[39,40]。如果采集到船舶运动姿态的先验数据，则可以用这些先验数据估计出它的周期序列项，也就可以对它进行近似预报，这种方法就是周期图法。

因为船舶运动姿态数据(如横摇等)含有明显的周期分量，所以可以表示成

$$Y(n) = p(n) + X(n), \quad n = 1, 2, \cdots, N \tag{6.1}$$

式中，$p(n)$ 为周期函数项；$X(n)$ 为零均值平稳随机序列。

为了简化问题，假定 $p(n)$ 由一个谐波函数组成：

$$p(n) = p(nT_0) = a\,\mathrm{e}^{\mathrm{j}\omega_1 nT_0}, \quad n = 1, 2, \cdots, N \tag{6.2}$$

式中，T_0 为采样周期；nT_0 为采样时刻；ω_1 为谐波角频率；a 为复数，$|a|$ 表示谐波振幅，$\angle a$ 为谐波初始相角。式(6.2)的矩阵形式如下：

$$\begin{bmatrix} Y(1) \\ Y(2) \\ \vdots \\ Y(N) \end{bmatrix} = \begin{bmatrix} \mathrm{e}^{\mathrm{j}\omega_1 T_0} \\ \mathrm{e}^{\mathrm{j}\omega_1 2T_0} \\ \vdots \\ \mathrm{e}^{\mathrm{j}\omega_1 NT_0} \end{bmatrix} a + \begin{bmatrix} X(1) \\ X(2) \\ \vdots \\ X(N) \end{bmatrix} \tag{6.3}$$

简记为

$$\boldsymbol{Y} = \boldsymbol{\Phi} a + \boldsymbol{X} \tag{6.4}$$

求出 a 和 ω_1 的估计值 $\hat{a}$ 和 $\hat{\omega}_1$，使目标函数 J 最小：

$$J = J_{\min} = (\boldsymbol{Y} - \hat{\boldsymbol{\Phi}}\hat{a})^{\mathrm{T}}(\boldsymbol{Y} - \hat{\boldsymbol{\Phi}}\hat{a}) \tag{6.5}$$

假设得到 $\hat{\omega}_1$，则可得

$$\hat{\boldsymbol{\Phi}}^{\mathrm{T}}=\left[\mathrm{e}^{-\mathrm{j}\hat{\omega}_1 T_0} \quad \mathrm{e}^{-\mathrm{j}\hat{\omega}_1 2T_0} \quad \cdots \quad \mathrm{e}^{-\mathrm{j}\hat{\omega}_1 NT_0}\right] \tag{6.6}$$

此时利用最小二乘法可得 a 的最小二乘估计 $\hat{a}_1$：

$$\hat{a}_1=(\hat{\boldsymbol{\Phi}}^{\mathrm{T}}\hat{\boldsymbol{\Phi}})^{-1}(\hat{\boldsymbol{\Phi}}^{\mathrm{T}}\boldsymbol{Y}) \tag{6.7}$$

再将 J 改写为

$$\begin{aligned}J_{\min}&=(\boldsymbol{Y}-\hat{\boldsymbol{\Phi}}\hat{a})^{\mathrm{T}}(\boldsymbol{Y}-\hat{\boldsymbol{\Phi}}\hat{a})\\&=\left[(\boldsymbol{Y}-\hat{\boldsymbol{\Phi}}\hat{a}_1)-(\hat{\boldsymbol{\Phi}}\hat{a}-\hat{\boldsymbol{\Phi}}\hat{a}_1)\right]^{\mathrm{T}}\left[(\boldsymbol{Y}-\hat{\boldsymbol{\Phi}}\hat{a}_1)-(\hat{\boldsymbol{\Phi}}\hat{a}-\hat{\boldsymbol{\Phi}}\hat{a}_1)\right]\\&=(\boldsymbol{Y}-\hat{\boldsymbol{\Phi}}\hat{a}_1)^{\mathrm{T}}(\boldsymbol{Y}-\hat{\boldsymbol{\Phi}}\hat{a}_1)+(\hat{a}-\hat{a}_1)\hat{\boldsymbol{\Phi}}^{\mathrm{T}}\hat{\boldsymbol{\Phi}}(\hat{a}-\hat{a}_1)\end{aligned} \tag{6.8}$$

考虑到

$$(\hat{\boldsymbol{\Phi}}\hat{a}-\hat{\boldsymbol{\Phi}}\hat{a}_1)^{\mathrm{T}}(\boldsymbol{Y}-\hat{\boldsymbol{\Phi}}\hat{a}_1)=(\hat{a}-\hat{a}_1)\hat{\boldsymbol{\Phi}}^{\mathrm{T}}(\boldsymbol{Y}-\hat{\boldsymbol{\Phi}}\hat{a}_1)=0 \tag{6.9}$$

所以 $J=J_{\min}$ 等价为式(6.10)、式(6.11)最小，即

$$\min\left\{(\hat{a}-\hat{a}_1)\hat{\boldsymbol{\Phi}}^{\mathrm{T}}\hat{\boldsymbol{\Phi}}(\hat{a}-\hat{a}_1)\right\} \tag{6.10}$$

和

$$\min\left\{(\boldsymbol{Y}-\hat{\boldsymbol{\Phi}}\hat{a}_1)^{\mathrm{T}}(\boldsymbol{Y}-\hat{\boldsymbol{\Phi}}\hat{a}_1)\right\} \tag{6.11}$$

下面将式(6.7)代入式(6.11)，有

$$\begin{aligned}&(\boldsymbol{Y}-\hat{\boldsymbol{\Phi}}\hat{a}_1)^{\mathrm{T}}(\boldsymbol{Y}-\hat{\boldsymbol{\Phi}}\hat{a}_1)\\&=\left[\boldsymbol{Y}-\hat{\boldsymbol{\Phi}}(\hat{\boldsymbol{\Phi}}^{\mathrm{T}}\hat{\boldsymbol{\Phi}})^{-1}\hat{\boldsymbol{\Phi}}^{\mathrm{T}}\boldsymbol{Y}\right]^{\mathrm{T}}\left[\boldsymbol{Y}-\hat{\boldsymbol{\Phi}}(\hat{\boldsymbol{\Phi}}^{\mathrm{T}}\hat{\boldsymbol{\Phi}})^{-1}\hat{\boldsymbol{\Phi}}^{\mathrm{T}}\boldsymbol{Y}\right]\\&=\boldsymbol{Y}^{\mathrm{T}}\boldsymbol{Y}-\boldsymbol{Y}^{\mathrm{T}}\hat{\boldsymbol{\Phi}}(\hat{\boldsymbol{\Phi}}^{\mathrm{T}}\hat{\boldsymbol{\Phi}})^{-1}\hat{\boldsymbol{\Phi}}^{\mathrm{T}}\boldsymbol{Y}\end{aligned} \tag{6.12}$$

由式(6.3)可得

$$\hat{\boldsymbol{\Phi}}^{\mathrm{T}}\hat{\boldsymbol{\Phi}}=\left[\mathrm{e}^{-\mathrm{j}\hat{\omega}_1 T_0} \quad \mathrm{e}^{-\mathrm{j}\hat{\omega}_1 2T_0} \quad \cdots \quad \mathrm{e}^{-\mathrm{j}\hat{\omega}_1 NT_0}\right]\begin{bmatrix}\mathrm{e}^{\mathrm{j}\hat{\omega}_1 T_0}\\ \mathrm{e}^{\mathrm{j}\hat{\omega}_1 2T_0}\\ \vdots \\ \mathrm{e}^{\mathrm{j}\hat{\omega}_1 NT_0}\end{bmatrix}=N \tag{6.13}$$

$$\hat{\boldsymbol{\Phi}}^{\mathrm{T}}\boldsymbol{Y}=\sum_{i=1}^{N}\mathrm{e}^{-\mathrm{j}\hat{\omega}_1 iT_0}\,Y(i) \tag{6.14}$$

$$\boldsymbol{Y}^{\mathrm{T}}\hat{\boldsymbol{\Phi}}=\sum_{i=1}^{N}\mathrm{e}^{\mathrm{j}\hat{\omega}_1 iT_0}\,Y(i)=\left[\sum_{i=1}^{N}\mathrm{e}^{-\mathrm{j}\hat{\omega}_1 iT_0}\,Y(i)\right]^{*} \tag{6.15}$$

式中，*表示求共轭。

将式(6.13)～式(6.15)代入式(6.12)，有

$$\min\left\{(\boldsymbol{Y}-\hat{\boldsymbol{\Phi}}\hat{a}_1)^{\mathrm{T}}(\boldsymbol{Y}-\hat{\boldsymbol{\Phi}}\hat{a}_1)=\sum_{i=1}^{N}\left|Y(i)\right|^2-\frac{1}{N}\left|\sum_{i=1}^{N}\mathrm{e}^{-\mathrm{j}\hat{\omega}_1 iT_0}\,Y(i)\right|^2\right\}$$

等价于

$$\max\left\{\frac{1}{N}\left|\sum_{i=1}^{N}\mathrm{e}^{-\mathrm{j}\hat{\omega}_1 iT_0}\,Y(i)\right|^2\right\} \tag{6.16}$$

通常称$\{Y(n),n=1,2,\cdots,N\}$的周期图为

$$I_N(\omega)\overset{\mathrm{def}}{=\!=}\frac{1}{N}\left|\sum_{i=1}^{N}\mathrm{e}^{-\mathrm{j}\omega iT_0}\,Y(i)\right|^2 \tag{6.17}$$

这样使$I_N(\omega)$最大的ω值就是ω的最小二乘估计$\hat{\omega}_1$。

将$\hat{\omega}_1$代入式(6.6)就能得到$\hat{\boldsymbol{\Phi}}$，再代入式(6.7)得到$\hat{a}_1$，将这些参数代入式(6.2)求得$P(nT_0)$，同理得到所有周期函数项。

可按如下步骤来得到a和ω_1的最小二乘估计$\hat{a}_1$和$\hat{\omega}_1$。

首先，计算$\{Y(i),i=1,2,3,\cdots,N\}$的周期图$I_N(\omega)$：

$$I_N(\omega)\overset{\mathrm{def}}{=\!=}\frac{1}{N}\left|\sum_{i=1}^{N}\mathrm{e}^{-\mathrm{j}\omega iT_0}\,Y(i)\right|^2$$

令$\omega\overset{\mathrm{def}}{=\!=}\omega_k=\dfrac{2k\pi}{NT_0}(k=0,1,\cdots,M)$，对不同的$\omega_k$比较对应的$I_N(\omega_k)$的大小，当$\omega=\omega_{k_1}$时，$I_N(\omega_{k_1})=\max\limits_{1\leqslant k_1\leqslant N}\{I_N(\omega_k)\}$，则取$\hat{\omega}_1=\omega_{k_1}$为船舶运动预报的第一个周期函数项的角频率。

然后，使用最小二乘法求得a的最小二乘估计$\hat{a}_1$：

$$\hat{a}_1=(\hat{\boldsymbol{\Phi}}^{\mathrm{T}}\hat{\boldsymbol{\Phi}})^{-1}(\hat{\boldsymbol{\Phi}}^{\mathrm{T}}\boldsymbol{Y})$$

式中，$\hat{\boldsymbol{\Phi}}^{\mathrm{T}}=[\mathrm{e}^{-\mathrm{j}\hat{\omega}_1 T_0},\mathrm{e}^{-\mathrm{j}\hat{\omega}_1 2T_0},\cdots,\mathrm{e}^{-\mathrm{j}\hat{\omega}_1 NT_0}]$。

这样，由式(6.2)可知第一个周期函数项可表示为$p_1(nT_0)=\hat{a}_1\,\mathrm{e}^{\mathrm{j}\hat{\omega}_1 nT_0}$。

如果随机序列$\{Y(1),Y(2),\cdots,Y(N)\}$中包含第二个周期函数项$p_2(nT_0)$，则根据以上推导过程可以求出$\hat{a}_2$和$\hat{\omega}_2$，$\hat{\omega}_2=\omega_{k_2}$，取最大周期图：

$$I_N(\omega_{k_2})=\max_{\substack{1\leqslant k_1\leqslant N\\ k\neq k_1}}\{I_N(\omega_k)\}$$

于是，第二个周期函数项就可以表示为 $p_2(nT_0)=\hat{a}_2\,\mathrm{e}^{\mathrm{j}\hat{\omega}_2 nT_0}$ 。同理，可以求出 $\{Y(1),Y(2),\cdots,Y(N)\}$ 包含的多个周期函数项，由所选择确定的周期图阈值可以确定周期函数项为 K 个。

得到船舶运动姿态对应的所有周期函数项后，即可进行预报：

$$\hat{Z}(n)=p(n)=\sum_{k=1}^{K}\hat{a}_k\,\mathrm{e}^{\mathrm{j}\hat{\omega}_k nT_0},\quad n=N+1,N+2,\cdots;k=1,2,\cdots,K \tag{6.18}$$

式中，$\hat{Z}(n)(n=N+1,N+2,\cdots)$ 为船舶运动姿态预报序列。

6.1.2　周期图预报仿真与分析

仿真实验所用数据是某型号舰船在三级海况、航速 18kn（1kn=1.852km/h）、航向 135°的条件下的横摇角数据，采样间隔 T=0.75s，建模数据为 200 个。按以上周期图法、步骤进行实例仿真，仿真曲线和相对均方根误差如图 6.1～图 6.3 和表 6.1 所示。

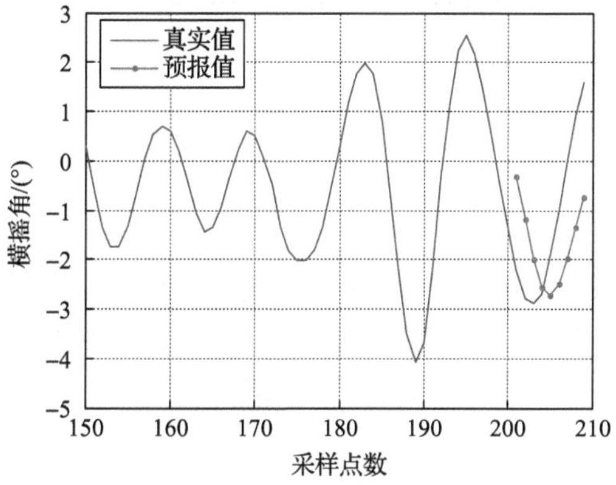

图 6.1　周期图法的未来 6s 预报曲线

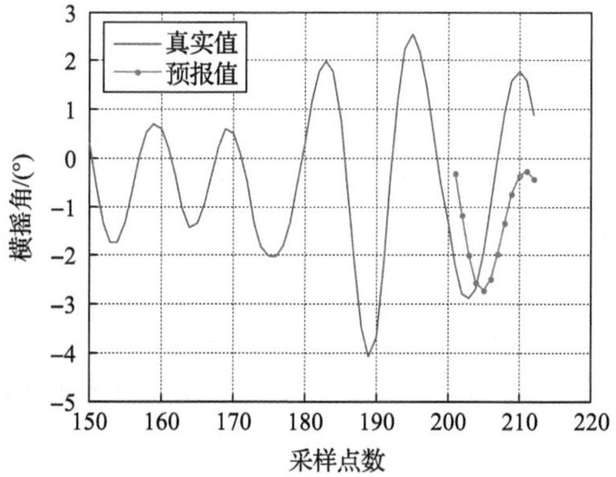

图 6.2　周期图法的未来 9s 预报曲线

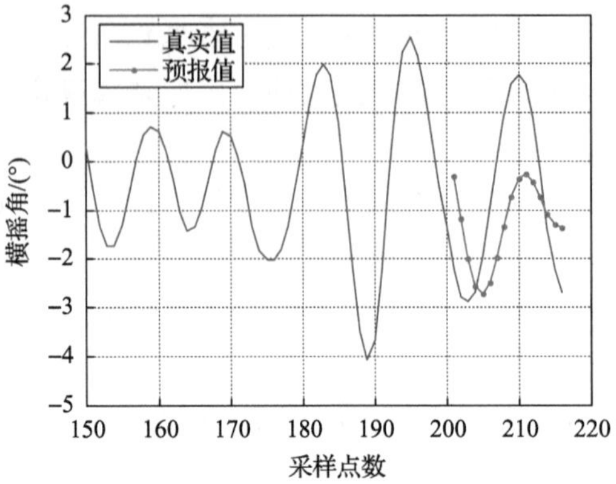

图 6.3　周期图法的未来 12s 预报曲线

表 6.1　周期图法预报的相对均方根误差

预报时间/s	6	9	12
相对均方根误差/%	23.71	24.59	29.26

预报精度即相对均方根误差为

$$F = \sqrt{\frac{1}{N_0}\sum_{i=1}^{N_0}\left[\frac{F(i)-f(i)}{F(i)_{\max}}\right]^2}$$

式中，N_0 为预报步数；$F(i)$ 为真实数据；$f(i)$ 为对应真值的预报值。

由图 6.1～图 6.3 看出周期图法预报曲线与实际曲线拟合度差，从预报性能上看相对均方误差也较大，所以应该改进周期图法。

6.2　基于改进周期图法的船舶运动自适应建模

6.2.1　数据交叠分段的周期图法原理

未改进的周期图船舶运动预报方法主要的问题是预报曲线与实际曲线拟合度差、相对均方根误差大，可以用数据交叠分段的方法进行改进。数据交叠分段改进周期图法是在周期图法的基础上对船舶运动姿态时间序列进行分段，使相邻两段数据之间有部分重叠，分段后对各段数据分别求其周期图，并设定一个合适的阈值，保留大于阈值的周期图，这样会把船舶运动姿态中最显著的周期函数项保留下来，同时减少很多扰动的周期函数项，之后用这些显著的周期函数项进行船舶运动预报。

为了形象说明数据交叠分段的意义，下面给定 $N=200$ 个数据样本，将它分

成 $L=5$ 个长度为 40 的小段，分别计算每一小段的周期图：

$$S_l(\omega)=\frac{1}{40}\left|\sum_{i=40(l-1)}^{40l-1}Y(i)\mathrm{e}^{-\mathrm{j}\omega iT_0}\right|^2 \tag{6.19}$$

式中，$l=1,2,\cdots,5$；$Y(i)$ 为船舶运动姿态的时间序列；ω 为谐波角频率；T_0 为采样周期。

这 5 个周期图加以平均的谱估计值为

$$\hat{S}(\omega)=\frac{1}{5}\sum_{l=1}^{5}S_l(\omega) \tag{6.20}$$

由于这 5 个小段的周期图取决于同一时间序列，其均值应该相同。又因为这 5 个小段的周期图是统计独立的，这 5 个小段平均之后的方差是单段方差的 1/5：

$$D\left[\hat{S}(\omega)\right]=\frac{1}{5}D[S_l(\omega)] \tag{6.21}$$

由以上分析可知，数据分段使周期图功率谱的方差大大减小了，使周期图功率谱估计接近于一致估计而改善了周期图功率谱；又由上述周期图功率谱和显著周期函数项的关系可知，改善周期图功率谱后显著周期函数项的个数也会得到改善，从而使周期图法船舶运动预报更精确。

在数据分段的同时将相邻两段数据部分重叠，这样段数 L 增大，使周期图功率谱方差进一步减小，从而进一步改善周期图功率谱。在数据交叠分段中，重叠部分的不同也会导致周期图功率谱的不同，从而影响周期图预报的效果。

6.2.2　数据交叠分段和加窗函数改进周期图法原理

加窗函数改进周期图法是在周期图法的基础上对船舶运动姿态时间序列进行加窗处理，未改进的周期图法是用获得的 N 个数据对船舶运动姿态 $Y(n)$ 进行功率谱估计，它隐含着对这些数据加了一个矩形窗截断。时域中与矩形窗相乘对应于频域中与矩形窗频谱相卷积，就这一点来说，周期图估计谱相当于其真实谱与矩形窗频谱相卷积的结果。

矩形窗谱窗因子：

$$R_N(n)=\begin{cases}1, & n\leqslant N\\ 0, & \text{其他}\end{cases}$$

矩形窗频谱：

$$S(\mathrm{e}^{\mathrm{j}\omega})=\sum_{n=-\infty}^{\infty}R_N(n)\mathrm{e}^{-\mathrm{j}\omega nT_0}=\sum_{n=1}^{N}\mathrm{e}^{-\mathrm{j}\omega nT_0}=\frac{\sin\left(\dfrac{\omega NT_0}{2}\right)}{\sin\left(\dfrac{\omega T_0}{2}\right)}\mathrm{e}^{-\mathrm{j}\frac{N-1}{2}\omega T_0} \tag{6.22}$$

式中，ω 为谐波角频率；N 为建模数据个数；$R_N(n)$ 为矩形序列。

对周期图功率谱有影响的是矩形窗频谱的幅度函数 $\sin\left(\dfrac{\omega NT_0}{2}\right)\Big/\sin\left(\dfrac{\omega T_0}{2}\right)$，它不同于 δ 函数(任何函数与 δ 函数相卷积形状不变)，卷积后所得的估计谱和真实的功率谱不同。为了使估计谱逼近真实谱，应设法使窗谱幅度函数逼近 δ 函数。矩形窗频谱幅度函数 $\sin\left(\dfrac{\omega NT_0}{2}\right)\Big/\sin\left(\dfrac{\omega T_0}{2}\right)$ 与 δ 函数相比，主瓣不是无限窄并且有旁瓣。主瓣不是无限窄导致真实谱与主瓣卷积后功率谱向附近的频域扩散，从而使周期图功率谱信号模糊，减弱对显著周期函数项的辨识，使得一些显著周期函数项丢失，从而导致预报误差变大。存在旁瓣会“泄露”功率谱主瓣内的能量，也会丢失一些显著周期函数项，从而影响周期图预报效果。因此，改善窗函数是必要的[39]。

数据交叠分段和加窗函数改进周期图法是在周期图法的基础上对船舶运动时间序列进行数据交叠分段和加窗函数的处理，利用上面得出结论取数据段段间交叠比率为 1/2，所加窗函数为海明窗、汉宁窗、布莱克曼窗和平顶窗[40]，分段后对各段数据分别求其周期图，然后将所有段的周期图求平均作为周期图功率谱的估计，设定一个合适的阈值，保留大于阈值的周期图，把船舶运动姿态中最显著的周期函数项保留下来，同时减少有很多扰动的周期函数项，之后用这些显著的周期函数项进行船舶运动预报。

预报过程中要保留大于阈值的周期图项，所以阈值设定的不同导致所保留参与预报的周期函数项也不同，之后用这些保留下来的显著的周期函数项进行船舶运动预报仿真得到的预报曲线和性能指标也会不同，所以阈值的选取对于预报效果有着重大的影响。

数据交叠分段段间交叠比率取 1/2，数据交叠分段示意图如图 6.4 所示。

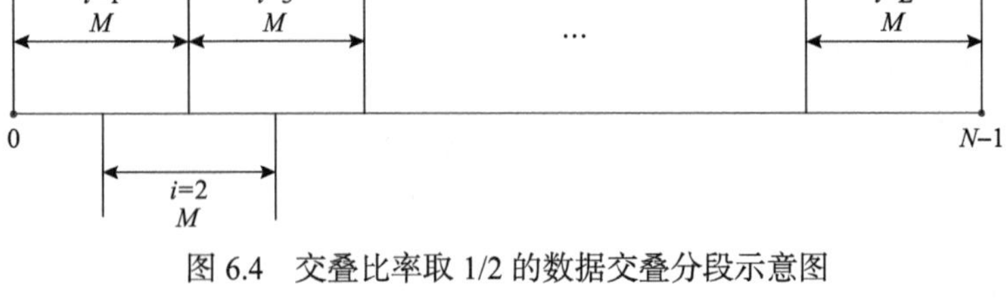

图 6.4　交叠比率取 1/2 的数据交叠分段示意图

数据交叠分段和加窗函数改进周期图法实现框图如图 6.5 所示。

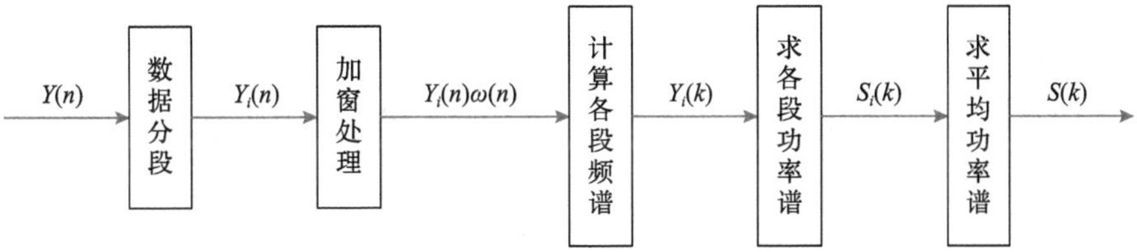

图 6.5　数据交叠分段和加窗函数改进周期图法实现框图

数据交叠分段和加窗函数改进周期图法用于船舶运动姿态预报的主要步骤如下。

(1) 将长度为 N 的数据段分成 L 个小段，每小段 M 点，相邻小段间数据交叠比率为 1/2。

(2) 对每段数据加海明窗的窗函数，然后对各小段进行快速傅里叶变换(fast Fourier transform, FFT)，并求得各小段平均功率谱：

$$S_l(\omega)=\frac{1}{M}\left|\sum_{i=M(l-1)}^{Ml-1}Y(i)\omega(i)\mathrm{e}^{-\mathrm{j}\omega iT_0}\right|^2$$

$$\hat{S}_x(\mathrm{e}^{\mathrm{j}\omega})=\frac{1}{L}\sum_{l=1}^{L}S_l(\omega)$$

式中，$\omega(i)$ 为谱窗因子。

(3) 设定阈值分别为 1/10、1/20、1/50、1/100，留下大于阈值的周期图平均功率谱项，即留下相应的周期图函数项，得到相应的谐波角频率 $\hat{\omega}_1,\hat{\omega}_2,\cdots,\hat{\omega}_k$，$k$ 为所保留的周期函数项的个数。

(4) 由 $\omega\overset{\text{def}}{=\!=}\omega_k=\dfrac{2k\pi}{MT_0}(k=0,1,\cdots,M)$ 可得到 $\hat{\omega}_i(i=1,2,\cdots k)$。

将 $\hat{\omega}_i(i=1,2,\cdots,k)$ 分别代入 $\boldsymbol{\Phi}_i=\left[\mathrm{e}^{\mathrm{j}\hat{\omega}_iT_0},\mathrm{e}^{\mathrm{j}\hat{\omega}_i2T_0},\cdots,\mathrm{e}^{\mathrm{j}\hat{\omega}_iNT_0}\right]^{\mathrm{T}}$ 得到 $\boldsymbol{\Phi}_i$，再代入 $\hat{a}_i=(\boldsymbol{\Phi}_i^{\mathrm{T}}\boldsymbol{\Phi}_i)^{-1}(\boldsymbol{\Phi}_i^{\mathrm{T}}\boldsymbol{Y})$ 得到 $\hat{a}_i$，$A_i=|\hat{a}_i|$，$\varphi_i=\angle\hat{a}_i$。

(5) 船舶运动姿态的时间序列可表示为

$$Y(n)=\sum_i A_i\cos(\omega_i nT_0+\varphi_i),\quad n=1,2,\cdots,N$$

进而可预报

$$Z(n+l) = \sum_i A_i \cos[\omega_i(n+l)T_0 + \varphi_i], \quad n=1,2,\cdots,N$$

式中，l 为预报步数。

数据交叠分段和加窗函数改进周期图法的预报程序流程如图 6.6 所示。

```
                    ↓ Y(n)
              ┌──────────────────┐
              │    交叠分段       │
              │ Y_i(n)=Y(n+iM/2) │
              │ n=0,1,···,M-1    │
              │ i=0,1,···,L-1    │
              └──────────────────┘
                    ↓
              ┌──────────────────────────┐
              │     对每段加海明窗        │
              │ ω(n)=0.54-0.46cos(2πn/(M-1)) │
              │ n=0,1,···,M-1            │
              └──────────────────────────┘
                    ↓
              ┌──────────────────────────┐
              │ 通过FFT得到各段频谱Y_i(e^{jω}) │
              └──────────────────────────┘
                    ↓
              ┌──────────────────────────┐
              │     得到平均功率谱        │
              │ Ŝ(e^{jω})=(1/L)Σ|Y_i(e^{jω})|² │
              └──────────────────────────┘
                    ↓
         I_N(ω) ≝ Ŝ_x(e^{jω}), S_i(ω)=|Y_i(e^{jω})|²
         ω ≝ ω_k = 2kπ/(MT_0), k=0,1,···,M
                    ↓
              ┌──────────────────────────┐
              │      求得ω̂_k使           │
              │   I_N(ω̂_k)大于阈值       │
              └──────────────────────────┘
                    ↓
         Φ_i=[e^{jω̂_iT_0},e^{jω̂_i2T_0},···,e^{jω̂_iNT_0}]
         â_i=(Φ_i^T Φ_i)^{-1}(Φ_i^T Y)
                    ↓
              ┌──────────────┐
              │   得到â_k     │
              └──────────────┘
                    ↓
              ┌──────────────────────────────┐
              │ Y(n)=Σ A_i cos(ω_i nT_0+φ_i), n=1,2,···,N │
              └──────────────────────────────┘
                    ↓ l步预报
              ┌──────────────────────────────────┐
              │ Z(n+l)=Σ A_i cos[ω_i(n+l)T_0+φ_i], n=1,2,···,N │
              └──────────────────────────────────┘
```

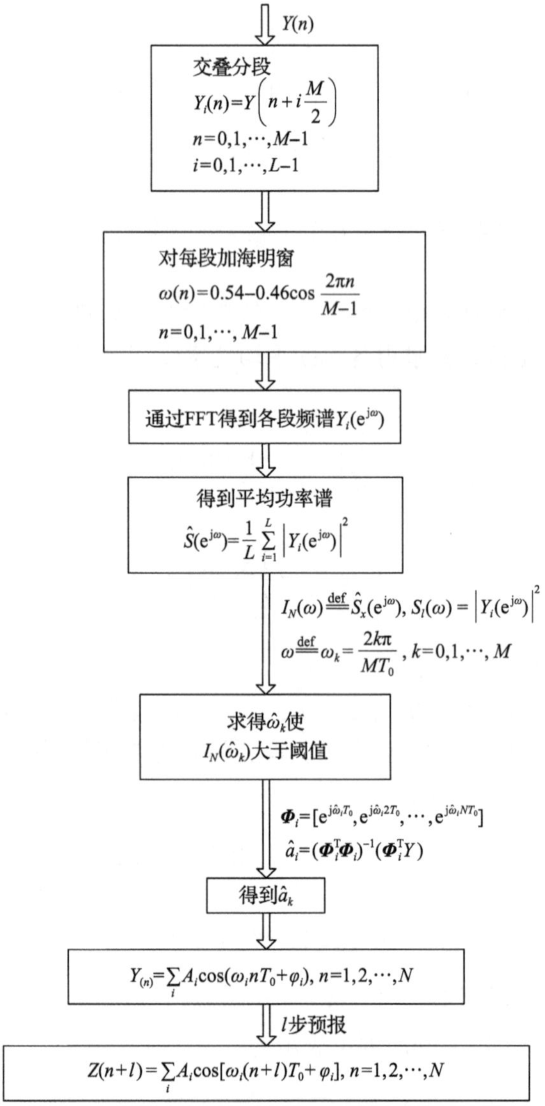

图 6.6 数据交叠分段和加窗函数改进周期图法的预报程序流程图

下面选取常用的四种窗函数就加窗函数改进周期图法进行实例仿真。

6.3　基于改进周期图法的船舶运动预报仿真与分析

6.3.1　数据交叠分段改进周期图法预报仿真与分析

仿真实例所用数据是某船在三级海况、航速 18kn、航向 135°条件下的横摇角数据，采样间隔 T=0.75s，建模数据为 200。按上述数据交叠分段改进周期图法步骤进行实例仿真，未来 6s 预报曲线如图 6.7～图 6.10 所示，预报相对均方根误差见表 6.2。

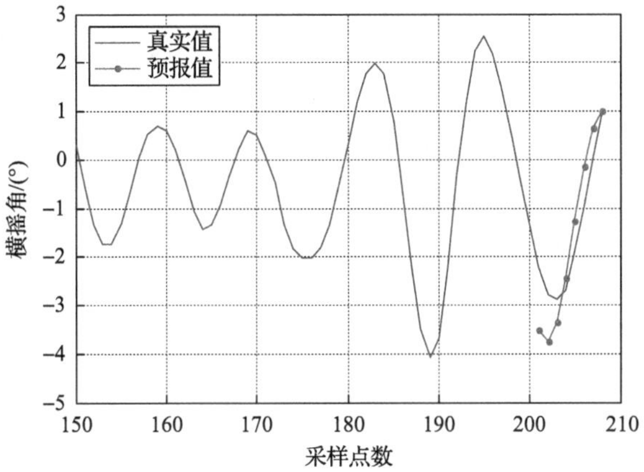

图 6.7　数据段段间改进周期图法未来 6s 预报曲线(交叠比率取 1/2)

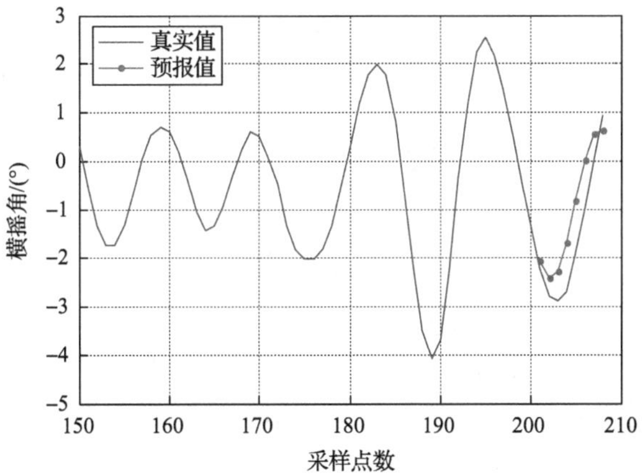

图 6.8　数据段段间改进周期图法未来 6s 预报曲线(交叠比率取 1/3)

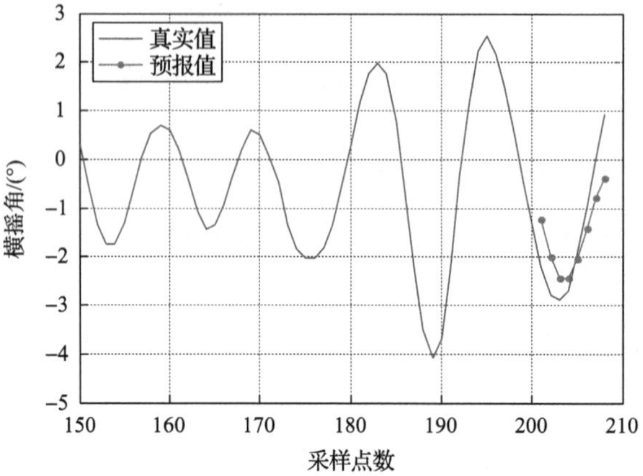

图 6.9　数据段段间改进周期图法未来 6s 预报曲线(交叠比率取 1/4)

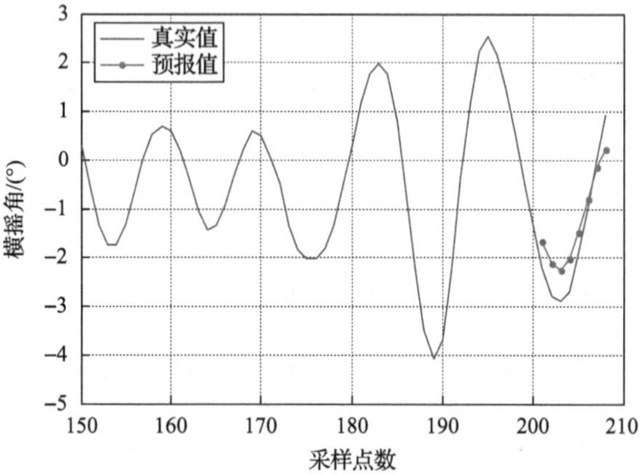

图 6.10　数据段段间改进周期图法未来 6s 预报曲线(交叠比率取 1/5)

表 6.2　数据交叠分段改进周期图法未来 6s 预报的相对均方根误差

数据段段间交叠比率	1/2	1/3	1/4	1/5
相对均方根误差/%	13.69	43.80	16.72	59.01

前面采用数据交叠分段改进周期图预报方法，对船舶横遥运动未来 6s 进行了预报仿真。随着数据段段间交叠比率的变小，预报值曲线与真实值曲线拟合度变差，且预报结果的相对均方根误差也变大。当数据段段间交叠比率取 1/2 时，数据交叠分段改进周期图法预报效果最好。

下面是数据交叠分段改进周期图法预报未来 9s 的预报曲线，如图 6.11～图 6.14 所示，预报相对均方误差见表 6.3。

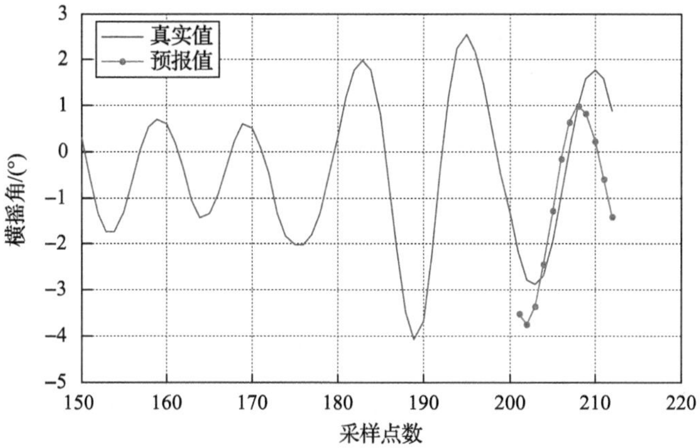

图 6.11　数据段段间改进周期图法未来 9s 预报曲线(交叠比率取 1/2)

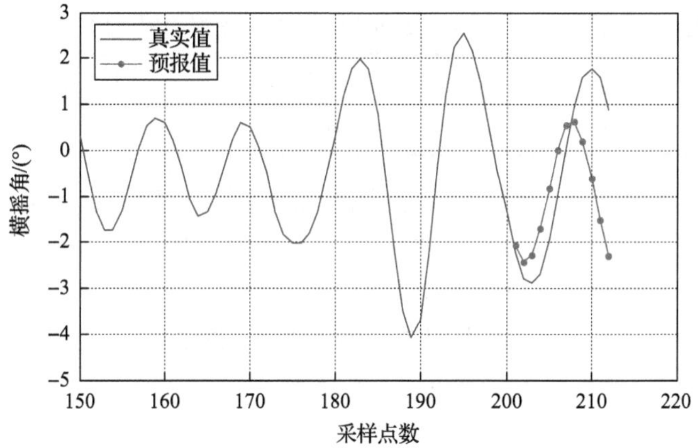

图 6.12　数据段段间改进周期图法未来 9s 预报曲线(交叠比率取 1/3)

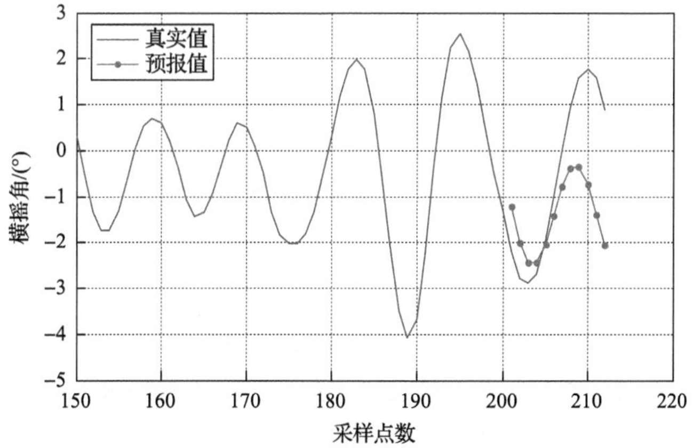

图 6.13　数据段段间改进周期图法未来 9s 预报曲线(交叠比率取 1/4)

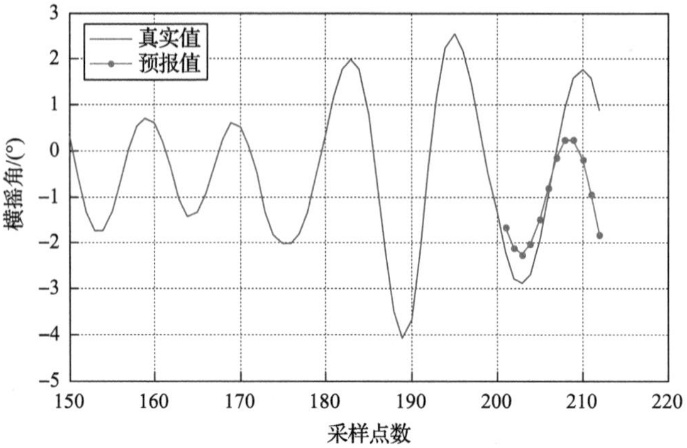

图 6.14　数据段段间改进周期图法未来 9s 预报曲线(交叠比率取 1/5)

表 6.3　数据交叠分段改进周期图法未来 9s 预报的相对均方根误差

数据段段间交叠比率	1/2	1/3	1/4	1/5
相对均方根误差/%	15.80	60.61	36.67	64.83

前面采用数据交叠分段改进周期图预报方法，对船舶横遥运动未来 9s 进行了预报仿真。和未来 6s 预报结果一样，当数据段段间交叠比率取 1/2 时，数据交叠分段改进周期图法预报效果最好。

下面是数据交叠分段改进周期图法预报未来 12s 的预报曲线，如图 6.15～图 6.18 所示，预报相对均方根误差见表 6.4。

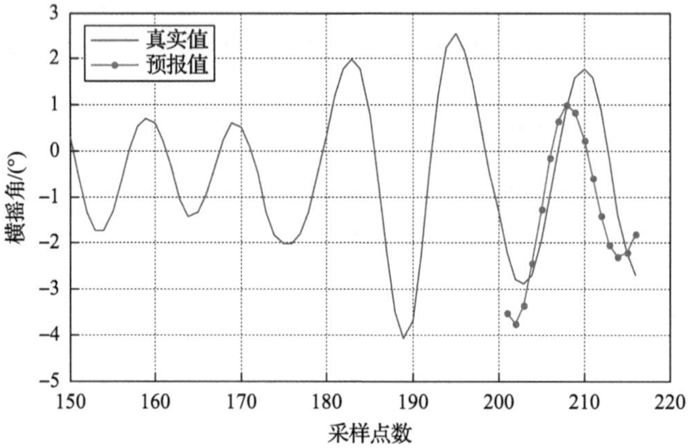

图 6.15　数据段段间改进周期图法未来 12s 预报曲线(交叠比率取 1/2)

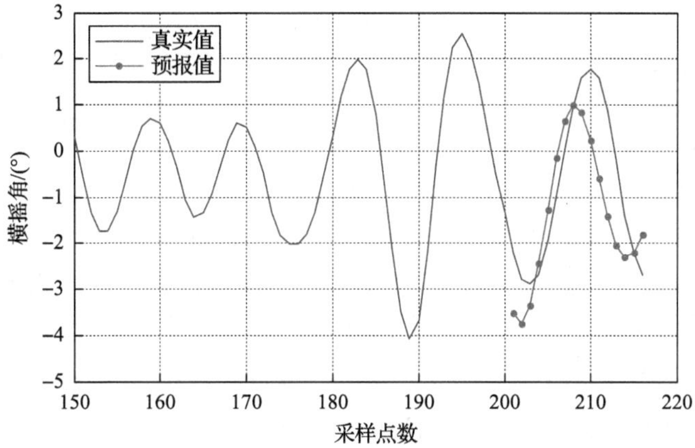

图 6.16　数据段段间改进周期图法未来 12s 预报曲线(交叠比率取 1/3)

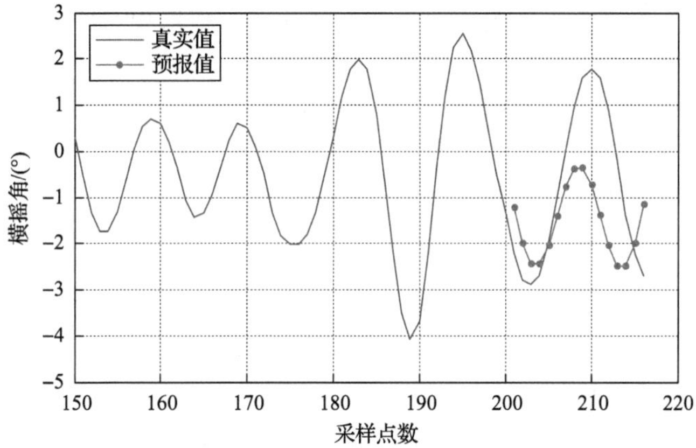

图 6.17　数据段段间改进周期图法未来 12s 预报曲线(交叠比率取 1/4)

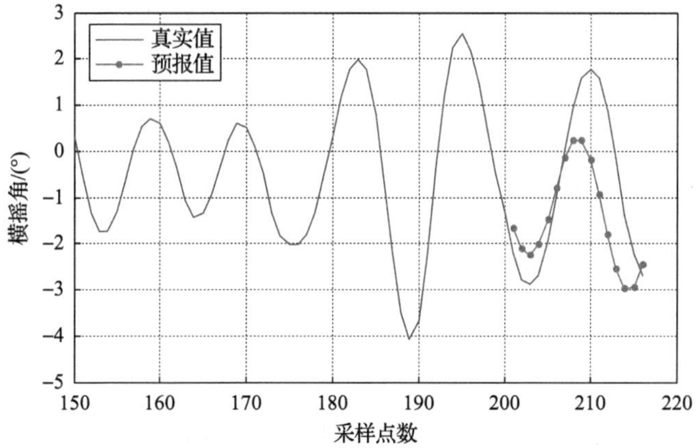

图 6.18　数据段段间改进周期图法未来 12s 预报曲线(交叠比率取 1/5)

表 6.4　数据交叠分段改进周期图法未来 12s 预报的相对均方根误差

数据段段间交叠比率	1/2	1/3	1/4	1/5
相对均方根误差/%	18.97	61.81	39.75	68.81

综合以上预报曲线和预报相对均方根误差表可以看出，随着数据段段间交叠比率的变小，预报值曲线与真实值曲线拟合度变差而且预报的相对均方根误差也变大。当数据段段间交叠比率取 1/2 时数据交叠分段改进周期图法预报效果最好，曲线拟合度好于未改进的周期图法并且相对均方根误差也小于周期图法，所以利用数据交叠分段改进周期图法是可行的，交叠比率宜取为 1/2。

6.3.2　加窗函数改进周期图法预报仿真与分析

预报仿真实例所用数据同 6.3.1 节。按上述加窗函数改进周期图法步骤进行实例仿真，未来 6s 预报曲线如图 6.19～图 6.22 所示，预报相对均方根误差见表 6.5。

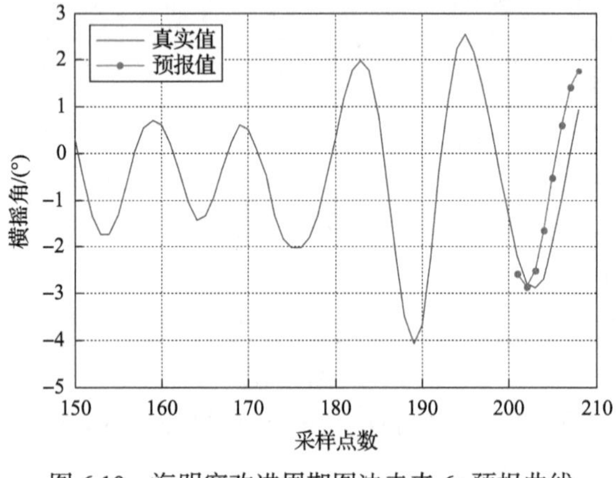

图 6.19　海明窗改进周期图法未来 6s 预报曲线

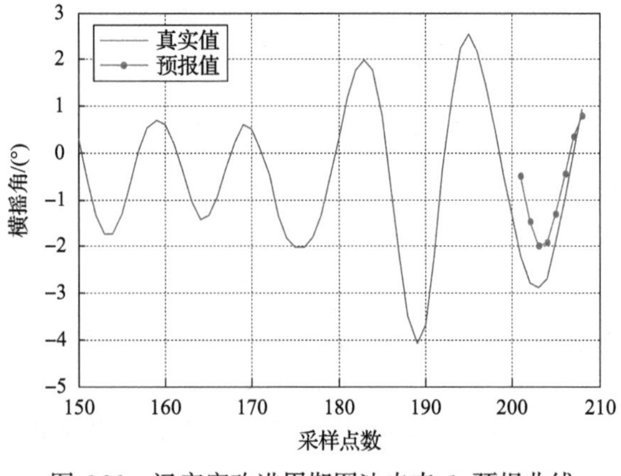

图 6.20　汉宁窗改进周期图法未来 6s 预报曲线

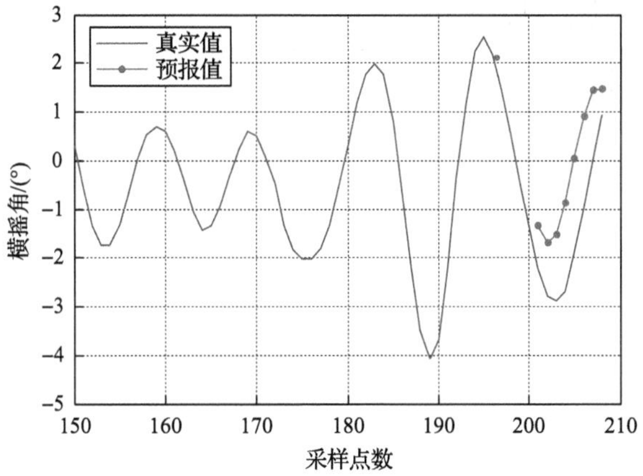

图 6.21 布莱克曼窗改进周期图法未来 6s 预报曲线

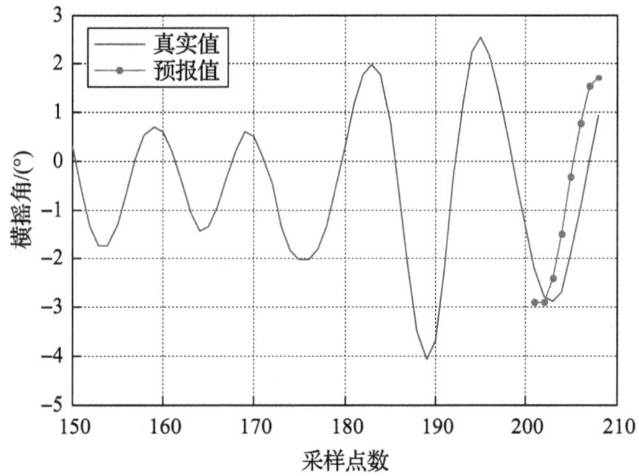

图 6.22 平顶窗改进周期图法未来 6s 预报曲线

表 6.5 加窗函数改进周期图法未来 6s 预报的相对均方根误差

窗函数	海明窗	汉宁窗	布莱克曼窗	平顶窗
相对均方根误差/%	13.69	26.23	17.91	19.25

以上未来 6s 预报曲线和预报结果的相对均方根误差表明，海明窗改进周期图预报值曲线与真实值曲线拟合度最好，预报结果的相对均方根误差也最小。

下面是加窗函数改进周期图法未来 9s 预报曲线，如图 6.23～图 6.26 所示，预报相对均方根误差见表 6.6。

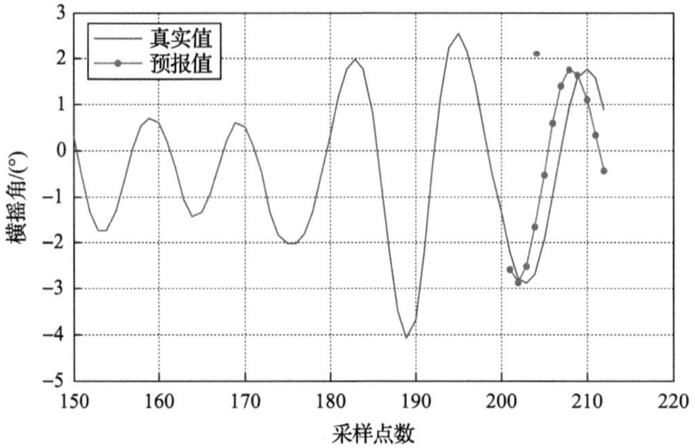

图 6.23　海明窗改进周期图法未来 9s 预报曲线

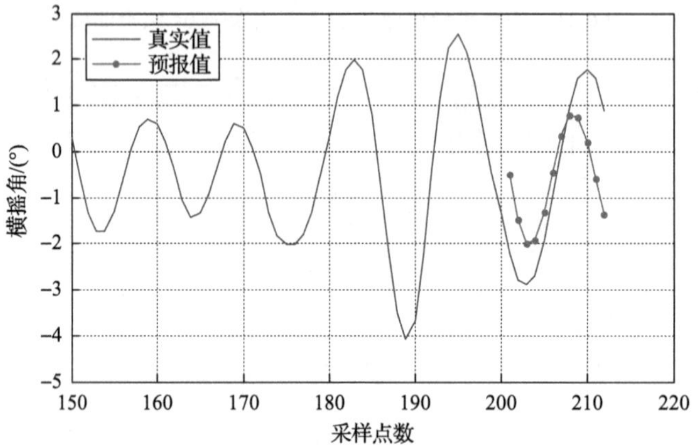

图 6.24　汉宁窗改进周期图法未来 9s 预报曲线

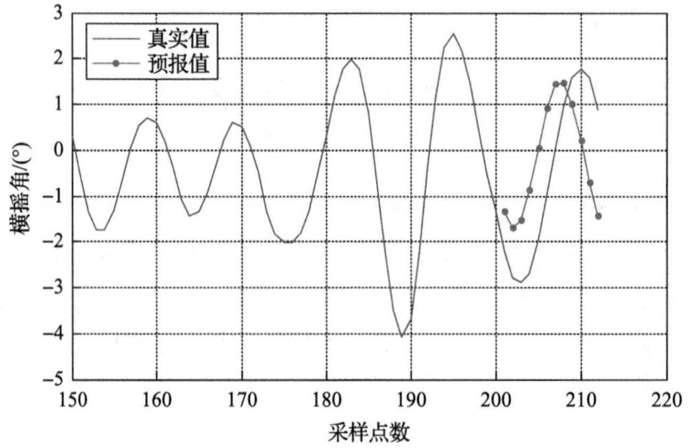

图 6.25　布莱克曼窗改进周期图法未来 9s 预报曲线

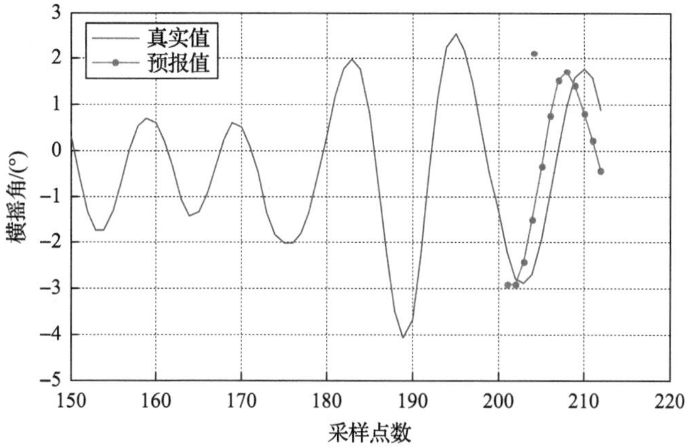

图 6.26　平顶窗改进周期图法未来 9s 预报曲线

表 6.6　加窗函数改进周期图法未来 9s 预报的相对均方根误差

窗函数	海明窗	汉宁窗	布莱克曼窗	平顶窗
相对均方根误差/%	15.80	27.65	27.94	26.07

以上未来 9s 预报曲线和预报结果的相对均方根误差表明，仍然是海明窗改进周期图预报值曲线与真实值曲线拟合度最好，预报结果的相对均方根误差也最小。

下面是加窗函数改进周期图法未来 12s 预报曲线，如图 6.27～图 6.30 所示，预报相对均方根误差见表 6.7。

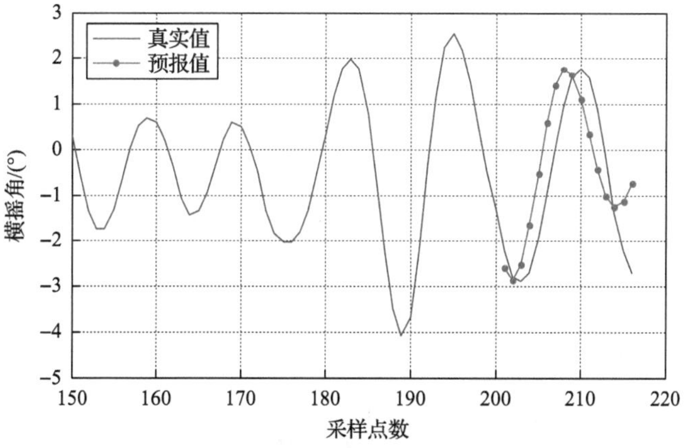

图 6.27　海明窗改进周期图法未来 12s 预报曲线

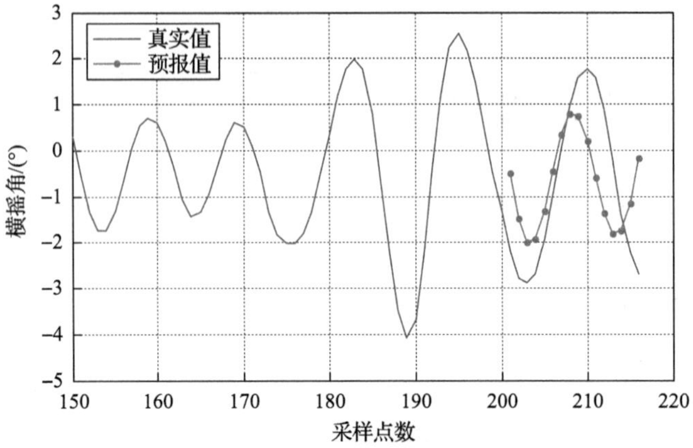

图 6.28　汉宁窗改进周期图法未来 12s 预报曲线

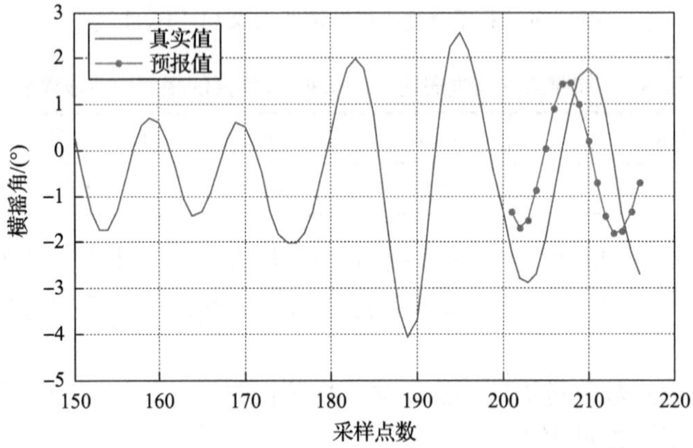

图 6.29　布莱克曼窗改进周期图法未来 12s 预报曲线

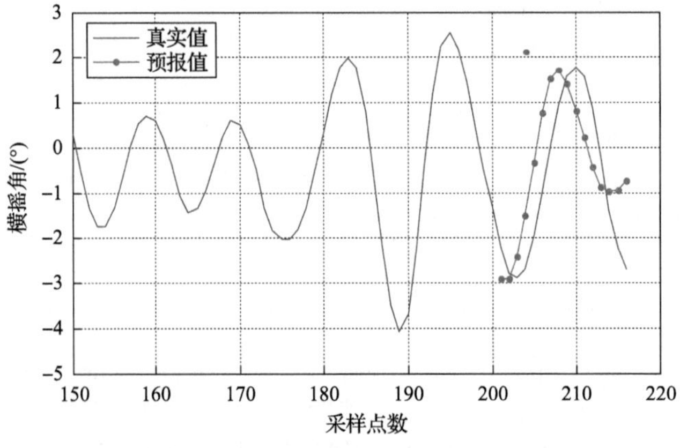

图 6.30　平顶窗改进周期图法未来 12s 预报曲线

表 6.7　加窗函数改进周期图法未来 12s 预报的相对均方根误差

窗函数	海明窗	汉宁窗	布莱克曼窗	平顶窗
相对均方根误差/%	18.97	32.17	17.96	34.79

综合以上预报曲线和预报相对均方根误差表可以看出，不同加窗函数改进周期图法的预报值曲线与真实值曲线拟合度不同而且预报的相对均方根误差也不一样。加海明窗改进周期图预报效果最好，曲线拟合度好于未改进的周期图法并且相对均方根误差也小于未改进的周期图法，所以加窗函数改进周期图法是可行的。

6.3.3　数据交叠分段和加窗函数改进周期图法预报仿真与分析

预报仿真实例所用数据同 6.3.1 节。按上述数据交叠分段和加窗函数改进周期图法步骤进行实例仿真，未来 6s 预报曲线如图 6.31～图 6.34 所示，预报相对均方根误差见表 6.8。

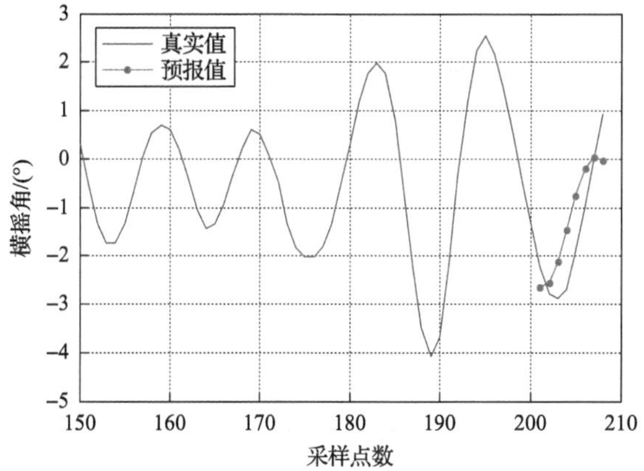

图 6.31　数据交叠分段和加窗函数改进周期图法的未来 6s 预报曲线(阈值 1/10)

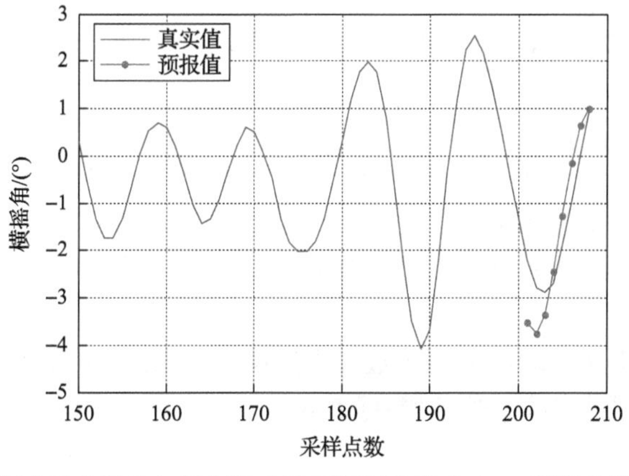

图 6.32　数据交叠分段和加窗函数改进周期图法的未来 6s 预报曲线(阈值 1/20)

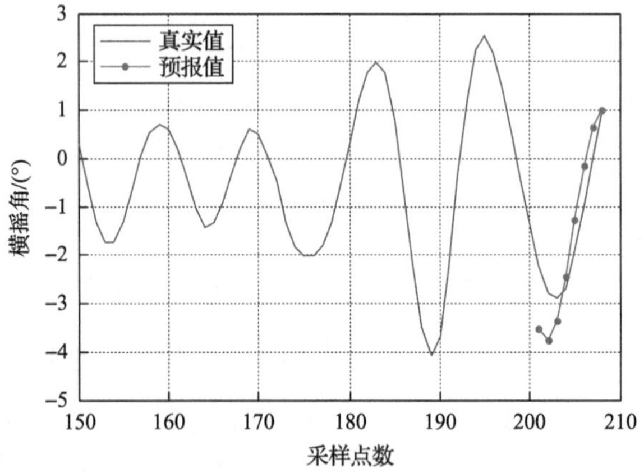

图 6.33　数据交叠分段和加窗函数改进周期图法的未来 6s 预报曲线(阈值 1/50)

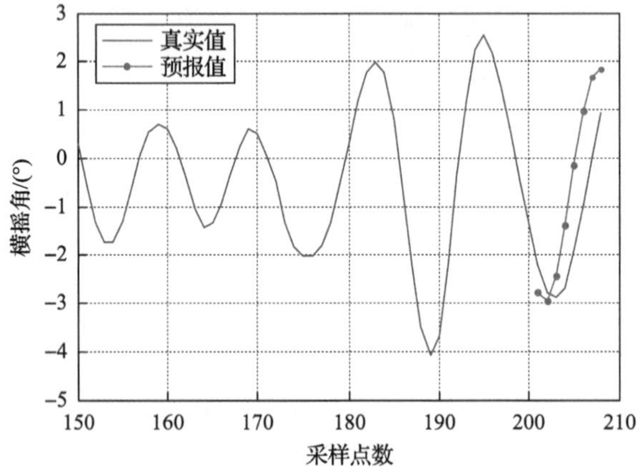

图 6.34　数据交叠分段和加窗函数改进周期图法的未来 6s 预报曲线(阈值 1/100)

表 6.8　数据交叠分段和加窗函数改进周期图法未来 6s 预报的相对均方根误差

阈值	1/10	1/20	1/50	1/100
相对均方根误差/%	25.46	25.46	13.69	20.54

前面采用数据交叠分段和加窗函数改进周期图方法，对船舶横遥运动未来 6s 进行预报，由以上预报曲线和预报结果的相对均方根误差可以看出，当阈值取 1/50 时预报效果最好。

下面是数据交叠分段和加窗函数改进周期图法未来 9s 预报曲线，如图 6.35～图 6.38 所示，预报相对均方根误差见表 6.9。

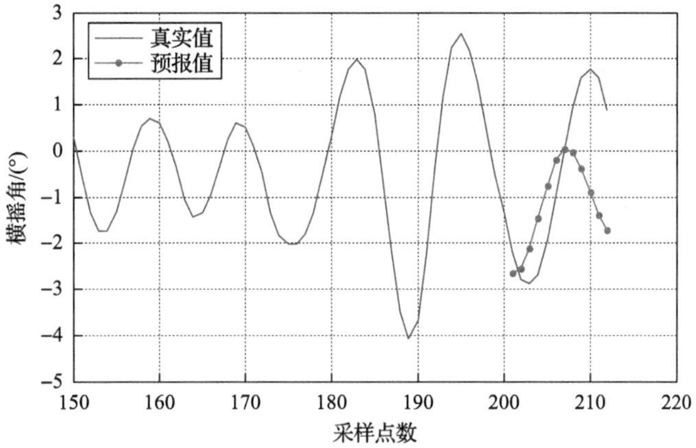

图 6.35　数据交叠分段和加窗函数改进周期图法的未来 9s 预报曲线(阈值 1/10)

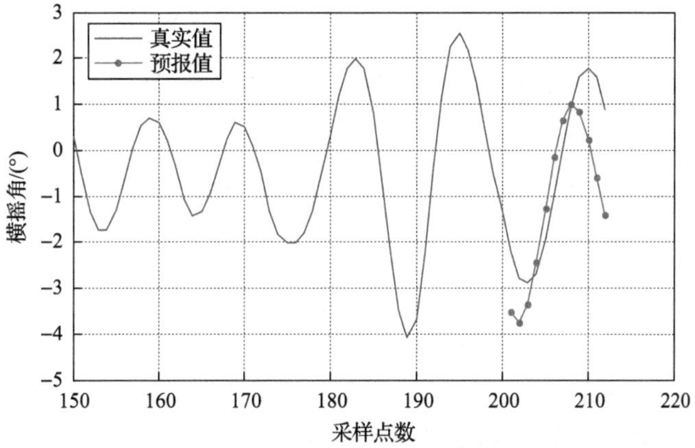

图 6.36　数据交叠分段和加窗函数改进周期图法的未来 9s 预报曲线(阈值 1/20)

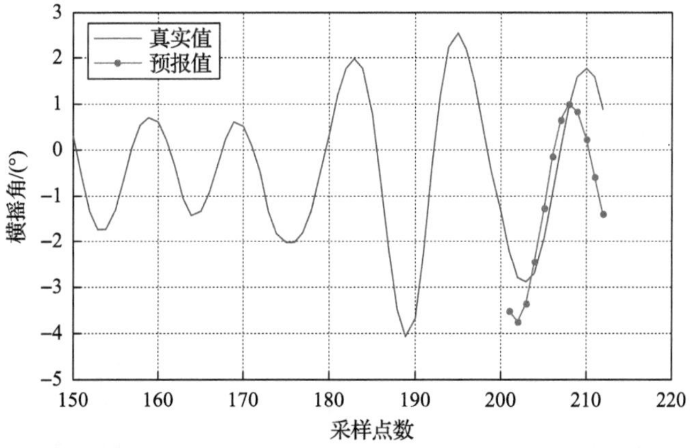

图 6.37　数据交叠分段和加窗函数改进周期图法的未来 9s 预报曲线(阈值 1/50)

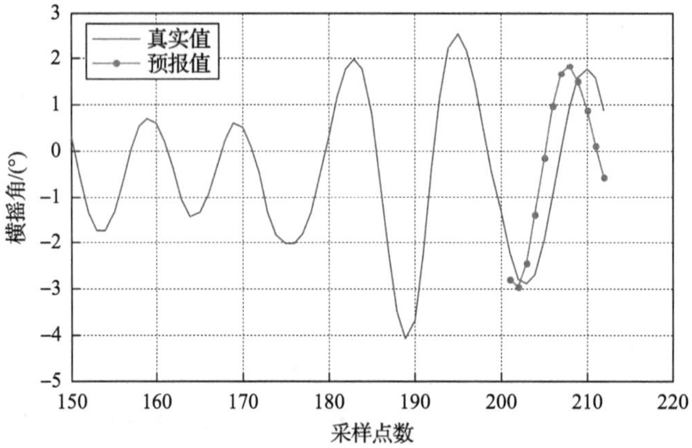

图 6.38　数据交叠分段和加窗函数改进周期图法的未来 9s 预报曲线(阈值 1/100)

表 6.9　数据交叠分段和加窗函数改进周期图法未来 9s 预报的相对均方根误差

阈值	1/10	1/20	1/50	1/100
相对均方根误差/%	45.61	45.61	15.80	24.69

前面采用数据交叠分段和加窗函数改进周期图方法，对船舶横遥运动未来 9s 进行预报，由以上预报曲线和预报结果的相对均方根误差可以看出，和未来 6s 预报一样，当阈值取 1/50 时预报效果最好。

下面是数据交叠分段和加窗函数改进周期图法未来 12s 预报曲线，如图 6.39～图 6.42 所示，预报相对均方根误差见表 6.10。

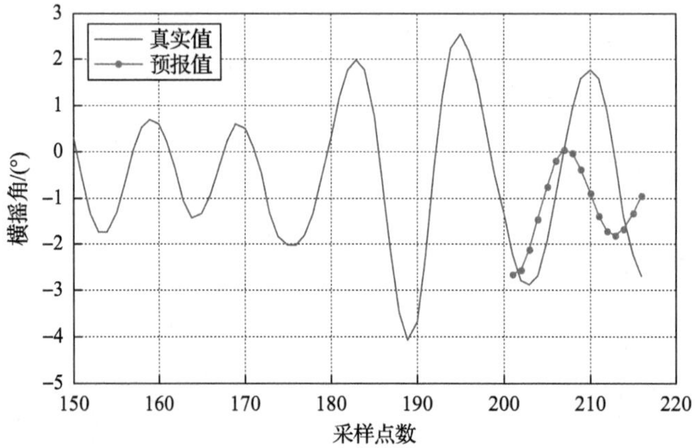

图 6.39　数据交叠分段和加窗函数改进周期图法的未来 12s 预报曲线(阈值 1/10)

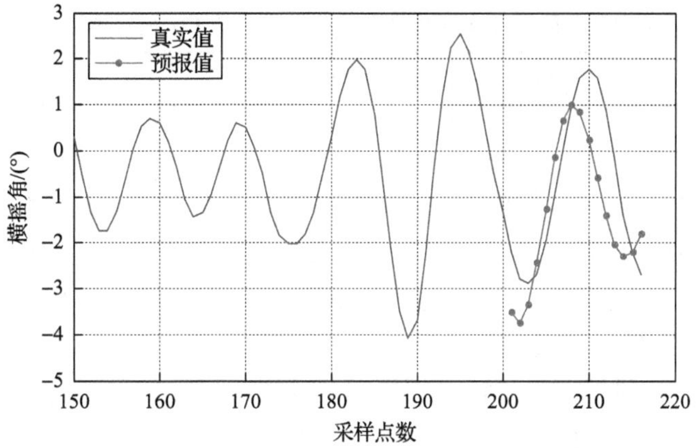

图 6.40　数据交叠分段和加窗函数改进周期图法的未来 12s 预报曲线(阈值 1/20)

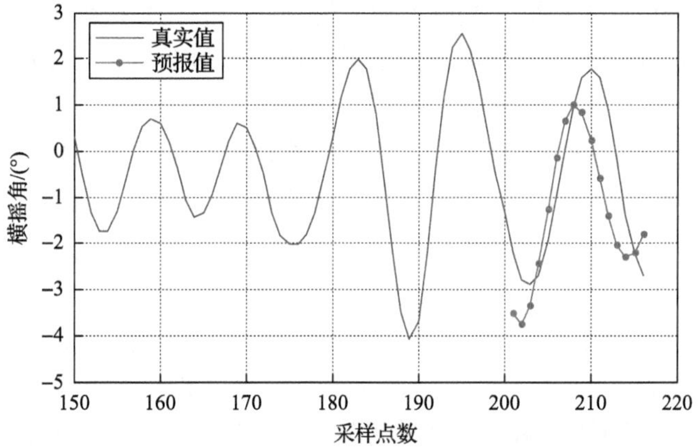

图 6.41　数据交叠分段和加窗函数改进周期图法的未来 12s 预报曲线(阈值 1/50)

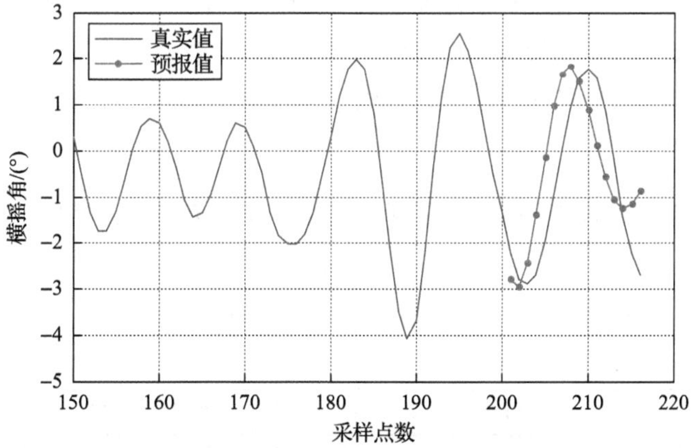

图 6.42　数据交叠分段和加窗函数改进周期图法的未来 12s 预报曲线(阈值 1/100)

表 6.10　数据交叠分段和加窗函数改进周期图法未来 12s 预报的相对均方根误差

阈值	1/10	1/20	1/50	1/100
相对均方根误差/%	48.83	48.83	18.97	29.53

由以上预报曲线和预报的相对均方根误差可以看出当取阈值为 1/50 时预报效果最好，曲线拟合度好于周期图法并且相对均方根误差也小于周期图法。经过大量的实例仿真可以总结出，当阈值为 1/20～1/10 时，预报的相对均方根误差相近，随着阈值的变小预报效果逐渐变好、预报的相对均方根误差也逐渐变小，到阈值为 1/50 时预报效果最好，阈值继续变小，预报效果开始逐渐变差，预报的相对均方根误差也逐渐变大，直至取到 1/100 后预报效果变化很小，相对均方根误差也变化极小。

从理论上分析以上情况，当阈值很大时(如 1/20)，会把很多有用的周期函数项舍去，从而让这些被舍弃的周期函数项不能参与预报，进而导致预报效果差，相对均方根误差大；而当阈值很小时(如 1/1000)，虽然保留了很多显著的周期函数项但是同时引入了很多干扰信号，这些干扰信号也会参与预报，从而导致预报效果差，相对均方根误差大。这样看来阈值不是越小越好，也不是越大越好，而是要兼顾保留显著的周期函数项，同时尽量减少引入干扰信号。从大量实例仿真中可以得到阈值取到 1/50 时预报效果是比较理想的，适合于船舶运动实际应用需要。综合数据交叠分段改进周期图法、加窗函数改进周期图法以及数据交叠分段和加窗函数改进周期图法的大量仿真曲线和预报的相对均方根误差结果可以得出，数据交叠分段和加窗函数改进周期图法预报效果比单一的数据交叠分段改进周期图法或单一的加窗函数改进周期图法预报效果更好。

表 6.11～表 6.13 给出数据交叠分段和加窗函数改进周期图法(数据段段间交叠比率取 1/2、所加窗函数为海明窗、阈值取 1/50)未来 6s、9s、12s 的周期序列项表，为应用数据交叠分段和加窗函数改进周期图法进行船舶运动预报提供数据参考。

表 6.11　数据交叠分段和加窗函数改进周期图法未来 6s 周期序列项表

项数	$I_N(\omega)$	$\|a\|$	$\angle a$	ω_i	项数	$I_N(\omega)$	$\|a\|$	$\angle a$	ω_i
1	0.6381	0.0329	2.3751	0.0982	6	0.5698	0.0395	0.6717	0.7854
2	0.0214	0.4041	2.7253	0.3927	7	0.3713	0.3211	−0.2731	5.6941
3	0.0376	0.2529	−2.8188	0.4909	8	0.0711	0.2529	2.8188	5.7923
4	0.0558	0.3211	0.2731	0.5890	9	0.0247	0.4041	−2.7253	5.8905
5	0.4600	0.1117	0.9094	0.6872	10	0.0238	0.1174	−2.6554	5.9887

续表

项数	$I_N(\omega)$	$\|a\|$	$\angle a$	ω_i	项数	$I_N(\omega)$	$\|a\|$	$\angle a$	ω_i
11	0.0228	0.0296	−1.9703	6.0868	21	0.0204	0.0540	1.7664	0.3540
12	0.0208	0.3530	−2.3686	0.4342	22	0.0202	0.0695	0.6777	0.7784
13	0.0209	0.5249	−1.7419	0.5457	23	0.0203	0.0368	0.6151	0.8458
14	0.0208	0.1732	3.0757	0.3441	24	0.0203	0.0273	−0.2545	0.9582
15	0.0204	0.1836	−2.3822	0.5678	25	0.0202	0.0159	−2.1437	0.8556
16	0.0205	0.4390	1.4758	0.2359	26	0.0201	0.0051	−1.5345	0.9345
17	0.0203	0.4075	−1.5801	0.2333	27	0.0201	0.00490	0.1455	1.0353
18	0.0204	0.3384	1.6066	0.6345	28	0.0201	0.0113	1.0453	1.0231
19	0.0202	0.1798	1.2785	0.6232	29	0.0202	0.0137	−1.1561	1.0096
20	0.0202	0.0462	1.1630	0.6426					

表 6.12　数据交叠分段和加窗函数改进周期图法未来 9s 周期序列项表

项数	$I_N(\omega)$	$\|a\|$	$\angle a$	ω_i	项数	$I_N(\omega)$	$\|a\|$	$\angle a$	ω_i
1	0.6381	0.0329	2.3751	0.0982	16	0.0318	0.2190	1.2658	0.5469
2	0.0114	0.4041	2.7253	0.3927	17	0.0333	0.2275	−1.8701	0.6583
3	0.0076	0.2529	−2.8188	0.4909	18	0.0309	0.0584	1.4086	0.6567
4	0.0558	0.3211	0.2731	0.5890	19	0.0355	0.0778	1.4765	0.6932
5	0.4600	0.1117	0.9094	0.6872	20	0.0243	0.0672	1.5640	0.4226
6	0.5698	0.0395	0.6717	0.7854	21	0.0275	0.0380	1.7754	0.4540
7	0.3713	0.3211	−0.2731	0.6941	22	0.0210	0.0365	0.6417	0.7834
8	0.0711	0.2529	2.8188	0.7923	23	0.0223	0.0378	0.6151	0.4568
9	0.1462	0.4041	−2.7253	0.8905	24	0.0223	0.0293	−0.2540	0.4582
10	0.1782	0.1174	−2.6554	0.9887	25	0.0283	0.0057	−2.1567	0.3496
11	0.0790	0.0296	−1.9703	0.0868	26	0.0288	0.0080	−1.5345	0.3625
12	0.0508	0.2560	−2.3988	0.4732	27	0.0277	0.0050	0.1355	0.5653
13	0.0993	0.5279	−1.7569	0.5057	28	0.0222	0.0172	−1.0223	0.1381
14	0.0973	0.1562	3.0753	0.5371	29	0.0201	0.0057	−1.0111	0.1596
15	0.0283	0.1896	−2.6852	0.5635					

表 6.13　数据交叠分段和加窗函数改进周期图法未来 12s 周期序列项表

项数	$I_N(\omega)$	$\|a\|$	$\angle a$	ω_i	项数	$I_N(\omega)$	$\|a\|$	$\angle a$	ω_i
1	0.6381	0.0329	2.3751	0.0982	16	0.8928	0.1490	1.2778	0.5569
2	0.0914	0.4041	2.7253	0.3927	17	0.4133	0.2145	−1.8701	0.6253
3	0.0076	0.2529	−2.8188	0.4909	18	0.6139	0.0154	1.4566	0.6227
4	0.0558	0.3211	0.2731	0.5890	19	0.2955	0.0548	1.4585	0.6222
5	0.4600	0.1117	0.9094	0.6872	20	0.2343	0.0442	1.5650	0.7216
6	0.5698	0.0395	0.6717	0.7854	21	0.5675	0.0370	1.7744	0.7520
7	0.3713	0.3211	−0.2731	0.6911	22	0.1410	0.0335	0.6747	0.7834
8	0.0711	0.2529	2.8188	0.3446	23	0.2423	0.0389	0.6161	0.8428
9	0.1462	0.4041	−2.7253	0.3710	24	0.5923	0.0211	−0.2510	0.8642
10	0.1782	0.1174	−2.6554	0.4014	25	0.1283	0.0121	−2.1087	0.8336
11	0.2790	0.0296	−1.9703	0.4392	26	0.1388	0.0190	−1.5795	0.9825
12	0.0518	0.2360	1.3686	0.4412	27	0.0953	0.0170	0.1105	0.6053
13	0.7993	0.5339	−1.3519	0.5127	28	0.0672	0.0122	−1.0143	0.9681
14	0.6773	0.1562	1.0733	0.5341	29	0.0988	0.0037	−1.0981	0.8996
15	0.2783	0.1346	−1.6845	0.5565					

6.4　本 章 小 结

本章介绍了周期图法和改进周期图法。考虑到船舶运动可以由一系列的周期序列项和一个平稳随机序列项来表示，周期图法通过计算比较船舶运动姿态的周期图 $I_N(\omega)$，留下大于阈值 1/50 的全部周期函数项，并利用最小二乘法估计船舶运动周期函数项的全部参数，建立了船舶运动周期图预报模型。介绍了数据交叠分段改进周期图法、加窗函数改进周期图法以及数据交叠分段和加窗函数改进周期图法。根据实例仿真预报曲线和预报相对均方根误差，比较得出数据交叠分段和加窗函数改进周期图法预报效果比单一的数据交叠分段改进周期图法、单一的加窗函数改进周期图法、未改进的周期图法预报效果更好。

第7章　基于改进LSTM算法的船舶运动自适应建模与预报

7.1　改进的LSTM算法

目前，针对船舶运动极短期预报已有大量的研究方法，其中，长短期记忆(long short-term memory, LSTM)神经网络算法[41]能够精准地学习历史数据对时间序列的影响，并深入挖掘已知时间序列的内在规律。因此，本章研究基于改进 LSTM 算法的船舶运动极短期预报方法。

本章首先对 LSTM 神经网络算法进行深入分析，用粒子群优化(particle swarm optimization, PSO)算法优化 LSTM 神经网络参数。其次，研究一种多层异质粒子群优化(multi-layer heterogeneous particle swarm optimization, MHPSO)算法，以解决 PSO 算法中粒子容易向自身局部最优位置聚集，陷入局部极值的问题。最后，针对船舶运动的非线性及非平稳特性，提出了经验模态分解(empirical mode decomposition, EMD)与改进 LSTM 算法组合的船舶运动姿态极短期预报算法。

7.1.1　LSTM 神经网络模型

自人工智能技术成为热门研究领域以来，人工神经网络的研究得到了迅速发展。传统前馈神经网络(feedforward neural network, FNN)虽然简单且容易实现，但缺乏反馈机制，没有封闭环路。典型的前馈神经网络有卷积神经网络(convolutional neural network, CNN)、反向传播(back propagation, BP)神经网络、径向基函数(radial basis function, RBF)神经网络等。循环神经网络(recurrent neural network, RNN)可利用神经网络中的反馈信息，增强其记忆性能，更好地处理动态信息。LSTM 神经网络模型由 RNN 模型演化而来，RNN 模型属于神经网络体系中具有代表性的模型，其最大特点体现在处理网络单元的过程中，不仅有内部反馈连接还有前馈连接，此外还能够充分表现动态化的时序行为。但是在结构方面该网络存在明显不足，难以实现远程信息交互，学术界称该现象为梯度消失；而梯度消失会导致网络难以及时调整误差，进而导致该网络的应用范围大幅缩小。1997 年，Hochreiter 等[41]围绕 RNN 存在的梯度消失问题，指出可运用 LSTM 单元有效解决。随着研究不断深入，该理论得到了丰富和完善，当前在学术界运用最为广泛的

LSTM 网络(图 7.1)，关键就在于在 RNN 隐含层中运用 LSTM 单元替换原先的 RNN 网络。

LSTM 网络模型不仅涵盖了众多标准化的隐藏状态，还存在一个记忆细胞，促使其梯度可设定为 1。相较于标准化网络，其能够借助记忆细胞中的数据信息更加高效地获取长距离依赖信息，从而避免发生梯度消失的情况。不仅如此，该网络模型中还存在输入门(input gate)、输出门(output gate)、遗忘门(forget gate)三个有效调控级数的门来确保数据信息的交互。而“门”自身就是具备特殊物理意义的神经网络，是调整其他数据数级的控制方式。它的输入是控制数据，输出是值域为[0,1]的值，从而有效调控相关数据的数级，其作用类似于过滤器。LSTM 单元结构图如图 7.1 表示。

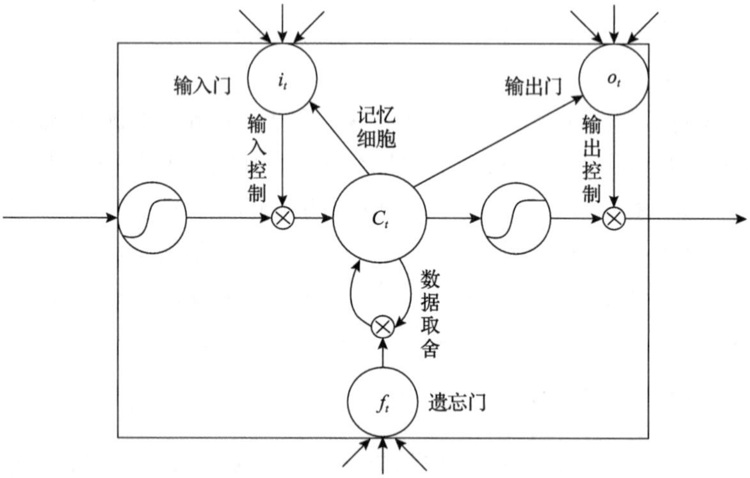

图 7.1　LSTM 单元结构示意图

由图 7.1 可知，记忆细胞(cell)在流转过程中并不需要与网络整体的矩阵进行运算，只需要与输入门、输出门、遗忘门三个级数门的数级值完成数值交换即可。由于不与网络矩阵合并运算，无须与 RNN 的回转梯度发生联系，所以不会出现梯度消失问题，这是对传统 RNN 模型的一种改进。

遗忘门的作用是控制从记忆细胞状态中舍弃多少历史信息，其计算公式如下：

$$f_t = \text{sigmoid}(W_{\text{forget}} \cdot [h_{t-1}, x_t] + b_{\text{forget}}) \tag{7.1}$$

式中，x_t 为当前时刻输入信息；h_{t-1} 为前一时刻隐含层单元的输出信息；W_{forget} 为遗忘门的连接权重；b_{forget} 为遗忘门的偏置；f_t 为遗忘门的输出信息；sigmoid 为激活函数，用于将输出信息变换到[0,1]之内。由遗忘门决定上一单元状态保留了多少历史信息。

输入门的作用是控制新信息的输入，其决定当前时刻输入信息 x_t 有多少会加入到记忆细胞信息中，其计算公式如下：

$$i_t = \text{sigmoid}(W_{\text{in}} \cdot [h_{t-1}, x_t] + b_{\text{in}}) \tag{7.2}$$

式中，W_{in} 为输入门的连接权重；b_{in} 为输入门的偏置；i_t 为输入门的输出信息。

$\tilde{c}_t$ 用来记忆细胞的临时状态，其计算公式如下：

$$\tilde{c}_t = \tanh(W_{\text{cell}} \cdot [h_{t-1}, x_t] + b_{\text{cell}}) \tag{7.3}$$

式中，x_t 为当前时刻输入信息；h_{t-1} 为前一时刻隐含层单元的输出信息；W_{cell} 为临时记忆细胞的连接权重；b_{cell} 为临时记忆细胞的偏置；tanh 为激活函数。

将输入门与遗忘门的输出信息合并，更新记忆细胞状态，并传递给下一时刻状态，更新后的记忆细胞状态里存储了当前新增的信息以及历史的一部分信息，供未来使用。记忆细胞状态更新公式如下：

$$c_t = f_t \odot c_{t-1} + i_t \odot \tilde{c}_t \tag{7.4}$$

式中，c_t 表示更新后的记忆细胞状态；c_{t-1} 表示前一时刻记忆细胞状态；$\odot$ 表示按元素相乘。

记忆细胞状态的更新方式决定了 LSTM 神经网络模型可以根据每个时刻的输入选取信息传递给下一时刻，实现了历史信息的传递。对内部记忆细胞状态完成更新之后，将进行输出的计算。

输出门的作用体现在为下一层的网络更新挑选、控制相应的记忆信息，其具体公式如下：

$$o_t = \text{sigmoid}(W_{\text{out}} \cdot [h_{t-1}, x_t] + b_{\text{out}}) \tag{7.5}$$

式中，x_t 为当前时刻输入信息；h_{t-1} 为前一时刻隐含层单元的输出信息；W_{out} 为输出门的连接权重；b_{out} 为输出门的偏置；o_t 为输出门的输出信息；sigmoid 为激活函数。

LSTM 神经网络模型的输出值 h_t 为

$$h_t = o_t \odot \tanh(c_t) \tag{7.6}$$

式中，$t \in \{1, 2, \cdots, T\}$，$T$ 代表时间序列的长度；h_t 为预测值输出，同时会传递给下一时刻的计算，作为模型的输入。

式(7.1)～式(7.6)即为 LSTM 网络结构。

7.1.2　PSO 算法

1. PSO 算法原理

PSO 算法作为群体智能算法，属于启发式优化算法，其能够充分发挥进化算法的优势，从而妥善应对无约束和约束的全局优化问题。该算法以鸟群觅食活动为参照，探究鸟类集体活动如何促使群体搜索最优结果。相较于具有代表性的遗传算法、进化规划等进化算法，不同之处在于该算法是以社会行为作为模拟探究对象，其本质上不是源于自然选择过程中的进化规律矛盾，而是来自群体组织的社会行为，能够确保个体在基于个人和他人实践经验的基础上做出恰当选择。这是 PSO 算法、鱼群算法和蚁群优化算法等的相同之处。

基于对问题的探析，可以确定相应的区间范围，从而确定搜索粒子的范围。在既定的范围内粒子可实现自由移动，而随着更新活动的结束，粒子位置移动可视为寻找可行解的过程。通过模拟鸟群觅食活动，粒子能够结合自身和周围粒子的经验实现位置的变动。粒子调整位置的决策，主要受到个体、社会两种认知方式的影响，前者是指粒子依据自身经验完成位置的调整，称为局部最优位置；后者是指粒子依据附近粒子的经验，移向最佳位置的过程，称为全局最优位置。正是这种相互作用的发挥，能够有效加强粒子与附近粒子之间的联系，确保粒子能够基于自身的情况进行实时更新，逐渐移向更好的方向和位置。

假定有 B 个粒子在 PSO 算法中流动，限定的区域范围为 A，此时粒子 i 表示为向量 $\boldsymbol{x}_i = [x_{i1}, x_{i2}, \cdots, x_{iA}]$，相应的粒子 i 的速度、局部和全局最优位置可以依次用向量表示为 $\boldsymbol{v}_i = [v_{i1}, v_{i2}, \cdots, v_{iA}]$、$\boldsymbol{p}_l = [p_{l1}, p_{l2}, \cdots, p_{lA}]$ 和 $\boldsymbol{p}_g = [p_{g1}, p_{g2}, \cdots, p_{gA}]$。同时 $i = 1, 2, \cdots, B$。此外，粒子的初始状态都是随机设定的，其关键在于粒子位置和初始速度的设定。

粒子群中粒子的最初位置都是随机设定的，而相应粒子的速度也是随机的。因此，用图 7.2 表示粒子移动过程的描述。

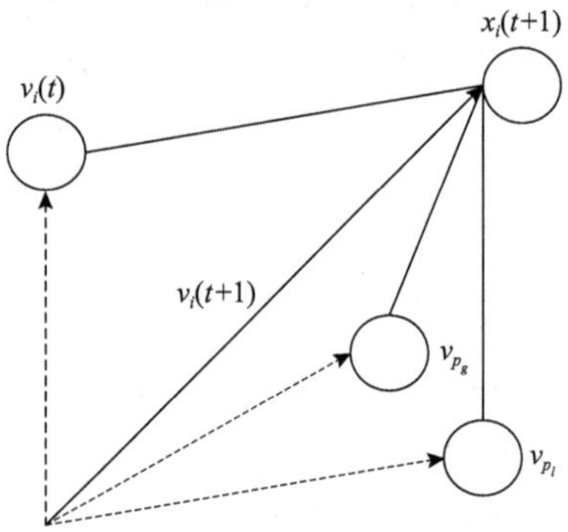

图 7.2　粒子运动示意图

式(7.7)和式(7.8)为标准化 PSO 算法中粒子速度、位置的更新方程：

$$V_{i,j}^{t+1} = \omega V_{i,j}^{t} + c_1 r_{1,i,j}^{t}(\hat{y}_j^t - x_{i,j}^t) + c_2 r_{2,i,j}^{t}(y_{i,j}^t - x_{i,j}^t) \tag{7.7}$$

$$x_{i,j}^{t+1} = x_{i,j}^{t} + V_{i,j}^{t+1} \tag{7.8}$$

式中，$V_{i,j}^t$、$x_{i,j}^t$、$y_{i,j}^t$、$\hat{y}_j^t$ 分别为粒子 i 的速度、初始位置、局部和全局最优位置，下标 j 为空间维度的索引值；ω 为惯性权重，$r_{1,i,j}^t$、$r_{2,i,j}^t$ 的数值是随机的；c_1、c_2 为恒定系数，这些数值的作用在于能够平衡粒子的探索及寻优行为。

式(7.7)中，具体可划分为三部分，即粒子的当前状态、相应得到的社会经验和个体经验，依次表示为 $\omega V_{i,j}^t$、$c_1 r_{1,i,j}^t(\hat{y}_j^t - x_{i,j}^t)$ 和 $c_2 r_{2,i,j}^t(y_{i,j}^t - x_{i,j}^t)$。

2. PSO 算法流程及其特点分析

PSO 算法流程用图 7.3 表示，相应的步骤如下所述。

(1)对种群进行初始化处理，包括种群大小，同时对全体粒子的速度和位置进

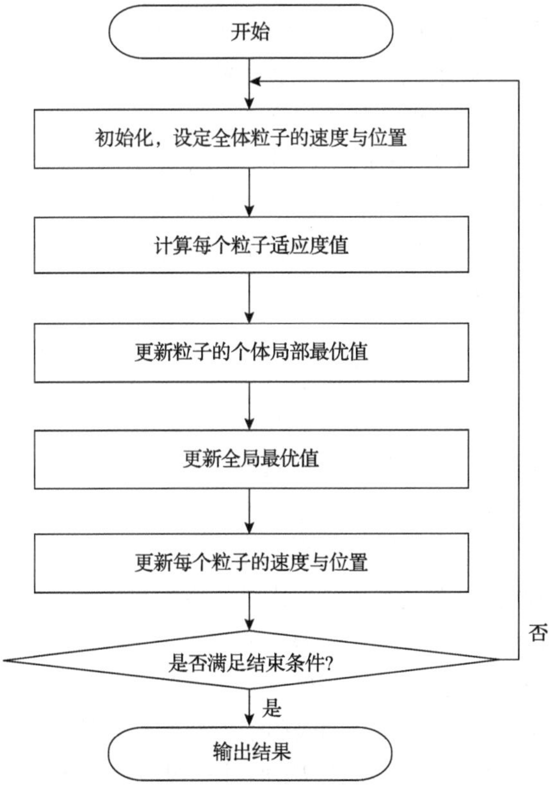

图 7.3　PSO 算法流程图

行随机设定。

(2) 计算每个粒子的适应度值。

(3) 以适应度为指标，将粒子实时位置与其局部最优位置进行对比，假如最优位置的适应度小于当前粒子的适应度，则将当前粒子作为局部最优值，反之则不变。

(4) 以适应度为指标，将所有粒子相应的适应度与群落全局最优位置的适应度进行对比，若最优位置的适应度小于某一粒子适应度，则将粒子设置为群落的全局最优位置，反之保持不变。

(5) 运用式(7.7)和式(7.8)对每一个粒子的速度和位置进行计算。

(6) 当满足结束要求时，结束算法；反之，跳转至步骤(2)重复运行，直至达到结束条件。

PSO 算法具备以下特点。

(1) 所有粒子都具备相应的记忆能力，能够将自身局部和全局最优的位置信息进行保存。

(2) PSO 算法属于并行算法，能够借助不同粒子的位置，获得相应粒子的最优位置；基于算法的并行处理能力和全局搜索能力，算法的收敛性得到极大增强，搜寻速度加快，寻优能力也得到大幅增强。

(3) 设计原理简单，使用简便，在实际运用过程中无须进行大量调整。

(4) 建立在粒子个体局部和全局最优解的基础上，对全体粒子的协同寻优活动进行指引。在最优解的探寻环节，单个粒子之间存在合作和竞争并存的关系。

7.1.3 MHPSO 算法

在 PSO 算法中粒子容易向局部最优位置聚集，这将导致陷入局部极值或者出现过早收敛等情况。因此，本节介绍了 MHPSO 算法。

在 MHPSO 算法中，4 个粒子随机组成一个环结构，而环结构又能够组成相应的规则树。环中所有粒子的适应度之和决定了环的优劣程度，进而决定了环在树中的位置，环越优则在树中层次越高。在运用算法的过程中，会结合环的优劣程度对其进行适当调整。在规则树的层次结构中，将每个粒子中的父节点粒子设定为吸引子，确保其也是下层节点中粒子的吸引子。在最上层节点中由于粒子的吸引子在群体中具备相对较高的适应度，粒子在运动过程中除了向其个体最优位置及全局最优位置移动外，也向它们吸引子所在的位置移动。如图 7.4 所示，粒子 A 的吸引子包括粒子 B、C、D、E、F；而处在根节点位置环中粒子(如粒子 X)的邻居只有处在同一个环中的另外四个粒子。

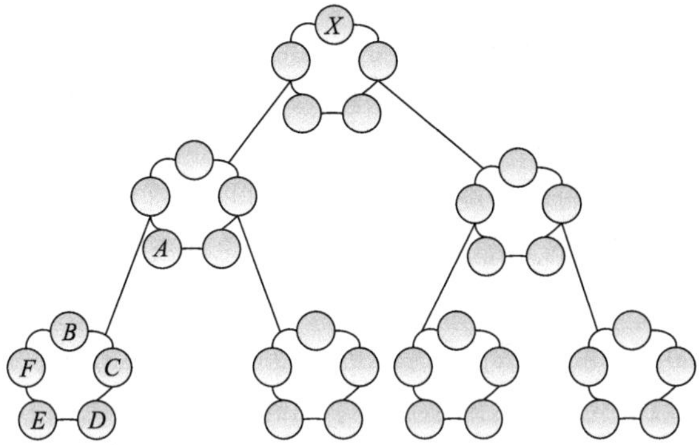

图 7.4　MHPSO 算法的粒子群结构图

在 MHPSO 算法中，对于传统 PSO 算法的速度更新公式，添加了来自吸引子的附加项，具体公式如下：

$$V_{i,j}^{t+1} = \omega V_{i,j}^{t} + c_1 r_{1,i,j}^{t}(\hat{y}_i^t - x_{i,j}^t) + c_2 r_{2,i,j}^{t}(y_{i,j}^t - x_{i,j}^t) + \sum_{a=1}^{A_j^i} c_3 r(i)_{a,j}^t \left[x(i)_{a,j}^t - x_{i,j}^t \right] \tag{7.9}$$

式中，$V_{i,j}^t \in [-V_{\max}, V_{\max}]$，$V_{\max}$ 为常数，可结合实际问题进行设定；粒子 i 的吸引粒子 a 的具体位置、吸引系数分别表示为 $x(i)_{a,j}^t$ 和 $r(i)_{a,j}^t$；相应的吸引粒子总数用 A_j^i 表示；c_3 表示加速度系数，是恒定的数值。

为确保粒子能够受到自身吸引子的均衡影响，从而增强算法的寻优性能，相应的粒子吸引系数情况如下。

当 $S(i)_{a,j}^t \leqslant \bar{S}(i)_j^t$ 时，有

$$r(i)_{a,j}^t = r_{\min}^t + \frac{(r_{\max}^t - r_{\min}^t)\left[S(i)_{a,j}^t - S(i)_{\min,j}^t \right]}{\bar{S}(i)_j^t - S(i)_{\min,j}^t} \tag{7.10}$$

当 $S(i)_{a,j}^t > \bar{S}(i)_j^t$ 时，有

$$r(i)_{a,j}^t = r_{\max}^t + \frac{(r_{\max}^t - r_{\min}^t)\left[S(i)_{\max,j}^t - S(i)_{a,j}^t \right]}{S(i)_{\max,j}^t - \bar{S}(i)_j^t} \tag{7.11}$$

式(7.10)和式(7.11)中，粒子 i 的吸引粒子到自身距离的最小值、最大值、均值依次表示为 $S(i)_{\min,j}^t$、$S(i)_{\max,j}^t$ 和 $\bar{S}(i)_j^t$。粒子 i 距离吸引粒子 a 的距离表示为 $S(i)_{a,j}^t$。而粒子 a 所受到的吸引力的大小通过对比其到粒子 i 距离与粒子 i 所有吸引粒子的距离均值而得到。因此，当 $S(i)_{a,j}^t \leqslant \bar{S}(i)_j^t$ 时，相应的吸引系数较大；当 $S(i)_{a,j}^t > \bar{S}(i)_j^t$ 时，相应的吸引系数较小。

该算法运行的具体步骤如下所示。

(1)完成粒子群、环、规则树的初始化处理，主要涉及粒子的速度和位置，随机组成粒子环、规则树。

(2)计算出所有粒子的适应度值，并且评价环的优劣程度。具体的评价方式为：计算出环中全体粒子的局部最优值 pb_i^t 及其总和 Total，后者的数值越低，则表明环质量越优。

(3)完成粒子局部和全局最优位置的更新。以适应度为标准，对比单个粒子当前的适应度和自身最优位置 pb_i^t 的适应度，如果前者更好则对 pb_i^t 数值进行更新；同时对比单个粒子当前的适应度和全局最优位置 gb_i^t 的适应度，如果前者更好则对 gb_i^t 数值进行更新。

(4)结合式(7.8)～式(7.11)完成对粒子速度和位置的更新工作。

(5)完成树中环位置的更新工作。结合树中具体的环，以 Total 值为标准，对比其与相应子节点的数值，如果后者的数值更小，则需要将二者在层次中的位置进行互换。该对比方式是以树的根节点作为切入点，采用广度优先的形式遍历规则树。

(6)当符合结束条件要求时(足够好的位置或最大的迭代次数)，算法停止；反之，跳转至步骤(2)继续运算。

相较于标准的 PSO 算法，MHPSO 算法以种群拓扑结构为主，将粒子自身吸引子的吸引能力考虑在内，完善了算法的速度更新方程，同时构建相应的行为池，满足早熟粒子的行为选择需求，进而显著提升算法运行过程中两个粒子之间的信息传输能力，增强了算法的寻优能力。

7.2 MHPSO 算法性能分析

7.2.1 MHPSO 算法仿真

在进行仿真实验的过程中，本节采用的环境如表 7.1 所示。

表 7.1 仿真实验平台

名称	参数值
内存	4GB
操作系统	Windows 7
深度学习框架	TensorFlow
使用语言	Python、C++

为了评估 MHPSO 算法的性能，在实验过程中选取 PSO 算法和量子粒子群优化(quantum particle swarm optimization, QPSO)算法[42]作为对比算法，选取单峰函数 Quadric、Rosenbrock 和多峰函数 Griewank、Ackley 作为基准函数(表 7.2)进行测试。在多数优化算法测试过程中都会采用上述函数，已经成为算法性能测试的基准函数。

表 7.2　基准函数

函数	表达式	初值范围
Quadric	$f_1(x)=\sum_{l=1}^{n}\left(\sum_{i=1}^{l}x_i\right)^2$	$x_i\in[-100,100]$
Rosenbrock	$f_2(x)=\sum_{i=1}^{n-1}\left[100(x_{i+1}-x_i^2)^2+(x_i-1)^2\right]$	$x_i\in[-100,100]$
Griewank	$f_4(x)=1+\frac{1}{4000}\sum_{j=1}^{n}x_{j+1}^2-\prod_{j=1}^{n}\cos\left(\frac{x_j}{\sqrt{j}}\right)$	$x_j\in[-600,600]$
Ackley	$f_5(x)=-20\mathrm{e}^{-0.2\sqrt{\frac{1}{n}\sum_{j=1}^{n}x_j^2}}-\mathrm{e}^{\frac{1}{n}\sum_{j=1}^{n}\cos(2\pi x_j)}+20+\mathrm{e}$	$x_j\in[-30,30]$

7.2.2　仿真结果对比与分析

为了进行对比与分析，在实验过程中统一将 PSO、QPSO 和 MHPSO 三种算法的粒子数设定为 50。将 MHPSO 算法的种群结构和每层粒子数分别设定为 5、10。

具体的 PSO 算法、QPSO 算法和 MHPSO 算法中参数设置规则见表 7.3。

表 7.3　参数设置规则

参数	PSO 算法	QPSO 算法	MHPSO 算法
ω	从 0.7 到 0.2 线性递减	从 0.7 到 0.2 线性递减	从 0.7 到 0.2 线性递减
c_1	从 2.4 到 0.4 线性递减	从 2.4 到 0.4 线性递减	从 2.4 到 0.4 线性递减
c_2	从 0.4 到 2.4 线性递增	从 0.4 到 2.4 线性递增	从 0.4 到 2.4 线性递增
c_3	无	无	2.4 除以吸引子的数量
r_1	服从均匀分布 $U(0,1)$	服从均匀分布 $U(0,1)$	服从均匀分布 $U(0,1)$
r_2	服从均匀分布 $U(0,1)$	服从均匀分布 $U(0,1)$	服从均匀分布 $U(0,1)$
$r_{\min,a}^t$	无	无	0.3
$r_{\max,a}^t$	无	无	1.2

图 7.5 给出了三种算法对四个测试函数的优化对比结果。不难发现，上述四个函数中，相较于 PSO 算法和 QPSO 算法，MHPSO 算法的优化结果更好。当采用 MHPSO 算法时，相较于单峰函数 Quadric、Rosenbrock，多峰函数 Griewank 的收敛速度更快，多峰函数 Ackley 则花费了较长时间才完成收敛。

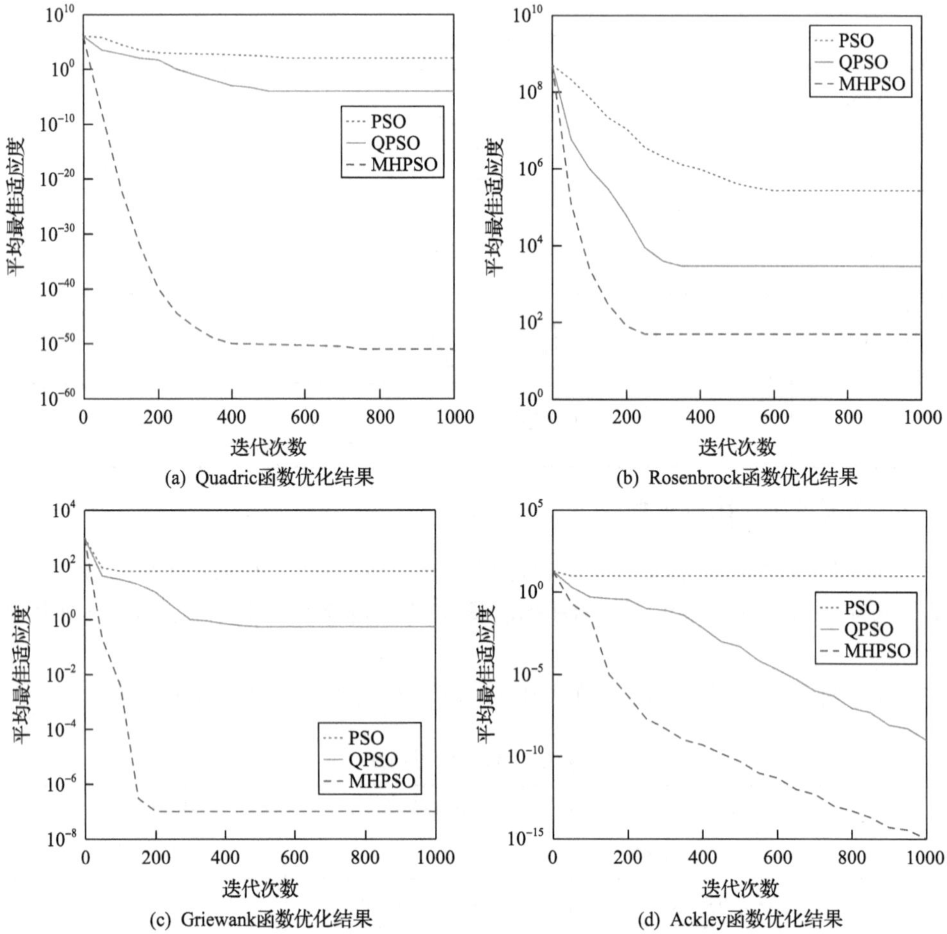

(a) Quadric函数优化结果　(b) Rosenbrock函数优化结果

(c) Griewank函数优化结果　(d) Ackley函数优化结果

图 7.5　三种算法对四个测试函数的优化对比结果

仿真表明，相较于 PSO 算法和 QPSO 算法，MHPSO 算法在寻优能力和结果优化方面优势明显。MHPSO 算法中的粒子间信息交流更加有效，降低了种群陷入局部极值的可能性，提高了种群在可行域空间内的局部开发能力，加速了算法的收敛速度。

7.3　基于 PSO-LSTM 和 MHPSO-LSTM 的预报模型

7.3.1　基于 PSO 算法优化的 LSTM 神经网络模型

基于 PSO 算法优化的 LSTM 神经网络模型(简称 PSO-LSTM 模型)，主要思想是通过 PSO 算法优化 LSTM 神经网络模型的权重，以改善 LSTM 神经网络的预报性能。

PSO-LSTM 算法流程如图 7.6 所示。

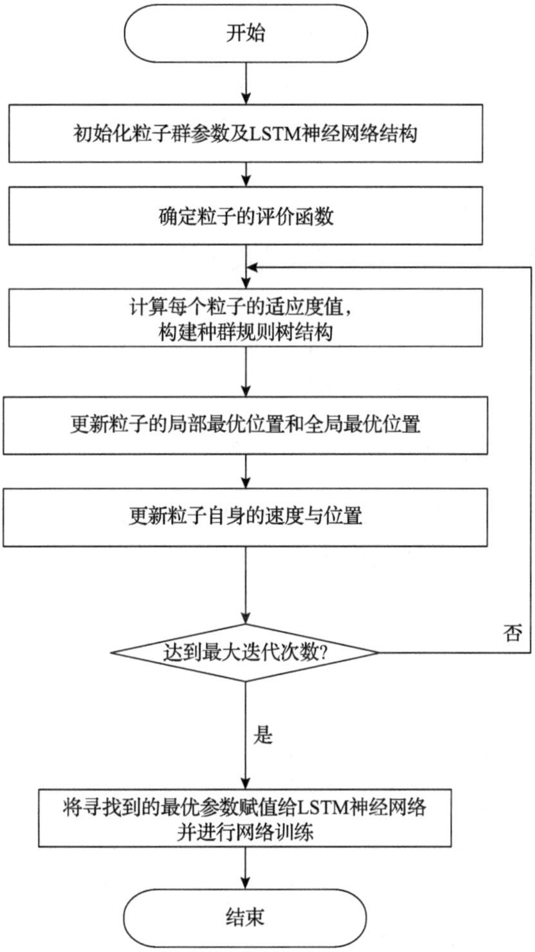

图 7.6　PSO-LSTM 算法流程图

PSO-LSTM 算法的具体步骤如下所示。

(1) 对 LSTM 神经网络的结构和粒子群参数进行初始化处理。粒子群参数包括种群规模、种群层数、学习因子、粒子位置、速度初始值和迭代次数，其中，粒子位置和速度初始值是随机值。LSTM 神经网络结构的初始化主要是指网络各层神经元个数及隐含层层数的确定。

(2) 确定粒子的评价函数。种群中粒子的适应度函数定义为

$$\mathrm{fit}_i = \frac{1}{n}\sum_{i=1}^{n}\left|\frac{Y_i - y_i}{y_i}\right| \tag{7.12}$$

式中，n为种群规模；Y_i为样本输出值；y_i为实际输出值。

(3) 计算每个粒子的适应度值，构建种群规则树结构。根据式(7.12)计算每个粒子的适应度值并进行排序，然后构建粒子种群规则树结构。

(4) 对粒子局部和全局的最优位置进行更新。

(5) 运用式(7.8)实现对粒子速度和位置的更新。

(6) 满足结束条件要求时(达到最大迭代次数)，算法结束，反之跳转步骤(3)继续迭代。

(7) 将得到的最优结果对 LSTM 神经网络的连接权重进行赋值，对 LSTM 神经网络模型进行训练，输出时间序列预报最优解。

7.3.2 基于 MHPSO 算法优化的 LSTM 神经网络模型

运用 MHPSO 算法对 LSTM 神经网络模型进行优化的关键环节在于确定 LSTM 神经网络的结构。相应的优化核心具体体现在以下方面。

(1) 构建 MHPSO 算法中粒子与 LSTM 模型中权重的映射关系，确保两者的数目能够相互对应。

(2) 将 LSTM 神经网络输出的均方误差作为 MHPSO 算法的适应度函数，这样设计的作用在于能够确保 MHPSO 算法全局寻优能力得到充分发挥，进而促使 LSTM 神经网络得到的均方误差最小化。

因此，当 LSTM 神经网络模型结构确定后，只需要将全部神经元节点间的权重编码作为粒子，从而确保权重与粒子对应，并且设计合理的适应度函数，则该模型的训练过程便可直接理解为寻优过程，而此处的最优解代表促使 LSTM 神经网络模型性能最优时的初始权重。

1. 粒子编码方式及适应度函数

由于运用 MHPSO 算法的目的在于对权重的优化，必须对上述参数进行编码

处理，随后构建权重与粒子之间的映射关系。一般情况下采用的编码方式有向量和矩阵两种，本节将采用较为简单的向量编码方式。

通过设定合理的适应度函数，能够有效评估该算法中所有粒子的优劣程度。本节适应度函数的设定是基于 LSTM 神经网络模型实测值和预测值的均方误差(mean square error, MSE)完成的，基于函数推算出的数据越有效，则相应粒子的寻优性能越强。可以将在训练过程中粒子 i 搜寻局部最优解和全局最优解时所运用数据集的均方误差具体表示为 MSE_i 和 MSE_g，二者分别按照式(7.13)和式(7.14)进行计算：

$$\mathrm{MSE}_i = \frac{1}{p}\sum_{s=1}^{p}\sum_{j=1}^{N}(d_{isj} - y_{isj})^2 \tag{7.13}$$

$$\mathrm{MSE}_g = \min_{i=1,2,\cdots,n}(\mathrm{MSE}_i) = \min_{i=1,2,\cdots,n}\frac{1}{p}\sum_{s=1}^{p}\sum_{j=1}^{N}(d_{isj} - y_{isj})^2 \tag{7.14}$$

MHPSO 算法中的粒子数、训练所用数据数、输入数据的预测结果及其真实值依次表示为 p、N、d_{isj} 和 y_{isj} 。本节将 MSE_g 作为 MHPSO 算法中的适应度函数。

2. 实现过程

基于 MHPSO 算法优化的 LSTM 神经网络模型(简称 MHPSO-LSTM 模型)，主要思想是通过 MHPSO 算法优化 LSTM 神经网络的权重，以增强 LSTM 神经网络模型的预测能力。MHPSO-LSTM 模型具体流程如图 7.7 所示。

由图 7.7 可以看出，MHPSO-LSTM 模型先通过 MHPSO 算法对 LSTM 神经网络的初始权重进行优化处理，随后将得到的最优解进行还原并设定为该模型的权重初始值。由于在全局范围内 MHPSO 算法所搜寻的最优解与该模型的要求权重十分接近，通过学习训练之后，该模型能够提高学习效率，解决易陷入局部极值的问题，从而增强模型的预报性能。具体步骤如下所示。

(1)初始化 LSTM 神经网络的结构和粒子群相关参数。粒子群相关参数包括种群规模、种群层数、学习因子、粒子位置、速度初始值和迭代次数，其中，粒子位置和速度初始值是随机值。LSTM 神经网络结构的初始化主要是网络各层神经元个数及隐含层层数的确定。

(2)将 MSE_g 作为 MHPSO 算法的适应度函数。

(3)计算每个粒子的适应度值，构建规则树种群结构。根据式(7.14)计算每个粒子的适应度值并进行排序，随后构建相应的规则树。

(4)确定相应的个体极值和群体极值，将得到的适应度值与个体极值进行比较，当个体极值大于适应度值时，适应度值成为新的个体极值；将适应度值与全局适应度最优解进行对比，当其更小时，其作为新的群体极值。

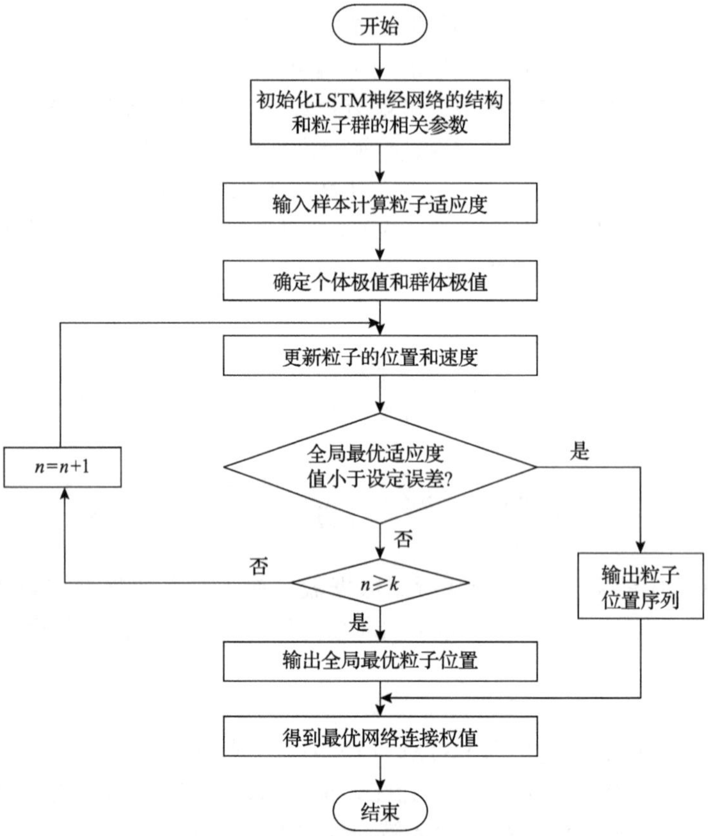

图 7.7　MHPSO-LSTM 模型流程图

(5)结合式(7.8)～式(7.11)完成粒子速度、位置的更新工作。

(6)判断全局最优适度值是否小于设定误差，符合条件要求时，所得到的解为LSTM 神经网络模型的权重最优解；反之，继续运行步骤(7)。

(7)比较迭代次数 n 与最大迭代次数 k 的大小，当 n 大于等于 k 时，表明算法次数已达到要求，可结束运算；反之设置迭代次数 $n=n+1$，跳到步骤(5)。

7.4　三种预报模型的船舶运动预报仿真与分析

在仿真之前，采用式(7.15)对数据进行归一化处理，将其归一化到[0,1]，即

$$M_i = \frac{x_i - x_{\min}}{x_{\max} - x_{\min}} \tag{7.15}$$

式中，x_i $(i=1,2,\cdots,n)$是输入的数据；$x_{\max}$ 是数据中的最大值；$x_{\min}$ 是数据中的最小值；M_i 是归一化后的数据。

当前与预报误差相关评价指标众多，本节主要采用平均绝对百分比误差(mean absolute percentage error, MAPE)和均方根误差(root mean square error, RMSE)作为预报结果的评价指标，具体的计算公式如下：

$$\mathrm{MAPE}=\frac{1}{n}\sum_{i=1}^{n}\left|\frac{\hat{x}_i-x_i}{x_i}\right|\times 100\% \tag{7.16}$$

$$\mathrm{RMSE}=\sqrt{\frac{1}{n}\sum_{j=1}^{n}(\hat{x}_j-x_j)^2} \tag{7.17}$$

在仿真过程中，本节采用某船舶分别在三级海况下航行速度为 20kn、遭遇角为 135°时和在五级海况下航行速度为 24kn、遭遇角为 90°时的船舶运动姿态实测的升沉运动数据、横摇运动数据和纵摇运动数据进行仿真，采样时间为 0.2s；三种模型(LSTM 模型、PSO-LSTM 模型和 MHPSO-LSTM 模型)中 LSTM 神经网络的输入层节点数均设置为 1，隐含层节点数设置为 4，隐含层层数设置为 3，输出层节点数设置为 1，采用 tanh 和 sigmoid 函数作为激活函数。

7.4.1　升沉运动预报分析

本节利用 500 个船舶升沉运动历史数据作为训练数据，采样时间为 0.2s，预报 20s 内船舶升沉运动。在三级海况下，三种模型的升沉运动预报曲线对比结果以及三种模型的升沉运动预报误差对比结果如图 7.8 和图 7.9 所示，三种模型预报升沉运动的 MAPE 和 RMSE 如表 7.4 所示。

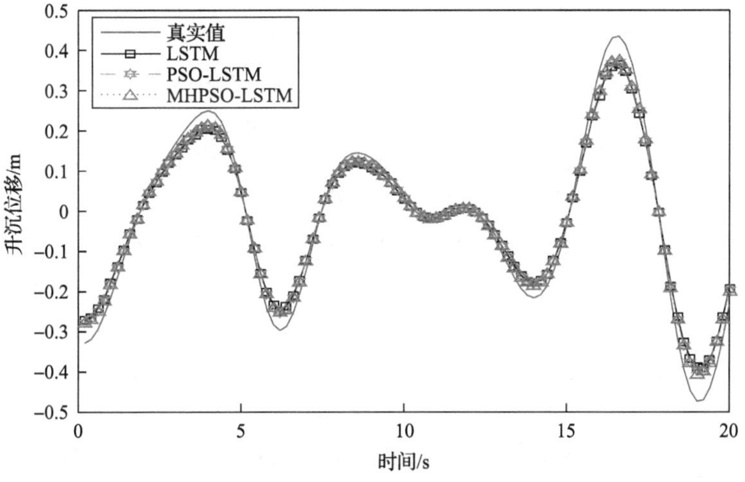

图 7.8　三级海况下三种模型升沉运动预报曲线对比

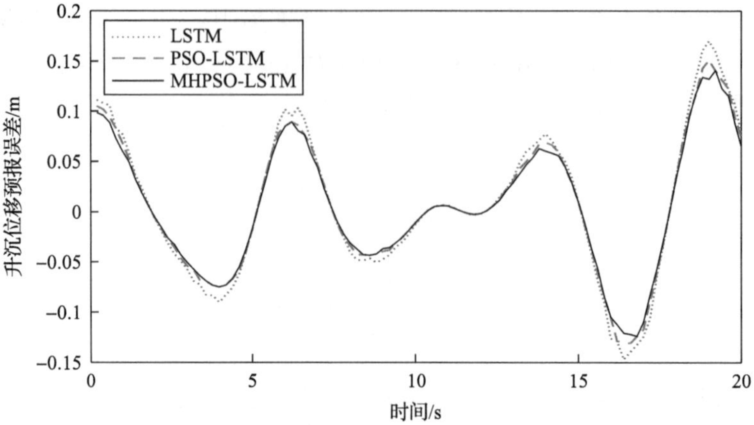

图 7.9　三级海况下三种模型升沉运动预报误差对比

表 7.4　三级海况下三种模型预报升沉运动的 MAPE 和 RMSE

预报时间	误差指标	LSTM	PSO-LSTM	MHPSO-LSTM
5s	MAPE/%	17.16	15.48	14.60
	RMSE	0.0069	0.0062	0.0059
10s	MAPE/%	17.18	15.56	14.64
	RMSE	0.0077	0.0069	0.0066
15s	MAPE/%	17.28	15.57	14.66
	RMSE	0.0084	0.0076	0.0072
20s	MAPE/%	17.38	15.61	14.72
	RMSE	0.0183	0.0166	0.0157

从图 7.8 和图 7.9 中可以看出，三级海况下，三种模型的升沉运动预报值与实际值吻合均较好，说明所建立的三种预报模型均符合升沉运动的变化规律。而 MHPSO-LSTM 模型相对于 LSTM 模型和 PSO-LSTM 模型具有更好的预报效果，能够更好地反映出船舶升沉运动的变化趋势。

从表 7.4 的统计情况来看，随着预报时间的增加，MAPE 和 RMSE 总体上都是增加的趋势，预报精度均呈下降趋势。对于 20s 内的升沉运动，MHPSO-LSTM 模型的误差值整体均低于 LSTM 和 PSO-LSTM 两类模型的相应数值。由此可知，在对升沉运动数据的预报中，MHPSO-LSTM 模型具有更优的预报精度，以及更小的预报误差。

在五级海况下，三种模型的升沉运动预报曲线对比结果以及三种模型的预报误差对比结果如图 7.10 和图 7.11 所示，三种模型预报升沉运动的 MAPE 和 RMSE 如表 7.5 所示。

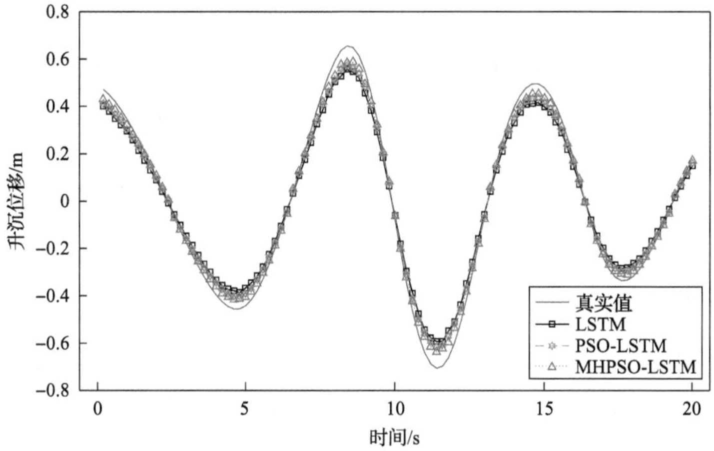

图 7.10　五级海况下三种模型升沉运动预报曲线对比

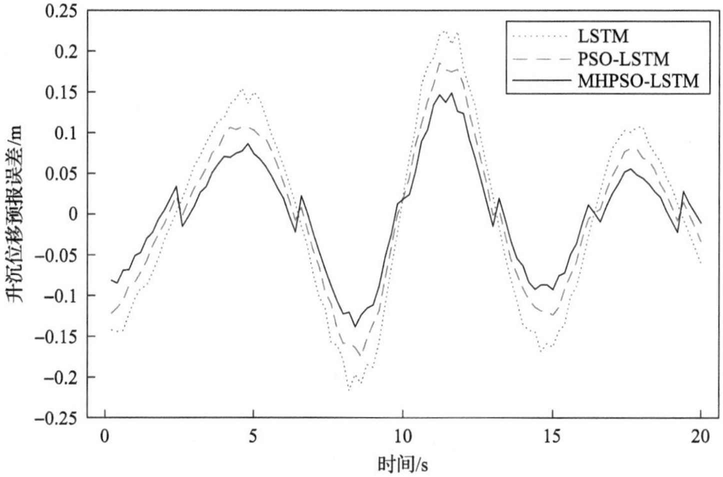

图 7.11　五级海况下三种模型升沉运动预报误差对比

表 7.5　五级海况下三种模型预报升沉运动的 MAPE 和 RMSE

预报时间	误差指标	LSTM	PSO-LSTM	MHPSO-LSTM
5s	MAPE/%	15.92	14.46	12.48
	RMSE	0.0261	0.0237	0.0203
10s	MAPE/%	15.94	14.54	12.50
	RMSE	0.0292	0.0265	0.0229
15s	MAPE/%	15.96	14.56	12.51
	RMSE	0.0320	0.0290	0.0252
20s	MAPE/%	15.98	14.57	12.55
	RMSE	0.0587	0.0532	0.0461

从图 7.10 和图 7.11 来看，MHPSO-LSTM 模型的升沉运动预报值在绝大多数预报点相对于 LSTM 模型和 PSO-LSTM 模型的预报值更接近真实值。从表 7.5 来看，MHPSO-LSTM 模型的误差值基本上比相应的另外两种模型小，说明前者的预报精度总体上要比后两者高。这表明 MHPSO-LSTM 模型不仅提高了升沉运动预报的整体精度，而且保证了大多数预报点与实际升沉运动的偏离程度较小，能够在一定程度上提高升沉运动预报的准确性。

7.4.2 横摇运动预报分析

本节利用 500 个船舶横摇运动历史数据作为训练数据，预报 20s 内船舶横摇运动。在三级海况下，三种模型的横摇运动预报曲线对比结果以及三种模型的横摇运动预报误差对比结果如图 7.12 和图 7.13 所示，三种模型预报横摇运动的 MAPE 和 RMSE 如表 7.6 所示。

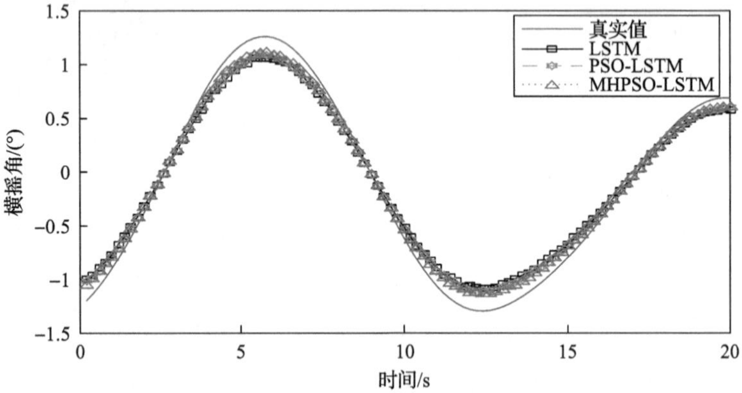

图 7.12　三级海况下三种模型横摇运动预报曲线对比

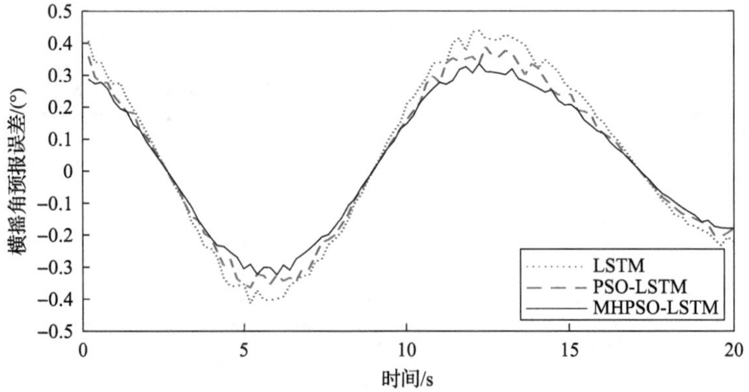

图 7.13　三级海况下三种模型横摇运动预报误差对比

表 7.6　三级海况下三种模型预报横摇运动的 MAPE 和 RMSE

预报时间	误差指标	LSTM	PSO-LSTM	MHPSO-LSTM
5s	MAPE/%	15.84	13.90	12.36
	RMSE	0.1238	0.1084	0.0966
10s	MAPE/%	15.88	13.96	12.38
	RMSE	0.1296	0.1141	0.1014
15s	MAPE/%	16.01	13.97	12.39
	RMSE	0.1490	0.1300	0.1146
20s	MAPE/%	16.06	13.98	12.41
	RMSE	0.2699	0.2352	0.2077

在五级海况下，三种模型的横摇运动预报曲线对比结果以及三种模型的横摇运动预报误差对比结果如图 7.14 和图 7.15 所示，三种模型预报横摇运动的 MAPE 和 RMSE 如表 7.7 所示。

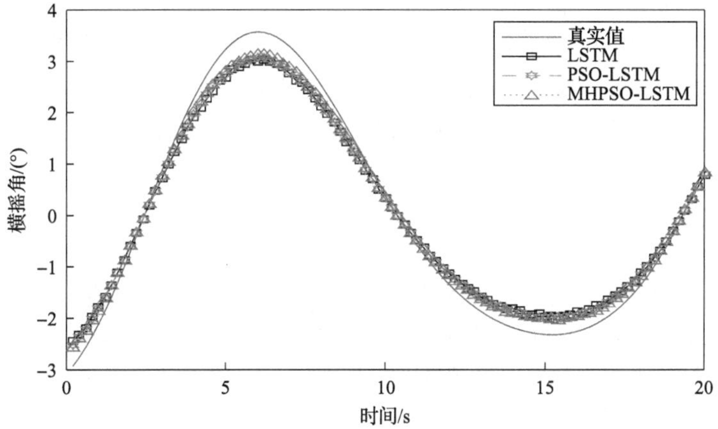

图 7.14　五级海况下三种模型横摇运动预报曲线对比

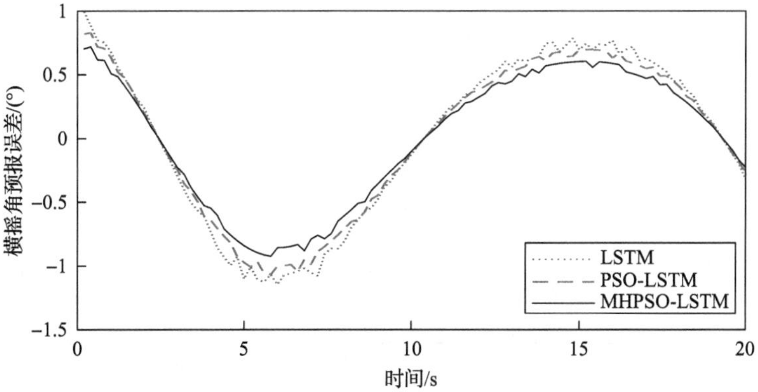

图 7.15　五级海况下三种模型横摇运动预报误差对比

表 7.7　五级海况下三种模型预报横摇运动的 MAPE 和 RMSE

预报时间	误差指标	LSTM	PSO-LSTM	MHPSO-LSTM
5s	MAPE/%	15.80	14.46	12.53
	RMSE	0.1256	0.1123	0.0984
10s	MAPE/%	15.84	14.49	12.56
	RMSE	0.1317	0.1206	0.1050
15s	MAPE/%	15.86	14.50	12.57
	RMSE	0.1447	0.1326	0.1152
20s	MAPE/%	16.08	14.52	12.72
	RMSE	0.2492	0.2281	0.1981

从图 7.12～图 7.15 可以看出，三种模型各时序的横摇运动预报值与真实值吻合均较好，说明所建立的三种预报模型均符合横摇运动的变化规律。而 MHPSO-LSTM 模型相对于 LSTM 模型和 PSO-LSTM 模型具有更好的预报效果，能够更好地反映出船舶横摇运动的变化趋势。从表 7.6 和表 7.7 的统计情况来看，随着预报时间的增加，MAPE 和 RMSE 总体上都呈增加的趋势，预报精度均呈下降趋势。对于 20s 内的横摇运动，MHPSO-LSTM 模型的误差值，比 LSTM 和 PSO-LSTM 两种模型的误差值有所降低。由此可知，在对横摇运动数据的预报中，MHPSO-LSTM 模型具有更优的预报精度。

7.4.3　纵摇运动预报分析

本节利用 500 个船舶纵摇运动历史数据作为训练数据，预报 20s 内船舶纵摇运动。在三级海况下，三种模型的纵摇运动预报曲线对比结果以及三种模型的纵摇运动预报误差对比结果如图 7.16 和图 7.17 所示，三种模型预报纵摇运动的 MAPE 和 RMSE 如表 7.8 所示。

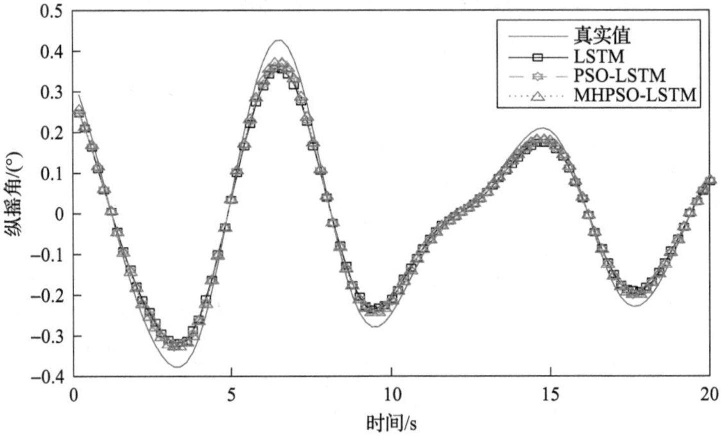

图 7.16　三级海况下三种模型纵摇运动预报曲线对比

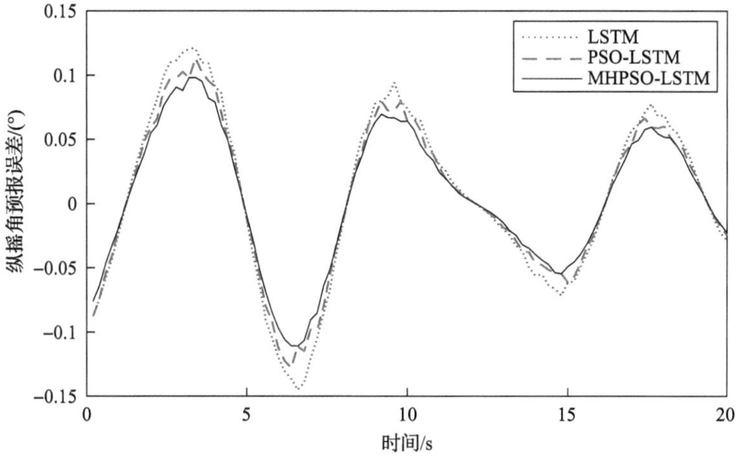

图 7.17　三级海况下三种模型纵摇运动预报误差对比

表 7.8　三级海况下三种模型预报纵摇运动的 MAPE 和 RMSE

预报时间	误差指标	LSTM	PSO-LSTM	MHPSO-LSTM
5s	MAPE/%	15.92	14.04	12.52
	RMSE	0.0073	0.0065	0.0063
10s	MAPE/%	16.00	14.08	12.54
	RMSE	0.0079	0.0071	0.0065
15s	MAPE/%	16.02	14.18	12.60
	RMSE	0.0085	0.0075	0.0067
20s	MAPE/%	16.36	14.25	12.89
	RMSE	0.0135	0.0119	0.0107

在五级海况下，三种模型纵摇运动预报曲线对比结果以及三种模型纵摇运动预报误差对比结果如图 7.18 和图 7.19 所示，三种模型预报纵摇运动的 MAPE 和 RMSE 如表 7.9 所示。

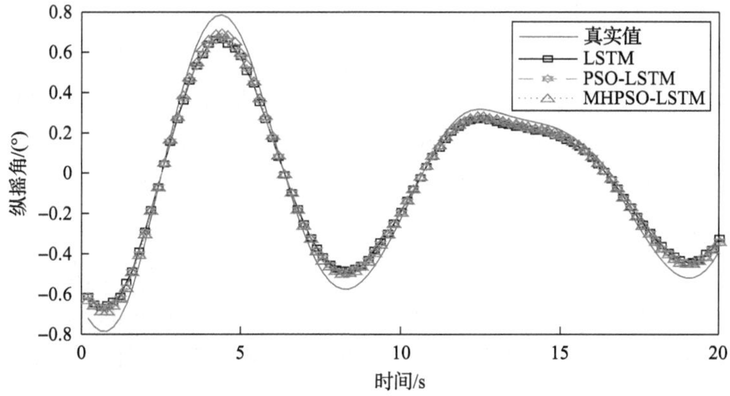

图 7.18　五级海况下三种模型纵摇运动预报曲线对比

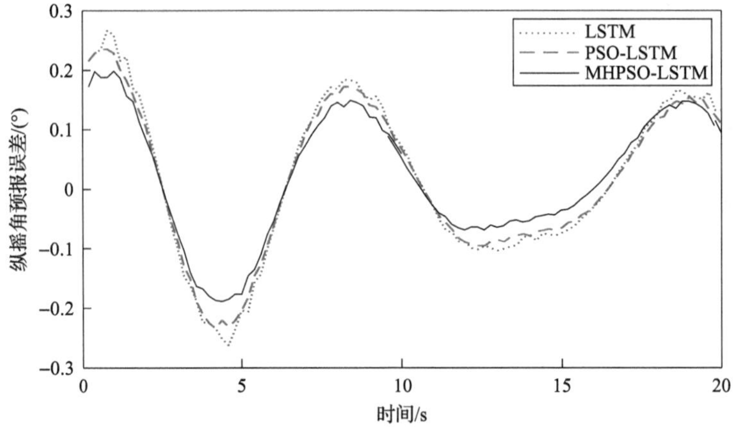

图 7.19　五级海况下三种模型纵摇运动预报误差对比

表 7.9　五级海况下三种模型预报纵摇运动的 MAPE 和 RMSE

预报时间	误差指标	LSTM	PSO-LSTM	MHPSO-LSTM
5s	MAPE/%	15.94	14.60	12.36
	RMSE	0.0327	0.0303	0.0256
10s	MAPE/%	15.96	14.62	12.44
	RMSE	0.0380	0.0354	0.0298
15s	MAPE/%	15.98	14.70	12.46
	RMSE	0.0442	0.0412	0.0345
20s	MAPE/%	16.04	14.72	12.50
	RMSE	0.0618	0.0571	0.0486

从图 7.16～图 7.19 中可以看出，三种模型的纵摇运动预报值与真实值吻合均较好，说明所建立的三种预报模型均符合纵摇运动的变化规律。而 MHPSO-LSTM 模型相对于 LSTM 模型和 PSO-LSTM 模型具有更好的预报效果，能够更好地反映出船舶纵摇运动的变化趋势。从表 7.8 和表 7.9 的统计情况来看，随着预报时间的增加，MAPE 和 RMSE 总体上都呈增加的趋势，预报精度均呈下降趋势。对于 20s 内的纵摇运动，MHPSO-LSTM 模型的误差值在整体上均低于 LSTM、PSO-LSTM 两类模型的相应数值。由此可知，在对纵摇运动数据的预报中，MHPSO-LSTM 模型具有更优的预报精度。

通过 LSTM、PSO-LSTM 和 MHPSO-LSTM 三种预报模型的船舶运动预报仿真实验，不难发现，不论在三级海况还是五级海况下，MHPSO-LSTM 模型在对船舶升沉运动、横摇运动和纵摇运动的预报中，预报精度更佳，具有十分显著的优势。

7.5　EMD-MHPSO-LSTM 组合模型

船舶在高海况下行进时，其运动姿态数据具有明显的非平稳特性，这将对船舶运动姿态极短期预报的精度产生很大的影响。针对此问题，本节应用经验模态分解(empirical mode decomposition, EMD)方法对船舶运动姿态数据进行预处理，利用 MHSPO-LSTM 预报模型的优势，将其与 EMD 方法相结合，提出 EMD-MHPSO-LSTM 组合模型。

7.5.1　EMD 方法

EMD 方法是近年来出现的一种分析和处理非线性非平稳时间序列的目标数据分析方法。Huang 等[43]基于对信号局部均值和特征时间尺度与瞬时频率关系的研究，在 1998 年得出了能够将复合信号分解成有限个 IMF 分量的方法，即 EMD 方法。该方法结合信号自身的特性完成自适应分解，无须事先设定参数，可以有效避免出现由研究人员主观经验导致的误差情况。基于 EMD 方法，可获得相应的有限个独立的、周期相似的本征模函数(intrinsic mode function, IMF)分量，这些分量能够充分彰显初始数据不同的特征信息，便于挖掘出数据内部的变化规律。尽管部分分量存在程度不同的非平稳性，但是它们之间的影响被有效分割开来，基于这种隔离方式能够有效降低非平稳行为的干扰作用。

EMD 方法假设为，由于数据本身具备相应的复杂性，在时间相同时，会出现不同波动模式同时存在的情况。EMD 方法以数据自身局部的特征尺度为切入点，能够从数据样本中解析获得相应的内在模式，而这类数据需要达到以下要求。

(1)在数据整体中，跨零点和极值点二者的数目应当相等或者差一个。

(2)在任一点，基于数据序列得到的局部极大值点和极小值点所获得的上下包络线均值为零，也就是要求信号以时间为轴呈现局部对称状态。

运用该方法对信号 $x(t)$ 进行分解，具体步骤如下所示。

(1)取信号 $x(t)$ 的局部极大值点、极小值点。

(2)基于得到的局部极大值点和极小值点，分别运用三次样条线进行连接得到相应的上包络线 $x_{\max}(t)$ 、下包络线 $x_{\min}(t)$ ，并且要求全部数据点都包含于上、下包络线中。

获得上、下包络线的均值包络线 $m_1(t)$ ：

$$m_1(t)=\frac{x_{\max}(t)+x_{\min}(t)}{2} \tag{7.18}$$

(3)计算 $x(t)$ 与 $m_1(t)$ 之差，记为 $h_1(t)$ ：

$$h_1(t)=x(t)-m_1(t) \tag{7.19}$$

在最佳状态下，$h_1(t)$ 应当属于基本模式分量。但在具体的运用过程中运用的是非平稳数据，包络均值会存在符合真实情况的局部均值，因此会存在部分非对称波。为消除叠加波的影响，同时确保波形更加对称，应当将 $h_1(t)$ 视为原始序列，获得相应的极大值、极小值包络线的均值包络线 $m_1(t)$，重复循环 k 次，得到 $h_{1k}(t)=h_{1(k-1)}(t)-m_{1k}(t)$，直至平均曲线趋于零为止使 $h_{1k}(t)$ 满足 IMF 的条件。记 $c_1(t)=h_{1k}(t)$，则 $c_1(t)$ 为第 1 个 IMF 分量。

为确保 IMF 分量在幅值和频率方面的物理意义不受影响，必须设定相应的筛分次数，主要原因在于当筛分次数过多时，全部分量将转化为有常幅值的调频信号，只具备相应的频率调制特点而丧失了幅值的物理意义。Huang 等[44]提出了可以通过计算两次连续筛选结果的标准方差 SD 值来决定是否终止分解：

$$\mathrm{SD}=\sum_{t=0}^{T}\frac{\left|h_{1(k-1)}(t)-h_{1k}(t)\right|^2}{h_{1(k-1)}^2(t)} \tag{7.20}$$

式中，SD 属于筛分门限，通常合理的取值范围应设定为(0.2,0.3)。当 SD 处于合理范围内时，停止筛分，结束运算。

(4) 移除最高频成分的残差序列是通过从 $x(t)$ 中剔除 $c_1(t)$ 实现的，具体公式为 $r_1(t)=x(t)-c_1(t)$。继续重复上述筛分流程，获得后续的 IMF 分量。当 $r_n(t)$ 为单调函数或者 $c_n(t)$ 小于预定误差时，结束运算。此次初始序列 $x(t)$ 可通过 n 个 IMF 分量和残差 $r_n(t)$ 表示：

$$x(t)=\sum_{i=1}^{n}c_i(t)+r_n(t) \tag{7.21}$$

EMD 方法流程如图 7.20 所示。

7.5.2　基于 EMD-MHPSO-LSTM 组合模型的船舶运动预报

基于 EMD-MHPSO-LSTM 组合模型的船舶运动预报步骤如下所示。

(1) 船舶运动姿态时间序列数据分解。运用 EMD 程序，能够将其分解为 n 组频率不一致的样本模态分量 $\{\mathrm{IMF}_1,\mathrm{IMF}_2,\cdots,\mathrm{IMF}_n\}$ 和残差项 r_n。

(2) 基于频率不一致的模态分量 $\{\mathrm{IMF}_1,\mathrm{IMF}_2,\cdots,\mathrm{IMF}_n\}$ 和残差项 r_n 对应构建 MHPSO-LSTM 模型，完成时序预报任务并对相应结果进行求和。

(3) 预报结果计算。

EMD-MHPSO-LSTM 组合模型的船舶运动预报流程如图 7.21 所示。

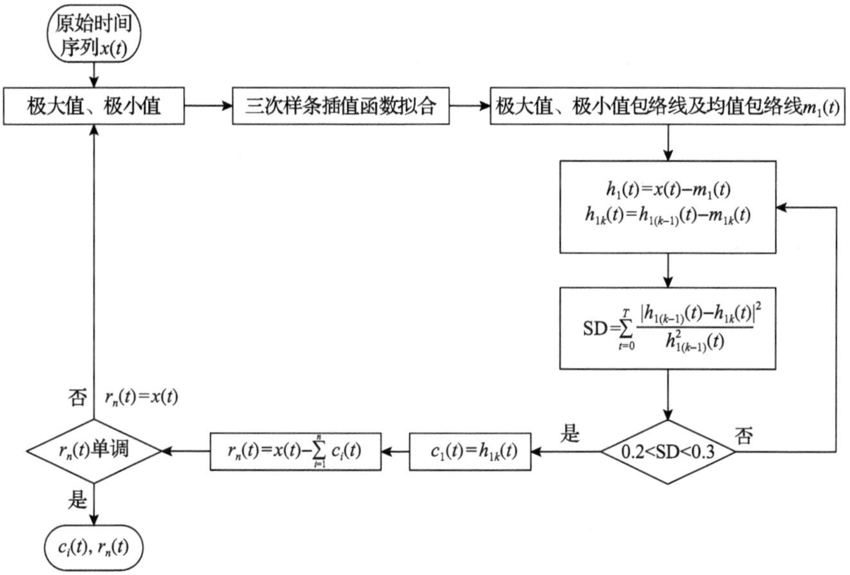

图 7.20　EMD 方法流程图

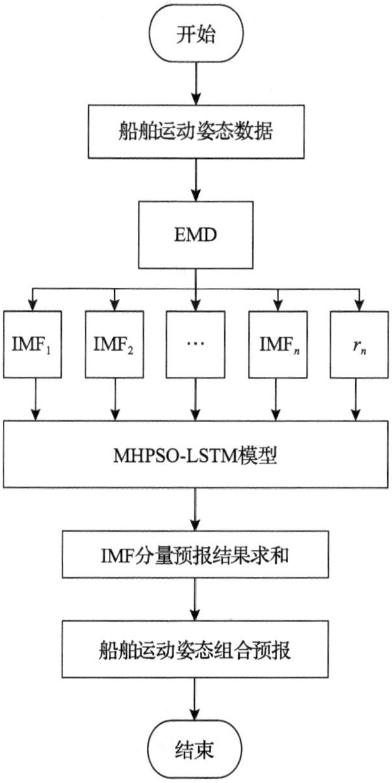

图 7.21　EMD-MHPSO-LSTM 组合模型的船舶运动预报流程图

7.6　船舶运动预报仿真与分析

本节利用 7.4 节的仿真数据对船舶升沉运动、横摇运动和纵摇运动进行预报 20s 内仿真实验，并与 MHPSO-LSTM 模型进行对比分析。

7.6.1　升沉运动预报分析

在三级海况下，MHPSO-LSTM 和 EMD-MHPSO-LSTM 两种模型的升沉运动预报曲线对比结果以及两种模型的升沉运动预报误差对比结果如图 7.22 和图 7.23 所示，两种模型预报升沉运动的 MAPE 和 RMSE 如表 7.10 所示。

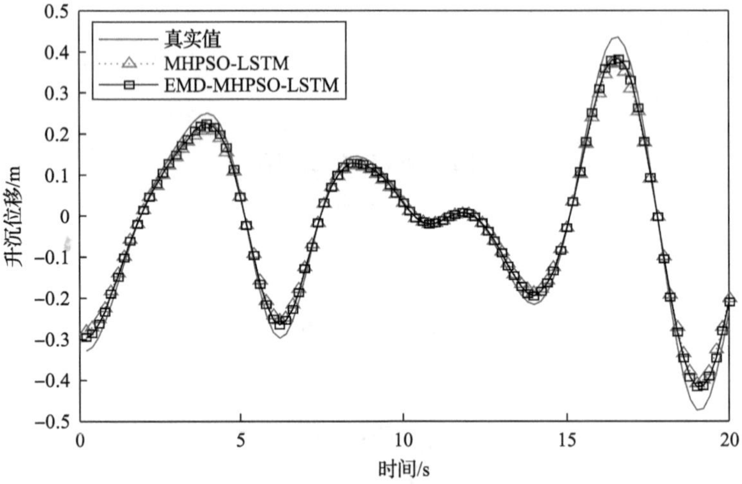

图 7.22　三级海况下两种模型升沉运动预报曲线对比

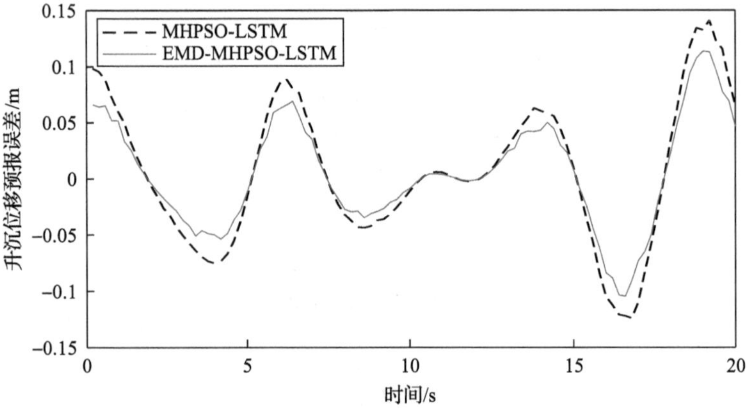

图 7.23　三级海况下两种模型升沉运动预报误差对比

表 7.10　三级海况下两种模型预报升沉运动的 MAPE 和 RMSE

预报时间	误差指标	MHPSO-LSTM	EMD-MHPSO-LSTM
5s	MAPE/%	14.60	10.48
	RMSE	0.0059	0.0043
10s	MAPE/%	14.64	10.76
	RMSE	0.0066	0.0048
15s	MAPE/%	14.66	10.92
	RMSE	0.0072	0.0051
20s	MAPE/%	14.72	10.96
	RMSE	0.0157	0.0120

在五级海况下，两种模型的升沉运动预报曲线对比结果以及两种模型的升沉运动预报误差对比结果如图 7.24 和图 7.25 所示，两种模型预报升沉运动的 MAPE 和 RMSE 如表 7.11 所示。

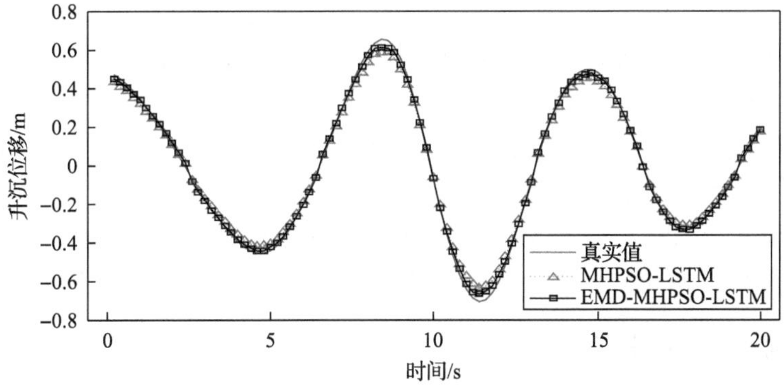

图 7.24　五级海况下两种模型升沉运动预报曲线对比

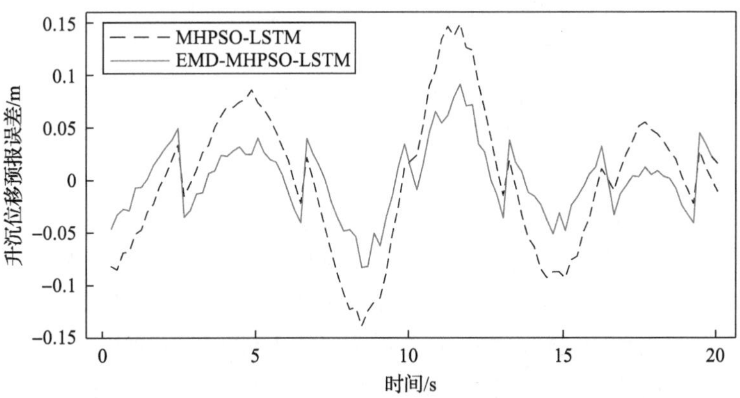

图 7.25　五级海况下两种模型升沉运动预报误差对比

表 7.11 五级海况下两种模型预报升沉运动的 MAPE 和 RMSE

预报时间	误差指标	MHPSO-LSTM	EMD-MHPSO-LSTM
5s	MAPE/%	12.48	8.92
	RMSE	0.0203	0.0148
10s	MAPE/%	12.50	8.94
	RMSE	0.0229	0.0166
15s	MAPE/%	12.51	8.96
	RMSE	0.0252	0.0182
20s	MAPE/%	12.55	8.97
	RMSE	0.0461	0.0332

从图 7.22～图 7.25 中可以看出，两种模型各时序的升沉运动预报值与真实值吻合均较好，说明所建立的两种模型均符合升沉运动的变化规律。而 EMD-MHPSO-LSTM 模型相对于 MHPSO-LSTM 模型具有更好的预报效果，能够更好地反映出船舶升沉运动的变化趋势。这是因为采用 EMD 预报方法时，升沉运动时间序列自适应地分解为一系列变化相对平稳的分量，在一定程度上降低了不同特征信息之间的干扰和耦合，进一步提高了升沉运动预报的精度。从表 7.10 和表 7.11 的统计情况来看，随着预报时间的增加，MAPE 和 RMSE 总体上都是呈增加的趋势，预报精度均呈下降趋势。对于 20s 内的升沉运动，EMD-MHPSO-LSTM 模型的误差值 MAPE 和 RMSE，相比 MHPSO-LSTM 模型的误差值有所降低。由此可知，在对升沉运动数据的预报中，EMD-MHPSO-LSTM 模型具有更小的预报误差。

7.6.2 横摇运动预报分析

在三级海况下，两种模型的横摇运动预报曲线对比结果以及两种模型的横摇运动预报误差对比结果如图 7.26 和图 7.27 所示，两种模型预报横摇运动数据的 MAPE 和 RMSE 如表 7.12 所示。

在五级海况下，两种模型的横摇运动预报曲线对比结果以及两种模型的横摇运动预报误差对比结果如图 7.28 和图 7.29 所示，两种模型预报横摇运动的 MAPE 和 RMSE 如表 7.13 所示。

从图 7.26～图 7.29 中可以看出，两种模型各时序的横摇运动预报值与实际值吻合均较好，说明所建立的两种预报模型均符合横摇运动的变化规律。而 EMD-MHPSO-LSTM 模型相对于 MHPSO-LSTM 模型具有更好的预报效果，能够更好地反映出船舶横摇运动的变化趋势。这是因为采用 EMD 预报方法时，横摇运动时间序列自适应地分解为一系列变化相对平稳的分量，在一定程度上降低了不同特征信息之间的干扰和耦合，进一步提高了横摇运动预报的精度。从表 7.12 和表 7.13

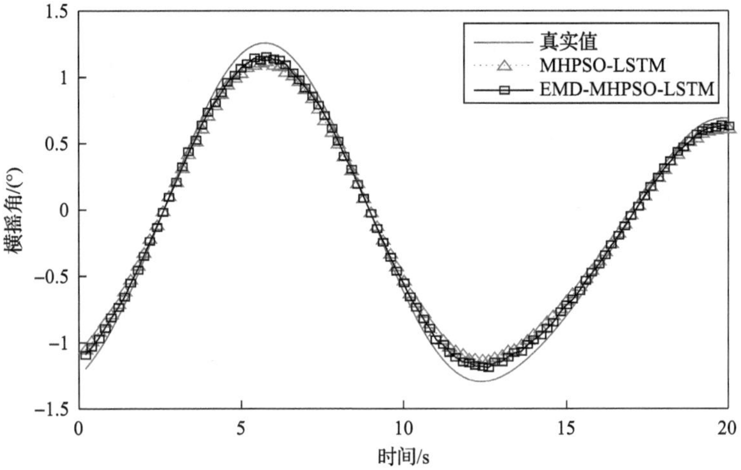

图 7.26　三级海况下两种模型横摇运动预报曲线对比

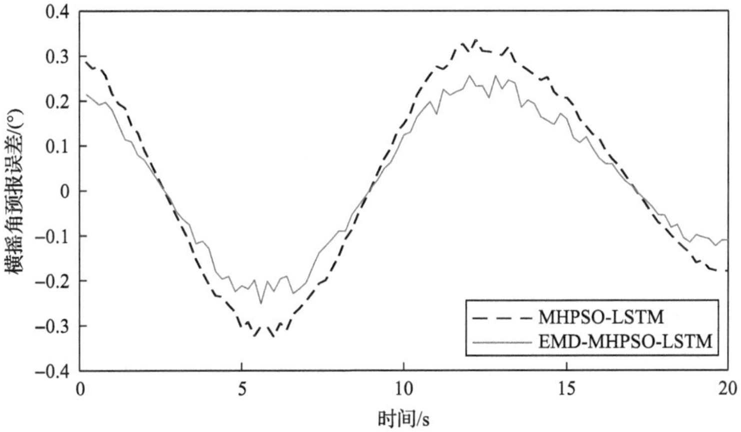

图 7.27　三级海况下两种模型横摇运动预报误差对比

表 7.12　三级海况下两种模型预报横摇运动的 MAPE 和 RMSE

预报时间	误差指标	MHPSO-LSTM	EMD-MHPSO-LSTM
5s	MAPE/%	12.36	8.90
	RMSE	0.0966	0.0717
10s	MAPE/%	12.38	8.94
	RMSE	0.1014	0.0740
15s	MAPE/%	12.39	8.98
	RMSE	0.1146	0.0842
20s	MAPE/%	12.41	9.04
	RMSE	0.2077	0.1518

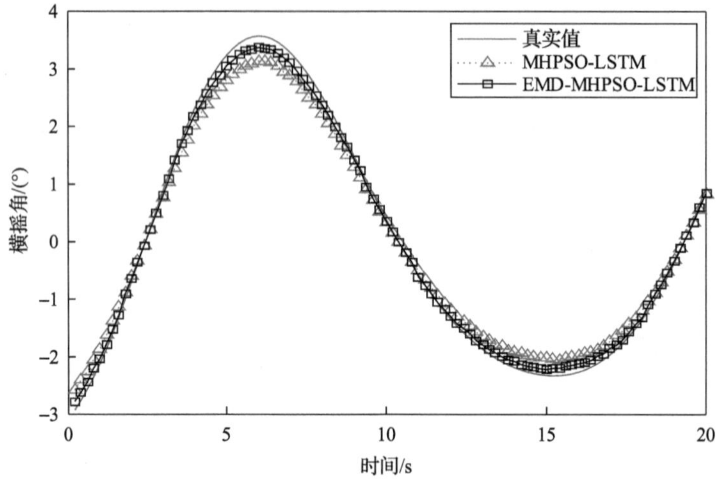

图 7.28　五级海况下两种模型横摇运动预报曲线对比

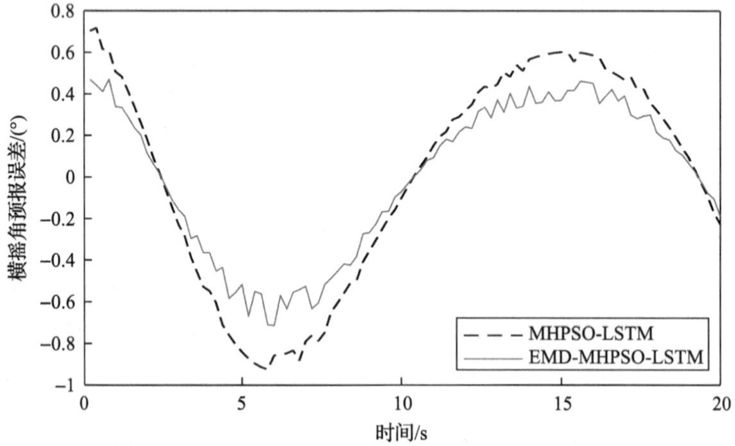

图 7.29　五级海况下两种模型横摇运动预报误差对比

表 7.13　五级海况下两种模型预报横摇运动的 MAPE 和 RMSE

预报时间	误差指标	MHPSO-LSTM	EMD-MHPSO-LSTM
5s	MAPE/%	12.53	8.84
	RMSE	0.0984	0.0672
10s	MAPE/%	12.56	8.88
	RMSE	0.1050	0.0739
15s	MAPE/%	12.57	8.90
	RMSE	0.1152	0.0815
20s	MAPE/%	12.72	8.94
	RMSE	0.1981	0.1104

的统计情况来看，随着预报时间的增加，MAPE 和 RMSE 总体上都是呈增加的趋势，预报精度均呈下降趋势。对于 20s 内的横摇运动，EMD-MHPSO-LSTM 模型的误差值 MAPE 和 RMSE，相比 MHPSO-LSTM 模型的误差值有所降低。由此可知，在对横摇运动数据的预报中，特别是五级海况下，由于其运动幅度较大，非平稳性更明显，所以采用 EMD 方法对船舶横摇运动数据的预处理更为有效，EMD-MHPSO-LSTM 模型具有更小的预报误差。

7.6.3　纵摇运动预报分析

在三级海况下，两种模型的纵摇运动预报曲线对比结果以及两种模型的纵摇运动预报误差对比结果如图 7.30 和图 7.31 所示，两种模型预报纵摇运动的 MAPE 和 RMSE 如表 7.14 所示。

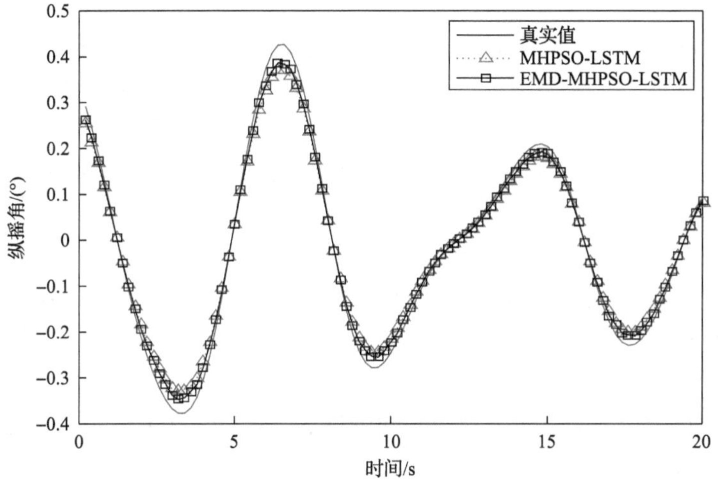

图 7.30　三级海况下两种模型纵摇运动预报曲线对比

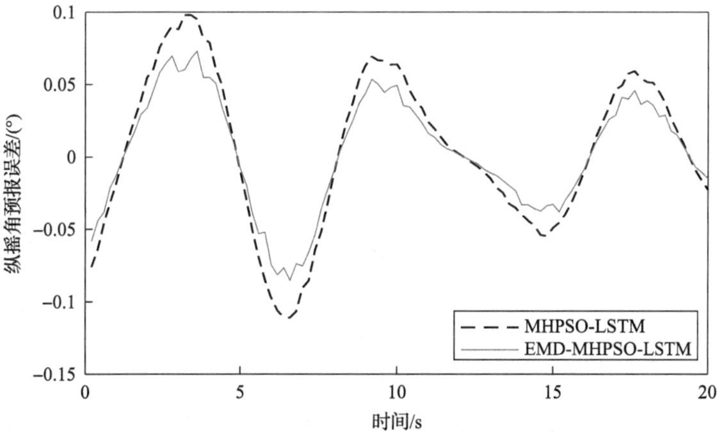

图 7.31　三级海况下两种模型纵摇运动预报误差对比

表 7.14　三级海况下两种模型预报纵摇运动的 MAPE 和 RMSE

预报时间	误差指标	MHPSO-LSTM	EMD-MHPSO-LSTM
5s	MAPE/%	12.52	9.04
	RMSE	0.0063	0.0045
10s	MAPE/%	12.54	9.14
	RMSE	0.0065	0.0049
15s	MAPE/%	12.60	9.21
	RMSE	0.0067	0.0052
20s	MAPE/%	12.89	9.95
	RMSE	0.0107	0.0078

在五级海况下，两种模型的纵摇运动预报曲线对比结果以及两种模型的纵摇运动预报误差对比结果如图 7.32 和图 7.33 所示，两种模型预报纵摇运动的 MAPE 和 RMSE 如表 7.15 所示。

从图 7.30～图 7.33 中可以看出，两种模型各时序的纵摇运动预报值与真实值吻合均较好，说明所建立的两种预报模型均符合纵摇运动的变化规律。而 EMD-MHPSO-LSTM 模型相对于 MHPSO-LSTM 模型具有更好的预报效果，能够更好地反映出船舶纵摇运动的变化趋势。这是因为采用 EMD 预报方法时，纵摇运动时间序列自适应地分解为一系列变化相对平稳的分量，在一定程度上降低了不同特征信息之间的干扰和耦合，进一步提高了纵摇运动预报的精度。从表 7.14、表 7.15 的统计情况来看，随着预报时间的增加，MAPE 和 RMSE 总体上都呈增加

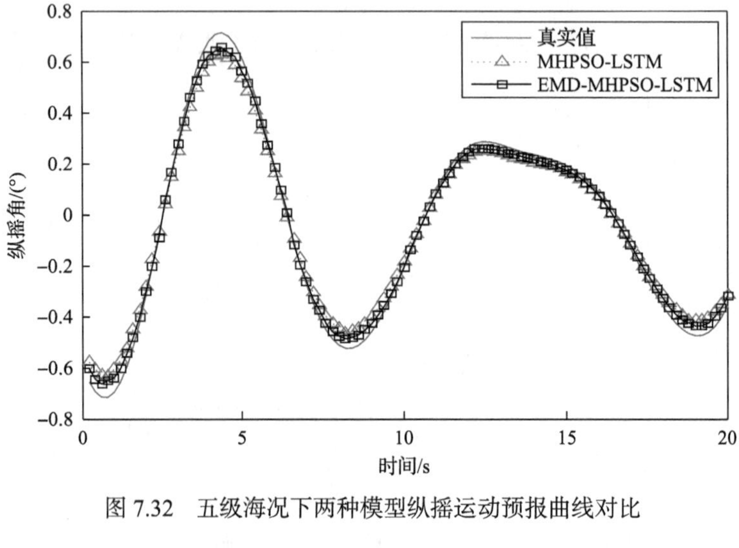

图 7.32　五级海况下两种模型纵摇运动预报曲线对比

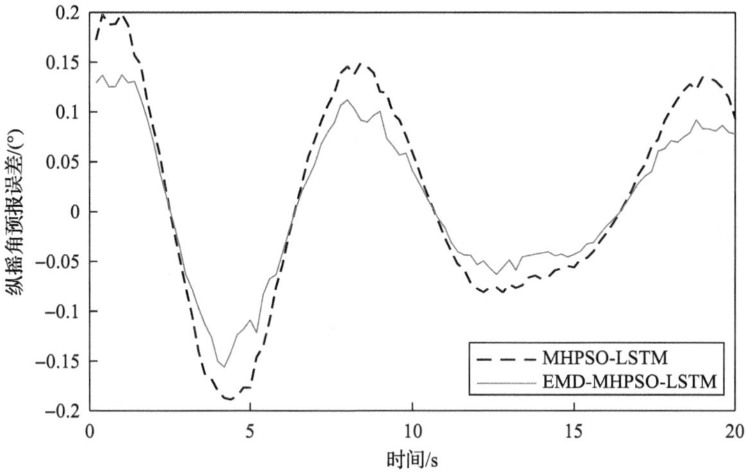

图 7.33　五级海况下两种模型纵摇运动预报误差对比

表 7.15　五级海况下两种模型预报纵摇运动的 MAPE 和 RMSE

预报时间	误差指标	MHPSO-LSTM	EMD-MHPSO-LSTM
5s	MAPE/%	12.36	8.96
	RMSE	0.0256	0.0185
10s	MAPE/%	12.44	9.00
	RMSE	0.0298	0.0215
15s	MAPE/%	12.46	9.04
	RMSE	0.0345	0.0251
20s	MAPE/%	12.50	9.15
	RMSE	0.0486	0.0347

的趋势，预报精度均呈下降趋势。对于 20s 内的纵摇运动，EMD-MHPSO-LSTM 模型的误差值 MAPE 和 RMSE，相比 MHPSO-LSTM 模型的误差值有所降低。由此可知，在对纵摇运动数据的预报中，EMD-MHPSO-LSTM 模型具有更小的预报误差。

通过 MHPSO-LSTM 和 EMD-MHPSO-LSTM 两种预报模型的船舶运动预报仿真实验，不难发现，不论在三级海况还是五级海况下，EMD-MHPSO-LSTM 模型在对船舶升沉运动、横摇运动和纵摇运动数据的预报中预报精度都更佳，具有十分显著的优势。

7.7　本 章 小 结

本章介绍了 LSTM 神经网络模型及采用 PSO 算法优化 LSTM 神经网络的方

法，建立了 PSO-LSTM 模型。为解决 PSO 算法中粒子容易向自身局部最优位置聚集、陷入局部极值的问题，采用 MHPSO 算法，分析建立了 MHPSO-LSTM 模型。通过三种预报模型在三级海况、五级海况下的船舶运动预报仿真实验，验证了 MHPSO-LSTM 模型的优越性。针对船舶运动的非平稳性特征，深入研究了 EMD 方法，建立了 EMD-MHPSO-LSTM 组合模型。最后通过 MHPSO-LSTM 模型和 EMD-MHPSO-LSTM 模型的船舶运动预报仿真，分别比较了在三级海况、五级海况下船舶升沉运动、横摇运动和纵摇运动的极短期预报性能。在五级海况下，EMD-MHPSO-LSTM 模型的预报效果明显优于 MHPSO-LSTM 模型。

第 8 章　基于变步长 LMS 算法相空间重构的船舶运动自适应建模与预报

8.1　混沌时间序列的相空间重构

如果能确定一个不规则的现象是混沌的，那么也就能够用确定的规律性方程描述这一现象，至少从原理上讲，这是成立的；反之，若该现象不是混沌的，而是随机的，也就是说是由大量因素共同作用的结果，要把这些大量的影响因素连接起来，用一个或一组方程描述就更困难了。通过混沌判断，能够确定一个现象是受多少个因素影响的，为建模中选取变量提供了参照标准，而不必将所有似乎都相关的影响因素放在一个系统方程中。所以通过混沌判断，也可为系统的建模与预测提供重要信息。在一般情况下，人们面对的是一系列采样时间序列数据，为了能够从单一序列中研究系统的动力学特性，Packard 等[11]提出了相空间重构的方法，并由 Takens[12]为之奠定了可靠的数学基础。在实际应用中，判断一个系统的动态行为是否混沌，即是否有混沌吸引子，一般从两个基本特征上来判断：系统相空间中的吸引子是否具有自相似结构的分数维几何体；系统对于初始状态条件是否敏感。如果所研究的吸引子具有这两个特征，那么认为该吸引子是混沌吸引子。混沌吸引子的分形维给出了有关背后系统的重要信息。高于分形维的下一个整数给出了系统动力学建模所需要的动态变量的最小数目。它给可能的自由度设置了一个下界，反映了所研究系统的复杂性。而系统对于初始条件的敏感程度可用最大 Lyapunov 指数来分析，该指数值反映了系统混沌的水平。

混沌时间序列预测的基础是状态空间的相空间重构理论，其主要思想是：系统任一部分的发展都受相关的其他部分所影响，且这些相关部分的信息隐藏在其他部分的演化过程中。系统原来的高维规则就可以通过其他部分的时间序列中的数据来恢复，这种规则是由混沌产生的轨迹在经历变化后形成的规则的、有形的奇异吸引子。在它们转化成与时间有关的序列后，数据点也变成相关的。这为数据序列的研究人员提供了一种新的研究系统动力行为的可能。

8.1.1　时间序列混沌特性分析

混沌时间序列是一种从无序和复杂中产生出有序和规律的系统，并对初始状态有敏感的“蝴蝶效应”。混沌理论的研究表明：尽管从表面上看，混沌是随机的、不可预测的，事实上却是按照严格的、确定性的规则运动的。混沌的确切定义很难给出。一般认为，混沌是指确定系统中出现的一种貌似无规则的、类似随机的现象。产生这一随机现象的本质是系统内部的非线性作用机制，但并非任何非线性系统都会产生混沌。

Devaney 对混沌的定义是影响较广的混沌数学定义之一，它是从拓扑角度出发的。

定义 8.1 设度量空间 V 上的映射 $f:V \to V$ 满足下列三个条件，便称 f 在 V 上是混沌的。

⑴初始值敏感。存在 $\delta > 0$，对任意的 $\varepsilon > 0$ 和任意的 $x \in V$，在 x 的 ε 邻域 I 内存在 y 和自然数 n，使得 $d(f^n(x), f^n(y)) > \delta$。

⑵拓扑传递性。对 V 上的任意开集 X、Y，存在 $k > 0$，使 $f^k(X) \cap Y = \varnothing$。

⑶f 的周期点集在空间 V 中稠密。

通常，混沌时间序列具有以下基本性质。

⑴非线性。混沌时间序列是由非线性简单机制决定的，混沌时间序列的内部规律简单，重构的相空间可反映其内部规律。

⑵敏感性。初值的敏感性是指初值发生非常微小的变化，将导致其运动行为产生巨大的差异。

⑶普适性。普适性是指混沌系统中存在一些普遍适用的共同特征，不依赖具体的系统及系统的运动方程。

⑷存在奇异吸引子。混沌系统存在奇异吸引子，使得其轨迹表现出一定的规律性，保证了一定时期预测的可能性。

1. 混沌吸引子维数

设 X 是映射 $f:\mathbf{R}^n \to \mathbf{R}^n$ 的非空不变集，如果点 x 满足 $f^n(x) \to x\ (n \to \infty)$，那么称点 x 为不变集 X 的吸引子。在动力学系统中还存在另一种复杂的吸引子，其类似结果具有无穷层次的特性，且具有非整数的吸引子维数，该类吸引子被称为奇异吸引子。耗散系统容积收缩和轨道不稳定性两种系统内在性质的同时发生，导致系统相空间收缩到低维和轨道部分分离现象的出现，最终形成奇异吸引子。

混沌现象最主要的特征是相空间中存在着奇异吸引子，而描述吸引子的基本数学量是它的维数。因此，吸引子维数计算在混沌分析中起着重要作用。奇异吸引子的维数一方面反映了吸引子结构的复杂性，另一方面也反映了吸引子的信息量，因此维数的分析与计算不仅会影响混沌信号的相空间重构，也可用来刻画吸引子几何结构的特征。

奇异吸引子是系统总体稳定性和局部不稳定性共同作用的结果，是轨道在相空间中经过无数次拉伸和折叠形成的几何结构，具有无穷层次的自相似结构。常见的维数有分形维数、Hausdorff 维数、信息维数和关联维数等，Hausdorff 维数是众多维数定义的基础，物理概念比较明确，有着非常严格的数学定义。但作为一种抽象的数学模型，利用它处理实验数据存在着诸多困难，因此很难在实际中应用。

在通常情况下，由为数不多的一组变量在高维相空间中组成维数较低的几何对象，决定着复杂系统的基本运动状态。但在实验时，往往不能跟踪这个低维对象的一切分量，而只能将其投影到更低的直线或平面上来观测，采集一个或两个变量的数据序列。近年来，从实验数据中计算分形维的方法获得了长足发展。饱和关联维数近似为混沌系统吸引子维数，是判别时间序列混沌特性的特征量之一。因其特别适用于实验观测数据，算法简单且易于实现，在实际中得到了广泛应用[14]。

相空间轨线的吸引子异于规则运动是混沌运动的重要特征，因此对于混沌运动的研究工作可以通过分析描述此类吸引子来实现。混沌状态的系统围绕着无数大小不一的空洞进行随机(但并不是完全随机)运动，所以混沌状态的系统具有有序和无序两个矛盾的方面，它既是无周期的规则有序的运动，也是服从一定规律的无序运动。

由于耗散系统容积收缩使相空间收缩到低维，可以通过研究奇异吸引子的空间维数来确定它的几何性质。虽然系统的空间维数可能很高，但利用 Takens 嵌入定理(嵌入维数足够高，一般要求 $m \geqslant 2D+1$ ，D 为吸引子维数)可以将单变量时间序列重构成相空间，即相空间重构，在拓扑等价意义下把有序的吸引子恢复出来[45]。这种方法现已成为最主要、最基本的相空间重构方法。

定义 8.2 设 (N,λ)、(N_1,λ_1) 是两个度量空间，如果存在映射 $\varphi: N \to N_1$ ，满足

(1) φ 是满射；

(2) $\lambda(x,y)=\lambda_1(\varphi_x,\varphi_y)$ ， $\forall x,y \in X$ ；

则称 (N,λ) 和 (N_1,λ_1) 是等距同构的。

定义 8.3 如果度量空间 (N_1,λ_1) 与另一度量空间 (N_2,λ_2) 的子空间 (N_{20},λ_2) 是等距同构的，则称 (N_1,λ_1) 可嵌入 (N_2,λ_2) 。

定理 8.1 (Takens 嵌入定理)[12] M 是 D 维流形，$\varphi: M \to M$ ，φ 是一个光滑的微分同胚。函数 $y: M \to R$ ，y 有二阶连续导数，可构造函数 $H_{(\varphi,y)}: M \to R^{2D+1}$ ，其中 $H_{(\varphi,y)}(x)=[y(x), y(\varphi(x)), y(\varphi^2(x)),\cdots, y(\varphi^{2D}(x))]$ ，则 $H_{(\varphi,R)}$ 是 M 到 R^{2D+1} 的一个嵌入。

此定理很容易在实际中应用。该系统的吸引子对应于 M ，动力系统的动力学方程对应于 φ ，而系统状态与测量数据之间的函数关系对应于 y 。因此，在对混沌时间序列进行相空间重构时，可以用下列方法来应用 Takens 嵌入定理。

如果确定了混沌时间序列 $\{x(t), t=1,2,\cdots,N\}$ 的延迟时间 τ 和嵌入维数 m，就可以将混沌时间序列相空间重构为

$$\boldsymbol{X}(t)=[\boldsymbol{X}(1)\ \ \boldsymbol{X}(2)\ \ \cdots\ \ \boldsymbol{X}(M-1)\ \ \boldsymbol{X}(M)]$$

式中，$\boldsymbol{X}(i)=[x(i), x(i+\tau), \cdots, x(i+(m-1)\tau)]^{\mathrm{T}}, i=1,2,\cdots,M$，$M=N-(m-1)\tau$ 为相点数。只要延迟时间 τ 和嵌入维数 m 选取恰当，就可以在拓扑等价的意义下恢复原来系统的动力学形态。

非线性系统的相空间维数可能很高，而且都高于吸引子的维数，利用 Takens 嵌入定理可以将单变量时间序列重构成一个等价的状态空间，即只要嵌入维数足够高，就可以在拓扑等价意义下恢复原来的动力学特性。饱和关联维数(G-P)算法就是用单变量时间序列来计算吸引子关联维数，对实际观测的时间序列 $x(1), x(2), \cdots, x(N)$ 用 Takens 嵌入定理进行时延重构，得到了一组空间向量 $\boldsymbol{X}(t)=[x(t), x(t+\tau), \cdots, x(t+(m-1)\tau)]^{\mathrm{T}}$，$t=1,2,\cdots,M$，计算与相空间中的 M 个点有关联的向量对数。这里规定凡是距离小于给定正数 r 的向量，都称为有关联的向量，向量之间的距离表示为

$$r_{ij}=\|\boldsymbol{X}(i)-\boldsymbol{X}(j)\|$$

式中，$\|\boldsymbol{X}(i)-\boldsymbol{X}(j)\|$ 表示相点 $\boldsymbol{X}(i)$ 与 $\boldsymbol{X}(j)$ 间的距离，用 ∞ 范数来表示计算有关联的向量对数，它在可能的 M^2 种配对中所占的比例称为关联积分，即

$$C_n(r)=\frac{1}{M^2}\sum_{i,j=1}^{M}\theta(r-\|\boldsymbol{X}(i)-\boldsymbol{X}(j)\|) \tag{8.1}$$

式中，$\theta(\cdot)$ 为 Heaviside 单位函数，$\theta(x)=\begin{cases}0, & x\leqslant 0\\ 1, & x>0\end{cases}$。

根据式(8.1)计算关联积分 $C_n(r)$，显然计算结果与 r 的取值有关。如果 r 值过大，则所有点对的距离 r_{ij} 都小于 r，$C_n(r)=1$；如果 r 过小，则所有点对的距离 r_{ij} 都大于 r，$C_n(r)=0$。两种情况均不能反映非线性系统的内部性质，所以应根据具体情况适当选取 r。当 $r\to 0$ 时，关联积分 $C_n(r)$ 与 r 存在以下关系：

$$\lim_{r\to 0} C_n(r)\propto r^D$$

式中，D 是关联维数，恰当地选取 r，可以使 D 能够描述出奇异吸引子的自相似结构。由上式可得

$$D=\ln C_n(r)/\ln r \tag{8.2}$$

在实际的数值计算中，通常会给定一些具体的 r 值（r 充分小），但是如果 r 值取得太小，已经低于环境噪声和测量误差所造成的差别，那么式(8.2)所得到的结果是嵌入维数而不是关联维数。为了获取关联维数，一般会采取将嵌入维数从小到大逐步增加的做法，对每个嵌入维数取双对数关系 $\ln C_n(r)$-$\ln r$ 中的直线段，并用最小二乘法进行拟合，从而得到一条最佳直线，该直线的斜率称为关联指数。关联指数会随着嵌入维数的增加而不断增大，直到达到一饱和值，称这个饱和值为关联维数 D，而达到饱和值时的嵌入维数即最小嵌入维数。可以看出，关联维数是对相空间中吸引子复杂程度的度量，是从实验数据中直接测定的一种维数。关联维数的求取有两方面重要意义：对于随机序列，嵌入维数增加，关联维数会不断增加；对于混沌时间序列，嵌入维数增加，关联维数会出现饱和现象。因此，可以通过关联维数是否出现饱和现象来判别随机序列和混沌序列。另外，关联维数能够说明描述该系统所需要的最少独立变量数为 $\mathrm{INT}(D+1)$ 个，最多独立变量数为 $\mathrm{INT}(2D+1)$ 个，其中 INT 为取整函数。

2. Lyapunov 指数

Lyapunov 指数的应用最早可以追溯到 1959 年 Cesari 的研究中。1964 年，Henon 和 Heiles 首次在混沌系统相空间邻近轨道的发散研究中，引入了 Lyapunov 指数的数值计算。1968 年，Oseiedec 正式将 Lyapunov 指数应用在动力系统和各态遍历理论的研究中[18]。

混沌系统初值敏感性是指相空间中初始距离很近的两条轨迹会以指数速率发散，Lyapunov 指数即是根据相轨迹有无扩散运动特征来判别系统的混沌特性。对于一维映射 $x(t+1)=f[x(t)]$，初始两点迭代后是互相分离还是靠拢，关键取决于 $|\mathrm{d}f/\mathrm{d}x|$。若 $|\mathrm{d}f/\mathrm{d}x|>1$，则迭代使得两点分开；若 $|\mathrm{d}f/\mathrm{d}x|<1$，则迭代使得两点靠拢。但是在不断迭代的过程中，$|\mathrm{d}f/\mathrm{d}x|$ 的值也随之变化，使得两点时而分离时而靠拢。为了从整体上看相邻两状态分离的情况，必须对时间（或迭代次数）取平均。因此，不妨设平均每次迭代所引起的指数分离中的指数为 λ，于是原来相距为 ε 的两点经过 n 次迭代后相距为

$$\varepsilon \mathrm{e}^{n\lambda(x_0)}=\left|f^n(x_0+\varepsilon)-f^n(x_0)\right|$$

取极限 $\varepsilon\to 0$，$n\to\infty$，上式变为

$$\begin{aligned}\lambda(x_0)&=\lim_{n\to\infty}\lim_{\varepsilon\to 0}\frac{1}{n}\ln\left|\frac{f^n(x_0+\varepsilon)-f^n(x_0)}{\varepsilon}\right|\\&=\lim_{n\to\infty}\frac{1}{n}\ln\left|\frac{\mathrm{d}f^n(x)}{\mathrm{d}x}\right|_{x=x_0}\end{aligned}$$

通过变形可简化为

$$\lambda = \lim_{n\to\infty}\frac{1}{n}\sum_{i=0}^{n-1}\ln\left|\frac{\mathrm{d}f^n(x)}{\mathrm{d}x}\right|_{x=x_i} \tag{8.3}$$

对于一般的 n 维动力系统，定义 Lyapunov 指数如下。

设 F 是 $\mathbf{R}^n \to \mathbf{R}^n$ 上的 n 维映射，决定一个 n 维离散动力系统 $x_{n+1} = f(x_n)$，将系统的初始化条件取为一个无穷小的 n 维的球，由于演变过程中的自然变形，球将变为椭球。将椭球的所有主轴按其长度顺序排列，那么第 i 个 Lyapunov 指数根据第 i 个主轴的长度 $P_i(n)$ 的增加速率定义为

$$\sigma_i = \lim_{n\to\infty}\frac{1}{n}\ln\left[\frac{P_i(n)}{P_i(0)}\right],\quad i=1,2,\cdots,n \tag{8.4}$$

从式(8.4)可以看出，Lyapunov 指数与相空间轨道的收缩或扩张的性质有关，在 Lyapunov 指数为负的方向上轨道收缩，运动稳定，对于初始条件不敏感；在 Lyapunov 指数为正的方向上轨道分离，对于初值敏感。椭球的主轴长度按 e^{σ_1} 增加，由前两个主轴定义的区域面积按 $\mathrm{e}^{\sigma_1+\sigma_2}$ 增加，由前三个主轴定义的体积按 $\mathrm{e}^{\sigma_1+\sigma_2+\sigma_3}$ 增加，等等。Lyapunov 指数的前 j 个指数的和由前 j 个主轴定义的 j 维立体体积指数增加的长期平均速率确定。将全部的 Lyapunov 指数按大到小排列为

$$\lambda_1 \geqslant \lambda_2 \geqslant \lambda_3 \geqslant \cdots \geqslant \lambda_n$$

在 Lyapunov 指数谱中，最小的 Lyapunov 指数决定轨道收缩的快慢；最大的 Lyapunov 指数 λ_1 定量地表征相空间两相邻轨道的发散问题，即覆盖整个吸引子的快慢；所有的指数之和可以认为是大体上表征轨线总的平均发散快慢。对于混沌行为，$\lambda_1 > 0$ 表明轨道指数分离。

若系统的最大 Lyapunov 指数 $\lambda_1 > 0$，则该系统一定是混沌的。在实际动力系统基于最大 Lyapunov 指数 λ_1 的混沌识别中，主要方法有 Wolf 法、小数据量法等。由于在实际应用中，时间序列的长度有限，通常采用小数据量法估计最大 Lyapunov 指数 λ_1。

设混沌时间序列 $x(1),x(2),\cdots,x(t),\cdots$，嵌入维数为 m，延迟时间为 τ，则重构相空间为

$$\boldsymbol{X}(t)=[x(t)\ \ x(t+\tau)\ \ \cdots\ \ x(t+(m-1)\tau)]^{\mathrm{T}},\quad t=1,2,\cdots,M$$

式中，$M = N-(m-1)\tau$。在重构相空间后，寻找给定轨道上每个点的最近邻点，即

$$d_t(0)=\min_{x(\hat{t})}\left\|\boldsymbol{X}(t)-\hat{\boldsymbol{X}}(t)\right\|,\quad |t-\hat{t}|>p$$

式中，$\hat{t}=1,2,\cdots,M$，且 $t\neq\hat{t}$；p 为时间序列的平均周期，它可以通过对时间序列 $\{x(i),i=1,2,\cdots,N\}$ 进行快速傅里叶变换得到；$\boldsymbol{X}(t)$ 为相空间中的状态点；$\hat{\boldsymbol{X}}(t)$ 为最近邻点；$d_t(0)$ 代表在初始时刻一对最近邻点之间的距离。

最大Lyapunov指数可以通过基本轨道上每个点最近邻点的平均发散率估计出来。Sato 等[18]估计最大 Lyapunov 指数为

$$\lambda_1(i)=\frac{1}{i\Delta t}\frac{1}{(M-i)}\sum_{t=1}^{M-i}\ln\frac{d_t(i)}{d_t(0)}$$

式中，Δt 为采样周期；$d_t(i)$ 为基本轨道上第 t 对最近邻点对经过 i 个离散步长的距离。

后来，Sato 等将估计表达式改进为

$$\lambda_1(i,k)=\frac{1}{k\Delta t}\frac{1}{(M-k)}\sum_{t=1}^{M-k}\ln\frac{d_t(i+k)}{d_t(i)}$$

式中，k 为常数。

最大Lyapunov指数的几何意义是量化初始闭轨道的指数发散程度和估计系统的总体混沌水平量，所以结合 Sato 等的估计式，有

$$d_t(i)=C_t\,\mathrm{e}^{\lambda_1(i\Delta t)}$$

式中，$C_t=d_t(0)$。

对上式两边取对数，可得

$$\ln d_t(i)=\ln C_t+\lambda_1(i\Delta t),\quad t=1,2,\cdots,M$$

显然，最大 Lyapunov 指数可以近似看成上式这组直线的斜率。它可以通过最小二乘法逼近这组直线得到，即

$$y(i)=\frac{1}{\Delta t}\langle\ln d_t(i)\rangle$$

式中，$\langle\cdot\rangle$ 表示所有关于 t 的平均值。

8.1.2　延迟时间 τ 的确定

延迟时间 τ 的选取方法比较复杂，在实际观测时间序列过程中，因噪声干扰和估计误差的存在，若 τ 选得太小，则相空间轨迹向同一位置挤压，信息不易显露，并产生冗余误差；若 τ 选得太大，则前后两个时刻的动力学性态变化剧烈，使得简单的几何对象变得复杂，动力系统失真，并产生不相关误差。

延迟时间 τ 的选择方法一般基于两个准则：第一个是相空间扩展法，使重构相空间的轨迹从相空间的主对角线尽可能地扩展，但不出现重叠，如摆动量法、平均位移法等；第二个是序列相关法，在降低时间序列 $\boldsymbol{X}(t)$ 内元素相关性的同时，保持 $\boldsymbol{X}(t)$ 中包含的原动力学系统的信息，如自相关法、互信息量法和高阶相关法等。目前，常用选择延迟时间 τ 的方法是自相关法和改进的自相关法。

1. 自相关法

自相关法是一种比较成熟的求延迟时间 τ 的方法，主要是提取时间序列间的线性关系。一般来说，对于混沌时间序列 $x(1),x(2),\cdots,x(t),\cdots$，序列的时间跨度为 $j\tau$ 的自相关函数为

$$R_{xx}(j\tau)=\frac{1}{N}\sum_{t=0}^{N-1}x(t)x(t+j\tau) \tag{8.5}$$

根据式(8.5)，固定 j 值勾画出自相关函数关于 τ $(\tau=1,2,\cdots)$ 的函数图像，当自相关函数下降至初始值的 $1-1/\mathrm{e}$ 时，所得的 τ 即重构相空间的延迟时间 τ。

2. 改进的自相关法

自相关法只能提取时间序列间的线性相关性。自相关法本质上是度量时间序列的线性关系，不适合非线性问题，同时难以推广到高维空间。文献[46]中改进了自相关法，引入一个非线性的相关函数，使得延迟时间 τ 的计算分成两部分：第一部分采用线性相关函数 $\varPhi_{xx}(\tau)=E\{[x(t)-\overline{x}(t)][x(t-\tau)-\overline{x}(t)]\}$ 检测状态之间的线性相关性；第二部分采用非线性相关函数 $\varPhi_{x^2x^2}(\tau)=E\{[x^2(t)-\overline{x}^2(t)][x(t-\tau)-\overline{x}^2(t)]\}$ 检测状态之间的非线性相关性。设 τ_x 和 τ_{x^2} 分别对应 $\varPhi_{xx}(\tau)$ 和 $\varPhi_{x^2x^2}(\tau)$ 的第一个极小值，则 $\tau=\min(\tau_x,\tau_{x^2})$。

该方法可同时检测状态之间线性和非线性的关系，$\varPhi_{x^2x^2}(\tau)$ 可以检测到 $\varPhi_{xx}(\tau)$ 不能检测到的时间序列中的变化，从而得到比单独检测线性相关性更短暂的延迟时间。

延迟时间 τ 是相空间重构的重要参数。如果 τ 偏小，则延迟向量中的各数据值之间还有很强的相关性，动力系统信息不易显露，产生冗余误差；如果 τ 偏大，则破坏了原系统各变量之间的内在关系，动力系统信息失真，产生不相关误差。因此，为了保持原动力系统各变量之间的内在关系，应该选取合适大小的延迟时间 τ。

相空间重构参数的计算方法很多，尤其是计算延迟时间 τ 的方法较多。但目前缺少固定的原则，指导选取相应方法来计算相关参数，导致得到的结果受研究

者主观性影响较大。事实上，Takens 嵌入定理研究的无噪声混沌时间序列，对 τ 值没有具体限制，非线性预测研究也表明，重构相空间时 τ 值不取为最佳延时，只会影响重构吸引子的欧几里得几何形状，进而影响关联维数的计算，并不会影响重构相空间的吸引子。但是，如果 τ 取值较大，则非线性预报模型需要拟合的关系比较复杂，计算量很大，难度很高，因此相空间重构的关键参数是嵌入维数，τ 可视情况取为较小的值，这种参数选取方式需要有效滤除观测序列的噪声。

从上述讨论可以看出，重构相空间的参数主要是嵌入维数 m 和延迟时间 τ 。一般方法中，m 和 τ 是单独确定的。但近年来，有研究认为影响相空间的主要因素不应该只单独地考虑如何选取 m 和 τ ，还应联合 m 和 τ 的嵌入窗宽 $\tau_w=(m-1)\tau$ 来确定。1996 年，Kugiumtais[21]提出 τ 的选取不应独立于 m ，而应依赖 τ_w，并使得 $\tau_w \geqslant \tau_p$ ，τ_p 是平均轨道周期。Kim 等[20]提出的关联积分法，通过嵌入时间序列的关联积分构造统计量，来表示非线性时间序列的相关性，确定嵌入窗宽和延迟时间，而后计算得到嵌入维数。

8.1.3　嵌入维数 *m* 的确定

Takens 嵌入定理保证了系统原相空间动力行为的投影是重构相空间中的吸引子。在实际工作中，嵌入维数 m 需要具体确定，不宜过大或过小。m 过大，会增加计算的工作量，并促使重构空间中的相点过于稀疏，甚至因多余维数而产生噪声干扰，增大预测误差；m 也不宜过小，过小会使嵌入空间无法容纳系统的吸引子，无法全面展现出系统的动力特性。因此，只要嵌入维数 $m \geqslant 2D+1$ 就可以反映出混沌吸引子。常用的计算方法有伪最近邻域法、Cao 方法及饱和关联维数(G-P)法。

1. 伪最近邻域法

从几何角度看，混沌时间序列就是高维相空间中混沌运动的轨迹在低维相空间上的投影。在投影过程中，混沌运动轨迹会发生一定的扭曲，在高维相空间中原来并不相邻的两个点投影到低维相空间，有可能成为相邻的两个点，即伪最近邻点，造成混沌时间序列的无规律。因此，重构相空间就是为了从混沌时间序列中构造出混沌运动的轨迹，使其随着嵌入维数的增大逐渐展开，伪最近邻点最终被剔除。

在 m 维相空间中，每个相点 $\boldsymbol{X}(t)=[x(t),x(t-\tau),\cdots,x(t-(m-1)\tau)]^{\mathrm{T}}$ ，都存在某个距离内最近邻点 $\boldsymbol{X}_F$ ，其距离为 $R_m(t)=\|\boldsymbol{X}(t)-\boldsymbol{X}_F(t)\|$ 。当相空间的维数从 m 增加到 $m+1$ 时，这两个相点的距离会发生变化，成为

$$R_{m+1}^2(t)=R_m^2(t)+\|\boldsymbol{X}(t+m\tau)-\boldsymbol{X}_F(t+m\tau)\|^2$$

若 $R_{m+1}(t)$ 与 $R_m(t)$ 相比有较大的变化，则可以认为这是由于高维奇异吸引子中两个相邻的点在投影到低维相空间上时变成伪最近邻点。令

$$S_m = \frac{\left\|\boldsymbol{X}(t+m\tau) - \boldsymbol{X}_F(t+m\tau)\right\|}{R_m(t)}$$

若 $S_m > S_T$，则 $\boldsymbol{X}_F(t)$ 是 $\boldsymbol{X}(t)$ 的伪最近邻点，阈值 S_T 可在 $[10,50]$ 选择。

对于实测时间序列，从嵌入维数的最小值开始计算伪最近邻点的比值，当增加嵌入维数 m 到伪最近邻点的比值小于 5%或者伪最近邻点不再随着嵌入维数 m 的增加而减少时，可以认为奇异吸引子完全展开，此时的 m 即最佳嵌入维数。

2. Cao 方法

Cao 方法主要是为了克服在伪最近邻域法中选择阈值的缺点而提出的。令

$$a(i,m) = \frac{\left\|\boldsymbol{X}_i(m+1) - \boldsymbol{X}_{n(i,m)}(m+1)\right\|}{\left\|\boldsymbol{X}_i(m) - \boldsymbol{X}_{n(i,m)}(m)\right\|}, \quad i = 1,2,\cdots,N-m\tau$$

式中，$\|\cdot\|$ 为向量的范数，常用的范数 $\left\|\boldsymbol{X}_k(m) - \boldsymbol{X}_l(m)\right\| = \max\limits_{0\leqslant j\leqslant m-1}\left|x_{k+j\tau} - x_{l+j\tau}\right|$；$\boldsymbol{X}_i(m+1)$ 为第 i 个重构相空间向量，嵌入维数为 $m+1$；$\boldsymbol{X}_{n(i,m)}(m)$ 为按上述范数定义下距 $\boldsymbol{X}_i(m+1)$ 最近的向量，$n(i,m)$ 为大于等于 1 且小于等于 $N-m\tau$ 的整数。

如果 $\boldsymbol{X}_{n(i,m)}(m)$ 与 $\boldsymbol{X}_i(m)$ 相等，那么按照范数的定义寻找下一个最近的向量，定义

$$E(m) = \frac{1}{N-m\tau}\sum_{i=1}^{N-m\tau} a(i,m)$$

式中，$E(m)$ 为所有 $a(i,m)$ 的均值。同时，为了检验 $E(m)$ 的变化情况，令

$$E_1(m) = E(m+1)/E(m) \tag{8.6}$$

如果时间序列是由吸引子产生的，随着 m 的增大，$E_1(m)$ 将达到饱和，则 $m+1$ 即最小嵌入维数。

Cao 方法定义另一个参数用于区分确定性混沌信号和随机信号，即

$$\begin{aligned} &E_2(m) = E^*(m+1)/E^*(m) \\ &E^*(m) = \frac{1}{N-m\tau}\sum_{i=1}^{N-m\tau}\left|\boldsymbol{X}(i+m\tau) - \boldsymbol{X}[n(i,m)+m\tau]\right| \end{aligned} \tag{8.7}$$

在实际情况下，随机序列的 $E_1(m)$ 也可能随着 m 的增加达到饱和，为了区分

这种情况，定义了 $E_2(m)$ 。对于随机序列，$E_2(m)$ 对所有的 m 都将等于 1 左右，然而对于混沌序列，$E_2(m)$ 与 m 是相关的，不可能对所有的 m 保持恒定，一定有一些 m 值使得 $E_2(m) \neq 1$ 。

3. 饱和关联维数(G-P)法

对于混沌时间序列 $\{x(t), t=1,2,\cdots,N\}$，先给定一个较小的 m 值，对应一个重构的相空间 $\boldsymbol{X}(t)=[x(t), x(t-\tau),\cdots, x(t-(m-1)\tau)]^{\mathrm{T}}$ 。

计算关联积分，有

$$C_n(r)=\lim_{N\to\infty}\frac{1}{N}\sum_{i,j=1}^{N}\theta(r-\|\boldsymbol{X}(i)-\boldsymbol{X}(j)\|) \tag{8.8}$$

式中，$\|\boldsymbol{X}(i)-\boldsymbol{X}(j)\|$ 表示相点 $\boldsymbol{X}(i)$ 与 $\boldsymbol{X}(j)$ 之间的距离，这里用 ∞ 范数来表示；$\theta(\cdot)$ 为 Heaviside 单位函数。

选取合适的 r 取值范围（$r\to 0$），使得吸引子的关联维数 D 能够描述奇异吸引子的自相似结构，与累积分布函数 $C_n(r)$ 应满足对数线性关系，即

$$D(m)=\ln C_n(r)/\ln r$$

增加嵌入维数 m ，重复计算式(8.8)和 $D(m)=\ln C_n(r)/\ln r$ ，直到相应的维数估计值 D 不随 m 增长，并且在一定误差内不变为止，此时的 D 就是吸引子的关联维数。根据 $m \geqslant 2D+1$，可得嵌入维数 m 。

嵌入维数 m 是相空间重构的重要参数。如果嵌入维数 m 选取偏大，则会因数据的增多而导致计算量增加，稀疏重构空间中的相点，导致相应的预测误差增大；如果嵌入维数 m 选取偏小，重构空间中的吸引子将会出现重复，无法全面展开系统的全部动力学特征。因此，为了保持原动力系统各变量之间的内在关系，应该选取合适的嵌入维数 m 。

8.1.4　船舶运动混沌时间序列的混沌特性分析与重构

1. 船舶运动时间序列的相空间重构

利用混沌时间序列理论对船舶运动的时间序列进行研究，对船舶运动时间序列的混沌特性进行识别，进而以船舶运动混沌时间序列为基础，对船舶运动预报进行建模与预测。

本节以某型号舰船在 90°横浪航行的情况下横摇运动时间序列的 500 个样本数据为例，分析船舶运动姿态时间序列的混沌特征。其采样时间为 0.5s。

在进行混沌特征判别前，先对时间序列进行相空间的重构，即确定延迟时间 τ 和嵌入维数 m ，本章采用时间序列自相关函数法，确定船舶运动时间序列的延迟时间，如图 8.1 所示。

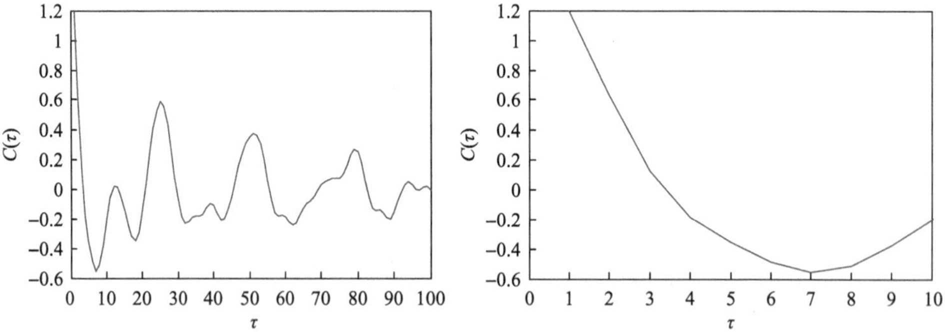

(a) 原图　　(b) 局部放大图

图 8.1　自相关函数法求延迟时间 τ(90°横浪)

图 8.1 中自相关函数 $C(\tau)$ 是采用式(8.5)计算的，即 $C(\tau)=R_{xx}(j\tau)$ ，固定 j 值，做自相关函数关于 τ $(\tau=1,2,\cdots)$ 的函数图像，当其下降至初始值的 $1-1/\mathrm{e}$ 时，求得的 τ 为重构相空间的延迟时间。此外，也可选取自相关函数第一次经过零点所对应的时间，保证各嵌入坐标间相关性最小。

为便于观察自相关函数第一次经过零点时所对应的时间，对图 8.1(a)进行适当放大，见图 8.1(b)。可以看出，当 $\tau=3$ 时， $C(\tau)=0$ ，能够保证嵌入坐标间的独立性和较小的相关性。计算得出当自相关函数下降到初始值的 $1-1/\mathrm{e}$ 时， $\tau=2$ 。因为相空间重构的关键参数是嵌入维数 m ， τ 应视情况取较小的值，故取 $\tau=2$ 。

2. 船舶运动时间序列的混沌特性判别

通过计算在 90°横浪航行情况下横摇运动时间序列的混沌吸引子维数和 Lyapunov 指数两个特征量，进行时间序列混沌特性的识别。

1)船舶运动时间序列的饱和关联维数的判别

将饱和关联维数近似作为混沌吸引子维数，得到船舶运动姿态时间序列 $\ln C(r)$-$\ln r$ 关系曲线，如图 8.2(a)所示。通过图 8.2(a)可以清楚地看到，随着嵌入维数 m 的增加， $\ln C(r)$-$\ln r$ 关系曲线逐渐趋于平行，如果除去斜率为 0 和斜率为 ∞ 的直线段，确定之间的最佳拟合直线，直线斜率就是关联维数。由图 8.2(a)可得在 $m=8$ 以后， $\ln C(r)$-$\ln r$ 曲线近似为直线且斜率近似相等，此时对应的空间维数 m 便是重构相空间的最佳嵌入维数。而关联维数 $D(m)$ 和嵌入维数 m 的关系曲线如图 8.2(b)所示，当 $m=8$ 时， $D(m)$ 达到饱和状态，此时的 m 就是能够完全展开吸引子结构的最小嵌入维数。

求取饱和关联维数通常要求样本数量很大。洪时中等[47]在 1994 年给出了关系式 $N_{\min} > \sqrt{2}(\sqrt{27.5})^{D}$[47]，用这种判据比较合适，以预测为目的相空间重构，数据不必过多。与此同时，算法中无标度区的客观存在和序列噪声的影响在一定程度上也会加大估计误差。

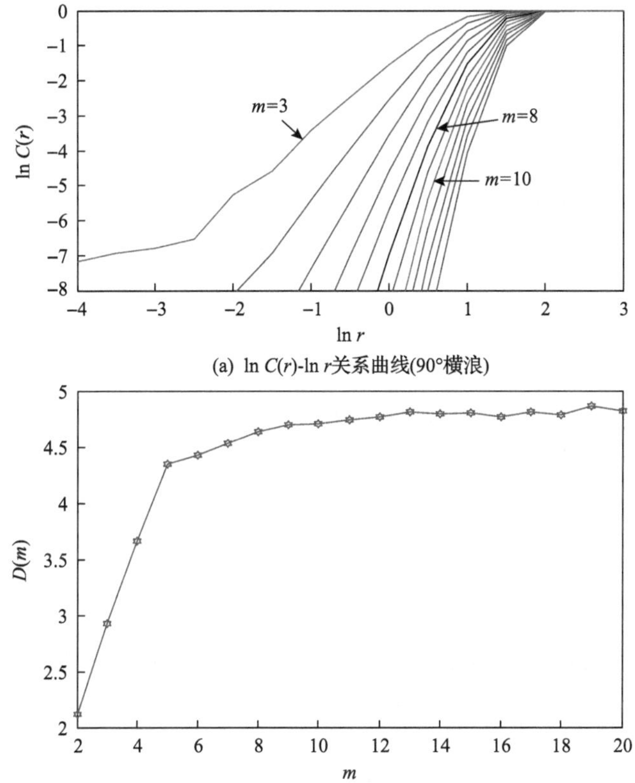

(a) ln C(r)-ln r关系曲线(90°横浪)

(b) D(m)与m关系曲线(90°横浪)

图 8.2　船舶运动姿态时间序列 $\ln C(r)$-$\ln r$、$D(m)$ 与 m 关系曲线

2) 船舶运动时间序列的最大 Lyapunov 指数的判别

最大 Lyapunov 指数 λ_1 表征相空间两相邻轨道的发散性。如果系统的最大 Lyapunov 指数 $\lambda_1 > 0$，则可判定系统是混沌的。因为小数据量法具有容易操作、计算量小、对小数据组可靠等优点，采用小数据量法求取最大 Lyapunov 指数 λ_1。

对时间序列 $\{x(i), i = 1, 2, \cdots, N\}$ 进行快速傅里叶变换，计算出平均周期 p。

快速傅里叶变换船舶运动姿态时间序列的结果如图 8.3 所示，横坐标为采样点数，采样时间为 0.5s，纵坐标为该时间序列经过快速傅里叶变换后的幅值，通过能量光谱平均频率的倒数可估算出时间序列的平均周期 p。从图 8.3 可以看到，采样点数为 25 时出现了一个突出的单峰，从而取平均周期 $p = 25$ 。

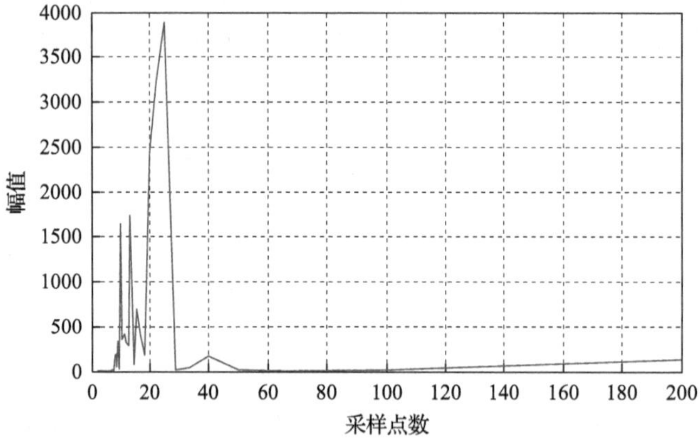

图 8.3　平均周期估算(90°横浪)

由延迟时间 τ 和关联维数 D 的关系式 $m \geqslant 2D+1$ 确定嵌入维数 m 。根据延迟时间 τ 和嵌入维数 m 重构相空间 $\boldsymbol{X}(t)=[x(t),x(t-\tau),\cdots,x(t-(m-1)\tau)]^{\mathrm{T}}$ 。

找到相空间中每个点 $\boldsymbol{X}(t)$ 的最近邻点 $\boldsymbol{X}(\hat{t})$ ，并限制短暂分离，即

$$d_t(0)=\min_{\hat{t}}\left\|\boldsymbol{X}(t)-\boldsymbol{X}(\hat{t})\right\|,\quad |t \neq \hat{t}|>p$$

式中， $\hat{t}=1,2,\cdots,M$ ，且 $t \neq \hat{t}$ 。

对相空间中的每个点 $\boldsymbol{X}(t)$ ，计算出该邻域点对的 i 个离散时间步后的距离 $d_t(i)$:

$$d_t(i)=\left\|\boldsymbol{X}(t+i)-\boldsymbol{X}(\hat{t}+i)\right\|,\quad i=1,2,\cdots,\min(M-t,M-\hat{t})$$

对每个 i 求出:

$$y(i)=\frac{1}{q\Delta t}\sum_{j=1}^{q}\ln d_j(i)$$

式中， q 为非零 $d_j(i)$ 的数目。

采用最小二乘法拟合回归直线，该直线的斜率即最大 Lyapunov 指数。结果如图 8.4 所示，其横坐标 i 为邻近点对的离散时间步长，纵坐标为平均值 $y(i)$ 。通过最小二乘逼近这组直线的最大斜率，所得到的直线斜率即最大 Lyapunov 指数，通过计算可得该时间序列最大 Lyapunov 指数 $\lambda_1 = 0.1618 > 0$ ，说明该时间序列是混

沌时间序列。

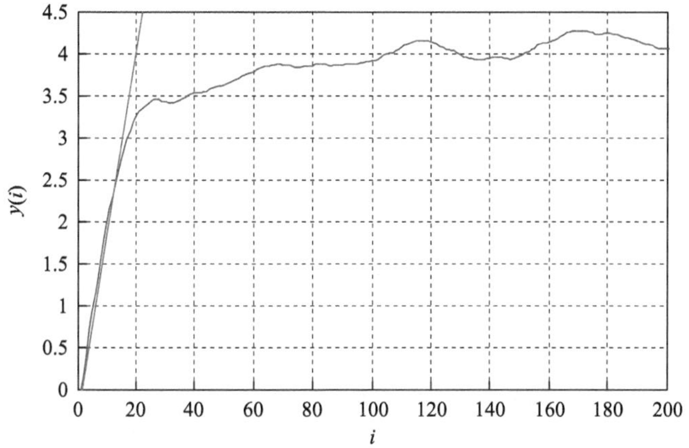

图 8.4　最大 Lyapunov 指数的估算曲线(90°横浪)

图 8.5 为采用 Cao 方法判别混沌特性得到的曲线图，横坐标为嵌入维数 m，纵坐标为 $E_1(m)$ 和 $E_2(m)$，记为 E_1 和 E_2。从图中可以看出，E_1 随着 m 的增加而逐渐趋于饱和，当 $m=7$ 时，E_1 变化较小，故取 $m=8$ 为相空间重构的嵌入维数。而 E_2 主要是用于区分确定性混沌信号和随机信号，从仿真结果看出 E_2 不是恒等于 1 的常数，而是在 1 上下波动，故该船舶运动姿态时间序列是混沌时间序列。

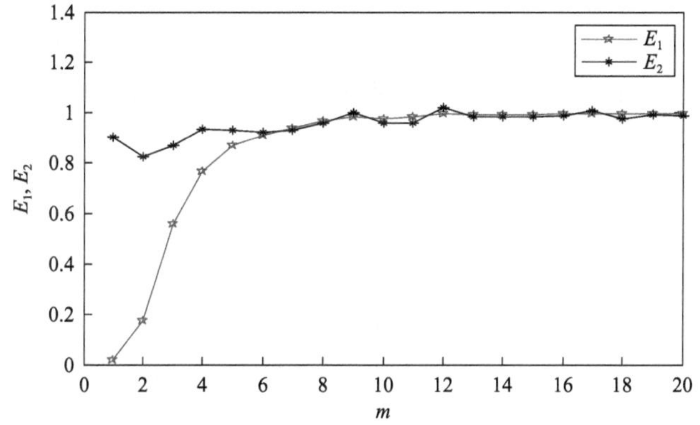

图 8.5　采用 Cao 方法求嵌入维数(90°横浪)

为进一步确定船舶运动姿态时间序列的混沌特性，分别对某型号舰船在 135° 斜浪、180°顶浪航行下的横摇运动时间序列进行混沌特性分析。图 8.6 为采用自相关函数法求延迟时间 τ 的曲线，图 8.7 为 $\ln C(r)$-$\ln r$ 关系图，图 8.8 为 $D(m)$-m 关系图，图 8.9 为平均周期的确定图，图 8.10 为船舶运动的最大 Lyapunov 指数，图 8.11 为采用 Cao 方法求嵌入维数。表 8.1 给出了船舶航行姿态时间序列相空间重构的参数及混沌判别指数。

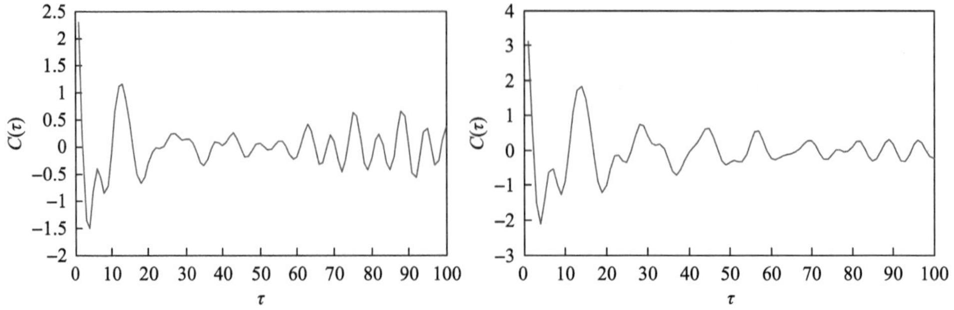

(a) 135°斜浪　　(b) 180°顶浪

图 8.6　自相关函数法求延迟时间 τ（135°斜浪和 180°顶浪）

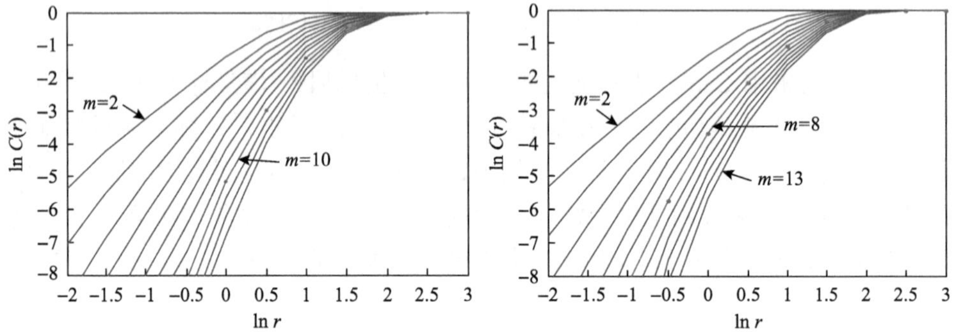

(a) 135°斜浪　　(b) 180°顶浪

图 8.7　$\ln C(r)$-$\ln r$ 关系图(135°斜浪和 180°顶浪)

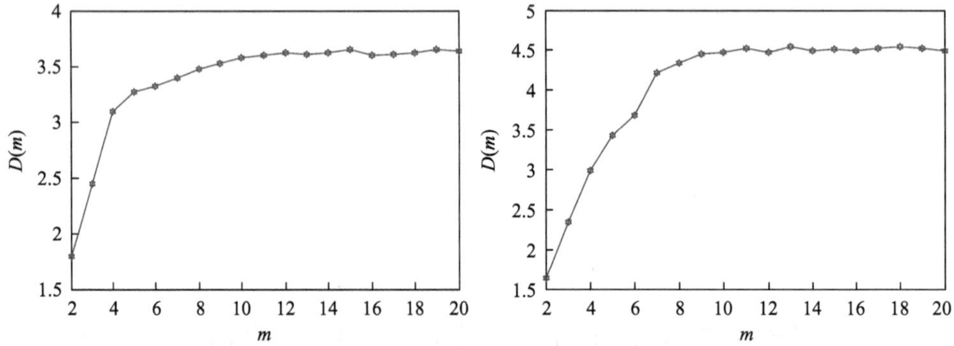

(a) 135°斜浪　　(b) 180°顶浪

图 8.8　$D(m)$-m 关系图(135°斜浪和 180°顶浪)

通过仿真实验结果分析可以得出，E_2 不是恒等于 1 的常数，而是在 1 上下波动，并且最大 Lyapunov 指数均大于 0，所以该型号舰船在 135°斜浪、180°顶浪航行姿态下的横摇运动时间序列具有混沌特性。此分析内容有利于后续船舶运动预报研究的开展。

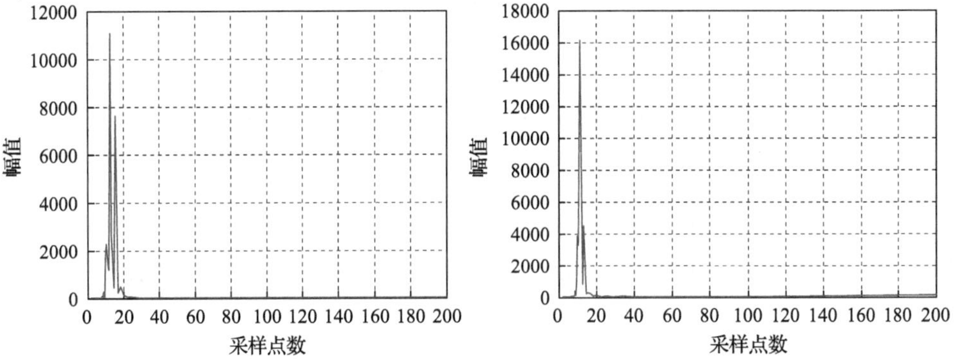

(a) 135°斜浪　　(b) 180°顶浪

图 8.9　平均周期的确定(135°斜浪和 180°顶浪)

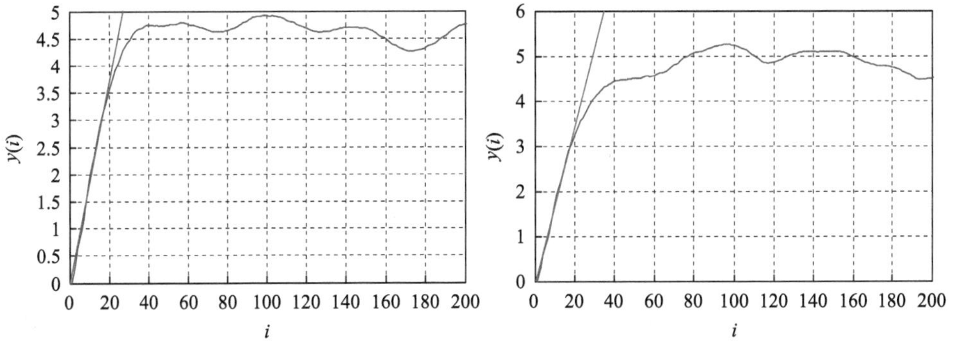

(a) 135°斜浪　　(b) 180°顶浪

图 8.10　最大 Lyapunov 指数的曲线(135°斜浪和 180°顶浪)

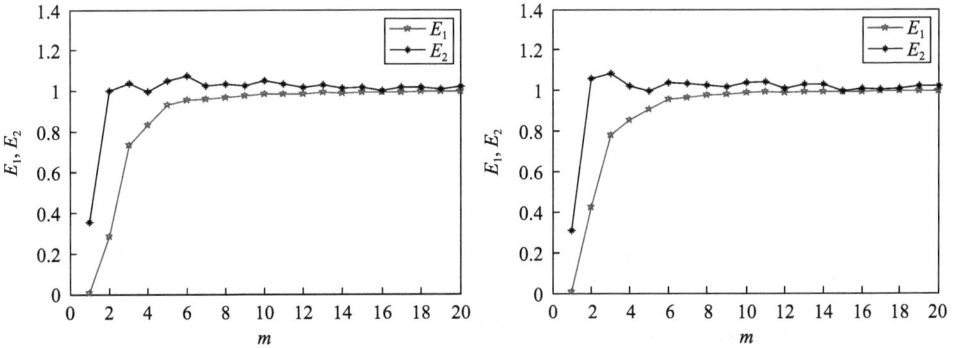

(a) 135°斜浪　　(b) 180°顶浪

图 8.11　采用 Cao 方法求嵌入维数(135°斜浪和 180°顶浪)

表 8.1 船舶航行姿态时间序列相空间重构的参数及混沌判别指数

航行姿态	延迟时间	嵌入维数	平均周期	最大 Lyapunov 指数
90°横浪	2	8	25	0.1618
135°斜浪	2	7	11	0.1375
180°顶浪	2	7	12	0.1262

3. 船舶运动时间序列的相空间重构预报模型

对于船舶运动姿态混沌时间序列，根据混沌时间序列的延迟时间 τ 和嵌入维数 m 就可以进行相空间重构，把混沌时间序列 $\{x(t), t=1,2,\cdots,N\}$ 转化为

$$\begin{aligned}
&\boldsymbol{X}(1):[x(1)\quad x(1+\tau)\quad\cdots\quad x(1+(m-1)\tau)]^{\mathrm{T}}\\
&\boldsymbol{X}(2):[x(2)\quad x(2+\tau)\quad\cdots\quad x(2+(m-1)\tau)]^{\mathrm{T}}\\
&\quad\vdots\\
&\boldsymbol{X}(M):[x(M)\quad x(M+\tau)\quad\cdots\quad x(M+(m-1)\tau)]^{\mathrm{T}}
\end{aligned} \tag{8.9}$$

式中， $M=N-(m-1)\tau$ ，则有

$$\boldsymbol{X}(2)=f(\boldsymbol{X}(1)),\ \boldsymbol{X}(3)=f(\boldsymbol{X}(2)),\ \cdots,\ \boldsymbol{X}(M)=f(\boldsymbol{X}(M-1))$$

可以把预测值 $x(N+1)$ 看成 $\boldsymbol{X}(M+1)$ 的最后一项，因为它的前 m−1 项是由已知的时间序列历史数据构成的，所以可以转化为单一输出模型：

$$x(N+1)=F[x(t)\quad x(t+\tau)\quad\cdots\quad x(t+(m-1)\tau)] \tag{8.10}$$

这里的非线性函数 $F[\cdot]$ 是一个 $\mathbf{R}^m\to\mathbf{R}$ 的映射，所以如何获得关于 $F[\cdot]$ 的一个最优近似就是预测问题的实质。由于 $F[\cdot]$ 具有较强的非线性特性，宜采用具有很好的泛化能力、较快的建模速度和训练速度的算法或模型来拟合这种映射，本章选择 AR 模型拟合这种映射。

8.2 变步长 LMS 算法

与归一化 LMS 算法固定的收敛因子不同，变步长 LMS 算法的基本思想是：对于自适应滤波器的初始收敛阶段，系统的权重 $\boldsymbol{w}(t)$ 与最优权重 $\boldsymbol{w}'(t)$ 相距较远，为了保证收敛速度较快，应该选取较大的收敛因子步长 $\mu(t)$；当算法接近收敛时，权重 $\boldsymbol{w}(t)$ 接近最优权重 $\boldsymbol{w}'(t)$ ，应该选取较小的收敛因子步长 $\mu(t)$ ，以减少算法的稳态误差[48,49]。

因为变步长 LMS 算法中的 $\mu(t)$ 是一个随着迭代次数不同而不同的步长参数，所以此类 LMS 算法就为变步长最小均方(variable step size least-mean-square, VSS-LMS)算法。在 VSS-LMS 算法中，补偿迭代的关系式为

$$\mu(t)=\begin{cases}\mu_{\min}, & \mu(t)<\mu_{\min}\\ \mu'(t+1), & \text{其他}\\ \mu_{\max}, & \mu(t)>\mu_{\max}\end{cases} \tag{8.11}$$

式中，$\mu'(t+1)=\alpha^t w(t)+\beta e^2(t)$，$0<\alpha<1$，$\beta<1$；$\mu_{\max}$ 为最大可能收敛速度的步长，一般选择接近FSS-LMS不稳定的收敛因子步长；$\mu_{\min}$ 为最小可能收敛速度的收敛因子步长；α 为步长的遗传因子，主要决定算法收敛时的步长值；β 为步长的速率因子，决定步长受瞬时误差的影响程度，控制算法的启动和跟踪速率。

为了保证算法能够收敛，遗传因子 α 的取值不能超过 1，而且考虑到算法深度收敛时，$\beta e^2(t)\to 0$，而步长按遗传因子 α^t 减少，直到 $\mu(t)\to\mu_{\min}$。如果遗传因子 α 取值太小，深度收敛时，步长变换较大，所以遗传因子 α 的取值一般都小于 1 且接近 1。为了保证算法初始收敛阶段的收敛和深度收敛阶段时的 $\beta e^2(t)\to 0$，速率因子 β 的取值一般都很小。

在自适应的初始收敛阶段，$e(t)$ 较大，同时指数 α^t 衰减较小，所以对应于步长参数 $\mu(t)$ 较大，收敛速度较大；当算法即将达到收敛时，$e(t)$ 较小，同时指数 α^t 衰减较大，所以对应于步长参数 $\mu(t)$ 较小，收敛较平稳[29]。

为了描述了在平稳环境下与 VSS-LMS 算法收敛特性相关的一些特性，下面介绍系数误差向量的协方差矩阵、学习曲线和误差信号的特征。

1. 系数误差向量的协方差矩阵

横向滤波器系数为 $\boldsymbol{w}_0$，通过 VSS-LMS 算法辨识相同阶数的自适应滤波器，对于理想系数 $\boldsymbol{w}_0$ 的误差可以描述为

$$\Delta\boldsymbol{w}(t)=\boldsymbol{w}(t)-\boldsymbol{w}_0 \tag{8.12}$$

则 VSS-LMS 算法也可以表示为

$$\begin{aligned}\Delta\boldsymbol{w}(t+1)&=\Delta\boldsymbol{w}(t)+2\mu(t)e(t)\boldsymbol{X}(t)\\&=\Delta\boldsymbol{w}(t)+2\mu(t)\boldsymbol{X}(t)[\boldsymbol{X}^{\mathrm{T}}(t)\boldsymbol{w}_0+n(t)-\boldsymbol{X}^{\mathrm{T}}(t)\boldsymbol{w}(t)]\\&=[\boldsymbol{I}-2\mu(t)\boldsymbol{X}(t)\boldsymbol{X}^{\mathrm{T}}(t)]\Delta\boldsymbol{w}(t)+2\mu(t)e_0(t)\boldsymbol{X}(t)\end{aligned} \tag{8.13}$$

式中，$n(t)$ 为均值为零、方差为 σ_n^2 的测量白噪声；$e_0(t)$ 为最优输出误差，即

$$\begin{aligned} e_0(t) &= d(t) - \boldsymbol{w}_0^{\mathrm{T}}\boldsymbol{X}(t) \\ &= \boldsymbol{w}_0^{\mathrm{T}}\boldsymbol{X}(t)+n(t) - \boldsymbol{w}_0^{\mathrm{T}}\boldsymbol{X}(t) \\ &= n(t) \end{aligned} \tag{8.14}$$

如果 t 值较大，则 $\Delta\boldsymbol{w}(t)$ 的平均值为零，因此系数误差向量协方差的定义为

$$\operatorname{cov}[\Delta\boldsymbol{w}(t)] = E[\Delta\boldsymbol{w}(t)\Delta\boldsymbol{w}^{\mathrm{T}}(t)] = E\{[\boldsymbol{w}(t)-\boldsymbol{w}_0][\boldsymbol{w}(t)-\boldsymbol{w}_0]^{\mathrm{T}}\} \tag{8.15}$$

将式(8.13)代入式(8.15)，可以得到

$$\begin{aligned} \operatorname{cov}[\Delta\boldsymbol{w}(t+1)] = E\{&[\boldsymbol{I}-2\mu(t)\boldsymbol{X}(t)\boldsymbol{X}^{\mathrm{T}}(t)]\Delta\boldsymbol{w}(t)\Delta\boldsymbol{w}^{\mathrm{T}}(t)[\boldsymbol{I}-2\mu(t)\boldsymbol{X}(t)\boldsymbol{X}^{\mathrm{T}}(t)]^{\mathrm{T}} \\ &+[\boldsymbol{I}-2\mu(t)\boldsymbol{X}(t)\boldsymbol{X}^{\mathrm{T}}(t)]\Delta\boldsymbol{w}(t)2\mu(t)e_0(t)x(t)\boldsymbol{X}^{\mathrm{T}}(t) \\ &+2\mu(t)e_0(t)x(t)\Delta\boldsymbol{w}(t)[\boldsymbol{I}-2\mu(t)\boldsymbol{X}(t)\boldsymbol{X}^{\mathrm{T}}(t)]^{\mathrm{T}} \\ &+4\mu^2(t)e_0^2(t)\boldsymbol{X}(t)\boldsymbol{X}^{\mathrm{T}}(t)\} \end{aligned} \tag{8.16}$$

考虑到 $e_0(t)$ 独立于 $\Delta\boldsymbol{w}(t)$ 且正交于 $\boldsymbol{X}(t)$，式(8.16)中等号右侧的第二项和第三项可以消除。因此，

$$\begin{aligned} \operatorname{cov}[\Delta\boldsymbol{w}(t+1)] &= \operatorname{cov}[\Delta\boldsymbol{w}(t)] - 2\mu(t)E[\boldsymbol{X}(t)\boldsymbol{X}^{\mathrm{T}}(t)]E[\Delta\boldsymbol{w}(t)\Delta\boldsymbol{w}^{\mathrm{T}}(t)] \\ &\quad -2\mu(t)E[\Delta\boldsymbol{w}(t)\Delta\boldsymbol{w}^{\mathrm{T}}(t)]E[\boldsymbol{X}(t)\boldsymbol{X}^{\mathrm{T}}(t)] \\ &\quad +4\mu^2(t)E\{\boldsymbol{X}(t)\boldsymbol{X}^{\mathrm{T}}(t)E[\Delta\boldsymbol{w}(t)\Delta\boldsymbol{w}^{\mathrm{T}}(t)]\boldsymbol{X}(t)\boldsymbol{X}^{\mathrm{T}}(t)\} \\ &\quad +4\mu^2(t)E[e_0(t)]E[\boldsymbol{X}(t)\boldsymbol{X}^{\mathrm{T}}(t)] \\ &= \operatorname{cov}[\Delta\boldsymbol{w}(t)] - 2\mu(t)\boldsymbol{R}\operatorname{cov}[\Delta\boldsymbol{w}(t)] \\ &\quad -2\mu(t)\operatorname{cov}[\Delta\boldsymbol{w}(t)]\boldsymbol{R} + 4\mu^2(t)\boldsymbol{A} + 4\mu^2(t)\delta_n^2\boldsymbol{R} \end{aligned} \tag{8.17}$$

计算式 $\boldsymbol{A} = E\{\boldsymbol{X}(t)\boldsymbol{X}^{\mathrm{T}}(t)E[\Delta\boldsymbol{w}(t)\Delta\boldsymbol{w}^{\mathrm{T}}(t)]\boldsymbol{X}(t)\boldsymbol{X}^{\mathrm{T}}(t)\}$ 包括四阶矩，对于联合高斯输入信号样值，将算子 $E[\cdot]$ 中的矩阵展开，得到

$$\boldsymbol{A} = 2\boldsymbol{R}\operatorname{cov}[\Delta\boldsymbol{w}(t)]\boldsymbol{R} + \boldsymbol{R}\operatorname{tr}\{\boldsymbol{R}\operatorname{cov}[\Delta\boldsymbol{w}(t)]\} \tag{8.18}$$

$$\begin{aligned} \operatorname{cov}[\Delta\boldsymbol{w}'(t+1)] &= \operatorname{cov}[\Delta\boldsymbol{w}'(t)] - 2\mu(t)\boldsymbol{\Lambda}\operatorname{cov}[\Delta\boldsymbol{w}'(t)] \\ &\quad -2\mu(t)\operatorname{cov}[\Delta\boldsymbol{w}'(t)]\boldsymbol{\Lambda} + 8\mu^2(t)\boldsymbol{\Lambda}\operatorname{cov}[\Delta\boldsymbol{w}'(t)]\boldsymbol{\Lambda} \\ &\quad +4\mu^2(t)\boldsymbol{\Lambda}\operatorname{tr}\{\boldsymbol{\Lambda}\operatorname{cov}[\Delta\boldsymbol{w}'(t)]\} + 4\mu^2(t)\delta_n^2\boldsymbol{\Lambda} \end{aligned} \tag{8.19}$$

式中，$\operatorname{cov}[\Delta\boldsymbol{w}'(t)] = E[\boldsymbol{Q}^{\mathrm{T}}\Delta\boldsymbol{w}(t)\Delta\boldsymbol{w}^{\mathrm{T}}(t)\boldsymbol{Q}]$，$\boldsymbol{Q}$ 为通过一个相似变换使 $\boldsymbol{R}$ 对角化的酉矩阵。

如果定义 $\boldsymbol{v}'(t)$ 为由 $\operatorname{cov}[\Delta\boldsymbol{w}'(t)]$ 的对角元素组成的向量，且 $\boldsymbol{\lambda}$ 为 $\boldsymbol{R}$ 的特征值组成的向量，则根据上述方程可以导出如下关系：

$$\begin{aligned}\boldsymbol{v}'(t+1) &= [\boldsymbol{I} - 4\mu(t)\boldsymbol{\Lambda} + 8\mu^2(t)\boldsymbol{\Lambda}^2 + 4\mu^2\boldsymbol{\lambda}\boldsymbol{\lambda}^{\mathrm{T}}]\boldsymbol{v}'(t) + 4\mu^2(t)\delta_n^2\boldsymbol{\lambda} \\ &= \boldsymbol{B}\boldsymbol{v}'(t) + 4\mu^2(t)\delta_n^2\boldsymbol{\lambda}\end{aligned} \tag{8.20}$$

其中，$\boldsymbol{B}$ 的元素为

$$b_{ij} = \begin{cases} 1 - 4\mu(t)\lambda_i + 8\mu^2(t)\lambda_i{}^2 + 4\mu^2(t)\lambda_i{}^2, & i = j \\ 4\mu^2(t)\lambda_i\lambda_j, & i \neq j \end{cases} \tag{8.21}$$

收敛因子 $\mu(t)$ 的取值必须使 $\boldsymbol{v}'(t)$ 收敛。由于矩阵 $\boldsymbol{B}$ 是对称的，它只具有非负特征值。另外，由于 $\boldsymbol{B}$ 的所有元素也是非负值，$\boldsymbol{B}$ 的任意行元素之和的最大值代表了 $\boldsymbol{B}$ 的最大特征值的上界。其结果是，保证收敛的充分条件是使 $\boldsymbol{B}$ 的任意行元素和保持在 $0 < \sum_{j=0}^{N} b_{ij} < 1$。因为

$$\sum_{j=0}^{N} b_{ij} = 1 - 4\mu(t)\lambda_i + 8\mu^2(t)\lambda_i^2 + 4\mu^2(t)\lambda_i\sum_{j=0}^{N}\lambda_j \tag{8.22}$$

所以关键值 $\mu(t)$ 的选取必须使式(8.22)接近于 1(因为对于任意 $\mu(t)$，该表达式总是为正)。这只有在式(8.22)中等式右侧的最后三项接近零时才会发生，也就是说

$$-4\mu(t)\lambda_i + 8\mu^2(t)\lambda_i^2 + 4\mu^2(t)\lambda_i\sum_{j=0}^{N}\lambda_j \approx 0$$

经过简单的处理，可以得到如下稳定性条件：

$$0 < \mu(t) < \frac{1}{2\lambda_{\max} + \sum_{j=0}^{N}\lambda_j} < \frac{1}{\sum_{j=0}^{N}\lambda_j} = \frac{1}{\mathrm{tr}[R]} \tag{8.23}$$

得到的 $\mu(t)$ 上界在实际中是很重要的，因为它给出了为实现系数收敛应该选用的 $\mu(t)$ 的最大值。在大多数情况下，$\mu(t)$ 值的选取不应该接近上界。

2. 学习曲线

考虑一种强的收敛准则，即以均方方式收敛。定义额外均方误差为 n 时刻 VSS-LMS 滤波器所产生的均方误差 $J(n)$ 与相应的 Wiener 滤波器所产生的最小均方误差 $J_{\min}$ 之差。若用 $J_{\mathrm{ex}}(n)$ 表示额外均方误差，则有

$$J_{\mathrm{ex}}(n) = J(n) - J_{\min}$$

对于 VSS-LMS 滤波器的均方值，有

$$E\left[\left|v_k(n)\right|^2\right]=\frac{\mu(t)J_{\min}}{2-\mu(t)\lambda_k}+[1-\mu(t)\lambda_k]^{2n}\left[\left|v_k(0)\right|^2-\frac{\mu(t)J_{\min}}{2-\mu(t)\lambda_k}\right] \tag{8.24}$$

式中，$v_k(n)$ 为 VSS-LMS 滤波器的第 k 个自然模式；$v_k(0)$ 为 $v_k(n)$ 的初值；λ_k 为第 k 个自然模式下输入信号自相关矩阵的特征值。

利用式(8.12)和式(8.13)，可将 VSS-LMS 滤波器所产生的均方误差表示为

$$\begin{aligned}J(n)&=J_{\min}+\mu(t)J_{\min}\sum_{k=1}^{M}\frac{\lambda_k}{2-\mu(t)\lambda_k}\\&\quad+\sum_{k=1}^{M}\lambda_k\left[\left|v_k(0)\right|-\frac{\mu(t)J_{\min}}{2-\mu(t)\lambda_k}\right][1-\mu(t)\lambda_k]^{2n}\\&\approx J_{\min}+\frac{\mu(t)J_{\min}}{2}\sum_{k=1}^{M}\lambda_k+\sum_{k=1}^{M}\lambda_k\left[\left|v_k(0)\right|-\frac{\mu(t)J_{\min}}{2}\right][1-\mu(t)\lambda_k]^{2n}\end{aligned} \tag{8.25}$$

对于所有 k=1,2,⋯,M，在 n 时刻的 $J(n)$ 由指数因子 $[1-\mu(t)\lambda_k]^{2n}$ 控制。考虑式(8.25)推导受到小步长参数 $\mu(t)$ 的约束，再一次通过选择比 $1/\lambda_{\max}$ 更小的 $\mu(t)$ 值来满足这个要求。在这种条件下，可以保证指数因子 $[1-\mu(t)\lambda_k]^{2n}$ 随着迭代次数的增加衰减到零。因此，可以将 $\mu(t)$ 较小时 VSS-LMS 的学习曲线表述为如下原理。

VSS-LMS 滤波器的学习曲线指数衰减到如下常数值：

$$\begin{aligned}J(\infty)&=J_{\min}+\mu(t)J_{\min}\sum_{k=1}^{M}\frac{\lambda_k}{2-\mu(t)\lambda_k}\\&\approx J_{\min}+\frac{\mu(t)J_{\min}}{2}\sum_{k=1}^{M}\lambda_k\end{aligned} \tag{8.26}$$

然而，这个原理仅当 $\mu(t)$ 较小时才是正确的。因此，VSS-LMS 与 LMS 滤波器一样，稳定性需要满足如下条件：

$$0<\mu(t)<\frac{2}{\lambda_{\max}}$$

3. 误差信号的特征

考虑未知系统模型为无限冲击响应，且存在测量白噪声 $n(t)$ 的情况下，计算自适应滤波器输出误差的均值。给定已知输入向量 $\boldsymbol{X}(t)$，误差信号为

$$e(t) = d'(t) - \boldsymbol{w}^{\mathrm{T}}(t)\boldsymbol{X}(t) + n(t) \tag{8.27}$$

式中，$d'(t)$ 为期望信号。于是，误差信号的期望为

$$\begin{aligned} E[e(t)] &= E[d'(t)] - E[\boldsymbol{w}^{\mathrm{T}}(t)\boldsymbol{X}(t)] + E[n(t)] \\ &= E[d'(t)] - \boldsymbol{w}_{\mathrm{o}}^{\mathrm{T}}(t)\boldsymbol{X}(t) + E[n(t)] \end{aligned} \tag{8.28}$$

式中，$\boldsymbol{w}_{\mathrm{o}}(t)$ 是系数向量的 Wiener 解。

为了便于表示所希望的内容，假设输入信号是已知的。如果期望信号是由无限冲激响应系统产生的，则有

$$E[e(t)] = E\left[\sum_{i=N+1}^{\infty} h(i)x(t-i)\right] + E[n(t)] \tag{8.29}$$

式中，$i = N+1,\cdots$；$h(i)$ 为没有被辨识出的期望信号的系数。如果输入信号和测量白噪声具有零均值，则 $E[e(t)] = 0$。

8.3　相空间重构的 AR 模型

AR 模型是著名时间序列预测方法中最基本的、实际应用最广的时序模型。它不仅可以观测数据间的线性相关性，预测未来变化趋势，而且能从多方面研究系统的有关特性，从而使系统达到所期望的工作性能。因此，可以将它用于混沌时间序列来拟合函数的映射。

1. AR 模型

对于一个平稳的、满足正态分布的、均值为零的时间序列 $\{x(t), t = 1,2,\cdots,N\}$，其 AR 模型可表示如下：

$$x(t) = \sum_{k=1}^{p} a(k)x(n-k) + y(n) \tag{8.30}$$

式中，$y(n)$ 为零均值、方差为 δ^2 的白噪声；p 为 AR 模型的阶数；$\{a(k), k = 1,2,\cdots,p\}$ 为模型中的系数。

2. 模型阶数的确定

对于 AR 模型，一般采用 AIC 或贝叶斯信息准则(Bayesian information criterion, BIC)确定模型的阶数。但对于经过混沌相空间重构后的 AR 模型，既要考虑拟合相空间重构后数据的接近程度，又要考虑模型中所含待定参数的个数，

故选择时间序列的嵌入维数 m 作为相空间重构 AR 模型的阶数 p，延迟时间 τ 作为相空间重构 AR 模型重构后的数据间隔。

3. 预报模型及多步预报

VSS-LMS 算法是在 LMS 算法的基础上提出的，下面归纳了基于 VSS-LMS 算法的自适应混沌重构模型在船舶运动姿态预报中的具体步骤。

⑴ 样本数据个数的确定。采用选取收敛速度趋于平稳时的数据个数作为样本数据个数。为了比较 VSS-LMS 算法、传统 LMS 算法和 NLMS 算法的预报精度和收敛速度，对比在相空间重构 AR 模型和普通 AR 模型下的预报精度，选取 200 作为样本数据个数。

⑵ 对样本数据进行归一化处理，使时间序列变为零均值序列，可以加快收敛速度和减小预测误差，具体公式如下：

$$y(t)=[x(t)-\bar{x}]/[x(t)_{\max}-x(t)_{\min}]$$

式中，$\bar{x}$ 为样本时间序列 $\{x(t),t=1,2,\cdots,N\}$ 的均值；$x(t)_{\max}$ 为样本时间序列的最大值；$x(t)_{\min}$ 为样本时间序列的最小值。

对于船舶运动时间序列 $\{x(t),t=1,2,\cdots,N\}$，利用自相关法、饱和关联维数(G-P)法确定混沌时间序列的延迟时间 τ 和嵌入维数 m。建立混沌相空间重构延迟坐标向量 $\boldsymbol{X}(t)=[\boldsymbol{X}(1),\boldsymbol{X}(2),\cdots,\boldsymbol{X}(M-1),\boldsymbol{X}(M)]$，展开即

$$\begin{bmatrix} x(1) & x(2) & \cdots & x(M) \\ x(1+\tau) & x(2+\tau) & \cdots & x(M+\tau) \\ \vdots & \vdots & & \vdots \\ x(1+(m-1)\tau) & x(2+(m-1)\tau) & \ldots & x(M+(m-1)\tau) \end{bmatrix} \tag{8.31}$$

式中，$M=N-(m-1)\tau$；$\boldsymbol{X}(i)=[x(i),x(i+\tau),\cdots,x(i+(m-1)\tau)]^{\mathrm{T}}$，$i=1,2,\cdots,M$。

⑶ 选择船舶运动混沌时间序列的嵌入维数 m 作为相空间重构 AR 模型的阶数，延迟时间 τ 作为相空间重构 AR 模型重构后的数据间隔，确定相空间重构 AR 模型。

⑷ 选取VSS-LMS 算法中合适的遗传因子 α 和速率因子 β，通过传统 LMS 算法选取合适的最大可能收敛速度的步长 $\mu_{\max}$ 和最小可能收敛速度的步长 $\mu_{\min}$。

⑸ 利用相空间重构AR 模型，对应输入向量 $\boldsymbol{X}(t)=[\boldsymbol{X}(1),\boldsymbol{X}(2),\cdots,\boldsymbol{X}(M-1),\boldsymbol{X}(M)]$，结合 VSS-LMS 算法利用参数估计可以得到最优权重 $\hat{\boldsymbol{w}}(t)=[\hat{w}_1(t),\hat{w}_2(t),\cdots,\hat{w}_m(t)]^{\mathrm{T}}$。

⑹ 利用以上模型对船舶运动姿态进行多步预报，多步预报公式如下：

当 $l=1$ 时，有

$$\hat{x}(t+l)=\sum_{i=1}^{m}\hat{w}(i)x[t+l-1-(i-1)\tau] \tag{8.32}$$

当$1<l\leqslant m\tau-1$时，有

$$\begin{cases}\hat{x}(t+l)=\sum\limits_{i=1}^{(l-1)/2}\hat{w}(i)\hat{x}[t+l-1-(i-1)\tau]+\sum\limits_{i=(l-1)/2}^{m}\hat{w}(i)x[t+l-1-(i-1)\tau], & l=2n+1\\ \hat{x}(t+l)=\sum\limits_{i=1}^{l/2}\hat{w}(i)\hat{x}[t+l-1-(i-1)\tau]+\sum\limits_{i=l/2}^{m}\hat{w}(i)x[t+l-1-(i-1)\tau], & l=2n\end{cases} \tag{8.33}$$

当$l>m\tau-1$时，有

$$\hat{x}(t+l)=\sum_{i=1}^{m}\hat{w}(i)\hat{x}[t+l-1-(i-1)\tau] \tag{8.34}$$

式中，$l=1,2,\cdots$为预报步数。

8.4　基于变步长 LMS 算法相空间重构的船舶运动预报

本节对基于自适应算法(LMS、NLMS、VSS-LMS)的重构 AR-LMS、重构 AR-NLMS、重构 AR-VSS-LMS 模型进行仿真分析。选择在 90°横浪、135°斜浪、180°顶浪航行姿态下某型号舰船的横摇角时间序列数据作为仿真所用数据，采样频率为 2Hz，并预报未来 15s(预测步数 30 步)的情况。三种航向的预报曲线和收敛速度曲线如图 8.12～图 8.14 所示。预报结果的相对均方根误差见表 8.2。收敛速度曲线图中纵坐标为加权向量 $\boldsymbol{w}(t)$ 的 2 范数。

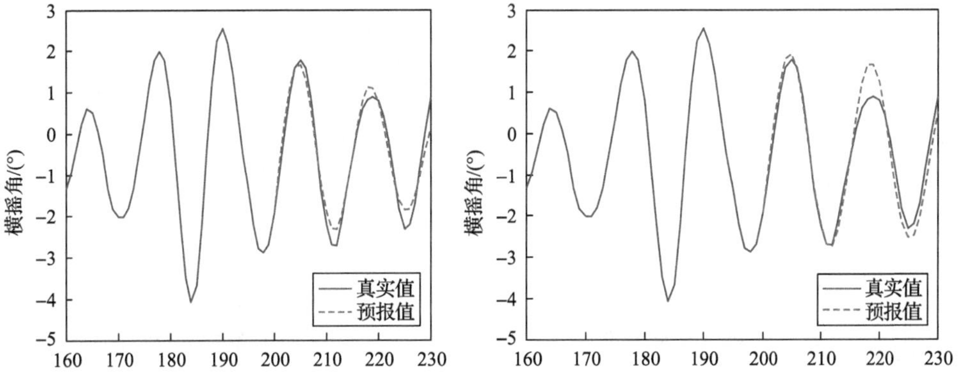

(a) 重构AR-VSS-LMS模型　　(b) 重构AR-NLMS模型

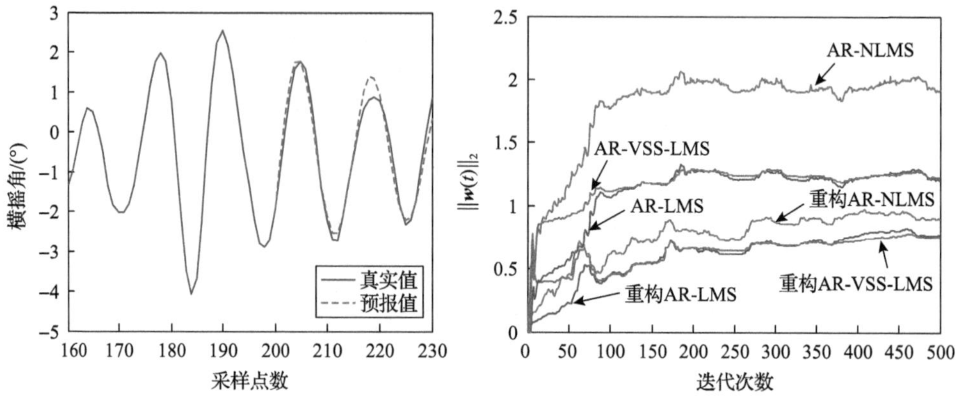

(c) 重构AR-LMS模型　　(d) 重构和非重构模型的收敛速度

图 8.12　重构 AR-VSS-LMS、重构 AR-NLMS、重构 AR-LMS 模型预报曲线与收敛速度曲线(斜浪)

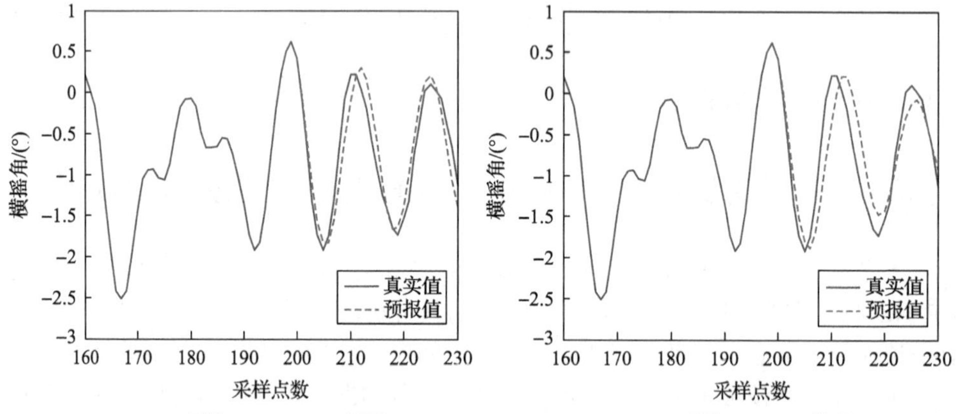

(a) 重构AR-VSS-LMS模型　　(b) 重构AR-NLMS模型

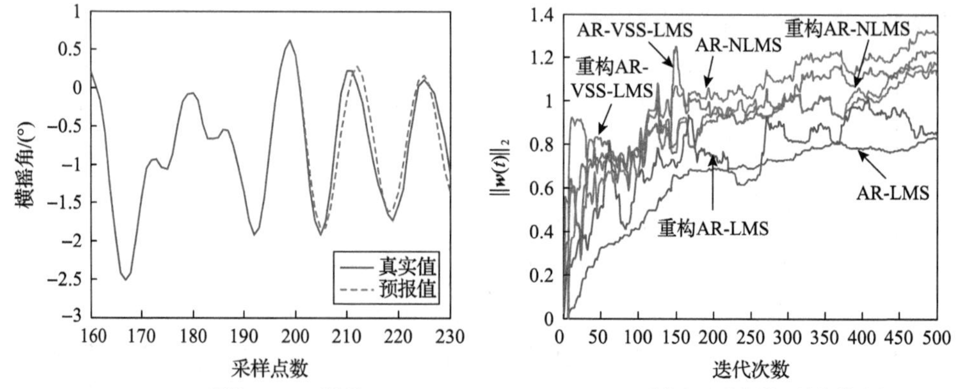

(c) 重构AR-LMS模型　　(d) 重构和非重构模型的收敛速度

图 8.13　重构 AR-VSS-LMS、重构 AR-NLMS、重构 AR-LMS 模型预报曲线与收敛速度曲线(横浪)

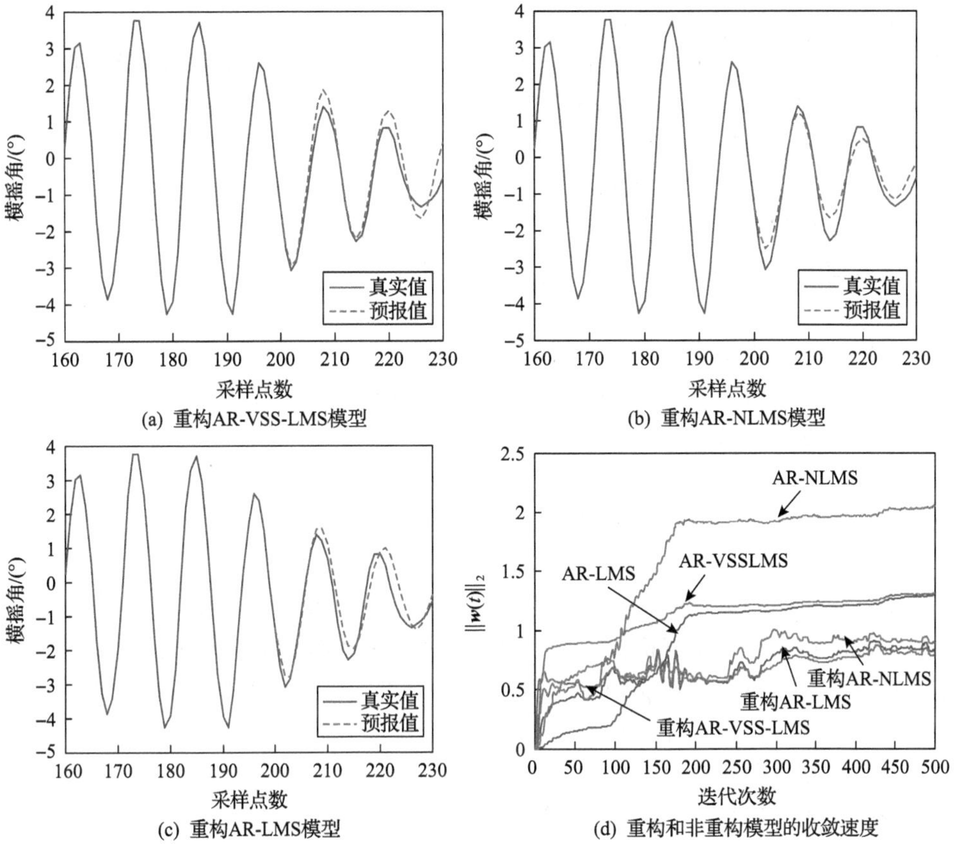

图 8.14　重构 AR-VSS-LMS、重构 AR-NLMS、重构 AR-LMS 模型预报曲线与收敛速度曲线(顶浪)

表 8.2　预报结果的相对均方根误差

航行姿态	预报模型	不同预报时间的相对均方根误差			
		5s	10s	15s	20s
90°横浪	重构 AR-LMS	0.1449	0.1343	0.1309	0.1821
	重构 AR-NLMS	0.2130	0.2103	0.1791	0.2282
	重构 AR-VSS-LMS	0.1372	0.1286	0.1275	0.1737
135°斜浪	重构 AR-LMS	0.1077	0.1005	0.1019	0.1872
	重构 AR-NLMS	0.1154	0.1251	0.1246	0.2303
	重构 AR-VSS-LMS	0.0986	0.0822	0.1040	0.1729
180°顶浪	重构 AR-LMS	0.0812	0.1163	0.1367	0.1327
	重构 AR-NLMS	0.1086	0.1181	0.1207	0.1445
	重构 AR-VSS-LMS	0.1055	0.0904	0.1196	0.1450

由于应用相空间重构把输入空间的向量扩展到高维空间，提取系统蕴藏的信息和规律，基于 VSS-LMS、传统 LMS 和 NLMS 三种算法的相空间重构 AR 模型预测精度得到提高。重构 AR-VSS-LMS 模型通过遗传因子不断改变收敛步长，在收敛速度方面，初期选取较大的步长，保证有较快的收敛速度，算法从开始运行加权向量就迅速接近稳定值，算法初步稳定的迭代次数都在 50 次以内；而重构 AR-LMS 模型收敛速度较慢，算法初步稳定的迭代次数在 200 次；重构 AR-NLMS 模型收敛速度有所提高，算法初步稳定的迭代次数在 100 次左右。在稳态误差方面，接近收敛时选取较小的步长，以减少算法的稳态误差，重构 AR-VSS-LMS 和重构 AR-LMS 模型加权向量曲线相似，在达到收敛后变化不大，比较平稳，表明稳态误差很小；重构 AR-NLMS 模型加权向量曲线在达到收敛后仍有小幅度的波动，表明稳态误差稍大。

8.5 本章小结

本章针对船舶运动姿态的非线性、不确定性，引入相空间重构理论，对时间序列的混沌特征进行了分析，讨论了延迟时间与嵌入维数的选取方法，并在此基础上从定性和定量方面对船舶运动姿态时间序列进行混沌识别，通过对船舶在三种航行姿态下的混沌特性的判定，得出船舶运动姿态时间序列是混沌时间序列。

对于船舶运动姿态混沌时间序列，选用传统的 AR 模型拟合混沌时间序列非线性映射，建立了相空间重构的 AR 模型。将 LMS 算法、NLMS 算法和 VSS-LMS 算法与相空间重构的 AR 模型结合，建立了重构 AR-LMS、重构 AR-NLMS 和重构 AR-VSS-LMS 船舶运动姿态预报模型，并进行了仿真分析研究。结果表明，相空间重构的 AR 模型在预报精度上要好于普通的 AR 模型；而且 VSS-LMS 算法能解决普通 LMS 算法和 NLMS 算法在收敛速度和稳态性能之间的矛盾，既能够在初期很好地提高收敛速度，又能在算法接近收敛时很好地提高稳态的预报精度。

第 9 章　基于 Volterra 级数模型的船舶运动自适应建模与预报

任何具有衰减记忆的连续时不变非线性算子都可以通过 Volterra 级数任意逼近。非线性系统的本质特征是其 Volterra 级数核。当前，Volterra 级数的非线性系统分析与辨识受到了国际学术界的广泛关注和重视。

意大利科学家 Volterra 早在 1880 年就提出了 Volterra 级数的概念，但是只把它作为泰勒级数的一种推广，应用于积分方程和微分方程的解。1942 年，Wiener 将 Volterra 级数理论应用在非线性系统的分析领域，并将这种级数用于非线性电路的分析。此后，对于Volterra 级数的研究仍主要在理论层面，实际应用很少。究其原因，主要是随着Volterra 级数核阶次的增高，其参数的数目会呈指数增长，造成维数灾难问题，同时由于当时计算能力的限制，应用结果很少。

20 世纪 90 年代以来，随着计算机技术突飞猛进的发展，Voiterra 级数的实际应用价值逐步显现出来，在基于Volterra 级数模型的控制研究、非线性系统稳定性分析和 Volterra 级数核辨识等方面取得了不少理论成果和很多成功的实际应用。Volterra 级数被广泛用于非线性通道补偿器的实现、噪声消除、高斯过程的非线性函数检测，还被应用于船舶在海浪中运动的非线性建模、图像处理等需要用非线性方式解决的问题。

Volterra 级数模型发展很快，国外学者一直研究较多，相比之下，国内从事此方面的研究较少，加上船舶运动姿态的不确定性与混沌是紧密相连的，本章重点研究的是基于混沌时间序列辨识 Volterra 级数核估计的船舶运动预报方法问题。

9.1　Volterra 级数自适应预报模型

自适应预报是动态调整模型参数的一种方式，根据当前获得的数据和预报误差不断修正模型参数，适用于已知的数据不完整或实际物理系统具有时变特性的情况，如通信系统的回声对消等时变、非平稳信号的预报问题[50]。

混沌时间序列的自适应预报方法是在近几年发展起来的一种预测方法。该方法只需要很少的训练样本就能对混沌序列做出很好的预测，适合小数据的情况，便于实际应用；能自适应地跟踪混沌的运动轨迹，预测精度高。现有文献主要研究了该方法的一步预测性能，对于该方法的多步预测性能讨论甚少。非线性自适应预报法又可分为基于级数展开式的自适应滤波预报和基于非线性函数变换的非线性自适应滤波预报[51-53]。

9.1.1 Volterra 级数模型

理论研究和实践经验表明，实际中大量的非线性系统可用 Volterra 级数表征。因此，可用 Volterra 级数展开式来构造预测混沌时间序列的非线性预报模型。

Volterra 级数理论之所以具有如此大的吸引力，根本原因在于它与幂级数有密切联系，易为广大工程技术人员和科技工作者所接受。Volterra 级数具有鲜明的物理意义，对工程技术领域非常切合实际，它不仅提供了一套新的理论，而且为解决非线性实际问题提供了强有力的方法和工具。Volterra 级数使得人们能像使用 Laplace 变换和线性传递函数法分析线性系统那样分析一般的非线性动力学系统，有力地推动和促进了非线性科学的研究与发展。

如前所述，Volterra 级数可以描述一大类非线性系统。利用这个特点，可以将 Volterra 级数用于基于模型的非线性时间序列预测。张家树等[51]创建了混沌信号非线性自适应预报技术的初步框架，提出并研究了多种非线性自适应预报模型及其自适应预报算法、预报性能。目前，混沌信号的非线性自适应预报方法已经广泛应用于通信、图像处理和非线性系统辨识与控制中[52,53]。

设非线性离散动力系统的输入为 $x(t)(t=1,2,\cdots,N)$，$\boldsymbol{X}(t)=[x(t),x(t-1),\cdots,x(t-N+1)]^{\mathrm{T}}$，输出为 $\hat{x}(t+1)$，则该非线性系统函数的 Volterra 级数展开式为

$$\begin{aligned}\hat{x}(t+1)=&F(x(t))h_0+\sum_{m=0}^{+\infty}h_m(t)x(t-m)\\&+\sum_{m_1=0}^{+\infty}\sum_{m_2=0}^{+\infty}h_{m_1,m_2}(t)x(t-m_1)x(t-m_2)+\cdots\\&+\sum_{m_1=0}^{+\infty}\sum_{m_2=0}^{+\infty}\cdots\sum_{m_p=0}^{+\infty}h_{m_1,m_2,\cdots,m_p}(t)x(t-m_1)x(t-m_2)\cdots x(t-m_p)+\cdots\end{aligned}\tag{9.1}$$

式中，p 为滤波器阶数；$h_{m_1,m_2,\cdots,m_p}(t)$ 为 p 阶 Volterra 级数核。在实际应用中，这种无穷级数展开式难以实现，必须采用有限次求和的方式。最常用的是二阶截断求和形式，则用于混沌时间序列预测的滤波器为

$$\hat{x}(t+1)=h_0+\sum_{m_1=0}^{N_1-1}h_{m_1}(t)x(t-m)+\sum_{m_1=0}^{N_1-1}\sum_{m_2=0}^{N_2-1}h_{m_1,m_2}(t)x(t-m_1)x(t-m_2)\tag{9.2}$$

式中，N_1、N_2 为滤波器长度。

9.1.2 Volterra 级数模型项数的确定及预报模型

混沌时间序列的 Volterra 自适应滤波器形式为式(9.2)。由于滤波器的阶数 N_1、

N_2对混沌时间序列的预测性能有较大影响，在实际应用中，如何确定滤波器阶数N_1、N_2是一个值得研究的问题。对于线性系统，滤波器的阶数可用 AIC 确定，对于非线性系统，采用 AIC 就不合适了。由 Takens 嵌入定理可得，一个混沌时间序列要完全描述原动力系统的动力特性，至少需要$m \geqslant 2D+1$个变量，因此取N_1、$N_2 \geqslant m$。但是，N_1、N_2并非越大越好，由于观测到的混沌时间序列是有限长的，并叠加有观测噪声和测量噪声，这样选取的N_1、N_2并不是最优的阶数[54]。

针对船舶运动姿态时间序列，设$x(t)$、$y(t)$分别为船舶运动姿态这一非线性系统T的输入、输出，则有

$$y = Tx \tag{9.3}$$

假设该非线性系统中的输入信号$x(t)$满足：

(1) 当$t<0$时，$x(t)=0$。

(2) 船舶运动姿态系统是有记忆性的，对输入信号进行采样，采样间隔为Δt，记$x_k = x(t-k\Delta t)$，当N_1、N_2充分大时，若$n>N$（$N=\max(N_1,N_2)$），x_n对$y(t)$没有影响，则式(9.3)可表示为

$$y(t) = f(x_0, x_1, \cdots, x_N)$$

将f展成多元幂级数：

$$y(t) = h_0 + \sum_{m_1=0}^{N_1-1} h_{m_1}(t)x_m + \sum_{m_1=0}^{N_1-1}\sum_{m_2=0}^{N_2-1} h_{m_1,m_2}(t)x_{m_1}x_{m_2} + \cdots$$

即

$$y(t) = h_0 + \sum_{m_1=0}^{N_1-1} h_{m_1}(t)x(t-m\Delta t) + \sum_{m_1=0}^{N_1-1}\sum_{m_2=0}^{N_2-1} h_{m_1,m_2}(t)x(t-m_1\Delta t)x(t-m_2\Delta t) + \cdots$$

这就是$f(x_0,x_1,\cdots,x_N)$的离散 Volterra 级数表示。

取非线性系统的输出$y(t)$为输入$x(t)$的下一步值，则

$$\begin{aligned} x(t+1) = y(t) &= f(x_0, x_1, \cdots, x_N) \\ &= h_0 + \sum_{m_1=0}^{N_1-1} h_{m_1}(t)x(t-m\Delta t) \\ &\quad + \sum_{m_1=0}^{N_1-1}\sum_{m_2=0}^{N_2-1} h_{m_1,m_2}(t)x(t-m_1\Delta t)x(t-m_2\Delta t) + \cdots \end{aligned}$$

这说明 Volterra 级数的阶数就是非线性函数自变量的个数。

考虑一个离散系统，其输入信号为 $x(t)$ $(t=1,2,\cdots,N)$，构造预报模型的目的就是找出过去信号值与将来值之间的某种关系：

$$x(t+1)=f(x(t),x(t-1),\cdots,x(t-m))+\varepsilon_t$$

式中，ε_t 代表噪声或由不充分的嵌入产生的附加信息，显然，当 t 从 1 依次增大时，ε_t 会随 m 的增大而减小。对于完全确定的系统，存在一个最小的嵌入维数 $m_{\min}$，当 $m\geqslant m_{\min}$ 时，ε_t 中嵌入产生的信息为 0，如果再增大 m，尽管 $m_{\min}$ 中嵌入产生的信息也为 0，但观测数据叠加有噪声，ε_t 中噪声产生的信息增加，即 ε_t 关于 m 是单峰函数，$m_{\min}$ 是 ε_t 的极小点，这说明用过去的 $m_{\min}$ 步信号值表示将来值，损失的信息值最小，因而应该采用 $x(t+1)=f(x(t),x(t-1),\cdots,x(t-m_{\min}))$ 作为预报模型。而由 Volterra 级数的表示可知，把非线性动力系统 $x(t+1)=f(x(t),x(t-1),\cdots,x(t-m_{\min}))$ 表示成滤波器的阶数就是最小嵌入维数 $m_{\min}$，即 $N_1=N_2=m_{\min}$，因此，Volterra 滤波器的阶数可以选择为最小的嵌入维数[51]，则用于混沌时间序列的滤波器为

$$\hat{x}(t+1)=h_0+\sum_{m_1=0}^{m-1}h_{m_1}(t)x(t-m_1)+\sum_{m_1=0}^{m-1}\sum_{m_2=0}^{m-1}h_{m_1,m_2}(t)x(t-m_1)x(t-m_2) \tag{9.4}$$

式中，$\hat{x}(t+1)$ 为 $t+1$ 时刻的预测值。

定义二阶 Volterra 级数滤波器的状态扩展的输入向量为

$$\boldsymbol{U}(t)=[1\ \ x(t)\ \ x(t-1)\ \ \cdots\ \ x(t-m+1)\ \ x^2(t)\ \ x(t)x(t-1)\ \ \cdots\ \ x^2(t-m+1)]^{\mathrm{T}} \tag{9.5}$$

系数向量为

$$\boldsymbol{H}(t)=[h_0\ \ h_0(t)\ \ h_1(t)\ \ \cdots\ \ h_{0,0}(t)\ \ h_{0,1}(t)\ \ \cdots\ \ h_{m-1,m-1}(t)]^{\mathrm{T}} \tag{9.6}$$

则其状态扩展后系数总个数为 $p=1+m+m(m+1)/2$。

由式(9.4)～式(9.6)可得，$\hat{x}(t+1)$ 可表示为

$$\hat{x}(t+1)=\boldsymbol{H}^{\mathrm{T}}(t)\boldsymbol{U}(t)$$

则非线性 Volterra 自适应滤波器(9.4)可描述成如图 9.1 所示的结构。

令 $\hat{\boldsymbol{H}}(t)=[\hat{h}_0,\hat{h}_0(t),\hat{h}_1(t),\cdots,\hat{h}_{0,0}(t),\hat{h}_{0,1}(t),\cdots,\hat{h}_{m-1,m-1}(t)]^{\mathrm{T}}$ 为利用 N 个数据建模所得的 Volterra 级数模型核 $\boldsymbol{H}(t)$ 的估计值，则未来 l 步的预测值如下。

(1)当 l=1 时，有

$$\hat{x}(t+l)=\hat{h}_0+\sum_{m_1=0}^{m-1}\hat{h}_{m_1}(t)x(t-m)+\sum_{m_1=0}^{m-1}\sum_{m_2=0}^{m-1}\hat{h}_{m_1,m_2}(t)x(t-m_1)x(t-m_2) \quad (9.7)$$

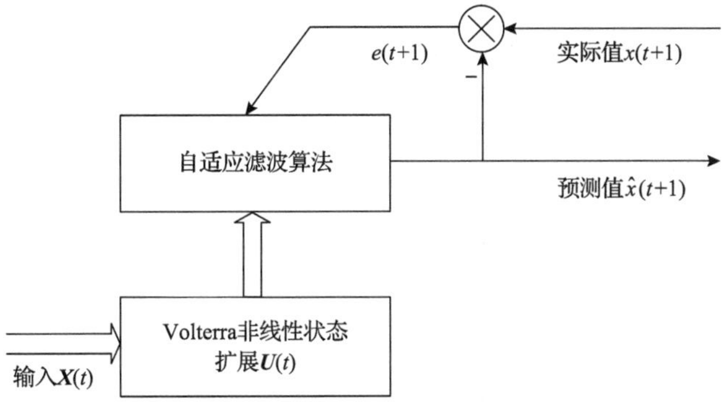

图 9.1　Volterra 自适应滤波器结构

(2) 当$1<l\leqslant m$时，令

$$\boldsymbol{U}_1(t)=[1\ \ \hat{x}(t+l-1)\ \ \hat{x}(t+l-2)\ \ \cdots\ \ \hat{x}(t+1)\ \ x(t)\ \ \cdots\ \ x(t+l-m)]^{\mathrm{T}}$$

则有

$$\hat{x}(n+l)=\hat{\boldsymbol{H}}^{\mathrm{T}}(n)\boldsymbol{U}_1(n) \quad (9.8)$$

(3) 当$l>m$时，令

$$\boldsymbol{U}_2(t)=[1\ \ \hat{x}(t+l-1)\ \ \hat{x}(t+l-2)\ \ \cdots\ \ \hat{x}(t+l-m)]^{\mathrm{T}}$$

则有

$$\hat{x}(t+l)=\hat{\boldsymbol{H}}^{\mathrm{T}}(t)\boldsymbol{U}_2(t) \quad (9.9)$$

利用式(9.7)～式(9.9)可实现混沌时间序列的多步预测。

9.2　Volterra 级数模型的非线性系统辨识

9.2.1　基于 NLMS 算法的 Volterra 级数核估计

本节针对二阶 Volterra 级数和m阶滤波器，给出基于 NLMS 算法的 Volterra 级数核估计。对于某些应用，这种选择将计算复杂度降低到了可以接受的程度，同时简化了推导过程，可以直接将这种算法推广到高阶情形。

推导 NLMS 算法的标准方法是利用均方误差的估计值。均方误差的定义为

$$F[e(t)] = \xi(t) = E[e^2(t)] = E[d^2(t) - 2d(t)y(t) + y^2(t)]$$

瞬时平方误差为

$$e^2(t) = d^2(t) - 2d(t)y(t) + y^2(t) \tag{9.10}$$

式中，$d(t)$ 和 $y(t)$ 分别为二阶 Volterra 滤波器的期望输出信号和实际输出信号，且实际输出信号为

$$y(t) = \boldsymbol{H}^{\mathrm{T}}(t)\boldsymbol{U}(t)$$

式中，

$$\boldsymbol{U}(t) = [1\ \ x(t)\ \ x(t-1)\ \ \cdots\ \ x(t-m+1)\ \ x^2(t)\ \ x(t)x(t-1)\ \ \cdots\ \ x^2(t-m+1)]^{\mathrm{T}}$$

$$\boldsymbol{H}(t) = [h_0\ \ h_0(t)\ \ h_1(t)\ \ \cdots\ \ h_{0,0}(t)\ \ h_{0,1}(t)\ \ \cdots\ \ h_{m-1,m-1}(t)]^{\mathrm{T}}$$

可变收敛因子为

$$\mu_t = \frac{1}{2\boldsymbol{U}^{\mathrm{T}}(t)\boldsymbol{U}(t)}$$

于是可得 Voltera 级数核估计的更新方程为

$$\boldsymbol{H}(t+1) = \boldsymbol{H}(t) + 2\mu_t e(t)\boldsymbol{U}(t) = \boldsymbol{H}(t) + \frac{e(t)\boldsymbol{U}(t)}{\boldsymbol{U}^{\mathrm{T}}(t)\boldsymbol{U}(t)} \tag{9.11}$$

通常而言，为了控制失调，在更新公式中需要引入一个固定的收敛因子 μ ，另外为了避免 $\boldsymbol{U}^{\mathrm{T}}(t)\boldsymbol{U}(t)$ 很小时出现很大的步长，还应引入一个参数 γ 。那么，Volterra 级数核的更新方程(9.11)变为

$$\boldsymbol{H}(t+1) = \boldsymbol{H}(t) + \frac{\mu}{\gamma + \boldsymbol{U}^{\mathrm{T}}(t)\boldsymbol{U}(t)} e(t)\boldsymbol{U}(t) \tag{9.12}$$

式中，$0 < \mu = \dfrac{\mu}{2\mathrm{tr}[\boldsymbol{R}]} < \dfrac{1}{\mathrm{tr}[\boldsymbol{R}]}$ ，$\boldsymbol{R} = E[\boldsymbol{U}(t)\boldsymbol{U}^{\mathrm{T}}(t)]$ 。

为了更好地控制失调，对基于 NLMS 算法的 Volterra 滤波器的一阶和二阶项采用不同的收敛因子。在这种情况下，更新方程为

$$h_m(t+1) = h_m(t) + \frac{\mu_1}{\gamma + \boldsymbol{U}^{\mathrm{T}}(t)\boldsymbol{U}(t)} e(t)x(t-m) \tag{9.13}$$

$$h_{m_1,m_2}(t+1)=h_{m_1,m_2}(t)+\frac{\mu_2}{\gamma+\boldsymbol{U}^{\mathrm{T}}(t)\boldsymbol{U}(t)}e(t)x(t-m_1)x(t-m_2) \tag{9.14}$$

式中，$m_1=0,1,\cdots,m$；$m_2=0,1,\cdots,m$。

为了保证 Volterra 级数核在均方意义上收敛，收敛因子必须选择在如下范围：

$$0<\mu_1<\frac{1}{\mathrm{tr}[\boldsymbol{R}]}<\frac{1}{\lambda_{\max}}$$

$$0<\mu_2<\frac{1}{\mathrm{tr}[\boldsymbol{R}]}<\frac{1}{\lambda_{\max}}$$

式中，$\lambda_{\max}$ 为 $\boldsymbol{R}$ 的最大特征值。

9.2.2　基于 RLS 算法的 Volterra 级数核估计

由 RLS 算法的收敛性可以知道，即使输入向量相关矩阵的特征值扩展很大，利用 RLS 算法也能得到更快的收敛速度。RLS 算法的目的在于，选择自适应滤波器的系数，使得输出信号 $y(t)$ 在观察期间能够在最小二乘意义上尽可能地与期望信号匹配。与 NLMS 算法一样，通过对输入信号向量和系数向量的元素进行重新解释，很容易使最小化过程适合于非线性自适应滤波情形。

在 RLS 算法的情况下，目标函数由下式给出：

$$\begin{aligned}\xi^d(t)&=\sum_{i=0}^{t}\lambda^{t-i}e^2(i)\\&=\sum_{i=0}^{t}\lambda^{t-i}[d(t)-\boldsymbol{U}^{\mathrm{T}}(i)\boldsymbol{H}(t)]^2\end{aligned}$$

式中，$e(i)$ 为 i 时刻的输出误差；$d(t)$ 为期望输出；且有

$$\boldsymbol{H}(t)=[h_0\ \ h_0(t)\ \ h_1(t)\ \ \cdots\ \ h_{0,0}(t)\ \ h_{0,1}(t)\ \ \cdots\ \ h_{m-1,m-1}(t)]^{\mathrm{T}}$$

$$\boldsymbol{U}(i)=[1\ \ x(i)\ \ x(i-1)\ \ \cdots\ \ x(i-m+1)\ \ x^2(i)\ \ x(i)x(t-1)\ \ \cdots\ \ x^2(i-m+1)]^{\mathrm{T}}$$

分别是输入信号向量和自适应滤波器的系数向量；参数 λ 是指数加权因子，应该选择为 $0<\lambda\leqslant 1$。

定义系统的输入矩阵为

$$\boldsymbol{P}(t)=[\boldsymbol{U}(m)\ \ \boldsymbol{U}(m+1)\ \ \cdots\ \ \boldsymbol{U}(t-1)]^{\mathrm{T}} \tag{9.15}$$

式中，m 为二阶 Volterra 滤波器的输入项数。那么，对应式(9.15)的输出为

$$Y(t)=[y(m)\ \ y(m+1)\ \ \cdots\ \ y(t-1)]^{\mathrm{T}}$$

式中，$y(i)(i=m,\cdots,t-1)$为系统的实际输出，且有$y(i)=\boldsymbol{H}^{\mathrm{T}}(i)\boldsymbol{U}(i)$。

利用传统最小二乘法求解 Volterra 级数核，可得

$$\hat{\boldsymbol{H}}(t)=[\boldsymbol{P}^{\mathrm{T}}(t)\boldsymbol{P}(t)]^{-1}\boldsymbol{P}^{\mathrm{T}}(t)\boldsymbol{Y}(t) \tag{9.16}$$

但是，如果利用 Volterra 滤波器对船舶运动姿态进行实时在线辨识，随着新数据的不断获取，$\boldsymbol{P}(t)$、$\boldsymbol{Y}(t)$维数将不断增大，势必会耗费大量存储空间，同时当系统处于稳定工作状态而使得所采集的观测数据在某个时间段内变化不大时，观测矩阵容易出现病态，这将导致较大的辨识误差。

为此，采用 RLS 算法对 Volterra 级数核进行估计。其显著特点是在辨识过程中$\boldsymbol{P}(t)$维数是确定的，从而减少了数据对存储空间的占用，具体步骤如下。

设$t+1$时刻系统的输入矩阵为$\boldsymbol{P}(t+1)$，对应输出向量为$\boldsymbol{Y}(t+1)$，且有

$$\boldsymbol{P}(t+1)=[\boldsymbol{U}(m)\ \ \boldsymbol{U}(m+1)\ \ \cdots\ \ \boldsymbol{U}(t+1)]^{\mathrm{T}}$$
$$\boldsymbol{Y}(t+1)=[y(m)\ \ y(m+1)\ \ \cdots\ \ y(t+1)]^{\mathrm{T}}$$

记

$$\boldsymbol{\Phi}_t=[\boldsymbol{P}^{\mathrm{T}}(t)\boldsymbol{P}(t)]^{-1} \tag{9.17}$$

若再增加一次测量$x(t+1)$，由式(9.17)可得

$$\begin{aligned}\boldsymbol{\Phi}_{t+1}&=[\boldsymbol{P}^{\mathrm{T}}(t+1)\boldsymbol{P}(t+1)]^{-1}\\&=\left[\begin{bmatrix}\boldsymbol{P}(t)\\ \boldsymbol{U}^{\mathrm{T}}(t+1)\end{bmatrix}^{\mathrm{T}}\begin{bmatrix}\boldsymbol{P}(t)\\ \boldsymbol{U}^{\mathrm{T}}(t+1)\end{bmatrix}\right]^{-1}\\&=[\boldsymbol{P}^{-1}(t+1)+\boldsymbol{U}(t+1)\boldsymbol{U}^{\mathrm{T}}(t+1)]^{-1}\end{aligned}$$

由引理 3.1，令$\boldsymbol{\Phi}_{t+1}^{-1}=\boldsymbol{A}$，$\boldsymbol{\Phi}_t^{-1}=\boldsymbol{B}^{-1}$，$\boldsymbol{U}(t+1)=\boldsymbol{C}$，$\boldsymbol{D}=\boldsymbol{I}$，则可得

$$\begin{aligned}\boldsymbol{\Phi}_{t+1}&=[\boldsymbol{P}^{-1}(t+1)+\boldsymbol{U}(t+1)\boldsymbol{U}^{\mathrm{T}}(t+1)]^{-1}\\&=\boldsymbol{\Phi}_t-\boldsymbol{\Phi}_t\boldsymbol{U}(t+1)[\boldsymbol{I}+\boldsymbol{U}^{\mathrm{T}}(t+1)\boldsymbol{\Phi}_t\boldsymbol{U}(t+1)]^{-1}\boldsymbol{U}^{\mathrm{T}}(t+1)\boldsymbol{\Phi}_t\end{aligned}$$

由上面的结果可推出基于 RLS 算法的 Volterra 滤波器的核估计算法如下。

依次令$t=m+1,\cdots,N$，N为样本数据个数，可得基于 RLS 算法的 Volterra 级数和估计的递推算法如下：

$$\hat{\boldsymbol{H}}(t+1)=\hat{\boldsymbol{H}}(t)+\boldsymbol{K}(t+1)[x(t+1)-\boldsymbol{U}^{\mathrm{T}}(t+1)\hat{\boldsymbol{H}}(t)] \tag{9.18}$$

$$\boldsymbol{K}(t+1)=\frac{\boldsymbol{\Phi}_t\boldsymbol{U}(t+1)}{1+\boldsymbol{U}^{\mathrm{T}}(t+1)\boldsymbol{\Phi}_t\boldsymbol{U}(t+1)} \tag{9.19}$$

$$\boldsymbol{\Phi}_{t+1}=\boldsymbol{\Phi}_t-\boldsymbol{K}(t+1)\boldsymbol{U}^{\mathrm{T}}(t+1)\boldsymbol{\Phi}_t \tag{9.20}$$

式中，$\boldsymbol{K}(t+1)$ 为时变增益矩阵；$\boldsymbol{\Phi}_t$ 与 $\hat{\boldsymbol{H}}(t)$ 的初始值为

$$\begin{cases}\boldsymbol{\Phi}_m=[\boldsymbol{P}^{\mathrm{T}}(m)\boldsymbol{P}(m)]^{-1}\\ \hat{\boldsymbol{H}}(m)=[\boldsymbol{P}^{\mathrm{T}}(m)\boldsymbol{P}(m)]^{-1}\boldsymbol{P}^{\mathrm{T}}(m)\boldsymbol{Y}(m)\end{cases} \tag{9.21}$$

通常，用式(9.22)代替式(9.21)：

$$\begin{cases}\boldsymbol{\Phi}_m=\boldsymbol{I}\times 10^4\\ \hat{\boldsymbol{H}}(m)=0\end{cases} \tag{9.22}$$

当 N 长度很大时，对于式(9.21)和式(9.22)选择不同的初值，Volterra 级数的核估计只在开始时刻有所不同，并不影响以后的核估计。

9.2.3　基于 Kalman 滤波算法的 Volterra 级数核估计

Kalman 滤波算法是一种时域滤波方法，采用状态空间方法来描述系统。该算法具有递推形式，数据存储量小，既能处理平稳随机过程，也能处理非平稳随机过程。目前，Kalman 滤波算法作为一种最重要的估计理论已经广泛应用在各个领域。

1. 状态空间模型的建立

利用自适应 Kalman 滤波算法对 Volterra 级数核进行递推估计时，因为模型参数随时间推移而发生变化，所以把参数估计过程看成非平稳过程。引入过程噪声 $v(t)$，假定 Volterra 级数模型的状态方程是随机游动模型：

$$\boldsymbol{H}(t+1)=\boldsymbol{H}(t)+\boldsymbol{v}(t) \tag{9.23}$$

式中，$\boldsymbol{v}(t)$ 是零均值平稳随机过程；相关阵为 $\boldsymbol{Q}(t)=E[\boldsymbol{v}(t)\boldsymbol{v}^{\mathrm{T}}(t)]=q\boldsymbol{I}$（$q$ 为标量，是 $v(t)$ 的方差）。显然这里的转移矩阵为单位阵。观测方程为

$$x(t)=\boldsymbol{H}^{\mathrm{T}}(t)\boldsymbol{U}(t)+\varepsilon(t) \tag{9.24}$$

式中，$\boldsymbol{U}(t)=[1,x(t),x(t-1),\cdots,x(t-m+1),x^2(t),x(t)x(t-1),\cdots,x^2(t-m+1)]^{\mathrm{T}}$ 为测量矩阵；$\varepsilon(t)$ 均值为零、方差为 σ_ε^2。另外，$\boldsymbol{v}(t)$ 和 $\varepsilon(t)$ 相互独立。

2. 非平稳情况下的自适应 Kalman 滤波算法推导

令 $\hat{\boldsymbol{H}}(t)=\hat{\boldsymbol{H}}(t\,|\,x_t)$ 表示 t 时刻 $\boldsymbol{U}(t)$ 所作的 $p\times 1$ 参数向量的估计，由 Kalman 滤波算法的递推公式(4.39)和(4.41)可得

$$\hat{\boldsymbol{H}}(t)=\hat{\boldsymbol{H}}(t-1)+\boldsymbol{g}(t)\alpha(t) \tag{9.25}$$

$$\boldsymbol{g}(t)=\boldsymbol{K}(t-1)\boldsymbol{U}^{\mathrm{T}}(t)[\boldsymbol{U}^{\mathrm{T}}(t)\boldsymbol{K}(t-1)\boldsymbol{U}(t)-\sigma_{\varepsilon}^{2}]^{-1} \tag{9.26}$$

式中，新息过程 $\alpha(t)=x(t)-\boldsymbol{U}^{\mathrm{T}}(t)\hat{\boldsymbol{H}}(t-1)$ 为标量；Kalman 增益 $\boldsymbol{g}(t)$ 是 $p\times 1$ 的向量。

设式(9.23)、式(9.24)确立的状态空间模型中状态滤波误差为 $e(t)$，状态预报误差相关阵为 $\boldsymbol{K}(t+1,t)$，则由 Kalman 滤波算法递推公式可得

$$e(t)=\boldsymbol{H}(t)-\hat{\boldsymbol{H}}(t\,|\,x_t) \tag{9.27}$$

$$\boldsymbol{K}(t+1,t)=\boldsymbol{K}(t)+\boldsymbol{Q}(t) \tag{9.28}$$

式中，

$$\boldsymbol{K}(t)=\boldsymbol{K}(t,t-1)-\boldsymbol{g}(t)\boldsymbol{X}^{\mathrm{T}}(t)\boldsymbol{K}(t,t-1) \tag{9.29}$$

式(9.25)～式(9.29)构成了自适应 Kalman 滤波算法对 Volterra 级数模型核的状态估计过程。

设$\{\boldsymbol{X}^{\mathrm{T}}(i), i=m+1, m+2, \cdots, N\}$为系统输入向量，且

$$\begin{bmatrix}\boldsymbol{X}^{\mathrm{T}}(m+1)\\ \boldsymbol{X}^{\mathrm{T}}(m+2)\\ \vdots\\ \boldsymbol{X}^{\mathrm{T}}(N)\end{bmatrix}=\begin{bmatrix}x(m) & x(m-1) & \cdots & x(1)\\ x(m+1) & x(m) & \cdots & x(2)\\ \vdots & \vdots & & \vdots\\ x(N-1) & x(N-2) & \cdots & x(N-m)\end{bmatrix}$$

则对应输入向量 $\boldsymbol{X}^{\mathrm{T}}(m+1)$, $\boldsymbol{X}^{\mathrm{T}}(m+2)$, $\cdots$, $\boldsymbol{X}^{\mathrm{T}}(N)$ 的期望输出为 $x(m+1)$, $x(m+2)$, $\cdots$, $x(N)$，对应的 Volterra 级数的状态扩展为 $\boldsymbol{U}(m), \boldsymbol{U}(m+1), \cdots, \boldsymbol{U}(N)$，则基于 Kalman 滤波算法的 Volterra 级数核估计的具体推导过程如下。

由 $p=1+m+m(m+1)/2$（m 为嵌入维数），计算 $t=m+1, m+2, \cdots, N-1$ 时的以下各式：

$$\boldsymbol{g}(t)=\boldsymbol{K}(t-1)\boldsymbol{U}^{\mathrm{T}}(t)[\boldsymbol{U}^{\mathrm{T}}(t)\boldsymbol{K}(t-1)\boldsymbol{U}(t)-\sigma_{\varepsilon}^{2}]^{-1} \tag{9.30}$$

$$\alpha(t)=x(t)-\boldsymbol{U}^{\mathrm{T}}(t)\hat{\boldsymbol{H}}(t-1) \tag{9.31}$$

$$\hat{\boldsymbol{H}}(t)=\hat{\boldsymbol{H}}(t-1)+\boldsymbol{g}(t)\alpha(t) \tag{9.32}$$

$$\boldsymbol{K}(t)=\boldsymbol{K}(t,t-1)-\boldsymbol{g}(t)\boldsymbol{U}^{\mathrm{T}}(t)\boldsymbol{K}(t,t-1) \tag{9.33}$$

$$\boldsymbol{K}(t+1,t)=\boldsymbol{K}(t)+\boldsymbol{Q}(t)=\boldsymbol{K}(t)+q\boldsymbol{I} \tag{9.34}$$

初始条件为 $\hat{\boldsymbol{H}}(0)=\boldsymbol{0}$， $\boldsymbol{K}(1,0)=c\boldsymbol{I}$（$c$ 为很小的正数）。

由式(9.30)、式(9.34)可以看到在该算法过程中需预先假定：

(1) $\varepsilon(t)$ 的方差 σ_ε^2。

(2) $\boldsymbol{v}(t)$ 的方差 q（本章取 q=10^{-4}）。

对于 $\varepsilon(t)$ 的方差 σ_ε^2，显然无法用精确的数学模型求得，但多数情况下经过自适应处理后滤波器输出的信噪比通常相当高，因此在计算 $\boldsymbol{g}(t)$ 时可以用 0.001～0.01 的数乘以$\{x(t),t=m+1,m+2,\cdots,N\}$的方差作为 σ_ε^2。

当迭代次数趋于无限大时，由自适应 Kalman 滤波算法得到的 Volterra 级数核的估计趋于最优的 Wiener 值，如果知道状态方程的状态转移矩阵，那么用状态空间方法本来可以很好地描述非平稳情况，但实际无法预知转移矩阵，因此采用随机游动状态模型对非平稳情况给出一种简单而实用的描述(尤其是慢时变情况)。非平稳情况对算法的影响基本上体现在相关阵 $\boldsymbol{Q}(t)$ 中，通过随机游动状态模型，Kalman 滤波器可以递推估计 Volterra 级数核，在这种情况下，Kalman 滤波算法是更为一般的 Wiener 滤波器的特例。

9.3　基于自适应算法的 Volterra 级数模型预报

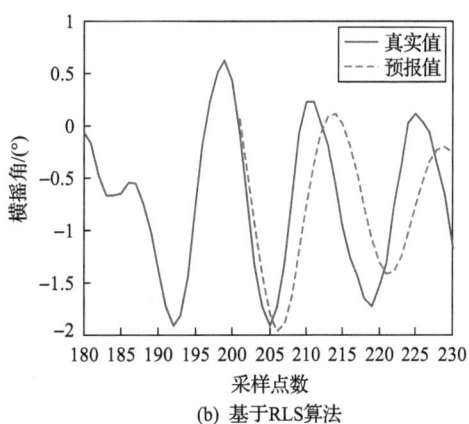

本节利用基于自适应算法(NLMS 算法、RLS 算法、Kalman 滤波算法)的 Volterra 级数模型分别对某型号舰船在 90°横浪、135°斜浪、180°顶浪航行姿态下的横摇运动时间序列的数据进行预报，采样周期为 0.5s。其预报曲线与收敛速度曲线如图 9.2～图 9.4 所示，预报结果的相对均方根误差如表 9.1 所示。收敛速度曲线图中纵坐标为参数向量 $\boldsymbol{H}(t)$ 的 2 范数。

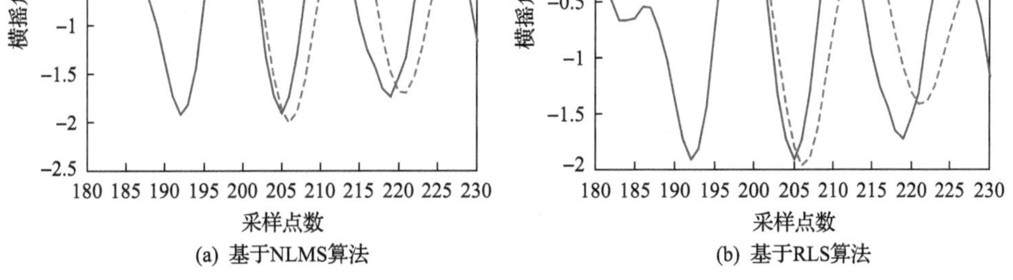

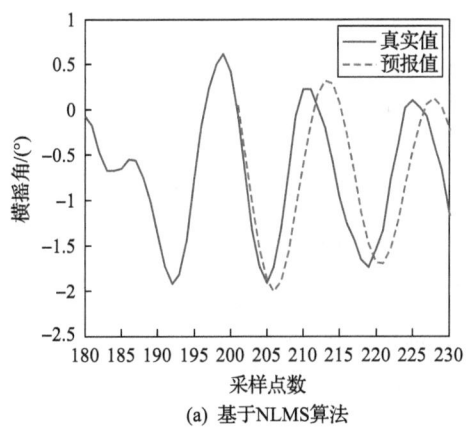

(a) 基于NLMS算法　　(b) 基于RLS算法

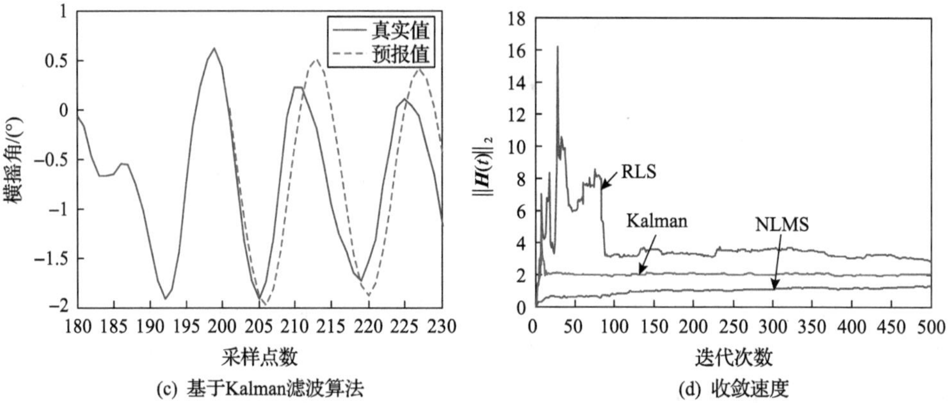

图 9.2　基于 NLMS 算法、RLS 算法、Kalman 滤波算法的 Volterra 级数模型预报曲线与收敛速度曲线(横浪)

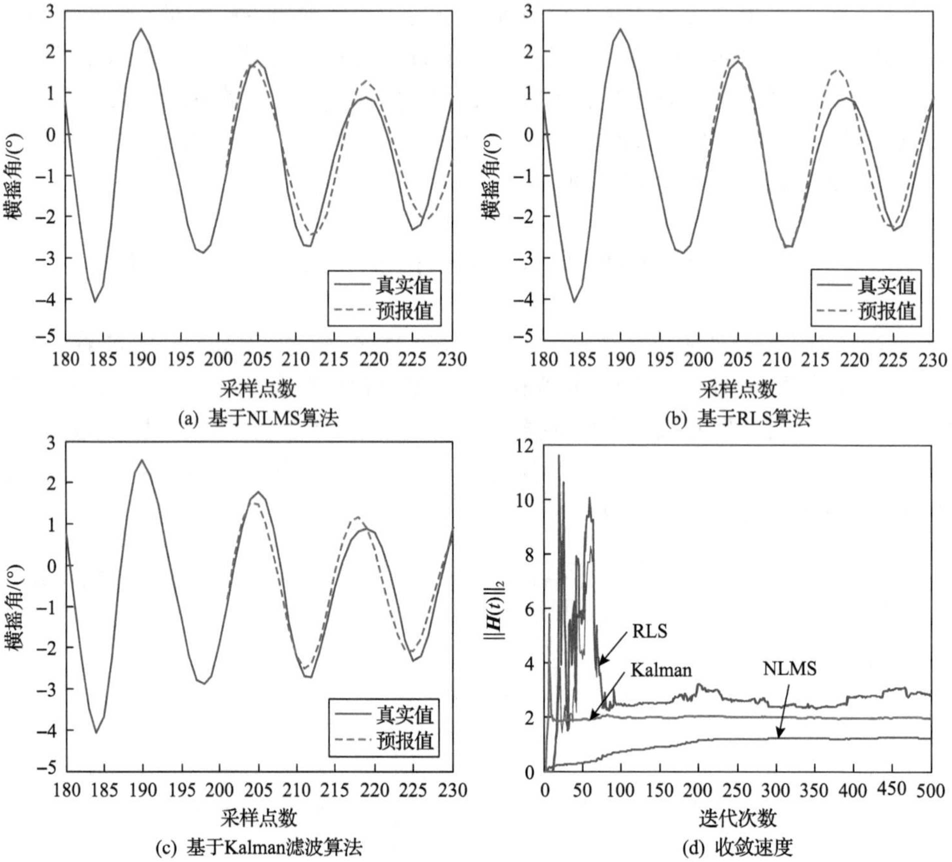

图 9.3　基于 NLMS 算法、RLS 算法、Kalman 滤波算法的 Volterra 级数模型预报曲线与收敛速度曲线(斜浪)

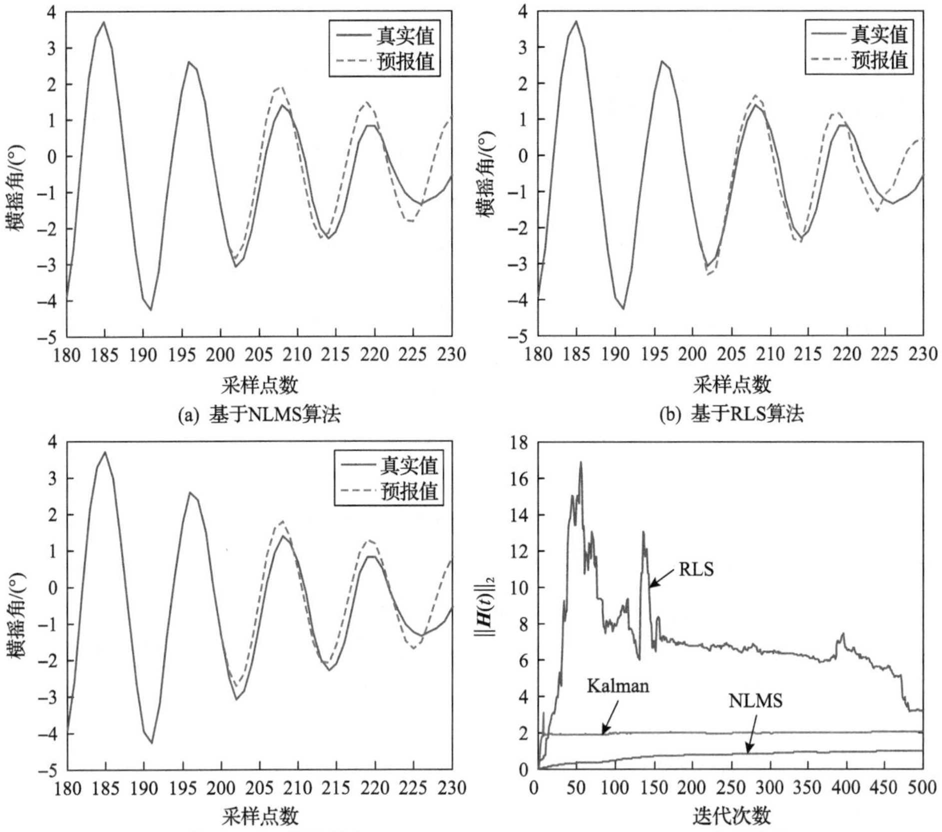

(a) 基于NLMS算法　(b) 基于RLS算法

(c) 基于Kalman滤波算法　(d) 收敛速度

图 9.4　基于 NLMS 算法、RLS 算法、Kalman 滤波算法的 Volterra 级数模型预报曲线与收敛速度曲线(顶浪)

表 9.1　基于自适应算法的 Volterra 级数模型预报结果的相对均方根误差

航行姿态	算法	不同预报时间的相对均方根误差			
		5s	10s	15s	20s
90°横浪	NLMS	0.2943	0.3158	0.3236	0.3914
	RLS	0.3291	0.3517	0.3513	0.4318
	Kalman	0.2393	0.2763	0.2796	0.3116
135°斜浪	NLMS	0.1464	0.1353	0.2059	0.2955
	RLS	0.1183	0.1401	0.1512	0.1637
	Kalman	0.1201	0.1274	0.1501	0.1537
180°顶浪	NLMS	0.1764	0.1989	0.2386	0.2502
	RLS	0.0955	0.1518	0.1971	0.2186
	Kalman	0.1094	0.1481	0.1853	0.1959

由图 9.2～图 9.4 中的预报曲线和收敛速度曲线可以看出，基于 Kalman 滤波算法的 Volterra 级数核估计收敛速度明显优于 NLMS 算法和 RLS 算法，虽然在横浪与斜浪下，RLS 算法收敛速度也比较快，但存在一定的失调性。Kalman 滤波算法具有更快的收敛速度和较强的鲁棒性，预报精度更高，预报周期更长。

9.4 船舶运动组合预报

目前国内外对船舶运动姿态建模预报进行了大量的研究，主要的预报模型有灰色模型、Kalman 滤波模型、AR 模型和 Volterra 级数模型等，不同的预报模型各有其优点和缺点，它们之间相互联系、相互补充，每种模型都从不同的角度提供了不同的预测信息。但由于船舶航行环境的复杂性，单一预报模型往往不能得到很好的预测效果，而组合预报可以有效提高系统的预报性能。组合预报就是把不同的预报模型组合起来，综合利用各种预报方法所提供的信息，以适当方式得到组合预报模型，从而提高预测的精确度和可靠度。组合预报的核心问题就是如何组合不同的预报模型，以更加有效地提高预报精度。其本质在于建立不同预报模型最优或受限的次优组合，充分利用不同预报结果的预报信息以得到理想的预报效果。本节根据不同的预报模型，通过改变权重，提出了一种可变权重的组合预报方法。

本节研究最优加权组合预报模型及改进组合预报模型，并将其应用于船舶横摇运动姿态预报。首先分析组合预报的原理，对比不变加权法组合预报模型，提出一种可变权重的组合预报模型的新方法。利用这两种模型结合 Kalman 滤波模型和 Volterra 级数预报模型，对实验所得到的船舶横摇运动数据进行预报仿真。仿真结果表明，这两种组合预报模型精度均高于单一预报模型，而改进的组合预报模型的平均绝对百分比误差更小，提高了预报模型的精度和稳定性。

9.4.1 组合预报建模

1. 组合预报的基本原理

组合预报方法是建立在最大信息利用的基础上，它集结了多种单一模型所包含的信息，进行最优组合。因此，在大多数情况下，通过组合预报可以达到改善预报结果的目的。其中，最优加权法相对于目标函数而言精度较高，应用较广。

组合预报方法的原理为假设在某一预报问题中，对于预报对象 f 有 k 种预报方法，其中利用第 i 种方法对 t 时段的预报值为 $f_{it}(i=1,2,\cdots,k)$，利用这 k 个预报值构成一个对 t 时段预报值 f_t 的最终预报结果，即 $f_t = y(f_{1t}, f_{2t}, \cdots, f_{kt})$。如果各种方法的权重 $\boldsymbol{W} = \left[w_1, w_2, \cdots, w_k\right]^{\mathrm{T}}$，满足 $\sum_{i=1}^{k} w_i = 1$，则组合预报模型可表示为

$$f_t=\sum_{i=1}^{k}w_i f_{it},\ t=1,2,\cdots,n \tag{9.35}$$

2. 最优加权法

最优加权法实质为依据最小二乘准则，构造目标函数，在约束条件下(如使权重之和为 1)极小化目标函数，求得组合模型的加权系数。

设 y_t 为实际观测值，$t=1,2,\cdots,n$；f_{it} 为第 i 种方法的预报值，$i=1,2,\cdots,k$；w_i 为第 i 种方法的加权系数，且 $\sum_{i=1}^{k}w_i=1$；$f_t=\sum_{i=1}^{k}w_i f_{it}$ 为最终预报值；$e_{it}=y_t-f_{it}$ 为第 i 种方法的预报误差；$h_{ii}=\sum_{t=1}^{n}e_{it}^2$ 为第 i 种方法的预报误差方差。最优加权法的目标是对于 i 个预报序列 f_{it} $(i=1,2,\cdots,k;t=1,2,\cdots,n)$，寻找一组权重，使得组合预报方法的预报误差平方和尽可能小。其数学模型可表示为

$$\begin{aligned}&\min z=\sum_{t=1}^{n}(f_t-y_t)^2\\&\text{s.t.}\ \sum_{i=1}^{k}w_i=1\\&\qquad w_i\geqslant 0,\ i=1,2,\cdots,k\end{aligned}$$

目标函数可转化为

$$\begin{aligned}z&=\sum_{t=1}^{n}(f_t-y_t)^2=\sum_{t=1}^{n}\left[\sum_{i=1}^{k}w_i f_{it}-\left(\sum_{i=1}^{k}w_i\right)y_t\right]^2\\&=\sum_{t=1}^{n}\left[\sum_{i=1}^{k}w_i(f_{it}-y_t)\right]^2=\sum_{t=1}^{n}\left(\sum_{i=1}^{k}w_i h_{it}\right)^2\\&=\sum_{t=1}^{n}\left[\sum_{i=1}^{k}(w_i h_{it})^2+2\sum_{i\neq j}(w_i h_{it})(w_j h_{jt})\right]\\&=\sum_{i=1}^{k}\left[w_i^2\left(\sum_{t=1}^{n}h_{it}^2\right)\right]+2\sum_{i\neq j}\left[(w_i w_j)\left(\sum_{t=1}^{n}h_{it}h_{jt}\right)\right]\end{aligned}$$

记

$$\boldsymbol{H}=\begin{bmatrix}h_{11}&h_{12}&\cdots&h_{1i}\\h_{21}&h_{22}&\cdots&h_{2i}\\\vdots&\vdots&&\vdots\\h_{i1}&h_{i2}&\cdots&h_{ii}\end{bmatrix}$$

$$\boldsymbol{E}=\begin{bmatrix} e_{11} & e_{12} & \cdots & e_{1n} \\ e_{21} & e_{22} & \cdots & e_{2n} \\ \vdots & \vdots & & \vdots \\ e_{i1} & e_{i1} & \cdots & e_{in} \end{bmatrix}$$

$$\boldsymbol{W}=\begin{bmatrix} w_1 & w_2 & \cdots & w_i \end{bmatrix}^{\mathrm{T}}$$

$$\boldsymbol{v}=\begin{bmatrix} 1 & 1 & \cdots & 1 \end{bmatrix}^{\mathrm{T}}$$

则目标函数的矩阵形式为

$$z=\boldsymbol{W}^{\mathrm{T}}\boldsymbol{E}\boldsymbol{E}^{\mathrm{T}}\boldsymbol{W}=\boldsymbol{W}^{\mathrm{T}}\boldsymbol{H}\boldsymbol{W} \tag{9.36}$$

式中，$\boldsymbol{H}=\boldsymbol{E}\boldsymbol{E}^{\mathrm{T}}$ 为非负定对称矩阵。于是问题的矩阵表述形式为

$$\begin{aligned} &\min\ z=\boldsymbol{W}^{\mathrm{T}}\boldsymbol{H}\boldsymbol{W} \\ &\text{s.t. } \boldsymbol{v}^{\mathrm{T}}\boldsymbol{W}=1 \\ &\qquad \boldsymbol{W}\geqslant \boldsymbol{0} \end{aligned}$$

对此进行近似求解如下。

对矩阵 $\boldsymbol{H}$ 的元素 h_{ij}，有 $h_{ii}>0$，$h_{ij}\approx 0(i\neq j)$。那么矩阵 $\boldsymbol{H}$ 近似成为对角阵 $\boldsymbol{H}=\mathrm{diag}\{h_{ii}\}$，引入拉格朗日乘子 λ，可建立如下的拉格朗日函数：

$$L=\boldsymbol{W}^{\mathrm{T}}\boldsymbol{H}\boldsymbol{W}+\lambda(\boldsymbol{v}^{\mathrm{T}}\boldsymbol{W}-1) \tag{9.37}$$

由 Kuhn-Tucker 条件可得

$$\begin{cases} \dfrac{\partial L}{\partial \boldsymbol{W}^{\mathrm{T}}}=2\boldsymbol{H}\boldsymbol{W}+\lambda\boldsymbol{v}=0 \\ \dfrac{\partial L}{\partial \lambda}=\boldsymbol{v}^{\mathrm{T}}\boldsymbol{W}-1=0 \end{cases}$$

解得

$$\lambda=\frac{2}{\boldsymbol{v}^{\mathrm{T}}\boldsymbol{H}^{-1}\boldsymbol{v}}=\frac{-2}{\sum\limits_{i=1}^{k}\dfrac{1}{h_{ii}}} \tag{9.38}$$

$$\boldsymbol{W}=\frac{1}{\sum\limits_{i=1}^{k}\dfrac{1}{h_{ii}}}\cdot\boldsymbol{H}^{-1}\boldsymbol{v} \tag{9.39}$$

$$w_i = \frac{1}{h_{ii}\sum_{j=1}^{k}\frac{1}{h_{jj}}}, \quad i = 1,2,\cdots,k \tag{9.40}$$

3. 改进的组合预报方法

组合预报模型采取不变权重的方法，对于稳定情况是可行的，但当某种单一方法的预报结果出现突变时，再利用这种不变权重的方法，势必会影响预报精度。因此，针对不变权重的最优加权法提出一种改进的组合预报方法，即采取可变权重的方法对模型进行修正。

改进组合预报方法的基本思想为根据所选用的 k 种单一预报模型，对每种模型在 t 时段的预报 f_{it}（$i = 1,2,\cdots,k$）给予相等的权重 $w_i = 1/k$，如果第 i 种方法在 t 时段的预报误差 $e_{it} > \alpha$（α 为给定的阈值，本节选用 α=5%），即代表该种方法在此时段的预报值突变很大，可以舍弃，则取其权重为 0，剩余的各种单一预报模型重新分配相等的权重 $w_i = \frac{1}{k-1}$（$i = 1,2,\cdots,k-1$），可得 t 时段最终预报值为 $f_t = \sum_{i=1}^{k} w_i f_{it}$（$t = 1, 2,\cdots,n$）。

9.4.2　组合预报模型在船舶运动预报中的应用

本节仿真所用的数据为某型舰船在 90°横浪航行姿态下的横摇角时间序列数据，采样周期为 0.5s，并对未来 10s（即预测步数为 20 步）进行预报。将基于 Kalman 滤波算法的 AR 模型和基于 RLS 算法的 Volterra 级数模型分别以 200 个测量数据建模预报 20 步结果作为上述最优加权法和改进的组合预报模型的输入，分别得到两个结果。图 9.5 和图 9.6 分别是利用基于 Kalman 滤波算法的 AR 模型和基于 RLS

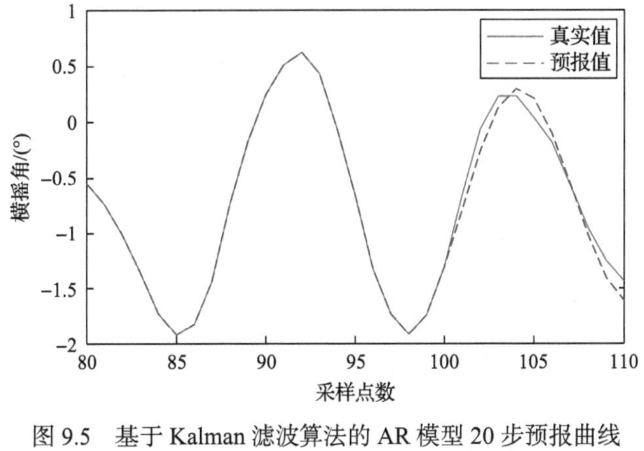

图 9.5　基于 Kalman 滤波算法的 AR 模型 20 步预报曲线

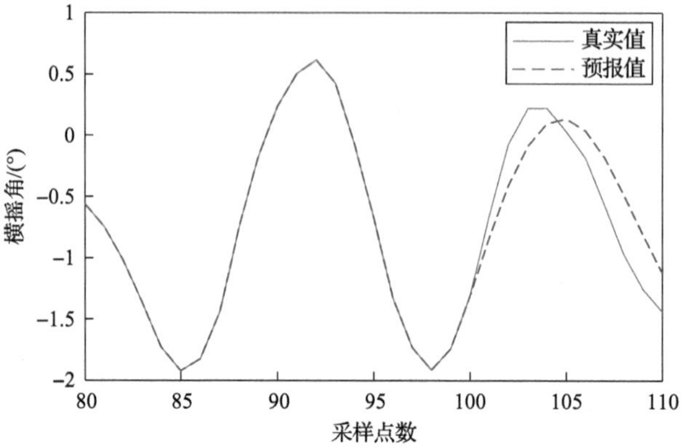

图 9.6　基于 RLS 算法的 Volterra 级数模型 20 步预报曲线

算法的 Volterra 级数模型预报船舶横摇运动 20 步(即预报 10s)的曲线。图 9.7 为最优加权组合模型的 20 步预报曲线，图 9.8 为最优加权组合预报方法、两种单一预报方法与真实值的比较。图 9.9 为改进的组合预报模型 20 步预报曲线。

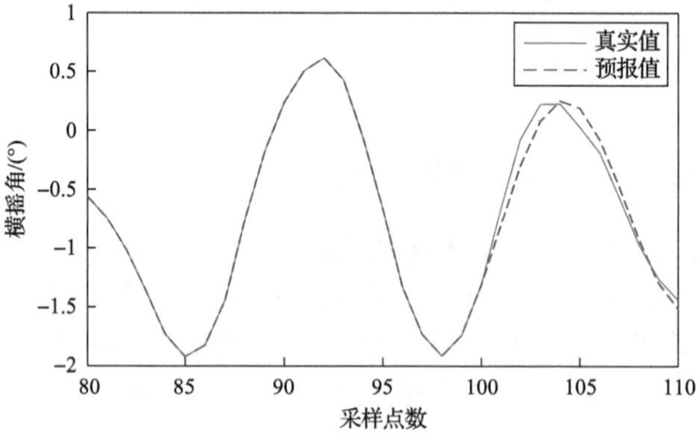

图 9.7　最优加权组合预报模型 20 步预报曲线

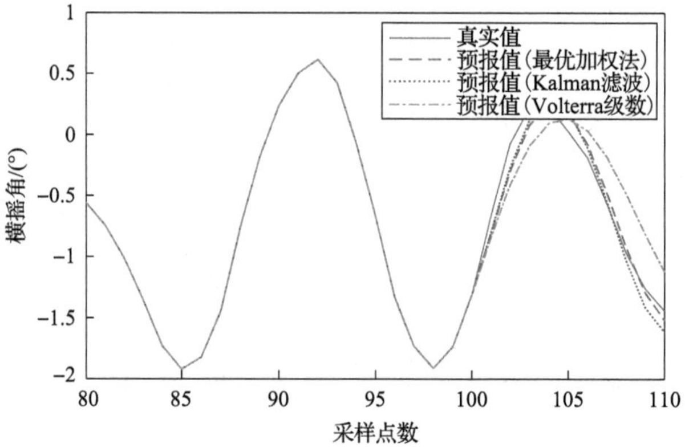

图 9.8　三种预报方法与真实值的比较

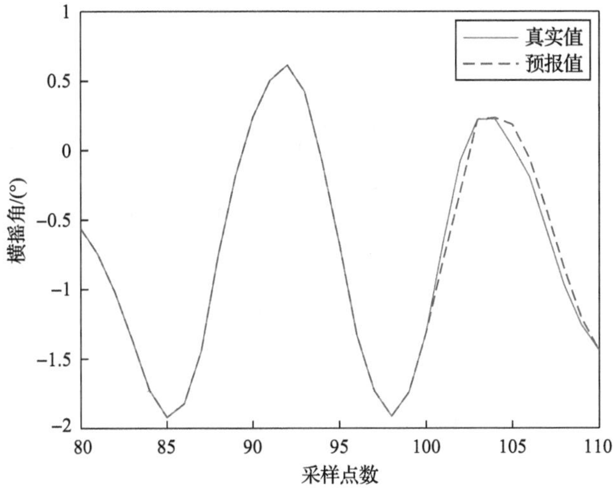

图 9.9　改进的组合预报模型 20 步预报曲线

为了检验预测效果，引入平均绝对百分比误差(MAPE)。基于 Kalman 滤波算法的 AR 模型、基于 RLS 算法的 Volterra 级数模型以及本章两种组合预报模型的预报误差结果如表 9.2 所示。

表 9.2　四种预报模型的 MAPE 比较

模型	MAPE/%
基于 RLS 算法的 Volterra 级数模型	42.7885
基于 Kalman 滤波算法的 AR 模型	33.8144
最优加权组合预报模型	32.5195
改进的组合预报模型	31.2291

根据图 9.5～图 9.9 及表 9.2，可以看出基于可变权重及不变权重的组合预报方法，其预报值与真实值的拟合程度好于每种单一预报模型；改进的组合预报方法的 MAPE 比最优加权法小，说明此改进方法提高了模型的预报精度和稳定性。

9.5　本 章 小 结

本章重点研究了基于 Volterra 级数模型的船舶运动自适应建模与预报方法，以及 Volterra 级数核估计的方法。分别研究了基于 Kalman 滤波算法、基于 NLMS 算法和 RLS 算法的 Volterra 级数核估计的船舶运动预报方法，并进行了仿真分析。最后研究了组合建模预报方法，将基于 Kalman 滤波算法的 AR 模型和基于 RLS 算法的 Volterra 级数模型采用最优加权法，建立了组合预报模型和改进的组合预报模型，仿真结果表明组合预报模型预测值与实际值的拟合程度好于每种单一预报模型。

第 10 章　基于扩展 Kalman 滤波算法的船舶运动自适应建模与预报

10.1　扩展 Kalman 滤波算法

扩展 Kalman 滤波算法不仅可用于经典 Kalman 滤波算法的滤波、预报和平滑，还可用于非线性系统的参数辨识问题。下面介绍扩展 Kalman 滤波的原理。

10.1.1　Kalman 滤波算法

由于系统内部和外部的测量设备会有随机干扰和噪声，可得如下随机系统状态方程和测量方程：

$$\begin{cases} \boldsymbol{X}(k+1)=\boldsymbol{\Phi X}(k)+\boldsymbol{GU}(k)+\boldsymbol{W}(k) \\ \boldsymbol{Y}(k)=\boldsymbol{CX}(k)+\boldsymbol{V}(k) \end{cases} \tag{10.1}$$

在 $\boldsymbol{W}(k)$、$\boldsymbol{V}(k)$ 的作用下，此时过程的状态向量 $\boldsymbol{X}(k)$ 和输出向量 $\boldsymbol{Y}(k)$ 均为随机向量，系统(10.1)为随机系统。$\boldsymbol{W}(k)$ 为随机干扰，在船舶运动中一般是由海浪的影响造成的；$\boldsymbol{V}(k)$ 为测量仪器的测量噪声。

由于 $\boldsymbol{W}(k)$、$\boldsymbol{V}(k)$ 的随机性，人们无法知道它们每一时刻的确切数值，因而以式(10.1)为出发点，对系统引入特定的随机序列，以求能更好地体现实际中的 $\boldsymbol{X}(k)$ 和 $\boldsymbol{Y}(k)$，即如何根据测量序列 $\boldsymbol{Y}(k)$ 对系统状态变量 $\boldsymbol{X}(k)$ 做出最优估计。Kalman 滤波器在此方面具有最优性能。图 10.1 给出 Kalman 滤波器、动态系统与测量之间的关系，在 Kalman 滤波算法中关于干扰噪声 $\boldsymbol{W}(k)$ 及测量噪声 $\boldsymbol{V}(k)$ 的先验知识起到重要作用。

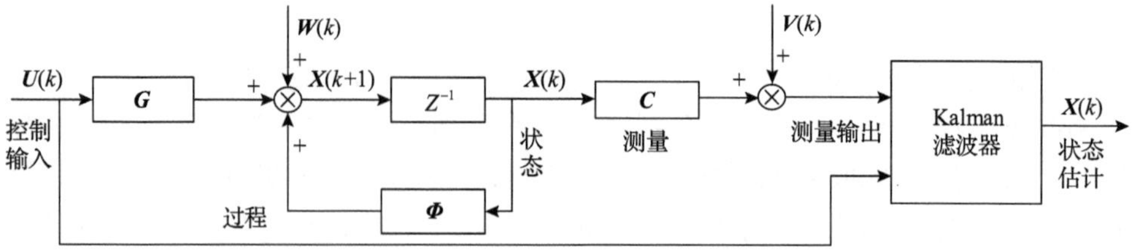

图 10.1　Kalman 滤波器、动态系统与测量之间的关系

从式(10.1)可以看出，系统的输入有两种：一种是理论上的理想输入，这部分输入是可控可确定的；另一种是由于环境的干扰和测量设备的原因，产生的具有随机性的动态噪声输入。

对随机动态系统的状态 $\boldsymbol{X}(k)$ 进行估计，需要利用一系列测量数据 $\boldsymbol{Y}(1),\boldsymbol{Y}(2),\cdots,\boldsymbol{Y}(j)$，只处理预报和滤波问题，故 $k \geqslant j$。由此得到的状态向量估计值记为 $\hat{\boldsymbol{X}}(k\mid j)$，对应的估计误差是 $\tilde{\boldsymbol{X}}(k\mid j)=\boldsymbol{X}(k)-\hat{\boldsymbol{X}}(k\mid j)$，使估计误差在某种准则的意义下最小，可得到与之相对应的最优状态估计 $\hat{\boldsymbol{X}}(k\mid j)$。取 $\tilde{\boldsymbol{X}}(k\mid j)$ 的均方和：

$$J_1 = E[\tilde{\boldsymbol{X}}^{\mathrm{T}}(k\mid j)\tilde{\boldsymbol{X}}(k\mid j)]_{\boldsymbol{Y}(j)=\boldsymbol{Y}_j} \tag{10.2}$$

以准则 J_1 为研究的出发点，代入条件数学期望的表达式，可得

$$\begin{aligned} J_1 &= E[\tilde{\boldsymbol{X}}^{\mathrm{T}}(k\mid j)\tilde{\boldsymbol{X}}(k\mid j)]_{\boldsymbol{Y}_j} \\ &= \int_{-\infty}^{\infty}[\boldsymbol{X}(k)-\hat{\boldsymbol{X}}(k\mid j)]^{\mathrm{T}}[\boldsymbol{X}(k)-\hat{\boldsymbol{X}}(k\mid j)]f_{\boldsymbol{X}\mid\boldsymbol{Y}_j}[\boldsymbol{X}(k)\mid\boldsymbol{Y}_j]\mathrm{d}\boldsymbol{X}(k) \end{aligned} \tag{10.3}$$

并通过极值法进行极小化：

$$\min J_1 \to \mathrm{d}J_1 / \mathrm{d}\hat{\boldsymbol{X}}(k\mid j)=0 \tag{10.4}$$

通过验算可得

$$\hat{\boldsymbol{X}}(k\mid j)=\int_{-\infty}^{\infty}\boldsymbol{X}(k)f_{\boldsymbol{X}\mid\boldsymbol{Y}_j}[\boldsymbol{X}(k)\mid\boldsymbol{Y}_j]\mathrm{d}\boldsymbol{X}(k)=E[\boldsymbol{X}(k)\mid\boldsymbol{Y}_j] \tag{10.5}$$

式(10.5)称为最优状态估计的基本公式。该公式说明最优状态滤波是在给定测量集 $\boldsymbol{Y}_j$ 下，求关于 $\boldsymbol{X}(k)$ 的条件均值。但如果直接利用正态条件下的条件均值公式(10.3)进行计算，那么每次求 $\hat{\boldsymbol{X}}(k\mid j)$ 时都要用到 j 次测量的全部集合 $\boldsymbol{Y}(1),\boldsymbol{Y}(2),\cdots,\boldsymbol{Y}(j)$，随着 k 的增大(j 同样增大)，要求的存储量越来越大，以致无法实现实时估计。Kalman 找到了一套完整的递推公式，滤波器从零时刻开始逐步递推，递推过程中系统的状态估计可根据前一时刻的状态估计得到，特别适合计算机逐步递推实时估计。

为了模拟出实际系统的状态和输出，用特定的随机序列表示动态噪声和测量噪声，并且它们之间互不干扰，一般都是用高斯白噪声序列：

$$E[\boldsymbol{W}(k)]=0,\quad E[\boldsymbol{V}(k)]=0$$

其协方差阵是：$E[\boldsymbol{W}(k)\boldsymbol{W}(j)^{\mathrm{T}}]=\boldsymbol{R}_1(k)\delta_{kj}$，$E[\boldsymbol{V}(k)\boldsymbol{V}^{\mathrm{T}}(j)]=\boldsymbol{R}_2(k)\delta_{kj}$，这里

$$\delta_{kj}=\begin{cases}1, & i=j\\ 0, & i\neq j\end{cases}$$

即$\boldsymbol{W}(k)\sim N(0,\boldsymbol{R}_1(k))$，$\boldsymbol{V}(k)\sim N(0,\boldsymbol{R}_2(k))$，$E[\boldsymbol{W}(k)\boldsymbol{V}^{\mathrm{T}}(j)]=0$。对任何 k 和 j，$\boldsymbol{R}_1(k)$ 为非负定阵，$\boldsymbol{R}_2(k)$ 为正定阵。

下面是初始状态变量 $\boldsymbol{X}(0)$ 的统计性质。

设 $\boldsymbol{X}(0)$ 为高斯随机向量，状态向量的均值选为初值，即 $E[\boldsymbol{X}(0)]=\hat{\boldsymbol{X}}(0)$，方差阵 $\mathrm{Var}[\boldsymbol{X}(0)]=\boldsymbol{P}(0)$，它们之间都是互不相关的，故 $E[\boldsymbol{X}(0)\boldsymbol{W}^{\mathrm{T}}(k)]=0$，$E[\boldsymbol{X}(0)\boldsymbol{V}^{\mathrm{T}}(k)]=0$。

假定 $\boldsymbol{X}(0)$ 是正态分布，$\boldsymbol{W}(k)$、$\boldsymbol{V}(k)$ 是正态白噪声序列，则线性系统(10.1)中的 $\boldsymbol{X}(k)$、$\boldsymbol{Y}(k)$ 也是正态序列，所以它们的统计特性完全由其均值向量和协方差阵所决定。

状态估计预报公式：

$$\hat{\boldsymbol{X}}(k+1|k)=\boldsymbol{\Phi}\hat{\boldsymbol{X}}(k)+\boldsymbol{G}\boldsymbol{U}(k) \tag{10.6}$$

预报误差协方差阵计算公式：

$$\boldsymbol{P}(k+1|k)=\boldsymbol{\Phi}\boldsymbol{P}(k)\boldsymbol{\Phi}^{\mathrm{T}}+\boldsymbol{R}_1(k) \tag{10.7}$$

式中，

$$\boldsymbol{P}(k+1|k)=E[\tilde{\boldsymbol{X}}(k+1|k)\tilde{\boldsymbol{X}}^{\mathrm{T}}(k+1|k)]$$

$$\tilde{\boldsymbol{X}}(k+1|k)=\boldsymbol{X}(k+1)-\hat{\boldsymbol{X}}(k+1|k)$$

Kalman 滤波增益阵的计算公式：

$$\boldsymbol{K}(k+1)=\boldsymbol{P}(k+1|k)\boldsymbol{C}^{\mathrm{T}}[\boldsymbol{C}\boldsymbol{P}(k+1|k)\boldsymbol{C}^{\mathrm{T}}+\boldsymbol{R}_2(k+1)]^{-1} \tag{10.8}$$

状态估计更新(状态滤波)公式：

$$\hat{\boldsymbol{X}}(k+1)=\hat{\boldsymbol{X}}(k+1|k)+\boldsymbol{K}(k+1)[\boldsymbol{Y}(k+1)-\boldsymbol{C}\hat{\boldsymbol{X}}(k+1|k)] \tag{10.9}$$

状态滤波误差协方差阵计算公式：

$$\boldsymbol{P}(k+1)=[\boldsymbol{I}-\boldsymbol{K}(k+1)\boldsymbol{C}]\boldsymbol{P}(k+1|k) \tag{10.10}$$

式中，$\boldsymbol{P}(k+1)=E[\tilde{\boldsymbol{X}}(k+1)\tilde{\boldsymbol{X}}^{\mathrm{T}}(k+1)]$，$\tilde{\boldsymbol{X}}(k+1)=\boldsymbol{X}(k+1)-\hat{\boldsymbol{X}}(k+1)$。

Kalman 滤波器的时序过程如图 10.2 所示。滤波过程的每一步，即从 k 步到 k+1 步都完成两项工作，第一项是状态估计预报(式(10.6))，已知当前时刻的状态滤波值，根据系统的初始方程求得后一时刻真实值到来以前的估计值，同时可估算出滤波器中的误差协方差矩阵下一时刻的状态。第二项是在获得下一时刻的输入时可对状态预报值 $\hat{\boldsymbol{X}}(k+1|k)$ 进行修正，以获得 k+1 步的状态估计 $\hat{\boldsymbol{X}}(k+1)$ (式(10.9))，并计算出这一最优估计的误差协方差阵(式(10.10))；修正的方法是输出预报误差乘以增益：

$$\boldsymbol{\varepsilon}(k)=\boldsymbol{Y}(k+1)-\boldsymbol{C}\hat{\boldsymbol{X}}(k+1|k)=\boldsymbol{Y}(k+1)-\hat{\boldsymbol{Y}}(k+1|k)=\tilde{\boldsymbol{Y}}(k+1|k) \tag{10.11}$$

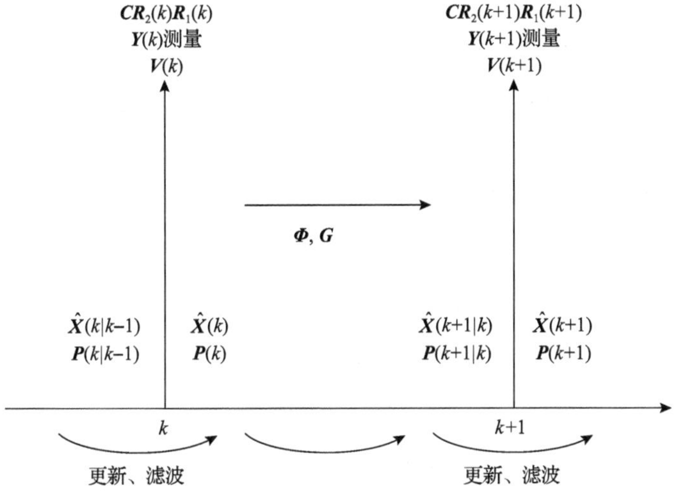

图 10.2　Kalman 滤波器的时序过程

增益矩阵 $\boldsymbol{K}(k+1)$ 按式(10.8)依据状态预报误差协方差阵 $\boldsymbol{P}(k+1|k)$ 及测量噪声协方差阵 $\boldsymbol{R}_2(k+1)$ 计算而得。对每一步，这两项工作用式(10.7)～式(10.11)依次循环进行。

对输出的预报误差进行不断修正，可调整预报误差的权重，增加预报误差的影响因子。为说明此点，引用由矩阵反演公式推导出来的另一个形式的增益矩阵公式：

$$\boldsymbol{K}(k+1)=\boldsymbol{P}(k+1|k)\boldsymbol{C}^{\mathrm{T}}\boldsymbol{R}_2^{-1}(k+1) \tag{10.12}$$

从式(10.12)可以看出，$\boldsymbol{R}_2(k+1)$ 越大，增益矩阵就会越小，当测量不够准确时增益矩阵才会减小。这是合理的，因为这时预报误差不是很可靠，对 $\hat{\boldsymbol{X}}(k+1)$ 的影响应当减小，滤波估计主要依靠状态预报。另外，当估计误差协方差阵 $\boldsymbol{P}(k+1)$ 增大时，$\boldsymbol{K}(k+1)$ 将自动增大。因为这时需要引入更多的新息来修正 $\hat{\boldsymbol{X}}(k+1)$，以改进滤波估计。Kalman 滤波算法是预报和滤波交替进行的，每步依次调用式(10.6)～式(10.10)，推导给出如下预报递推公式。

状态预报公式：

$$\hat{\boldsymbol{X}}(k+1|k)=\boldsymbol{\Phi}\hat{\boldsymbol{X}}(k|k-1)+\boldsymbol{G}(k)\boldsymbol{U}(k)+\boldsymbol{K}(k)[\boldsymbol{Y}(k)-\boldsymbol{C}\hat{\boldsymbol{X}}(k|k-1)] \tag{10.13}$$

预报增益矩阵公式：

$$\begin{cases}\boldsymbol{S}(k)=\boldsymbol{C}\boldsymbol{P}(k|k-1)\boldsymbol{C}^{\mathrm{T}}+\boldsymbol{R}_2(k)\\ \boldsymbol{K}(k)=\boldsymbol{\Phi}\boldsymbol{P}(k|k-1)\boldsymbol{C}^{\mathrm{T}}\boldsymbol{S}^{-1}(k)\end{cases} \tag{10.14}$$

预报误差协方差公式：

$$\boldsymbol{P}(k+1|k)=\boldsymbol{\Phi}\boldsymbol{P}(k|k-1)\boldsymbol{\Phi}^{\mathrm{T}}+\boldsymbol{R}_1(k)-\boldsymbol{K}(k)\boldsymbol{S}(k)\boldsymbol{K}^{\mathrm{T}}(k) \tag{10.15}$$

10.1.2　扩展 Kalman 滤波及线性化

考虑如下系统：

$$\begin{cases}\boldsymbol{\xi}(k+1)=\boldsymbol{a}(k)\boldsymbol{\xi}(k)+\boldsymbol{w}(k)\\ \boldsymbol{a}(k+1)=\boldsymbol{a}(k)\\ \boldsymbol{y}(k)=\boldsymbol{\xi}(k)+\boldsymbol{v}(k)\end{cases} \tag{10.16}$$

式中，$\boldsymbol{w}(k)\sim N(0,\boldsymbol{R}_1)$；$\boldsymbol{v}(k)\sim N(0,\boldsymbol{R}_2)$；$\boldsymbol{\xi}(k)$ 为系统的状态变量；$\boldsymbol{a}(k)$ 为多维系统或模型参数。扩展 Kalman 滤波器的辨识问题是将模型参数估计 $\hat{\boldsymbol{a}}(k)$ 跟随状态估计 $\hat{\boldsymbol{\xi}}(k)$ 一起进行估计，可用的数据是测量信息 $\boldsymbol{y}(k)$。方法是把未知参数也看成一种状态，为此先定义一个扩展的状态向量：

$$\boldsymbol{X}(k)=\begin{bmatrix}\boldsymbol{\xi}(k)\\ \boldsymbol{a}(k)\end{bmatrix}$$

则式(10.16)转化为

$$\begin{cases}\boldsymbol{X}(k+1)=\boldsymbol{\varphi}(\boldsymbol{X}(k))+\boldsymbol{\Gamma}\boldsymbol{w}(k)\\ \boldsymbol{y}(k)=\boldsymbol{C}\boldsymbol{X}(k)+\boldsymbol{v}(k)\end{cases} \tag{10.17}$$

$\boldsymbol{\varphi}(\boldsymbol{X}(k))$ 是关于扩展状态向量 $\boldsymbol{X}(k)$ 的非线性函数，具体为 $\boldsymbol{\varphi}(\boldsymbol{X}(k))=\begin{bmatrix}\boldsymbol{a}(k)\boldsymbol{\xi}(k)\\ \boldsymbol{a}(k)\end{bmatrix}$，且扩展的输入矩阵 $\boldsymbol{\Gamma}$ 及扩展的输出矩阵 $\boldsymbol{C}$ 分别是

$$\boldsymbol{\Gamma}=\begin{bmatrix}1\\0\end{bmatrix},\quad \boldsymbol{C}=\begin{bmatrix}1 & 0\end{bmatrix}$$

经典的 Kalman 滤波器处理的是线性系统模型，为了扩展 Kalman 滤波器使其能适用于非线性模型，这里采用对非线性系统进行线性化的方法。考虑下列一般扩展 Kalman 滤波模型：

$$\begin{cases}\boldsymbol{X}(k+1)=\boldsymbol{\varphi}\left[\boldsymbol{X}(k),\boldsymbol{U}(k)\right]+\boldsymbol{\Gamma}(k)\boldsymbol{w}(k)\\ \boldsymbol{y}(k)=\boldsymbol{h}[\boldsymbol{X}(k)]+\boldsymbol{v}(k)\end{cases}\tag{10.18}$$

在 $\hat{\boldsymbol{X}}(k)$ 的邻域对 $\boldsymbol{\varphi}\left[\boldsymbol{X}(k),\boldsymbol{U}(k)\right]$ 进行线性化：

$$\boldsymbol{\varphi}\left[\boldsymbol{X}(k),\boldsymbol{U}(k)\right]=\boldsymbol{\varphi}\left[\hat{\boldsymbol{X}}(k),\boldsymbol{U}(k)\right]+\left.\frac{\partial\boldsymbol{\varphi}}{\partial\boldsymbol{X}}\right|_{\boldsymbol{X}=\hat{\boldsymbol{X}}(k)}[\boldsymbol{X}(k)-\hat{\boldsymbol{X}}(k)]\tag{10.19}$$

$$\boldsymbol{h}[\boldsymbol{X}(k)]=\boldsymbol{h}[\hat{\boldsymbol{X}}(k)]+\left.\frac{\partial\boldsymbol{h}}{\partial\boldsymbol{X}}\right|_{\boldsymbol{X}=\hat{\boldsymbol{X}}(k)}[\boldsymbol{X}(k)-\hat{\boldsymbol{X}}(k)]\tag{10.20}$$

并令

$$\frac{\partial\boldsymbol{\varphi}}{\partial\boldsymbol{X}}=\boldsymbol{\Phi}(k)$$

$$\varphi[\hat{\boldsymbol{X}}(k),\boldsymbol{U}(k)]-\left.\frac{\partial\boldsymbol{\varphi}}{\partial\boldsymbol{X}}\right|_{\boldsymbol{X}=\hat{\boldsymbol{X}}(k)}\hat{\boldsymbol{X}}(k)=\boldsymbol{M}(k)$$

$$\left.\frac{\partial\boldsymbol{h}}{\partial\boldsymbol{X}}\right|_{\boldsymbol{X}=\hat{\boldsymbol{X}}(k)}=\boldsymbol{C}(k)$$

$$h[\hat{\boldsymbol{X}}(k)]-\left.\frac{\partial\boldsymbol{h}}{\partial\boldsymbol{X}}\right|_{\boldsymbol{X}=\hat{\boldsymbol{X}}(k)}\hat{\boldsymbol{X}}(k)=\boldsymbol{N}(k)$$

则线性化的系统方程成为

$$\begin{cases}\boldsymbol{X}(k+1)=\boldsymbol{\Phi}(k)\boldsymbol{X}(k)+\boldsymbol{M}(k)+\boldsymbol{\Gamma}(k)\boldsymbol{w}(k)\\ \boldsymbol{y}(k)=\boldsymbol{C}(k)\boldsymbol{X}(k)+\boldsymbol{N}(k)+\boldsymbol{v}(k)\end{cases}\tag{10.21}$$

对于式(10.20)和式(10.21)的系统，可根据前面介绍的经典 Kalman 滤波递推公式得到

$$\begin{cases}\hat{\boldsymbol{X}}(k+1|k)=\boldsymbol{\varphi}[\hat{\boldsymbol{X}}(k),\boldsymbol{U}(k)] \\ \boldsymbol{P}(k+1|k)=\boldsymbol{\Phi}\boldsymbol{P}(k)\boldsymbol{\Phi}^{\mathrm{T}}+\boldsymbol{\Gamma}(k)\boldsymbol{R}_1\boldsymbol{\Gamma}^{\mathrm{T}}(k) \\ \boldsymbol{K}(k+1)=\boldsymbol{P}(k+1|k)\boldsymbol{C}^{\mathrm{T}}[\boldsymbol{C}\boldsymbol{P}(k+1|k)\boldsymbol{C}^{\mathrm{T}}+\boldsymbol{R}_2(k+1)]^{-1} \\ \boldsymbol{P}(k+1)=[\boldsymbol{I}-\boldsymbol{K}(k+1)\boldsymbol{C}]\boldsymbol{P}(k+1|k) \\ \hat{\boldsymbol{X}}(k+1)=\hat{\boldsymbol{X}}(k+1|k)+\boldsymbol{K}(k+1)[\boldsymbol{y}(k+1)-\boldsymbol{C}\hat{\boldsymbol{X}}(k+1|k)]\end{cases} \tag{10.22}$$

可见，$\boldsymbol{M}(k)$、$\boldsymbol{N}(k)$在式中并未直接出现。

回到上面扩展 Kalman 滤波的问题，有

$$\boldsymbol{\Phi}(k)=\left.\frac{\partial\boldsymbol{\varphi}}{\partial\boldsymbol{X}}\right|_{\boldsymbol{X}=\hat{\boldsymbol{X}}(k)}=\begin{bmatrix}\hat{\boldsymbol{a}}(k) & \boldsymbol{\xi}(k)\\ 0 & 1\end{bmatrix}$$

$$\boldsymbol{C}(k)=\left.\frac{\partial\boldsymbol{h}}{\partial\boldsymbol{X}}\right|_{\boldsymbol{X}=\hat{\boldsymbol{X}}(k)}=\boldsymbol{C}=\begin{bmatrix}1 & 0\end{bmatrix}$$

$$\boldsymbol{\varphi}\left[\hat{\boldsymbol{X}}(k),\boldsymbol{U}(k)\right]=\begin{bmatrix}\boldsymbol{a}(k)\boldsymbol{\xi}(k)\\ \boldsymbol{a}(k)\end{bmatrix}$$

$$\boldsymbol{h}\left[\hat{\boldsymbol{X}}(k)\right]=\boldsymbol{C}\hat{\boldsymbol{X}}(k)$$

利用式(10.22)，可同时对$\boldsymbol{\xi}(k)$和$\boldsymbol{a}(k)$进行估计辨识。

10.1.3 Kalman 滤波器的稳定性和收敛性

1. Kalman 滤波器的稳定性

Kalman 滤波器在递推计算中都要用到初始状态的统计特性$E[\boldsymbol{X}(0)]$和$\mathrm{Var}[\boldsymbol{X}(0)]$。在实际问题中，$E[\boldsymbol{X}(0)]$和$\mathrm{Var}[\boldsymbol{X}(0)]$很难有准确的先验知识，一般取$E[\boldsymbol{X}(0)]=\hat{\boldsymbol{X}}(0)=\boldsymbol{0}$（零向量），$\mathrm{Var}[\boldsymbol{X}(0)]=\alpha\boldsymbol{I}$，$\boldsymbol{I}$为单位矩阵，$\alpha$为大于零的常数，可取为$10^5\sim10^6$。渐近稳定的滤波递推算法的初值选取对滤波器的影响随着递推次数增大逐渐变小。问题在于，经过足够长时间的递推之后，滤波器初值的选取对于稳定性的影响是否可以忽略不计。

这里给出最简单情况下 Kalman 滤波稳定性的一个定理：对于一个时不变的随机能控、能观线性离散系统，假设动态噪声是平稳的随机过程。这时对于滤波器选取的初值就可忽略不计，随着递推次数的增加，状态变量将收敛于某个值[39]。

2. Kalman 滤波器的收敛性

滤波器的状态估计能否收敛直接影响滤波辨识的可靠性。

1) 模型误差的影响

一般而言，模型误差不可避免，为简化计算，不得不在结构上进行某些近似。另外，噪声的统计特性 $\boldsymbol{R}_1(k)$、$\boldsymbol{R}_2(k)$ 的误差，会使 $\hat{\boldsymbol{X}}(k)$ 估计误差方差阵 $\boldsymbol{P}(k)$ 增大。

2) 递推运算中计算机舍入误差的影响

因为递推计算的每步都是通过计算机进行的，基于一步计算几乎没有误差，可是经过成千上万次递推，仅有的那点误差就可能扩大化，使滤波器失去稳定性。解决这个问题可应用方根滤波算法，更简单的做法是在每一步对 $\boldsymbol{P}(k)$ 进行附加的对称处理。

3) 系统可观测性的影响

当某些测量信息并不足以估计系统的全部状态时，利用这样的测量信息进行滤波，将增大误差。

3. Kalman 滤波器收敛性的条件及方法

改善滤波器收敛性的基本措施是适当增大对新息 $\boldsymbol{\varepsilon}(k)=\boldsymbol{y}(k)-\boldsymbol{C}\hat{\boldsymbol{x}}(k\,|\,k-1)$ 的加权，即保证增益矩阵 $\boldsymbol{K}(k+1)$ 有足够的强度，以便能及时对预报 $\hat{\boldsymbol{x}}(k\,|\,k-1)$ 进行修正。下面介绍这种方法。

状态预报：

$$\hat{\boldsymbol{x}}(k+1\,|\,k)=\boldsymbol{\Phi}\hat{\boldsymbol{x}}(k)+\boldsymbol{G}\boldsymbol{U}(k)$$

新息：

$$\boldsymbol{\varepsilon}(k+1)=\boldsymbol{y}(k+1)-\boldsymbol{C}\hat{\boldsymbol{x}}(k+1\,|\,k)$$

预报误差协方差阵：

$$\boldsymbol{P}(k+1\,|\,k)=m(k+1)\boldsymbol{\Phi}\boldsymbol{P}(k)\boldsymbol{\Phi}^{\mathrm{T}}+\boldsymbol{R}_1(k) \tag{10.23}$$

式中，$m(k+1)$ 为加权系数。按保证收敛措施的逻辑计算 $m(k+1)$。

滤波增益矩阵：

$$\boldsymbol{K}(k+1)=\boldsymbol{P}(k+1\,|\,k)\boldsymbol{C}^{\mathrm{T}}[\boldsymbol{C}\boldsymbol{P}(k+1\,|\,k)\boldsymbol{C}^{\mathrm{T}}+\boldsymbol{R}_2(k)]^{-1} \tag{10.24}$$

状态估计：

$$\hat{\boldsymbol{x}}(k+1)=\hat{\boldsymbol{x}}(k+1\,|\,k)+\boldsymbol{K}(k+1)\boldsymbol{\varepsilon}(k+1) \tag{10.25}$$

估计误差协方差阵：

$$\boldsymbol{P}(k+1)=[\boldsymbol{I}-\boldsymbol{K}(k+1)\boldsymbol{C}]\boldsymbol{P}(k+1|k) \tag{10.26}$$

可见式(10.23)比一般的 Kalman 滤波器公式只多了一个保证收敛的系数 $m(k+1)$，根据 Kalman 滤波器收敛条件计算 $m(k+1)$ 值。

收敛条件之一：

若

$$\boldsymbol{\varepsilon}^{\mathrm{T}}(k)\boldsymbol{\varepsilon}(k)\leqslant \mathrm{tr}[\mathrm{Var}[\boldsymbol{\varepsilon}(k)]]=\mathrm{tr}[\boldsymbol{C}\boldsymbol{P}(k|k-1)\boldsymbol{C}^{\mathrm{T}}+\boldsymbol{R}_1(k)] \tag{10.27}$$

则滤波器收敛，否则发散。

收敛条件之二：

若

$$\boldsymbol{\varepsilon}(k)\boldsymbol{\varepsilon}^{\mathrm{T}}(k)<\mathrm{Var}[\boldsymbol{\varepsilon}(k)]=\boldsymbol{C}\boldsymbol{P}(k|k-1)\boldsymbol{C}^{\mathrm{T}}+\boldsymbol{R}_1(k) \tag{10.28}$$

则滤波器收敛，否则发散。

利用式(10.27)判断扩展 Kalman 滤波的参数辨识是否收敛，利用式(10.28)求 $m(k+1)$，有

$$\boldsymbol{\varepsilon}^{\mathrm{T}}(k)\boldsymbol{\varepsilon}(k)\leqslant \mathrm{tr}\{\boldsymbol{C}[\boldsymbol{\Phi}\boldsymbol{P}(k)\boldsymbol{\Phi}^{\mathrm{T}}+\boldsymbol{R}_1(k)]\boldsymbol{C}^{\mathrm{T}}+\boldsymbol{R}_2(k)\}$$

如果上面不等式成立，则滤波器收敛，取

$$m(k+1)=1$$

否则发散，取

$$m(k+1)=\frac{1}{n}\mathrm{tr}\{[\boldsymbol{\varepsilon}^{\mathrm{T}}(k+1)\boldsymbol{\varepsilon}(k+1)-\boldsymbol{C}\boldsymbol{R}_1(k)\boldsymbol{C}^{\mathrm{T}}-\boldsymbol{R}_2(k)][\boldsymbol{C}\boldsymbol{\Phi}\boldsymbol{P}(k)\boldsymbol{\Phi}^{\mathrm{T}}\boldsymbol{C}^{\mathrm{T}}]^{-1}\} \tag{10.29}$$

式中，n 是滤波器的维数。

10.2　船舶运动模型

10.2.1　分离型船舶运动模型

分离型船舶运动模型是 20 世纪 70 年代日本的船舶操纵运动数学模型研究小组(Ship Manoeuvring Mathematical Model Group, MMG)提出的，它不同于整体型船舶运动数学模型，通常简称为分离型模型，又称为 MMG 模型。分离型模型的理念与整体型模型的理念不同，分离型模型顾名思义，是将船舶所受的流体动力分开考虑，即分开考虑船体设备的推力以及一些设备产生的加重和减轻船舶的横摇力矩和艏摇力矩等的流体动力及力矩，再将这些力及力矩分别叠加在一起共同

作用于船体，并考虑各部分之间的互相干涉。分离型模型是目前较为流行的一种船舶运动数学建模的方法，后期又经过大量的船舶试验，以及船体负载设备包括螺旋桨、舵等的敞水试验，得出很多至今都很实用的图谱信息，并且也一直在不断完善之中[55,56]。本章介绍的分离型模型仅考虑船舶横向运动模型，即只涉及船舶的航速、横荡速度、横摇角速度和艏摇角速度等参量，更复杂的情况可以此为基础逐步扩大研究。

为了研究船舶在海平面上的运动以及它的受力情况，需要建立合适的坐标系。本书采用两种常用的坐标系，即惯性坐标系和附体坐标系，如图 10.3 所示。其中，惯性坐标系也称为地球坐标系或固定坐标系，附体坐标系也称为船体坐标系或运动坐标系。

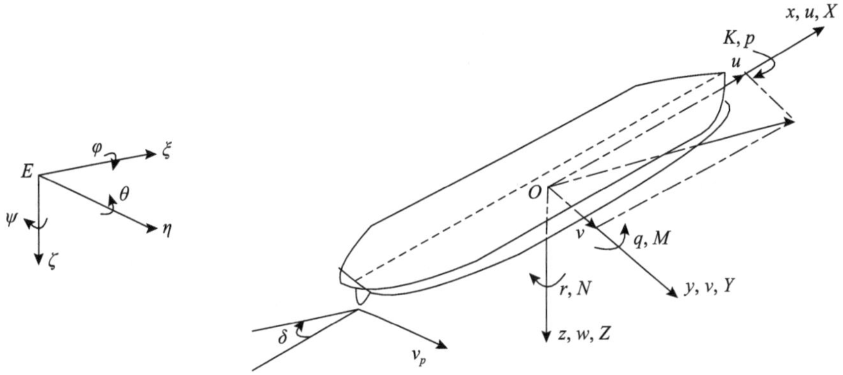

(a) 惯性坐标系　　(b) 附体坐标系

图 10.3　惯性坐标系和附体坐标系

如图 10.3(a)所示的惯性坐标系中，点 E 是坐标系的原点，在船舶运动的建模过程中通常选择海面上的某一点作为惯性坐标系原点；按右手系定义该惯性坐标系，$E\zeta$ 轴、$E\xi$ 轴和 $E\eta$ 轴三个坐标轴两两垂直，且 $E\zeta$ 轴正向垂直指向地心，$E\xi$ 轴以正北方向为正向。表 10.1 给出了惯性坐标系下的船舶运动参数及其符号。

表 10.1　惯性坐标系下的船舶运动参数及相应符号

点和变量	ξ 轴	η 轴	ζ 轴
重心 G	ξ_G	η_G	ζ_G
浮心 B	ξ_B	η_B	ζ_B
角度	φ（横摇角）	θ（纵摇角）	ψ（艏摇角）

如图 10.3(b)所示的附体坐标系，也就是建立在船体之上的坐标系。通常以船

舶重心为原点，用字母 O 表示；对应的纵轴和横轴分别用字母 Ox、Oy 表示，其中前者与船舶横摇轴平行并指向船首，后者与船舶纵摇轴平行并指向右舷，而垂直轴用字母 Oz 表示，同时指向船底。该坐标系下的船舶运动参数和符号用表 10.2 表示。

表 10.2　附体坐标系下的船舶运动参数及相应符号

点和向量	x 轴	y 轴	z 轴	点和向量	x 轴	y 轴	z 轴
船舶重心 G	x_G	y_G	z_G	角速度 $\boldsymbol{\Omega}$	p	q	r
船舶原点 O	0	0	0	力 $\boldsymbol{F}$	X	Y	Z
船舶速度 $\boldsymbol{U}$	u	v	w	力矩 $\boldsymbol{T}$	K	M	N

船体坐标系的原点 O 的速度用向量 $\boldsymbol{U}$ 表示，它是一个合速度，由船体坐标系各方向的速度合成，船体坐标系各方向的速度分别记为 u、v、w，$\boldsymbol{U}$ 可表示为

$$\boldsymbol{U}=[u \quad v \quad w]^{\mathrm{T}}$$

式中，u 为纵荡速度(航速)；v 为横荡速度；w 为垂直甲板方向速度(升沉速度)。

船体本身绕原点 O 的旋转角速度记为 $\boldsymbol{\Omega}$，它在船体坐标系 x、y、z 轴上的投影分量记为 p、q、r，实际上 p 是船体绕 x 轴的旋转角速度，q 是船体绕 y 轴的旋转角速度，r 是船体绕 z 轴的旋转角速度。$\boldsymbol{\Omega}$ 可表示为

$$\boldsymbol{\Omega}=[p \quad q \quad r]^{\mathrm{T}}$$

式中，p 为横摇角速度；q 为纵摇角速度；r 为艏摇角速度。

船体所受外力记为 $\boldsymbol{F}$，它在船体坐标系 x、y、z 轴上的分量记为 X、Y、Z，可表示为

$$\boldsymbol{F}=[X \quad Y \quad Z]^{\mathrm{T}}$$

式中，X 为纵向力；Y 为横向力；Z 为垂直甲板方向力。

船体所受外力矩记为 $\boldsymbol{T}$，它在船体坐标系 x、y、z 轴上的分量记为 K、M、N，可表示为

$$\boldsymbol{T}=[K \quad M \quad N]^{\mathrm{T}}$$

式中，K 为横摇力矩；M 为纵摇力矩；N 为艏摇力矩。

因此，船体坐标系原点 O 的速度矢量 $\boldsymbol{V}$ 可表示为

$$\boldsymbol{V}=u\boldsymbol{i}+v\boldsymbol{j}+w\boldsymbol{k} \tag{10.30}$$

船舶绕 O 点转动角速度矢量 $\boldsymbol{\Omega}$ 可表示为

$$\boldsymbol{\Omega} = p\boldsymbol{i} + q\boldsymbol{j} + r\boldsymbol{k} \tag{10.31}$$

船体是六自由度的运动系统：当把船体看成一个质点时，船体分别在 x、y、z 轴方向上的运动是其中三个运动状态；当考虑船体自身的转动时，船体分别绕 x、y、z 轴的转动运动是另外三个运动状态。分析船舶六自由度的运动状态需借助牛顿刚体力学的动量定理和动量矩定理，以动量定理分析船体在 x、y、z 轴方向上的运动，以动量矩定理分析船体绕 x、y、z 轴的转动运动。矢量动力学和分析动力学都可用于描述船舶任意运动，得到完全相同的三个平动运动方程和三个转动运动方程[55]。

船体刚体运动动量方程可表示为

$$\begin{cases} \sum X = m\left\{\dot{u} + (qw - rv) - [x_G(q^2 + r^2) - y_G(pq - \dot{r}) - z_G(pr + \dot{q})]\right\} \\ \sum Y = m\left\{\dot{v} + (ru - pw) - [y_G(r^2 + p^2) - z_G(qr - \dot{p}) - x_G(qp + \dot{r})]\right\} \\ \sum Z = m\left\{\dot{w} + (pv - qu) - [z_G(p^2 + q^2) - x_G(rp - \dot{q}) - y_G(rq + \dot{p})]\right\} \end{cases} \tag{10.32}$$

式中，左侧是船体所受的外力 $\boldsymbol{F}$ 在 x、y、z 坐标轴上的投影；x_G、y_G、z_G 是重心 G 的坐标；m 是刚体的总质量。从动量方程中可以看出，把船体坐标系的原点 O 建立在船体重心 G 处能大大简化动量方程。

船舶模型化的刚体动量矩方程式为

$$\begin{cases} \sum K = (I_{xx}\dot{p} - I_{xy}\dot{q} - I_{xz}\dot{r}) + [-(I_{yy} - I_{zz})qr + I_{xy}rp - I_{xz}pq - I_{yz}(q^2 - r^2)] \\ \qquad + [my_G(\dot{w} + pv - qu) - mz_G(\dot{v} + ru - pw)] \\ \sum M = (I_{yy}\dot{q} - I_{yz}\dot{r} - I_{yx}\dot{p}) + [-(I_{zz} - I_{xx})rp + I_{yz}pq - I_{xy}qr - I_{xz}(r^2 - p^2)] \\ \qquad + [mz_G(\dot{u} + qw - rv) - mx_G(\dot{w} + pv - qu)] \\ \sum N = (I_{zz}\dot{r} - I_{xz}\dot{p} - I_{yz}\dot{q}) + [-(I_{xx} - I_{yy})qp + I_{xz}qr - I_{yz}rp - I_{xy}(p^2 - q^2)] \\ \qquad + [mx_G(\dot{v} + ru - pw) - my_G(\dot{u} + qw - rv)] \end{cases} \tag{10.33}$$

式中，左侧 $\sum K$、$\sum M$、$\sum N$ 是船体所受外力矩 $\boldsymbol{T}$ 的各分量；I_{xx}、I_{yy}、I_{zz} 分别是对应于 O_x、O_y、O_z 轴的惯性矩，有

$$\begin{cases} I_{xx} = \int (y^2 + z^2)\,\mathrm{d}m \\ I_{yy} = \int (z^2 + x^2)\,\mathrm{d}m \\ I_{zz} = \int (x^2 + y^2)\,\mathrm{d}m \end{cases} \tag{10.34}$$

而

$$\begin{cases} I_{xy} = I_{yx} = \int xy\,\mathrm{d}m \\ I_{yz} = I_{zy} = \int yz\,\mathrm{d}m \\ I_{zx} = I_{xz} = \int xz\,\mathrm{d}m \end{cases}$$

分别是关于 xy、yz、zx 各平面的惯性积。当船舶的排水量不变时，这些惯性矩和惯性积也不改变，从而构成一个惯性常矩阵。

下面考虑横摇时的船舶平面运动方程。

当船舶的航行方向轨迹基本不变或具有较低的操纵强度，并且将外界干扰(海浪等)造成的船舶横摇运动也考虑在内时，忽略船舶的升沉运动和纵摇运动，即取 $w=q=0$。把船舶看成左右对称且 x 轴建立在纵中剖面上，有 $y_G=0$，于是船舶运动方程可简化为

$$\begin{cases} m(\dot{u} - rv - x_G r^2 + z_G rp) = \sum X \\ m(\dot{v} + ru + x_G \dot{r} - z_G \dot{p}) = \sum Y \\ I_{xx}\dot{p} - I_{xz}\dot{r} - mz_G(\dot{v} + ru) = \sum K \\ I_{zz}\dot{r} - I_{xz}\dot{p} - mx_G(\dot{v} + ru) = \sum N \end{cases} \tag{10.35}$$

在研究船舶运动过程中，通常要求完成惯性和附体两类坐标系角速度的转换，具体的转换公式如下：

$$\begin{bmatrix} p \\ q \\ r \end{bmatrix} = \begin{bmatrix} 1 & 0 & -\sin\theta \\ 0 & \cos\varphi & \sin\varphi\cos\theta \\ 0 & -\sin\varphi & \cos\varphi\cos\theta \end{bmatrix} \begin{bmatrix} \dot{\varphi} \\ \dot{\theta} \\ \dot{\psi} \end{bmatrix} \tag{10.36}$$

或记为

$$\boldsymbol{\Omega} = \boldsymbol{C}^{-1}\dot{\boldsymbol{\Lambda}} \tag{10.37}$$

通过求逆可得反变换关系：

$$\begin{bmatrix} \dot{\varphi} \\ \dot{\theta} \\ \dot{\psi} \end{bmatrix} = \begin{bmatrix} 1 & \sin\varphi\tan\theta & \cos\varphi\tan\theta \\ 0 & \cos\varphi & -\sin\varphi \\ 0 & \sin\varphi/\cos\theta & \cos\varphi/\cos\theta \end{bmatrix} \begin{bmatrix} p \\ q \\ r \end{bmatrix} \tag{10.38}$$

或记为

$$\dot{\boldsymbol{\Lambda}} = \boldsymbol{C\Omega} \tag{10.39}$$

假设船舶为细长形，会有 $I_{xz} \approx 0$，再假设重心在船体坐标系 x、y、z 轴上的坐标都为 0，可进一步简化方程。

为了简化船舶平面运动方程，除了认为船体是左右对称的，也把船体看成细长形，即忽略了关于 zx 平面的惯性积，近似认为船体前后对称，同时取 $I_{xy} = I_{yz} = 0$，$I_{xx} = 0$。我们研究船舶运动在水平面内，考虑船舶的横摇运动，忽略船舶的升沉运动和纵摇运动以及运动之间的耦合作用，则 $\dot{w} = \dot{q} = w = q = \theta = \dot{\theta} = 0$。假设 $\tau = [X, Y, Z, K, M, N]$ 是作用于船舶运动的外力及外力矩的总和，这些外力和外力矩既包括船体以及船体上的附加设备在流体中的作用，又包括干扰力及力矩的作用。将力及力矩拆分如下：

$$\tau = \tau_I + \tau_H + \tau_P + \tau_R + \tau_F + \tau_{\text{WAVE}} \tag{10.40}$$

方程右端各分量依次代表作用于船舶上的流体惯性力（力矩）、流体黏性力（力矩）、螺旋桨推力（力矩）、舵力（力矩）、鳍力（力矩）和浪力（力矩）。令船体坐标系原点取在重心 G，且视船舶为细长形，这样，方程(10.35)便简化为如下形式：

$$\begin{cases} m(\dot{u} - rv) = X_I + X_H + X_P + X_R + X_F + X_{\text{WAVE}} \\ m(\dot{v} + ru) = Y_I + Y_H + Y_P + Y_R + Y_F + Y_{\text{WAVE}} \\ I_{xx}\dot{p} = K_I + K_H + K_P + K_R + K_F + K_{\text{WAVE}} \\ I_{zz}\dot{r} = N_I + N_H + N_P + N_R + N_F + N_{\text{WAVE}} \end{cases} \tag{10.41}$$

式(10.41)给出了在外力及外力矩作用下船舶运动学方程的基本形式。为得到船舶各个时刻的运动状态，必须知道方程右端各分量的具体表达式。关于 τ_I、τ_H、τ_P、τ_R、τ_F、τ_{WAVE} 的表达式及计算见文献[57]～[59]。

10.2.2　船舶运动仿真

本节首先针对以上各力（力矩）分析建立完整的非线性数学模型，并将 τ_I、τ_H、τ_P、τ_R、τ_F 展开，展开的过程中要注意水动力参数是否是无量纲化的，这里统一用无量纲化的水动力参数，经整理便得到如下形式的非线性数学模型[60,61]：

$$\begin{cases} \dot{u} = a_1 u^2 + a_2 v^2 + a_3 r^2 + a_4 vr + a_5 n^2 + a_6 \sin\delta \\ \dot{v} = b_1 v + b_2 r + b_3 v^2 + b_4 r^2 + b_5 ur + b_6 vr + b_7 \cos\delta \\ \dot{p} = c_1 p + c_2 v + c_3 r + c_4 v^2 + c_5 r^2 + c_6 vr + c_7 \cos\delta \\ \dot{r} = d_1 r + d_2 v + d_3 v^2 + d_4 r^2 + d_5 vr + d_6 \cos\delta \end{cases}$$

$$\begin{cases}\dot{x}=u\cos\psi-v\cos\varphi\sin\psi\\ \dot{y}=u\sin\psi+v\cos\varphi\cos\psi\\ \dot{\varphi}=p\\ \dot{\psi}=r\cos\varphi\end{cases}\tag{10.42}$$

式中，$a_i(i=1,2,\cdots,6)$、$b_i(i=1,2,\cdots,7)$、$c_i(i=1,2,\cdots,7)$、$d_i(i=1,2,\cdots,6)$为水动力参数；n为螺旋桨转速；δ为舵角。

式(10.42)是规范后的非线性船舶运动数学模型，根据船型数据计算水动力系数的方法参见文献[60]和[61]，应用龙格-库塔法进行离散分步计算，在离散分步计算过程中加入海浪的干扰，就可以仿真出带有海浪干扰的船舶运动曲线。

将式(10.42)变形为一般的系统方程：

$$\begin{cases}\dot{\boldsymbol{x}}(t)=\boldsymbol{f}(\boldsymbol{x}(t),\boldsymbol{s}(t),t)+\boldsymbol{w}(t)\\ \boldsymbol{y}(t)=\boldsymbol{H}\boldsymbol{x}(t)+\boldsymbol{v}(t)\end{cases}\tag{10.43}$$

式中，

$$\boldsymbol{x}(t)=[u(t)\quad v(t)\quad p(t)\quad r(t)]^{\mathrm{T}}$$

$$\boldsymbol{s}(t)=[\delta(t)\quad n(t)]^{\mathrm{T}}$$

$$\boldsymbol{f}=[f_1\quad f_2\quad f_3\quad f_4]^{\mathrm{T}}$$

$$\boldsymbol{H}=\boldsymbol{I}_{4\times4}$$

在此针对某型号舰船，对上述建立的非线性数学模型进行仿真研究。该船的主要参数如表10.3所示。

表10.3　舰船的主要参数

参数	取值	参数	取值
水线长/m	105	船宽/m	15
吃水深/m	5.4	排水量/t	6000
方形系数	0.56	航速/kn	20
舵叶面积/m^2	11.8	主机转速/(r/min)	173
螺旋桨直径/m	4.0	横稳心高度/m	1.71

在 MATLAB 中，根据非线性模型(10.42)编写成 shipModel 的 S 函数，在不同海浪情况下编写 hailang1 的 S 函数并离散化，分步逐一加入船舶运动数学模型当中，仿真框图如图 10.4 所示(舵角为 0°)。

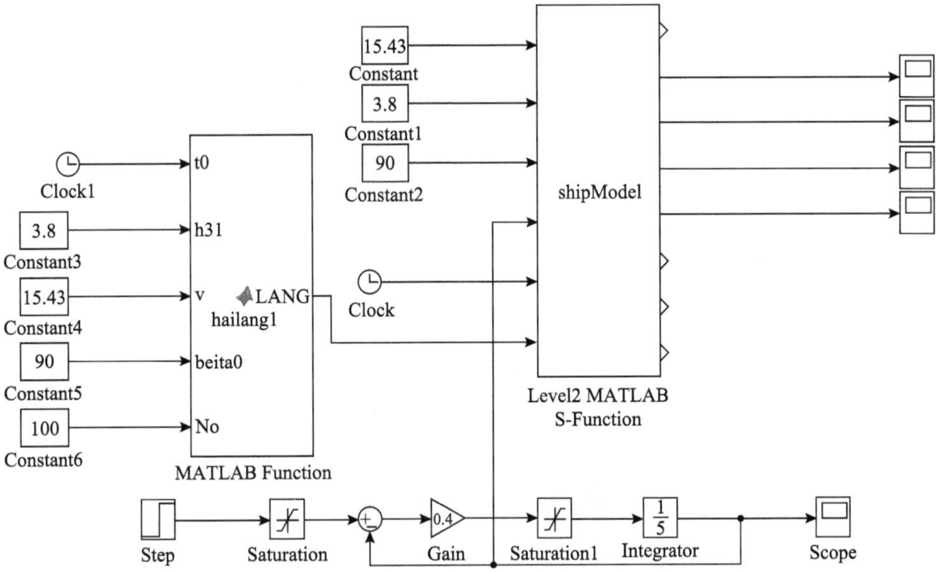

图 10.4　船舶运动仿真框图

这里先给出船舶运行中没有海浪干扰的仿真结果。在静水中给定船舶一个初始横摇角速度，船舶的横摇角仿真曲线如图 10.5 所示。

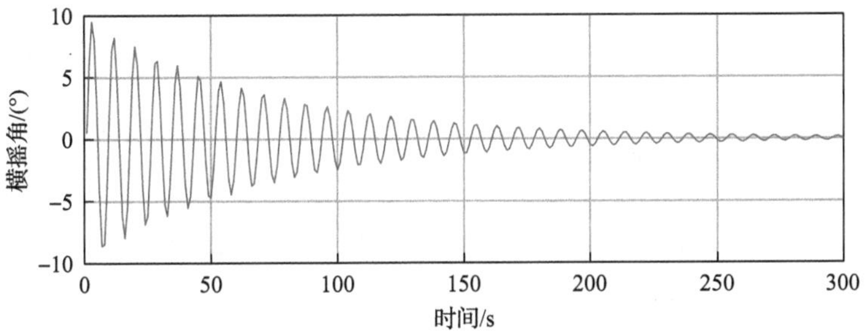

图 10.5　船舶在静水无扰下的横摇角仿真曲线

从仿真曲线可看出，横摇角随着时间持续递减，最终衰减在零度上下，这是因为船舶在静水无扰的情况下，仍然受到流体惯性力和流体黏性力的作用，使得船舶的横摇角最终衰减为零。

下面给出航速为 25m/s、有义波高为 3.8m、海浪的遭遇角为 90°、遭遇频率为随机的船舶的横摇运动和艏摇运动的仿真曲线，如图 10.6 和图 10.7 所示。

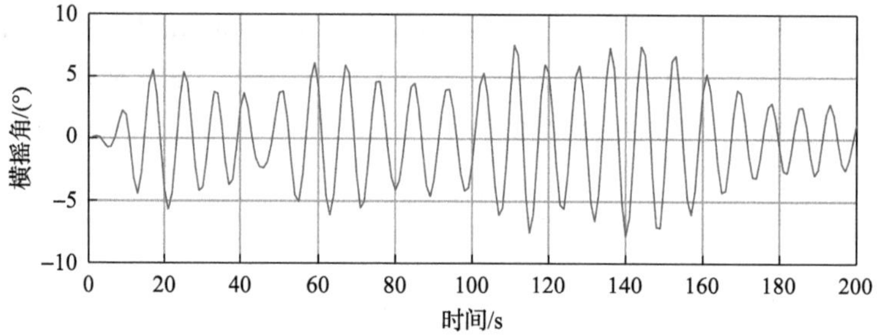

图 10.6　船舶横摇运动仿真曲线(遭遇角为 90°)

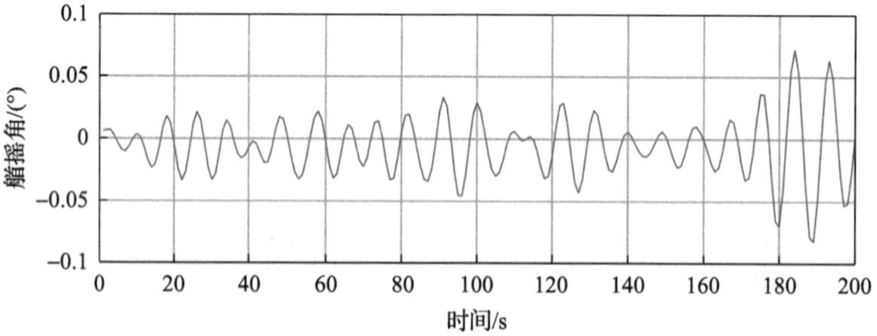

图 10.7　船舶艏摇运动仿真曲线(遭遇角为 90°)

在有义波高为 3.8m、海浪的遭遇角为 135°情况下的仿真曲线如图 10.8 和图 10.9 所示。

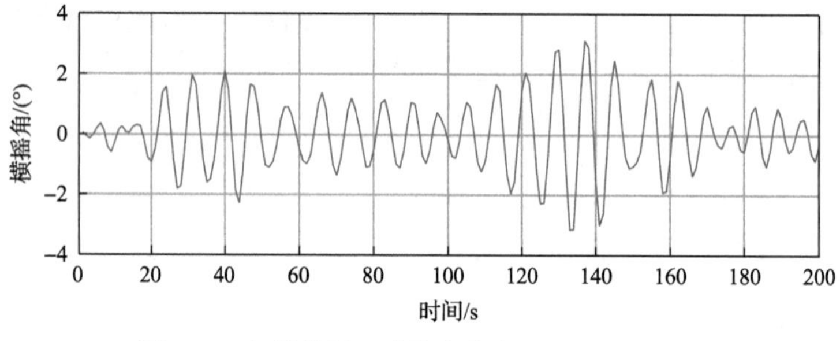

图 10.8　船舶横摇运动仿真曲线(遭遇角为 135°)

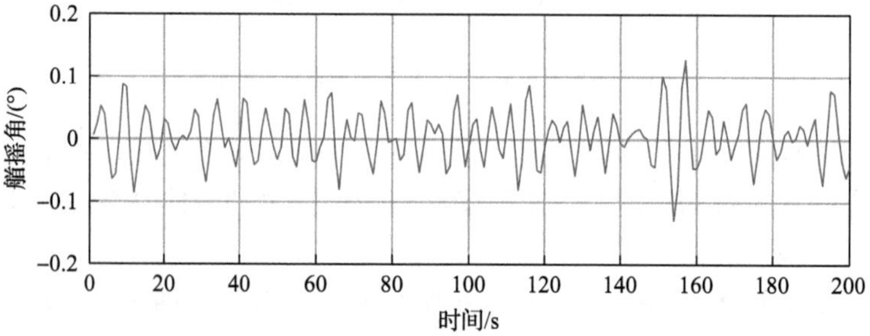

图 10.9　船舶艏摇运动仿真曲线(遭遇角为 135°)

10.3　基于扩展 Kalman 滤波算法的船舶运动模型辨识

船舶运动数学建模方法，无论是整体型模型还是分离型模型，都是以刚体运动学以及流体力学理论为基础展开分析的，特别是分离型模型，具体到每个非线性项的物理意义及理论计算、估算和经验推导。以上这些均属于机理建模法，船舶运动数学模型中的每一项都要经过细致的推导，物理意义明确，建立的数学模型也称白箱模型。另外模型中所含水动力系数之多，求取之不易，精度的不可靠性，也暴露出机理建模法的缺点。随着系统理论和计算机的发展，辨识建模法被提出，并已应用到船舶运动数学模型的辨识当中。辨识建模法需要先验数据作为辨识数据，先验数据可以是实船的测量数据，可以是船模的实验数据，也可以是船舶运动数学模型的仿真数据。获取先验数据时，最好在某种特定环境和操纵强度下进行。辨识数据加上合适的辨识算法经过多次递推即可辨识出船舶运动模型，这种方法建立的模型属于黑箱模型。黑箱模型的辨识难度大，辨识精度低，可以先用整体型模型的结构或分离型模型的结构作为基础，辨识模型框架中的模型参数，这就是机理建模法与辨识建模法的结合，即灰箱模型。本节将采用分离型船舶运动数学模型作为辨识模型的结构，用分离型船舶运动模型的仿真数据作为先验数据，基于扩展 Kalman 滤波算法辨识船舶运动非线性模型的参数，建立预报模型。

10.3.1　船舶运动模型的变换

1. 分离型船舶运动模型辨识概述

扩展 Kalman 滤波器在船舶数学模型的参数辨识方面有成功的应用，包括离线辨识和在线辨识。一个给定模型结构的参数能否全部辨识属于可辨识性问题。参数辨识的可辨识性一方面与模型的结构形式有关，另一方面与所能获得测量数据的种类有关。这里用分离型模型(10.42)，辨识模型中的水动力系数(即模型参数)。

从式(10.42)可知道，为了辨识状态空间型的船舶运动模型，需要 6 类测量数据，即航速 u、横荡速度 v、横摇角速度 p、艏摇角速度 r、螺旋桨转速 n 和舵角 δ 的时间序列数据，这些数据序列是由实验测得的数据。其中需要辨识的模型参数有 $a_i(i=1,2,\cdots,6)$、$b_i(i=1,2,\cdots,7)$、$c_i(i=1,2,\cdots,7)$、$d_i(i=1,2,\cdots,6)$，共 26 个未知模型参数。

建立船舶运动数学模型的过程中，模型参数大多根据船舶自身的船形参数估算得来，当需要辨识船舶自身的水动力系数时，要想得到准确的辨识参数值，除了需要提供高测量精度和稳定的时间序列的数据以外，还需要注意以下几点。

1) 环境干扰应尽可能小

需要辨识的是船舶本身的水动力系数，如果环境干扰(海浪)明显，则所得辨识结果将不能反映船舶自身的水动力系数。因此，除选择好天气进行海试之外，还需要在辨识过程中加以特别处理，以进一步减轻环境的影响。

2) 数据记录要有足够的长度

为了成功地进行递推参数辨识，实验要持续相当长时间，采样点数应该是成千上万的，必要时可反复使用数据，采样周期要与船舶本身时间常数相匹配。船舶实验时也可进行 Z 型实验，一些重要的非线性流体动力导数对船舶受力有较大贡献，可用于辨识。

2. 船舶运动增广状态方程

模型参数 a_i、b_i、c_i 和 d_i 作为未知量引入扩展 Kalman 滤波算法，成为扩展 Kalman 滤波算法的状态变量，用来辨识分离型船舶运动模型的参数。模型参数的引入，增加了状态变量的维度，相应的系统方程中的观测矩阵变为增广状态的观测矩阵，算法经过变换成为增广状态的扩展 Kalman 滤波算法。

将式(10.42)中的模型参数 a_i、b_i、c_i 和 d_i 作为扩展 Kalman 滤波算法的状态变量，建立增广的状态方程和观测方程：

$$\begin{cases}\dot{\boldsymbol{x}}^a(t)=\boldsymbol{f}(\boldsymbol{x}^a(t),\boldsymbol{s}(t),t)+\boldsymbol{w}(t)\\ \boldsymbol{y}(t)=\boldsymbol{H}\boldsymbol{x}^a(t)+\boldsymbol{v}(t)\end{cases}\tag{10.44}$$

式中，$\boldsymbol{x}^a(t)=[u(t),v(t),p(t),r(t),a_i,b_i,c_i,d_i]_{1\times30}^{\mathrm{T}}$；$\boldsymbol{s}(t)=[\delta(t),n(t)]^{\mathrm{T}}$；且有

$$\boldsymbol{H}=\begin{bmatrix}1&0&0&0&\cdots&0\\0&1&0&0&\cdots&0\\0&0&1&0&\cdots&0\\0&0&0&1&\cdots&0\end{bmatrix}_{4\times30}$$

将式(10.44)离散化为如下的非线性状态方程：

$$\begin{cases}\boldsymbol{x}^a(k+1)=\boldsymbol{f}^a(\boldsymbol{x}^a(k),\boldsymbol{s}(k),k)+\boldsymbol{w}(k)\\ \boldsymbol{y}(k)=\boldsymbol{H}\boldsymbol{x}^a(k)+\boldsymbol{v}(k)\end{cases}\tag{10.45}$$

式中，$\boldsymbol{s}(k)$ 表示 k 和 k+1 两个时刻输入的采样均值；$\boldsymbol{w}(k)$ 和 $\boldsymbol{v}(k)$ 是零均值白噪声序列，互不相关，方差分别为 $\boldsymbol{Q}$ 和 $\boldsymbol{R}$；$\boldsymbol{f}^a=[f_1^a,f_2^a,\cdots,f_{30}^a]^{\mathrm{T}}$，根据式(10.42)和式(10.43)得出 $f_1^a\sim f_{30}^a$ 的表达式：

$$\begin{aligned}f_1^a &= u(k) + T(a_1(k)u^2(k) + a_2(k)v^2(k) + a_3(k)r^2(k) \\ &\quad + a_4(k)v(k)r(k) + a_5(k)n(k)^2 + a_6(k)\sin\delta(k))\end{aligned}$$

$$\begin{aligned}f_2^a &= v(k) + T(b_1(k)v(k) + b_2(k)r(k) + b_3(k)v^2(k) + b_4(k)r^2(k) \\ &\quad + b_5(k)u(k)r(k) + b_6(k)v(k)r(k) + b_7(k)\cos\delta(k))\end{aligned}$$

$$\begin{aligned}f_3^a &= p(k) + T(c_1(k)p(k) + c_2(k)v(k) + c_3(k)r(k) + c_4(k)v^2(k) \\ &\quad + c_5(k)r^2(k) + c_6(k)v(k)r(k) + c_7(k)\cos\delta(k))\end{aligned}$$

$$\begin{aligned}f_4^a &= r(k) + T(d_1(k)r(k) + d_2(k)v(k) + d_3(k)v^2(k) \\ &\quad + d_4(k)r^2(k) + d_5(k)v(k)r(k) + d_6(k)\cos\delta(k))\end{aligned}$$

$$f_5^a = a_1(k), \cdots, f_{30}^a = d_6(k)$$

根据式(10.45)和式(10.22)，可得扩展 Kalman 滤波递推公式：

$$\begin{cases}\hat{\boldsymbol{X}}^a(k+1\mid k) = \boldsymbol{f}^a(\boldsymbol{x}^a(k), \boldsymbol{s}(k), k) \\ \boldsymbol{P}(k+1\mid k) = \boldsymbol{\Phi}\boldsymbol{P}(k)\boldsymbol{\Phi}^{\mathrm{T}} + \boldsymbol{Q} \\ \boldsymbol{K}(k+1) = \boldsymbol{P}(k+1\mid k)\boldsymbol{H}^{\mathrm{T}}[\boldsymbol{H}\boldsymbol{P}(k+1\mid k)\boldsymbol{H}^{\mathrm{T}} + \boldsymbol{R}]^{-1} \\ \boldsymbol{P}(k+1) = [\boldsymbol{I} - \boldsymbol{K}(k+1)\boldsymbol{H}]\boldsymbol{P}(k+1\mid k) \\ \hat{\boldsymbol{X}}(k+1) = \hat{\boldsymbol{X}}(k+1\mid k) + \boldsymbol{K}(k+1)[\boldsymbol{y}(k+1) - \boldsymbol{H}\hat{\boldsymbol{X}}(k+1\mid k)]\end{cases} \tag{10.46}$$

式中，

$$\boldsymbol{\Phi} = \left.\frac{\partial \boldsymbol{f}^a}{\partial \boldsymbol{x}^a}\right|_{\boldsymbol{x}^a = \boldsymbol{x}^a(k)} = \begin{bmatrix}\dfrac{\partial f_1^a}{\partial u} & \cdots & \dfrac{\partial f_1^a}{\partial d_6} \\ \vdots & & \vdots \\ \dfrac{\partial f_{30}^a}{\partial u} & \cdots & \dfrac{\partial f_{30}^a}{\partial d_6}\end{bmatrix} \tag{10.47}$$

由式(10.46)的逐步递推计算，系统会达到某种收敛状态，进而可得出式(10.45)的状态值 $\boldsymbol{x}^a(k)$，以及模型参数 a_i、b_i、c_i 和 d_i 的估计值。

3. 数据预处理

根据上述辨识方法设计实验，并对辨识结果进行可靠性分析。辨识所需数据是由 MMG 建立的船舶运动数学模型仿真得来的，数据中含有所需要的航速 u、横荡速度 v、横摇角速度 p、艏摇角速度 r、螺旋桨转速 n 和舵角 δ 的时间序列数据。为了模型参数辨识的可靠性，用 Kalman 滤波算法对辨识所需数据进行平滑预处理。

由式(10.42)建立的横向船舶运动数学模型仿真得来的初始数据，采样周期为 1s，为了参数辨识能有足够的时间数据序列，仿真时间尽量长一些，这里设为 800s，基本足够满足扩展 Kalman 滤波辨识算法递推辨识参数和后续对船舶运动预报的研究需求。为了使扩展 Kalman 辨识算法能有更好的辨识效果，需要对辨识数据进行 Kalman 滤波平滑处理，这里给出需要的系统方程：

$$\begin{cases}\boldsymbol{X}(k+1)=\boldsymbol{\Phi X}(k)+\boldsymbol{w}(k)\\ \boldsymbol{Z}(k)=\boldsymbol{HX}(k)+\boldsymbol{v}(k)\end{cases} \tag{10.48}$$

式中，$\boldsymbol{X}(k)$ 可分别取横荡速度 v、横摇角速度 p、艏摇角速度 r 等进行分批滤波平滑，也可增加状态变量的维度，进行整批的滤波平滑；$\boldsymbol{w}(k)$ 为零均值的白噪声序列，方差为 $\boldsymbol{Q}$；$\boldsymbol{v}(k)$ 为零均值的白噪声序列，方差为 $\boldsymbol{\delta}_R^2$。

根据式(10.6)～式(10.10)，可得 Kalman 滤波递推公式：

$$\begin{cases}\boldsymbol{X}(k+1|k)=\boldsymbol{\Phi X}(k)\\ \boldsymbol{P}(k+1|k)=\boldsymbol{\Phi P}(k)\boldsymbol{\Phi}^{\mathrm{T}}+\boldsymbol{Q}(k)\\ \boldsymbol{K}(k+1)=\boldsymbol{P}(k+1|k)\boldsymbol{H}^{\mathrm{T}}[\boldsymbol{HP}(k+1|k)\boldsymbol{H}^{\mathrm{T}}+\delta_R^2]^{-1}\\ \boldsymbol{P}(k+1)=[\boldsymbol{I}-\boldsymbol{K}(k+1)\boldsymbol{H}]\boldsymbol{P}(k+1|k)\\ \boldsymbol{X}(k+1)=\boldsymbol{X}(k+1|k)+\boldsymbol{K}(k+1)[\boldsymbol{Z}(k+1)-\boldsymbol{HX}(k+1|k)]\end{cases} \tag{10.49}$$

式中，Kalman 滤波递推计算的初值选取 $\boldsymbol{X}(2)=\left[\boldsymbol{Z}(2),\dfrac{\boldsymbol{Z}(2)-\boldsymbol{Z}(1)}{T},0\right]^{\mathrm{T}}$，$T$ 为采样周期。

10.3.2　船舶运动模型参数辨识实验及分析

参数辨识实验中，所用辨识数据为三级海况下海浪遭遇角为 90°时的船舶运动仿真数据，经过 240 次递推计算后，不受海浪的影响或受海浪干扰影响较小的模型参数能较好地收敛到某一值附近，已经基本接近真实的参数值。下面给出部分模型参数的收敛情况，如图 10.10～图 10.17 所示。

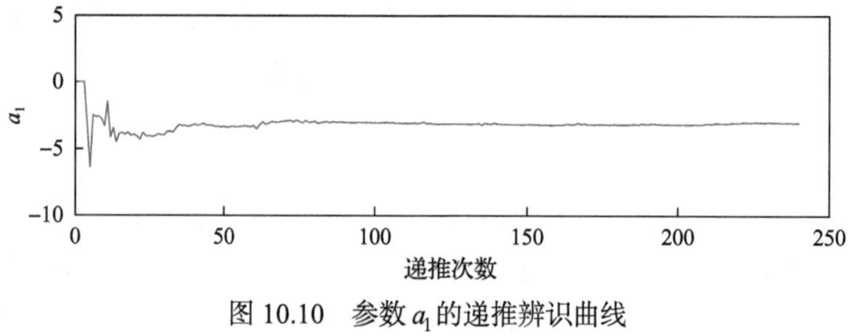

图 10.10　参数 a_1 的递推辨识曲线

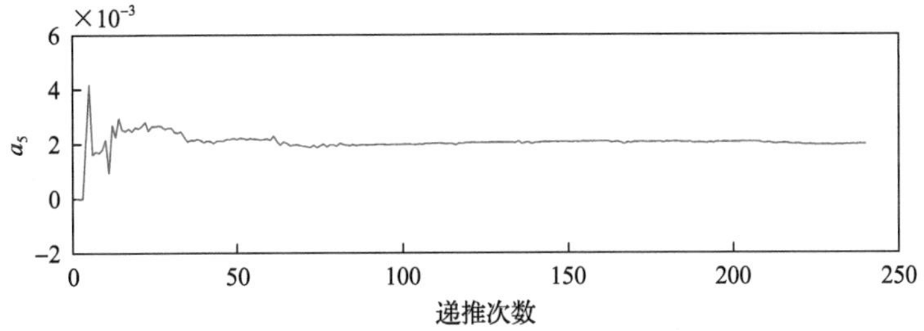

图 10.11　参数 a_5 的递推辨识曲线

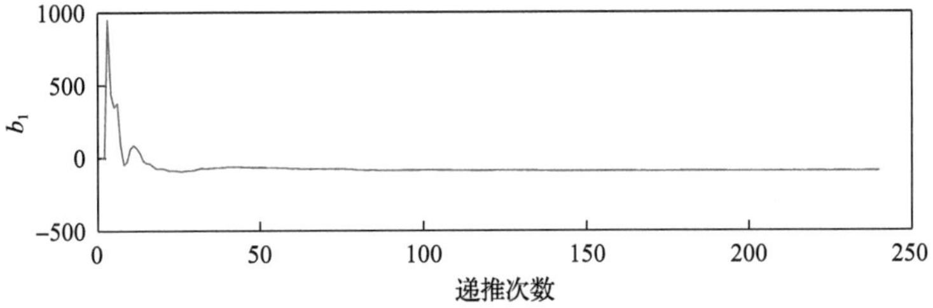

图 10.12　参数 b_1 的递推辨识曲线

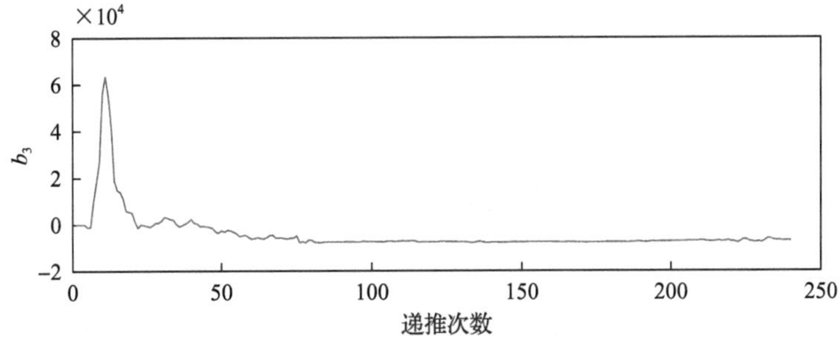

图 10.13　参数 b_3 的递推辨识曲线

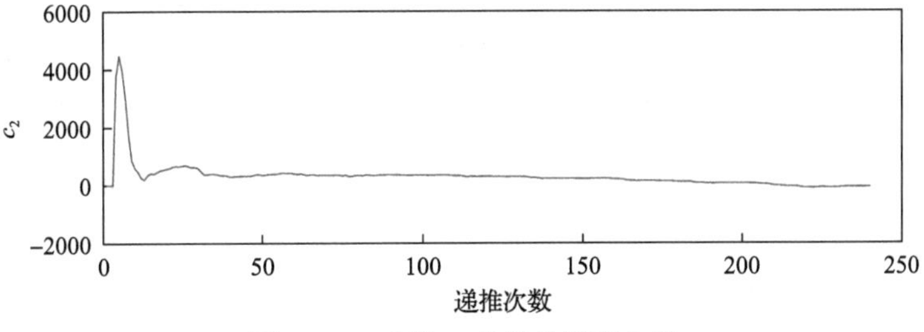

图 10.14　参数 c_2 的递推辨识曲线

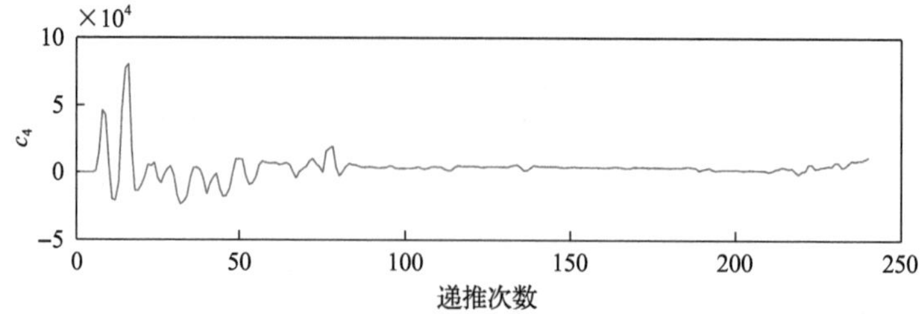

图 10.15　参数 c_4 的递推辨识曲线

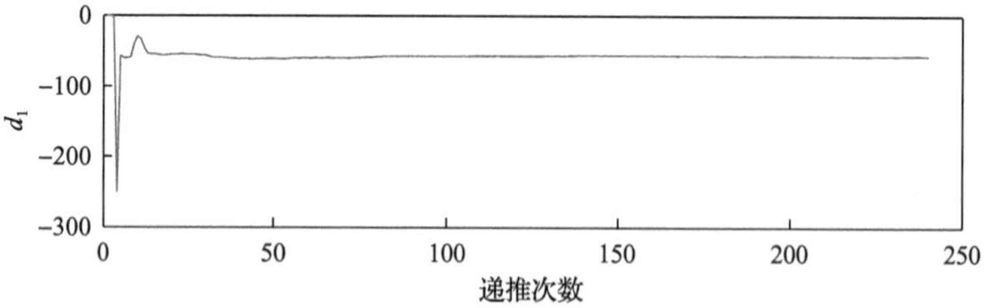

图 10.16　参数 d_1 的递推辨识曲线

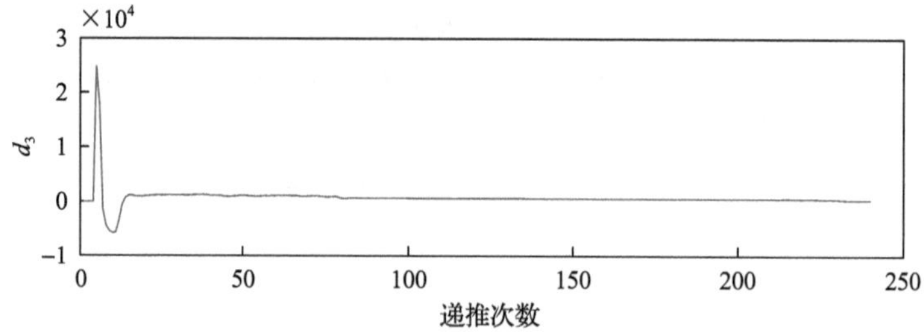

图 10.17　参数 d_3 的递推辨识曲线

通过模型参数 a_1、a_5、b_1、b_3、c_2、c_4、d_1 及 d_3 的辨识曲线可以看出，这些参数在扩展 Kalman 辨识算法递推 100 次以后甚至有的参数在递推 50 次以后就已经收敛在某个值的附近，既说明了辨识算法的可行性和可靠性，也说明了这类参数受环境干扰小(辨识数据具有三级海况的海浪干扰)，这些参数多是与船舶自身的参数(水线长、吃水深、横稳心高度等)有关，在参数辨识中易于收敛。

下面给出模型参数的辨识曲线不收敛的情形，如图 10.18～图 10.21 所示。

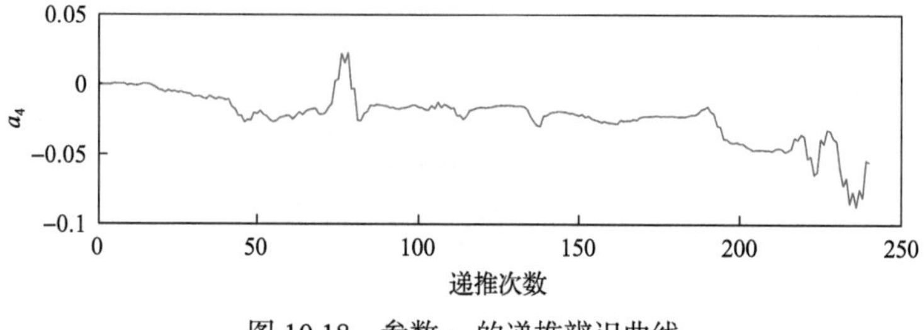

图 10.18　参数 a_4 的递推辨识曲线

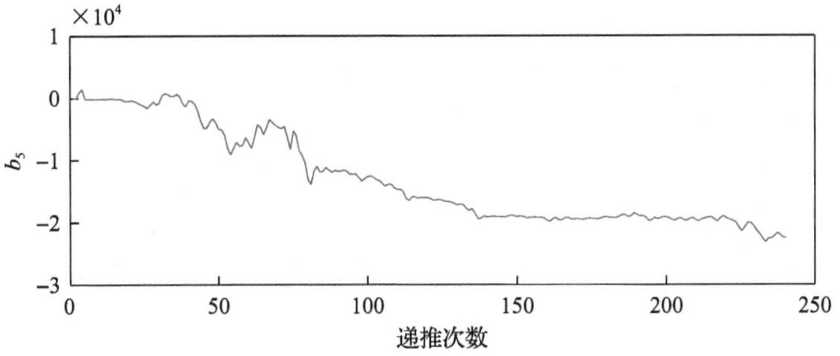

图 10.19　参数 b_5 的递推辨识曲线

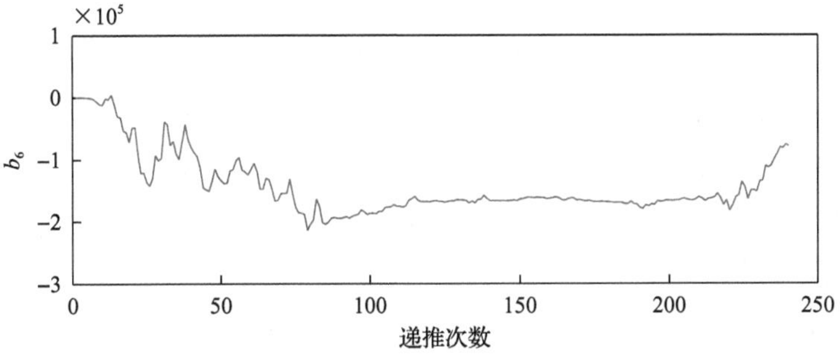

图 10.20　参数 b_6 的递推辨识曲线

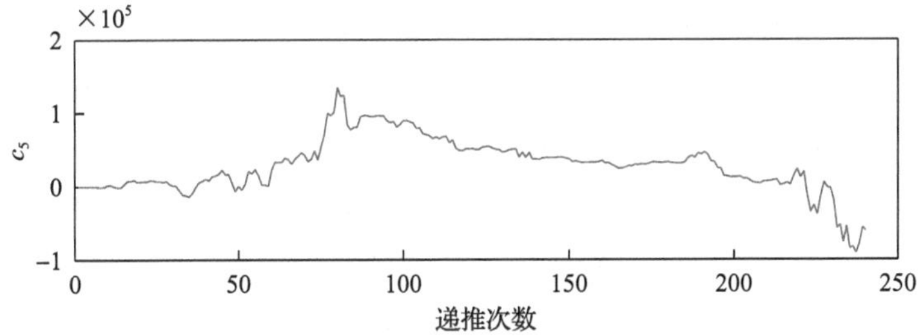

图 10.21　参数 c_5 的递推辨识曲线

通过模型参数 a_4、b_5、b_6 和 c_5 的递推辨识曲线来看，辨识曲线尽管递推了 240 次但依然没有收敛迹象，这并不能说明辨识算法的不稳定性和不可靠性，而恰恰说明这类模型参数与外界的干扰(海浪干扰)有关，因为辨识数据由 MMG 非线性模型仿真得来，海浪干扰是随机的、不确定的。这类模型参数辨识曲线是随着海浪的变化而自适应修正和变化的结果。模型的参数辨识可以随外部环境的变化(海况的不同)而自适应修正模型中的参数，这也是模型参数辨识建模法以及利用辨识建模预报的优势所在。后面将采用辨识得来的模型参数建立目标船舶的非线性运动模型，通过对比辨识建模法的仿真数据和先验辨识数据亦能得出扩展 Kalman 滤波算法对非线性模型参数的辨识是可行且可靠的。

上述详细分析了扩展 Kalman 滤波算法对非线性船舶运动模型的参数辨识情

况，辨识结果为两种：一种是随着辨识算法的递推辨识，模型参数值能很快收敛到某值附近；另一种是随着辨识算法的递推辨识，模型参数值没有收敛到某一值附近，可以说是受到不确定的外界干扰，模型参数值也随时调整数值。为了更好地说明通过辨识模型参数建立起来的运动模型能更准确地反映运动时间数据序列，这里用辨识得来的模型参数值建立拟合运动模型进行船舶运动仿真，仿真时前一步用先验数据辨识模型参数，后一步用辨识出的模型参数，以此运动仿真数据比对原始的数据来验证参数辨识的可靠性。先建立非线性船舶运动参数辨识模型：

$$\begin{cases}\dot{u}=a_1(t)u^2+a_2(t)v^2+a_3(t)r^2+a_4(t)vr+a_5(t)n^2+a_6(t)\sin\delta\\\dot{v}=b_1(t)v+b_2(t)r+b_3(t)v^2+b_4(t)r^2+b_5(t)ur+b_6(t)vr+b_7(t)\cos\delta\\\dot{p}=c_1(t)p+c_2(t)v+c_3(t)r+c_4(t)v^2+c_5(t)r^2+c_6(t)vr+c_7(t)\cos\delta\\\dot{r}=d_1(t)r+d_2(t)v+d_3(t)v^2+d_4(t)r^2+d_5(t)vr+d_6(t)\cos\delta\end{cases}\tag{10.50}$$

模型参数随时间改变，是一个非线性时变模型，按照辨识数据的步长取 h=1s，将上面的模型离散化可得

$$\begin{cases}u(k+1)=u(k)+h[a_1(k)u^2(k)+a_2(k)v^2(k)+a_3(k)r^2(k)\\\qquad +a_4(k)v(k)r(k)+a_5(k)n^2+a_6(k)\sin\delta]\\v(k+1)=v(k)+h[b_1(k)v(k)+b_2(k)r(k)+b_3(k)v^2(k)\\\qquad +b_4(k)r^2(k)+b_5(k)u(k)r(k)+b_6(k)v(k)r(k)+b_7(k)\cos\delta]\\p(k+1)=p(k)+h[c_1(k)p(k)+c_2(k)v(k)+c_3(k)r(k)\\\qquad +c_4(k)v^2(k)+c_5(k)r^2(k)+c_6(t)v(k)r(k)+c_7(k)\cos\delta]\\r(k+1)=r(k)+h[d_1(k)r(k)+d_2(k)v(k)+d_3(k)v^2(k)\\\qquad +d_4(k)r^2(k)+d_5(k)v(k)r(k)+d_6(k)\cos\delta]\end{cases}\tag{10.51}$$

经过 200 次递推，得到横摇角和艏摇角的辨识模型仿真数据(预报值)和先验辨识数据(真实值)的对比曲线图，如图 10.22 和图 10.23 所示。

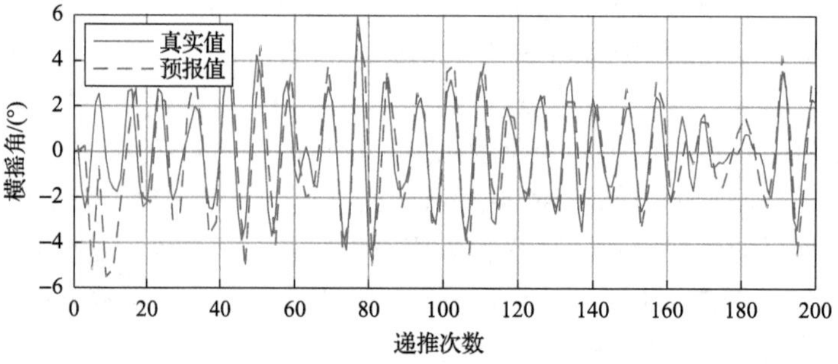

图 10.22　横摇角的仿真数据和真实数据的对比曲线图

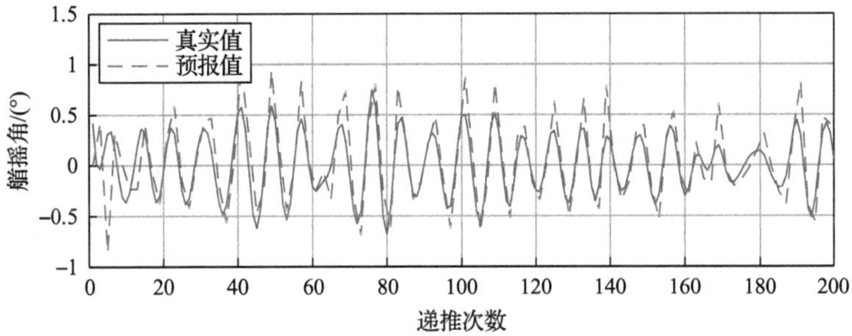

图 10.23　艏摇角的仿真数据和真实数据的对比曲线图

从横摇角和艏摇角的仿真数据和真实数据的对比曲线图中可以看出，仿真数据在递推次数大于 50 次特别是大于 100 次时曲线的拟合度较高，这是因为多数模型参数在递推辨识 50 次甚至 100 次以后才会趋于收敛和稳定。从 50 次以后的仿真数据，特别是 100 次以后的仿真数据与真实数据的拟合度足以说明扩展 Kalman 滤波算法在参数辨识中的应用是可靠的。

10.4　船舶运动自适应预报模型及仿真

1. 自适应预报模型

基于扩展 Kalman 滤波算法的船舶运动自适应建模预报方法是根据递推辨识模型参数自适应修正船舶运动模型，可适应多种海况、多种船舶的运动预报，预报模型具有物理意义。

自适应建模预报的前提是对模型参数的自适应辨识，辨识所用的模型结构是分离型船舶非线性运动模型结构。由 10.3 节模型参数辨识曲线可以看出，扩展 Kalman 滤波算法在递推多次以后辨识的模型参数才会逐渐达到某种稳定，此时辨识的模型参数才能更好地反映当下船舶所受到的海浪干扰情况，所以用辨识的模型参数的最后一次辨识参数值作为运动模型的参数值，用先验辨识数据最后时刻的值(即最新时刻的建模数据)作为自适应建模的初始值，可以更好地反映出实时的船舶运动状态。下面给出自适应建模公式：

$$\begin{cases}\dot{u}=a_1(N)u^2+a_2(N)v^2+a_3(N)r^2+a_4(N)vr+a_5(N)n^2+a_6(N)\sin\delta\\ \dot{v}=b_1(N)v+b_2(N)r+b_3(N)v^2+b_4(N)r^2+b_5(N)ur+b_6(N)vr+b_7(N)\cos\delta\\ \dot{p}=c_1(N)p+c_2(N)v+c_3(N)r+c_4(N)v^2+c_5(N)r^2+c_6(N)vr+c_7(N)\cos\delta\\ \dot{r}=d_1(N)r+d_2(N)v+d_3(N)v^2+d_4(N)r^2+d_5(N)vr+d_6(N)\cos\delta\end{cases}\tag{10.52}$$

式中，N 为算法递推的总次数。

由式(10.46)和式(10.52)共同构成了自适应建模预报的理论推导公式，得到的预报结果可通过式(10.38)换算为相应的横摇角和艏摇角。

基于扩展 Kalman 滤波算法的船舶运动自适应建模预报过程如图 10.24 所示，首先输入一定的历史建模数据，扩展 Kalman 滤波器采用分离型船舶运动模型结构，利用历史数据自适应辨识出模型参数，进而建立完整的船舶运动数学模型，最后根据建立的船舶数学模型进行预报，预报时长为船舶运动周期的 1～2 倍。

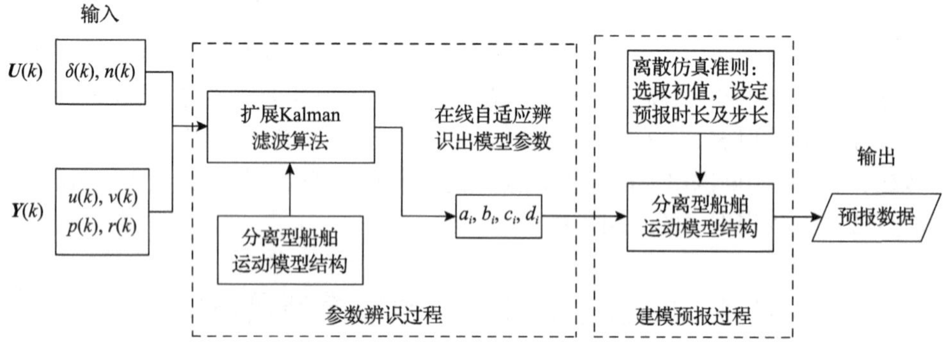

图 10.24　基于扩展 Kalman 滤波算法的自适应建模预报过程

2. 自适应预报模型仿真实验及对比分析

将一定海况下的船舶运动数据作为先验辨识数据，将辨识数据输入滤波器和给定的分离型船舶运动模型结构中，应用扩展 Kalman 滤波算法辨识非线性船舶运动模型参数，迭代递推过程中以下一时刻的真实值来递推修正模型的参数。辨识算法的初始值选取对于后期的辨识结果几乎没有影响，但适当增大初始值可加快参数辨识的收敛速度，这里取 $\boldsymbol{P}(0)=a\boldsymbol{I}$，$a=10^5$，$\boldsymbol{I}$ 为 30×30 的单位矩阵，$\boldsymbol{x}^a(0)=[u(0),v(0),p(0),r(0),0,\cdots,0]_{1\times 30}^{\mathrm{T}}$。螺旋桨转速 n 设定为 1000r/min。

扩展 Kalman 滤波算法自适应递推 240 次后辨识参数达到收敛，即式(10.52)中的 $N=240$，下面给出递推 240 次时自适应修正所得的参数值，如表 10.4 所示。

表 10.4　辨识的模型参数值

参数	取值	参数	取值
a_1	-3.0056	a_4	-2.6104×10^{-4}
a_2	4.128×10^{-3}	a_5	1.970×10^{-3}
a_3	-8.8512×10^{-6}	a_6	1.9690×10^{-9}

续表

参数	取值	参数	取值
b_1	−89.076	c_4	5.0649×10^3
b_2	4.0506×10^4	c_5	2.3545×10^3
b_3	−437.32	c_6	1.5325×10^3
b_4	-4.3758×10^3	c_7	-4.4166×10^{-6}
b_5	-0.17091×10^3	d_1	−56.264
b_6	-0.13124×10^4	d_2	9.386
b_7	-1.1782×10^{-5}	d_3	74.932
c_1	−252.46	d_4	−56.264
c_2	−233.766	d_5	−56.264
c_3	2.5590×10^4	d_6	−56.264

下面给出基于扩展 Kalman 滤波算法的横摇运动和艏摇运动预报曲线，如图 10.25 和图 10.26 所示。

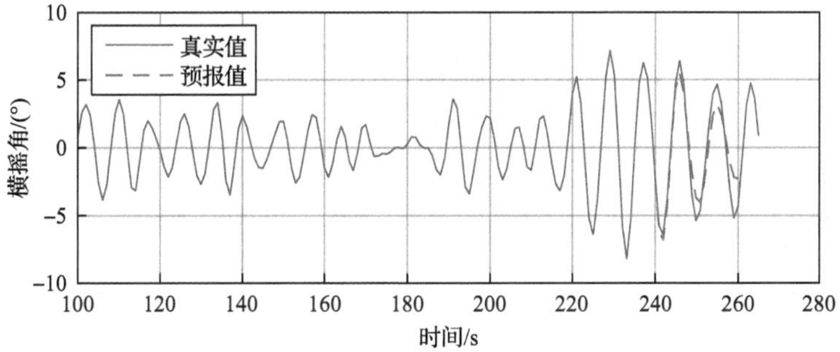

图 10.25 基于扩展 Kalman 滤波算法的横摇运动预报曲线

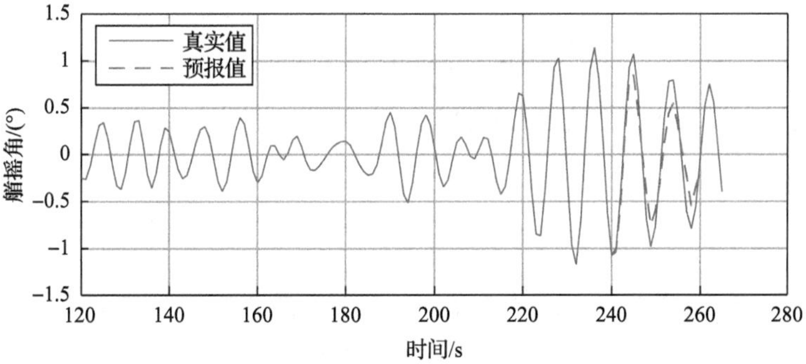

图 10.26 基于扩展 Kalman 滤波算法的艏摇运动预报曲线

从图 10.25 和图 10.26 中可看出预报值与真实值的拟合度很高，预报效果很好。为了进一步说明基于扩展 Kalman 滤波算法预报精度的优势，下面与基于最小二乘算法的 AR 模型和基于经典 Kalman 滤波算法的 AR 模型的预报结果进行比较。

下面给出基于扩展 Kalman 滤波算法、基于最小二乘算法的 AR 模型以及基于经典 Kalman 滤波算法的 AR 模型预报未来 20s 的船舶横摇和艏摇的运动数据曲线，如图 10.27～图 10.30 所示。

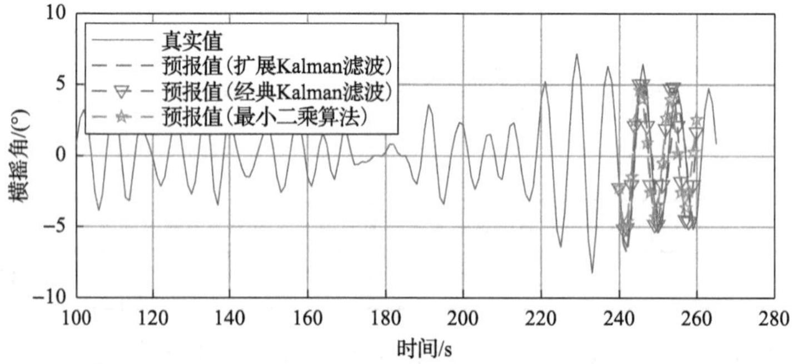

图 10.27　三种预报算法的横摇运动预报数据曲线比较

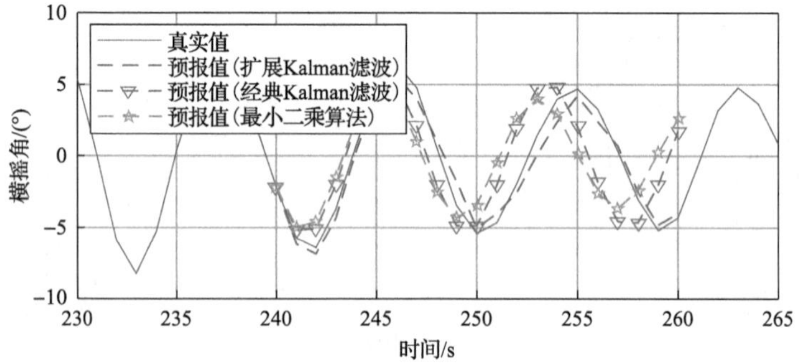

图 10.28　三种预报算法的横摇运动预报数据曲线的局部放大图

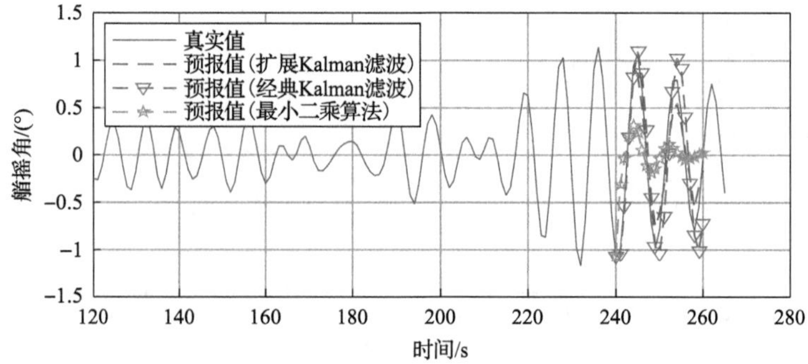

图 10.29　三种预报算法的艏摇运动预报数据曲线比较

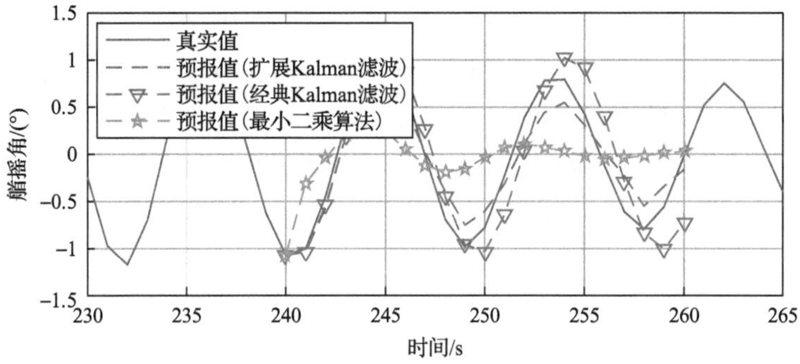

图 10.30　三种预报算法的艏摇运动预报数据曲线的局部放大图

从三种预报算法的预报数据曲线图可以看出，基于扩展 Kalman 滤波算法的建模预报除了预报数据与真实数据的拟合度更好以外，相位差也较基于最小二乘算法的 AR 模型和基于经典 Kalman 滤波算法的 AR 模型的预报算法要小。

表 10.5 给出了这三种算法预报横摇运动未来 20s 的数据与真实数据之间的相对均方根误差和均方根误差。

表 10.5　三种算法预报横摇运动未来 20s 的相对均方根误差和均方根误差

算法类型	相对均方根误差	均方根误差
扩展 Kalman 滤波算法	0.2014	0.0050
经典 Kalman 滤波算法	0.4434	0.0110
最小二乘算法	0.5246	0.0130

表 10.6 给出了这三种算法预报艏摇运动未来 20s 的数据与真实数据之间的相对均方根误差和均方根误差。

表 10.6　三种算法预报艏摇运动未来 20s 的相对均方根误差和均方根误差

算法类型	相对均方根误差	均方根误差
扩展 Kalman 滤波算法	0.1318	0.0131
经典 Kalman 滤波算法	0.1967	0.0195
最小二乘算法	0.5093	0.0352

通过以上曲线图和误差数据可看出基于扩展 Kalman 滤波算法建模预报的可行性。

10.5　本 章 小 结

本章主要研究了基于扩展 Kalman 滤波算法的船舶运动自适应建模及预报方

法，分析了分离型船舶运动模型的结构和各变量的物理意义。基于扩展 Kalman 滤波算法，研究了船舶横向运动非线性模型参数辨识方法和算法。采用自适应参数辨识方法建立了船舶运动自适应预报模型，进行了仿真实验，并与基于最小二乘算法的 AR 模型和基于经典 Kalman 滤波算法的 AR 模型两种预报算法进行分析比较，说明了本章方法的可行性。

参 考 文 献

[1] 赵希人, 彭秀艳. 舰船运动极短期建模预报的研究现状[J]. 船舶工程, 2002, 3: 4-8.

[2] 谢美萍, 沈艳, 彭秀艳, 等. 舰船运动的一种改进经典谱估计方法[J]. 船舶工程, 2000, (4): 6-8.

[3] Shen J H. GM(1,1) for modeling oscillation series via triangle transformation[J]. The Journal of Grey System, 2002, 14(1): 5-8.

[4] 彭秀艳, 赵希人, 高奇峰. 船舶姿态运动实时预报算法研究[J]. 系统仿真学报, 2007, 19(2): 267-271.

[5] Yin J C, Zou Z J, Xu F, et al. Online ship roll motion prediction based on grey sequential extreme learning machine[J]. Neurocomputing, 2014, 129(10): 168-174.

[6] 彭秀艳, 王茂, 刘长德. AR 模型参数自适应估计方法研究及应用[J]. 哈尔滨工业大学学报, 2009, 41(9): 682-686.

[7] 朱文普, 陈碧云, 胡震. 船舶运动自适应 TAR 模型预报方法[J]. 船舶力学, 1998, 2(4): 13-16.

[8] 杨位钦, 顾岚. 时间序列分析与动态数据建模[M]. 修订版. 北京: 北京理工大学出版社, 1988.

[9] 吴今培, 孙德山. 现代数据分析[M]. 北京: 机械工业出版社, 2006.

[10] 彭秀艳, 门志国, 刘长德. 基于 Kalman 滤波算法的 Volterra 级数核估计及其应用[J]. 系统工程与电子技术, 2010, 32(11): 2341-2435.

[11] Packard N, Crutchfield J, Farmer J, et al. Geometry from time series[J]. Physical Review Letter, 1980, 45(9): 712-716.

[12] Takens F. Detecting strange attractor in turbulence[J]. Lecture Notes in Matlle Maties, 1980, 898: 366-381.

[13] 丛爽, 高雪鹏. 几种递归神经网络及其在系统辨识中的应用[J]. 系统工程与电子技术, 2003, 25(2): 194-197.

[14] 顾民, 刘长德, 张进丰. 基于混沌理论与 RBF 神经网络的船舶运动极短期预报研究[J]. 船舶力学, 2014, 18(7): 794-798.

[15] 任晓林, 胡光锐, 徐雄. 混沌时间序列局域线性预测方法[J]. 上海交通大学学报, 1999, 33(1): 19-21.

[16] 蔡烽, 刘博, 石爱国. 基于多变量加权一阶局域法多步预报模型的舰船摇荡预报[J]. 船舶力学, 2014, 18(7): 794-798.

[17] 韩敏. 混沌时间序列预测理论与方法[M]. 北京: 中国水利水电出版社, 2007.

[18] 吕金虎, 陆军安, 陈士华. 混沌时间序列分析及其应用[M]. 武汉: 武汉大学出版社, 2002.

[19] Ma J H, Chen Y S. An analysis and application to state space reconstruction about chaotic time series[J]. Applied Mathematics and Mechanics, 2000, 21(11): 1237-1245.

[20] Kim H S, Eykholt R, Salas J D. Nonlinear dynamics, delay times, and embedding windows[J]. Physica D: Nonlinear Phenomena, 1999, 127(1-2): 48-60.

[21] Kugiumtais D. State space reconstruction parameters in the analysis of chaotic time series—The role of the time window length[J]. Physica D: Nonlinear Phenomena, 1996, 95(1): 13-28.

[22] Kalman P. A preliminary study of prediction techniques for aircraft carrier motions at sea[J]. Journal of Hydronautics, 1969, 3(3): 121-131.

[23] Sidar M, Doolin B F. On the feasibility of real time prediction of aircraft carrier motion at sea[J]. IEEE Transactions on Automatic Control, 1983, 28(3): 350-356.

[24] Johnson C R. Lecture on Adaptive Parameter Estimation[M]. Englewood Cliffs: Prentice Hall, 1988.

[25] Widrow B, Stearns S D. Adaptive Signal Processing[M]. Englewood Cliffs: Prentice Hall, 1985.

[26] 李竹, 杨培林, 行小帅. 一种改进变步长 LMS 算法及其在系统辨识中的应用[J]. 仪器仪表学报, 2007, 28(7): 1340-1343.

[27] Diniz P S R, Biscainho L W P. Optimal variable step size for the LMS/Newton algorithm with application to subband adaptive filtering[J]. IEEE Transactions on Signal Processing, 1992, 40(11): 2825-2829.

[28] Diniz P S R. 自适应滤波算法与实现[M]. 2 版. 刘郁林, 景晓军, 谭刚兵, 等译. 北京: 电子工业出版社, 2004.

[29] 孙恩昌, 李于衡, 张冬英, 等. 自适应变步长 LMS 滤波算法及分析[J]. 系统仿真学报, 2007, 19(14): 3172-3174.

[30] 罗小东, 贾振红, 王强. 一种新的变步长 LMS 滤波算法及分析[J]. 电子学报, 2006, 34(6): 1123-1126.

[31] 李存武, 林春生. 关于几种变步长 LMS 算法的讨论[J]. 舰船电子工程, 2008, 28(5): 175-177.

[32] 刘世刚, 葛临东, 巩克现. 仿射投影数据重用 MCMA 盲均衡[J]. 应用科学学报, 2008, 26(6): 575-579.

[33] Apolinario J, Campos M L R, Diniz P S R. Convergence analysis of the binormalized data-reusing LMS algorithm[J]. IEEE Transactions on Signal Processing, 2000, 48(11): 3235-3242.

[34] 邓自立. 最优估计理论及其应用[M]. 哈尔滨: 哈尔滨工业大学出版社, 2005.

[35] Vapnik V, Golowich S E, Smola A. Support vector method for function approximation, regression estimation, and signal processing[C]. Proceedings of the 9th International Conference on Neural Information Processing Systems, 1996: 281-287.

[36] Suykens J A K, van Gestel T, de Brabanter J, et al. Least Squares Support Vector Machines[M]. Singapore: World Scientific, 2002.

[37] Suykens J A K, de Brabanter J, Lukas L, et al. Weighted least squares support vector machines: Robustness and sparse approximation[J]. Neurocomputing, 2002, 48(1-4): 85-105.

[38] Ito K, Nakano R. Optimizing support vector regression hyperparameters based on cross-validation[C]. Proceedings of the International Joint Conference on Neural Networks, 2003: 2077-2082.

[39] 赵希人, 彭秀艳. 随机过程基础及应用[M]. 哈尔滨: 哈尔滨工程大学出版社, 2007.

[40] Kokoszka P, Mikosch T. The periodogram at the Fourier frequencies[J]. Stochastic Processes and Their Applications, 2000, 86(1): 49-79.

[41] Hochreiter S, Schmidhuber J. Long short-term memory[J]. Neural Computation, 1997, 9(8): 1735-1780.

[42] Fatemeh D B, Loo C K, Kanagaraj G, et al. A hybrid SP-QPSO algorithm with parameter free adaptive penalty method for constrained global optimization problems[J]. Journal of Modern Manufacturing Systems and Technology, 2018, 1(1): 15-26.

[43] Wu Z, Huang N E. A study of the characteristics of white noise using the empirical mode decomposition method[J]. Proceedings Mathematical Physical & Engineering Sciences, 2004, 460(2046): 1597-1611.

[44] Huang N E, Shen Z, Long S R, et al. The empirical mode decomposition and the Hilbert spectrum for nonlinear and non-stationary time series analysis[J]. Proceedings Mathematical Physical & Engineering Sciences, 1998, 454(1971): 903-995.

[45] Li T C, Chen G, Tang Y. On stability and bifurcation of Chen's system[J]. Chaos, Solitons & Fractals, 2004, 19(5): 1269-1282.

[46] Aguirre L A. A nonlinear correlation function for selecting the delay time in dynamical reconstruction[J]. Physics Letter A, 1995, 203(2-3): 88-94.

[47] 洪时中, 洪时明. 用 Grassberger-Procaccia 计算吸引子维数的限制[J]. 物理学报, 1994, 43(8): 1223-1228.

[48] Costa M H, Bermudez J C M. A noise resilient variable step-size LMS algorithm[J]. Signal Processing, 2008, 88(3): 733-748.

[49] Zhao S, Man Z, Khoo S, et al. Variable step-size LMS algorithm with a quotient form[J]. Signal Processing, 2009, 89(1): 67-76.

[50] Haykin S, Li L. Nonlinear adaptive prediction of nonstationary signals[J]. IEEE Transactions on Signal Processing, 1995, 43(2): 526-535.

[51] 张家树, 肖先赐. 用于混沌时间序列自适应预测的一种少参数二阶Volterra滤波器[J]. 物理学报, 2001, 50(7): 1248-1254.

[52] 张家树, 肖先赐. 混沌时间序列的 Volterra 自适应预测[J]. 物理学报, 2000, 49(3): 403-408.
[53] 马二红, 杨建浩, 张绍武, 等. 混沌时间序列的自适应非线性滤波预测[J]. 声学与电子工程, 2003, (1): 1-6.
[54] 郭双冰, 肖先赐. 混沌时间序列的 Volterra 自适应预测滤波器定阶[J]. 电子与信息学报, 2002, 24(10): 1334-1340.
[55] 贾欣乐, 杨盐生. 船舶运动数学模型: 机理建模与辨识建模[M]. 大连: 大连海事大学出版社, 1999.
[56] 李同山, 洪碧光, 孙洪波, 等. 船舶剩余阻力系数计算平台的实现[J]. 大连海事大学学报, 2007, 33(1): 25-28.
[57] 梁霄, 李巍. 船舶操纵性与耐波性[M]. 大连: 大连海事大学出版社, 2012.
[58] 陶尧森. 船舶耐波性[M]. 上海: 上海交通大学出版社, 1985.
[59] 李积德. 船舶耐波性[M]. 哈尔滨: 哈尔滨工程大学出版社, 2007.
[60] 王新屏, 张显库, 关巍. 舵鳍联合非线性数学模型的建立及仿真[J]. 中国航海, 2009, 32(4): 58-64.
[61] 李修强. 船舶运动建模与特性仿真研究[D]. 武汉: 武汉理工大学, 2010.